böhlau

Alessandra Barabaschi

Stradivari
Die Geschichte einer Legende

Böhlau Verlag Wien Köln Weimar

Bibliografische Information der Deutschen Nationalbibliothek:
Die Deutsche Nationalbibliothek verzeichnet diese Publikation in der Deutschen Nationalbibliografie; detaillierte bibliografische Daten sind im Internet über https://dnb.de abrufbar.

1. Auflage 2021

© 2021 Böhlau Verlag Ges.m.b.H & Co. KG, Wien, Zeltgasse 1/6a, A-1080 Wien

Alle Rechte vorbehalten. Das Werk und seine Teile sind urheberrechtlich geschützt. Jede Verwertung in anderen als den gesetzlich zugelassenen Fällen bedarf der vorherigen schriftlichen Einwilligung des Verlages.

Korrektorat: Christoph Landgraf
Umschlagabbildung: Antonio Stradivari, 1650–1737, © MARKA / Alamy Stock Foto
Umschlagsgestaltung: Michael Haderer, Wien
Layout: Bettina Waringer, Wien
Druck: Balto print, Vilnius

Vandenhoeck & Ruprecht Verlage | www.vandenhoeck-ruprecht-verlage.com

ISBN 978-3-205-21204-1

Inhalt

Vorwort 9

Einleitung 11

I. Nomen est omen 15

II. Adlige und Geistliche, Bauern und Weber 27

III. Eine Frage der Form 35

IV. Von Meistern und Schülern 55

V. Das 1. Glockengeläut 65

VI. Der Anfang zwischen Familienleben und Werkstatt . 75

VII. Erste Erfolge und ein neues Zuhause 85

VIII. Ein prunkvoller Abschied 91

IX. Prominente Auftraggeber 97

X. Eine neue Liebe 109

XI. Die goldene Zeit 117

XII. Was hörte man zur Zeit Stradivaris? 125

XIII.	Ein gewiefter Geschäftsmann	139
XIV.	Die Perfektion namens Cello	149
XV.	Stradivaris Steckbrief	157
XVI.	Die Rivalen	171
XVII.	Die reifen Jahre	181
XVIII.	Der Tod einer Legende	195
XIX.	Ein bemerkenswerter Graf	207
XX.	Die wichtigsten Geigenhändler	221
XXI.	Was die Experten gerne wüssten	231
XXII.	Vergessen auf dem Dachboden oder zerlegt im Koffer	241
XXIII.	Auf Stradivaris Spuren	251

Die Familie von Antonio Stradivari 263

Danksagung 267

Literaturverzeichnis 269

Anmerkungen 280

Personenregister 301

Für Großmutter Clementina, die ich so gerne kennengelernt hätte;
Für Mutter Marisa, die mir das Lesen und
die Begeisterung für Bücher beigebracht hat;
Für Tante Romana, unermüdliche Unterstützerin
meiner Archivrecherchen;
Für Axel, der mit Geduld und Begeisterung
mein Leben jeden Tag bereichert.

Vorwort

Die Geschichte von Antonio Stradivari ist außergewöhnlich, vielleicht sogar einzigartig. Er war weder ein König noch ein Kaiser, noch ein großer Maler oder Bildhauer oder Komponist, und doch ist sein Name sehr bekannt. Seine Berühmtheit ist nicht auf den Kreis der Musiker beschränkt, sondern erstreckt sich auf alle, auch auf diejenigen, die noch nie ein Musikinstrument in der Hand hatten, geschweige denn eines von ihm. Ich baue Geigen für meinen Lebensunterhalt: Wenn ich jemanden zum ersten Mal treffe und sich aus irgendeinem Grund herausstellt, was mein Beruf ist, höre ich ihn regelmäßig sagen: „Geigenbauer? Wie Stradivari!" (was auf Dauer auch ein bisschen nervig ist). Cremona ist eine wunderschöne Stadt in der Mitte der Po-Ebene, aber wenn es nicht wegen Stradivari wäre, glaube ich nicht, dass viele Menschen in Italien und im Ausland sie kennen würden, und sei es auch nur dem Namen nach.

Doch über den Namen hinaus ist von Stradivari allgemein nicht viel bekannt. Er ist zweifellos der bedeutendste Geigenbauer der Geschichte, aber letztendlich war er auch ein ganz gewöhnlicher Sterblicher, ein Handwerker, der sein Leben der Familie und der Arbeit gewidmet in einer ruhigen Stadt verbrachte, die aber immer wieder von bedeutenden historischen Ereignissen berührt wurde, wie zum Beispiel dem Durchzug von Kriegsheeren oder dem Besuch eines Kaisers. Und wie jeder andere erlebte auch Stradivari Erfolge und Misserfolge, Glücksfälle und Momente der Schwierigkeiten, Freude und Trauer.

Alessandra Barabaschi ist eine profunde Kennerin von Leben und Werk des großen Cremoneser Geigenbauers. Mit Meisterschaft erzählt sie uns seine Geschichte, als ob sie über einen alten Freund sprechen würde. Sie gibt Stradivari die menschliche Dimension, die er verdient. Sie hinterfragt die mythische Figur, die uns so entrückt erscheint, und zum Vorschein kommt das korrektere Bild eines Menschen, der mit Engagement und Arbeit große Ergebnisse erzielt hat. Dieser Band ist ein Werk von großem Wert, denn er erzählt uns auf angenehme Weise, wie Stradivari zu der Berühmtheit wurde, die wir kennen, und bringt ihn uns gleichzeitig näher, indem er uns sein tägliches Leben als Cremoneser Handwerker zeigt. Und all dies vor dem Hintergrund dieser großartigen Geigen, jener magischen Objekte, die das Herz derer erobern, die das Glück haben, ihnen zu begegnen.

Carlo Chiesa
Geigenbaumeister und Experte, Mailand

Einleitung

Der Ruhm dieses Riesen unter den Geigenbauern
übersteigt den aller Andern.[1]
(Friedrich Niederheitmann, *Cremona.*
Eine Charakteristik der italienischen Geigenbauer
und ihrer Instrumente, 1877)

Die Geige ist ein Wunderwerk. Sie wiegt knapp 400 Gramm, besteht aus ca. 100 Teilen, die teilweise nur wenige Millimeter dick sind, und kann dennoch einen Druck von ca. 30–40 Kilogramm auf den Zug der vier Saiten aushalten. Das Geheimnis ihres Erfolgs liegt vor allem in ihrer großen Anpassungsfähigkeit. Im Laufe der Jahrhunderte hat sich die Geige besser als viele andere Musikinstrumente an die Herausforderungen der Zeit, die Entwicklung neuer Musikrichtungen, wechselnden Geschmack und alle Moden angepasst. Geboren als volkstümliches Instrument, um Feste zu bejubeln und die Menschen zum Tanzen zu verleiten, hat sich die Violine eine überragende Rolle im heutigen Orchester erarbeitet. Was anfangs als Instrument von geringem Wert und mit einer durchschnittlich kurzen Lebensspanne gedacht war, hat sich zu einem Kultobjekt entwickelt, das für Millionenbeträge begehrt und umkämpft wird. Im Zentrum dieses Erfolgs steht seit mehreren Jahrhunderten die legendäre Figur von Antonio Stradivari. Ihm wird mehr als jedem anderen Geigenbauer zugestanden, zum Erfolg der Geige beigetragen und die Geigenbaukunst zur Vollkommenheit gebracht zu haben. Hin und wieder frage ich mich, wie Antonio Stradivari reagieren würde, wenn er wüsste, wie leidenschaftlich seine Instrumente noch heute, mehr als 300 Jahre später, auf der ganzen Welt gespielt und gesammelt werden.

Als ich vor mehr als zehn Jahren anfing, mich mit der Geschichte seiner Instrumente zu beschäftigen, wurde ich relativ schnell mit zwei unerfreulichen Tatsachen konfrontiert:

1) Die spärlichen Informationen über die Vergangenheit dieser Meisterwerke befanden sich in den Händen weniger Geigenhändler. Dieses Wissen hatte ihnen im Lauf der Jahrzehnte eine einflussreiche Position eingebracht und die meisten waren ungern bereit, darauf im Namen des Fortschritts zu verzichten.

2) Trotz ihrer unbestrittenen Bedeutung enthielten die üblichen bekannten Informationen oft historische Fehler. Aber kaum jemand hatte es je gewagt, sie infrage zu stellen oder zu korrigieren. Warum nicht? Da wir es hier mit Musikinstrumenten zu tun haben, die für Millionenbeträge den Besitzer wechseln, bewegen wir uns auf dünnem Eis. Den meisten schien es wichtiger, den Status quo beizubehalten, um Besitzer und Händler nicht zu kränken.

Es liegt auf der Hand, warum sich so wenige Leute innerhalb dieses kleinen und dennoch höchst komplizierten Universums, das sich rund um die teuersten Streichinstrumente der Welt dreht, darüber gefreut haben, ein neues Gesicht, nämlich meines, willkommen zu heißen. Als Frau und Kunsthistorikerin hatte ich sicher doppelt zu beweisen, dass ich in diesem Club der Herren mitspielen konnte. Denn ich hatte wagemutig und ahnungslos eine Welt betreten, in der die meisten Männer und Geigenbauer sind. Was hatte ich dort überhaupt zu suchen?

Inzwischen hat sich die Lage deutlich verbessert. Es gibt viele, die verstanden haben, dass es wichtig ist, diese Informationen zu teilen. Einige sind gewissermaßen zähnefletschend mit dem unvermeidlichen Übel zurechtgekommen. Und vereinzelte „Granden" sitzen noch auf ihrem historischen Material und Gott schütze diejenigen, die in ihre Nähe kommen.

„Du teilst die Ergebnisse deiner Erkenntnisse. Manche in der Branche werden dir das nie verzeihen, aber die meisten von uns profitieren davon", hat mir ein Kollege einmal gesagt und damit wahrscheinlich den Nagel auf den Kopf getroffen. Ich bin der Meinung, dass wir im Allgemeinen nur Fortschritte machen können, wenn wir bereit sind, unser Wissen zu teilen und zusammenzuarbeiten. Mit dieser Absicht ist dieses Buch entstanden, das – so hoffe ich – zur Erforschung Stradivaris und seiner „Rivalen" beitragen wird.

Die Rezeption der Persönlichkeit Stradivaris und die Wertschätzung seiner Instrumente haben sich im Laufe der Jahrhunderte verändert. Um also zu verstehen, warum dieser Geigenbauer heute als legendär gilt, ist es wichtig zu wissen, was die wichtigsten Experten, denen Sie im Buch beggnen werden, über ihn geschrieben haben. Es war mir ein Anliegen, die Biographie Stradivaris auf den heutigen Wissensstand zu bringen. Ich habe daher versucht, die am tiefsten verwurzelten historischen Fehler zu korrigieren. Darüber hinaus werden Sie im Verlauf der Lektüre auch einige bisher unveröffentlichte Informationen finden, die das Ergebnis meiner langjährigen Archivrecherchen sind. Vor etlichen Jahren gab mir ein Kollege den Spitznamen „Sherlock" und ich hoffe, ihm mit diesen neuesten Entdeckungen gerecht zu werden.

Es war ein langer Weg, den unzählige Freunde, Kollegen und zuvor Unbekannte geebnet und ermöglicht haben. Ich war überwältigt von ihrer Bereitschaft, mein Projekt zu unterstützen. Sie werden am Ende des Buches genannt, aber auch an dieser Stelle möchte ich mich bei ihnen allen herzlich bedanken.

„Mein" Stradivari ist kein Zauberer, der irgendwelche Formel für das perfekte Instrument besaß. Es war mir wichtig, Stradivari in seinem Kontext darzustellen, d. h. weniger „Mythos" und mehr „Mensch". Denn in seiner Menschlichkeit liegt, meiner Überzeugung nach, seine Größe. Er war ein Mensch seiner Zeit, der aber besser als viele sich ihr anpassen konnte und weiter in die Zukunft zu blicken vermochte.

Willkommen in der Welt von Antonio Stradivari!

Stradivari

I.
Nomen est omen

Γνῶθι σεαυτόν
(Erkenne dich selbst!)
(5. Jh. v. Chr., Apollontempel, Delphi)

Woher stammt der Name Stradivari, wann wurde Antonio geboren und wer waren seine Eltern? Dies sind einige der vielen Fragen, die von all jenen gestellt wurden, die sich für das Leben und den Werdegang des größten Geigenbauers aller Zeiten interessiert haben. Trotz des enormen Ruhmes von Antonio Stradivari und der daraus resultierenden großen Anzahl von Enthusiasten, die ihn zum Gegenstand ihrer Studien machten, bleiben einige dieser Fragen bis heute unbeantwortet.

Wenn man versucht, Licht in die Vergangenheit einer Person zu bringen, die vor mehr als 300 Jahren gelebt hat, muss man zunächst prüfen, auf welche Art von historischen Dokumenten man sich verlassen kann. Es gibt drei Hauptinformationsquellen: den Staat, die Kirche und die persönlichen Schriftstücke der Person.

In der Praxis ist es in unserem Fall unerlässlich, unsere Aufmerksamkeit auf die im Staatsarchiv von Cremona vorhandenen notariellen Urkunden, auf die Kirchenbücher der verschiedenen Pfarreien der Stadt sowie auf private Dokumente wie etwa Briefe zu richten, die heute hauptsächlich im *Museo del Violino* (Geigenmuseum) aufbewahrt werden.

Wir dürfen auch nicht vergessen, was bisher veröffentlicht worden ist, aber diese wichtige Bibliografie muss mit der gebührenden Vorsicht betrachtet werden, denn trotz der besten Absichten der Biografen wurden einige historische Fehler gemacht, die sich im Laufe der Jahrhunderte hartnäckig gehalten haben.

Öffentliche Urkunden

Beginnen wir unsere Forschung, indem wir uns zunächst mit dem Problem der Herkunft des Namens Stradivari und seiner Verbreitung in der Stadt Cremona befassen. Dies gibt uns die Gelegenheit, eine erste interessante Reflexion über die sozialen Strukturen der Vergangenheit anzustellen, da wir feststellen, dass die Verwendung des Familiennamens sich erst relativ spät durchgesetzt hat. Tatsächlich wurden Einzelpersonen innerhalb der Gemeinschaft in Europa bis zum 12. Jahrhundert hauptsächlich durch ihren Vornamen unterschieden, mit all den Schwierigkeiten, die dies für die späteren Historiker mit sich bringt.

Stradivari ist zwar kein typisch italienischer Name, wie zum Beispiel Rossi oder Ferrari, er erscheint aber in seinen primitiven Formen schon vor dem 13. Jahrhundert in den öffentlichen Akten von Cremona. Dieser Name hat sich im Laufe der Jahrhunderte gewandelt, beginnend mit den älteren Formen *Stradiverte* und *de' Stradivertis*, die einigen Historikern zufolge aufgrund der Endsilbe *vert*[1] deutschen Ursprungs sein könnten, über die Dialektformen aus dem 15. Jahrhundert *Stradiverto*, *Stradivero* und *Stradivaro* bis hin zum hochitalienischen, heute allgemein bekannten *Stradivari*. Es gibt auch die latinisierten Versionen *Stradivertus* und *Stradivarius*, von denen letztere, dem Stil der Zeit entsprechend, manchmal auch von Antonio Stradivari selbst verwendet wurde.

Im Gegensatz zu den meisten Namen im deutschsprachigen Raum haben italienische Familiennamen sehr oft keine eigentliche Bedeutung. Dennoch sind viele Theorien über die Bedeutung des Namens Stradivari aufgestellt worden. Es wurde behauptet, er stamme aus der Zeit der alten Römer und habe damals auf einen Spitznamen hingewiesen, der befreiten Sklaven gegeben wurde.[2] Es könnte aber auch der Name einer Ortschaft gewesen sein, wie es aus einer Akte von 1243 hervorgeht, in der Lorenzo und Gherardo de Stradivertis als Eigentümer von Grundstücken in der Pfarrei San Fabiano [dem heutigen San Sebastiano] *iusta cursum equorum in costa de Stradivertis*[3] angegeben wurden.

Es gibt aber diejenigen, die eine Ähnlichkeit mit der italienischen Bezeichnung *stradiere*[4] erkannt haben, einem Begriff, der sowohl in der Feudalzeit als auch zu Stradivaris Lebzeiten sicherlich noch einen großen Einfluss hatte. Der *Stradiere* war ein Zollbeamter, der auf bestimmten Straßen in seinem Zuständigkeitsbereich Waren im Transit kontrollieren und die entsprechenden Zahlungen verlangen konnte.

Andere wiederum betrachteten den Namen Stradivari als Ableitung des cremonesischen Dialektes *Strada averta*,[5] d. h. „offener Weg".

Um zu klären, wer diese ersten Stradivaris waren, wenden wir unsere Aufmerksamkeit auf historische Quellen.

In Cremona war das Notarkollegium bereits im 13. Jahrhundert tätig. Mitte des 17. Jahrhunderts veröffentlichte der Kanzler des Kollegiums, Francesco Bresciani,[6] ein Buch mit einer Liste der Mitglieder von den Anfängen des Kollegiums bis zu seinen Tagen, die auf den im Kollegium selbst verfügbaren notariellen Urkunden basiert.

Laut Bresciani gab es acht Stradivari, die in den knapp 200 Jahren zwischen 1275 und 1465 dem Notarkollegium von Cremona angehörten. Eine gute Zahl, aber nichts Außergewöhnliches.

Aufregender waren die Stradivaris, die Francesco Arisi beschrieben hat. Sein Bruder Don Desiderio war ein Freund von Antonio Stradivari, über den wir in den nächsten Kapiteln ausführlich sprechen werden.

Francesco Arisi sammelte biografische und bibliografische Informationen über die wichtigsten Persönlichkeiten der Stadtgeschichte, die eine gewisse Beziehung zu den literarischen Disziplinen hatten. Sein dreibändiges Werk *Cremona Literata* erschien zwischen 1702 und 1741, als Antonio Stradivari den Höhepunkt seines künstlerischen Schaffens erreichte. Unter den vielen Stradivaris, die im ersten Band[7] erwähnt werden, gibt es einige mit faszinierenden Geschichten: Philosophen, Gelehrte und Übersetzer des Lateinischen, Griechischen, Hebräischen und Persischen. Leider sind bisher jedoch keine Dokumente erschienen, die ihre Existenz belegen. Vielleicht, weil sie nie eine notarielle Urkunde brauchten? Wer weiß …

In diesem kurzen Exkurs sollten wir Carlo Bonetti[8] nicht vergessen, der in den 1930er Jahren die Kodizes, Pergamente und notariellen Urkunden von Cremona akribisch recherchiert hat. Der erste Stradiverte wurde von ihm im Diplomatischen Kodex der Langobarden in einer Urkunde vom 2. Januar 892 identifiziert. Insgesamt gelang es ihm, zwischen 892 und 1471 über 30 Stradiverti oder Stradivari aufzuspüren.

In vielen Fällen handelte es sich dabei um Notare und Persönlichkeiten, die öffentliche Ämter mit einem gewissen Prestige bekleideten und Eigentümer von Häusern oder Grundstücken waren. Einige lebten in der Stadt, zuerst im Stadtteil Sant'Andrea, dann unter anderem in San Michele Vecchio, während andere auf dem Land in der Nähe von Cremona wohnten.

Um zu verstehen, ob sich unter all diesen Namen auch die Vorfahren von Antonio Stradivari befindet, müssen wir die Kirchenbücher durchgehen.

Kirchenbücher

Im Gegensatz zu dem, was oft geschrieben wird, führte die Kirche bereits vor dem Konzil von Trient (1545 bis 1563) ein Register der Taufen, Hochzeiten und Beerdigungen. Während des Konzils wurde jedoch beschlossen, rituelle Formen vorzuschreiben, die in einer Reihe von Büchern gebührend vermerkt werden sollten, um die grundlegenden Phasen des christlichen Lebens zu definieren und streng zu kontrollieren. Innerhalb einer Pfarrei war der Pfarrer für die korrekten Einträge in den Kirchenbüchern verantwortlich.

Obwohl das Führen dieser Register nicht obligatorisch war, wurde unter Papst Paul V. (1605–1621) die höchstmögliche Standardisierung in der Sakramentsverwaltung erreicht. Das 1. Buch enthielt die Liste der Getauften einer Pfarrei, das 2. Buch die der Konfirmierten, das 3. Buch listete die Eheschließungen auf, das 4. Buch war ein *Status animorum*, ein Gemeindemitgliederverzeichnis, und im 5. Buch wurden die Verstorbenen eingetragen.

Cremona hatte im 13. Jahrhundert 68 unterschiedliche Pfarreien. Zu Beginn des 17. Jahrhunderts war ihre Nummer auf 43 inner- und vier vorstädtische gesunken.[9] Aber es bleibt eine enorme Zahl, wenn man an die Tausende von Registerseiten denkt, die von jeder Pfarrei verfasst wurden, geschrieben in Latein mit einer Handschrift, die oft an Kritzeleien erinnert.

Die Kirchenbücher sind bei der Rekonstruktion der Biographie von Antonio Stradivari und seinen Kindern von großer Hilfe.

Nach dem heutigen Stand der Forschung taucht der Name unseres Geigenbauers erstmals im Jahr 1667 in einem Kirchenbuch auf. Es handelt sich jedoch nicht um das Taufbuch, sondern um ein Eheregister. Antonio Stradivari heiratete am 4. Juli 1667[10] Francesca Ferraboschi und diese Verbindung wurde vom Pfarrer von Sant'Agata, der Pfarrei der Braut, angemessen dokumentiert. Wir werden zu gegebener Zeit Gelegenheit haben, ausführlich über diese Union zu sprechen. Was uns im Moment interessiert, ist, dass Antonio nach dieser Akte der Pfarrei Santa Cecilia angehörte. Die Kirchenbücher dieser Gemeinde sind aber größtenteils leider verloren gegangen.

Mehrere Forscher haben die in Cremona verbliebenen Pfarreiregister mehrfach überprüft, die Geburtsurkunde von Antonio Stradivari konnte jedoch bisher nicht gefunden werden.

Auf jeden Fall darf nicht vergessen werden, dass es sich um etwa 350 Jahre alte Register handelt. Leider sind eben nicht alle Kirchenbücher von Cremona erhalten geblieben. Es ist daher möglich, dass jenes, das uns interessiert, irgendwann durch ein Feuer zerstört, von Tieren gefressen oder so verschimmelt war, dass es weggeworfen wurde. Besonders während der Säkularisierung wurden viele Kunstwerke im Besitz der Kirche, darunter Tausende von Büchern, Registern und Dokumenten, zerstört, gestohlen, aber auch versteckt und dann vergessen.

Eine andere Möglichkeit ist, dass Antonio zu einer Zeit geboren wurde, als es aus irgendeinem Grund nicht möglich war, ihn zu registrieren. Diese

Hypothese ist nicht zu unterschätzen, wenn man zum Beispiel die Tatsache berücksichtigt, dass Cremona im Streit zwischen den Franzosen und den Spaniern von 1647 bis 1648[11] mehrere Monate lang belagert wurde. Unter den tragischen Folgen, die die Bürgerinnen und Bürger zu erleiden hatten (Hunger, Krankheit, Armut, Gewalt aller Art), ist nicht auszuschließen, dass man in vielen Pfarreien auch gezwungen war, das Spenden der Sakramente und damit auch die fällige Eintragung in die Register auszusetzen.

Im Zusammenhang mit den Kriegen und den daraus resultierenden Hungersnöten besteht auch die Möglichkeit, dass Antonios Vater die Familie aus der Stadt in Sicherheit brachte und dass Antonio irgendwo in der Provinz von Cremona das Licht der Welt erblickte. Wäre er aber tatsächlich nicht in Cremona geboren worden, hätte der Priester von Sant'Agata höchstwahrscheinlich von ihm ein Dokument verlangt, um nachzuweisen, dass er frei war zu heiraten, und in der Heiratsurkunde hätte er dies dann erwähnt.

Es besteht jedoch kein Zweifel daran, dass die Stradivaris seit Jahrhunderten in Cremona ansässig waren und dass Antonio Stradivari sich als Bürger dieser Stadt betrachtete, wie er es auf den Zetteln, die er in seinen Instrumenten anbrachte, immer wieder betonte.

Status animorum

Der Bestand an Seelen wurde einmal im Jahr, gewöhnlich zu Ostern, erfasst. Es handelte sich um eine Haus-zu-Haus-Zählung der Gemeindemitglieder, die in die Zuständigkeit des Pfarrers fiel. Die Kirche hatte die genaue Vorgabe erlassen, welche Art von Daten für jeden Einzelnen erhoben werden sollten: Vorname, Familienname, Alter, Beschreibung der Angehörigkeit zu Familie und Auflistung der erhaltenen Sakramente (C., C., Chr. = Beichte, Kommunion und Firmung).

Diese Informationen sind grundlegend, um die Vergangenheit zu rekonstruieren in einer Zeit, als es das Standesamt noch nicht gab. Aber wir dürfen sie nicht unkritisch betrachten. Die mühselige Zählung der Gemeindemitglieder wurde auch dem Mesner übertragen, der im Gegensatz zum Pfarrer die Wechselfälle im Leben der verschiedenen Gemeindemitglieder oft nicht kannte und manchmal nachlässig an die Arbeit heranging. Dies wurde besonders deutlich, wenn es um die Angabe des Alters der befragten Person ging, die in vielen Fällen fehlt. Meistens folgt auf diese Zahl die lateinische Form *circiter*, was „ungefähr" bedeutet, weil entweder der Befragte sich nicht mehr an sein Geburtsdatum erinnern konnte oder der Fragende es nicht wusste, sodass das Alter geschätzt wurde.

Nach seiner Heirat im Juli 1667 zog Antonio Stradivari mit seiner Frau in die Pfarrei Sant'Agata. Ab 1668 erscheint sein Name auch im Seelenregister dieser Pfarrei. Doch diejenigen, die gehofft hatten, dass uns diese Register endlich einen Hinweis auf sein Geburtsdatum geben könnten, müssen wir enttäuschen.

Wie Arnaldo Baruzzi[12] bereits ausführlich berichtet hatte, wurde Antonio im Kirchenbuch von Sant'Agata[13] von 1668 als 28 Jahre alt angegeben. Im Jahr 1669 sank sein Alter unerklärlicherweise auf 22 Jahre, um 1670 wieder auf 24 Jahre anzusteigen. Die Aufzeichnung von 1671 fehlt. Im Jahre 1672 war er angeblich immer noch 25 Jahre alt. Die Aufzeichnungen aus den Jahren 1673 und 1674 fehlen. Im Jahre 1675 war er dann 28 Jahre alt. Im Jahr 1676 steigt sein Alter auf 30 Jahre, sinkt aber im folgenden Jahr auf 29 Jahre. Im Jahr 1678 bleibt das Alter bei 29 Jahren. Das Register von 1679 fehlt. Auf der Grundlage dieser Hinweise könnte Antonio Stradivari 1640, 1646, 1647, 1648 oder 1649 geboren worden sein.

Nach dem Kauf eines Hauses im Jahr 1680 zog Antonio Stradivari mit seiner Familie in die Pfarrei San Matteo. Gemäß dem Seelenregister[14] der neuen Pfarrei war er 1681 32 Jahre alt und erhielt bei jeder neuen Volkszählung regelmäßig ein zusätzliches Jahr, bis er 1736 das Alter von 87 Jahren erreichte. Doch im folgenden Jahr, dem Jahr seines Todes, wurden ihm plötzlich 90 Jahre zugeschrieben.

Noch komplizierter wurde die Angelegenheit durch seine Sterbeurkunde, die am 19. Dezember 1737,[15] einen Tag nach seinem Tod, ausgestellt wurde. In diesem Dokument wurde Antonio für *circiter* 95 Jahre alt erklärt.

Und wenn Sie glauben, dass die Lage nicht noch verwirrender werden könnte, dann lassen Sie sich überraschen.

Antonios Eltern

Es gibt unzählige Legenden über die Geburt von Antonio Stradivari. Eine der amüsantesten ist, dass Antonios Mutter mit der Kutsche von Breno, einer Kleinstadt in Valcamonica, wo die Familie Stradivari laut dieser Legende lebte, nach Cremona gebracht wurde. Offensichtlich muss die Dame hochschwanger gewesen sein, denn als sie auf der Piazza Sant'Agostino ankam, brachte sie einen Sohn zur Welt, der den Namen Antonio erhielt. Angeblich wurde dem Kleinen dieser Name gegeben, weil der Pfarrer der Kirche so hieß. Eine sehr rührende Geschichte, die zum Mythos Stradivaris beitrug. Schade, dass der Prior des Au-

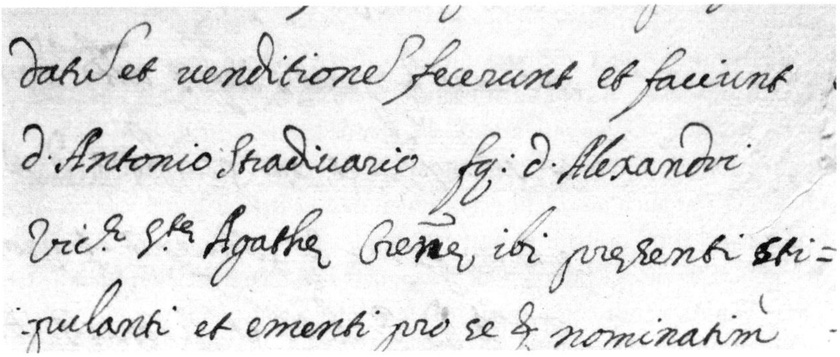
dati et venditione fecerunt et faciunt
d. Antonio Stradiuario fq: d. Alexandri
Vic.e S.tae Agathe Creme ibi presenti sti=
=pulanti et ementi pro se & nominatim

Abb. 1: Wer war der Vater von Antonio Stradivari? In dieser notariellen Urkunde wurde er zum ersten Mal erwähnt. Notariatsarchiv, Notar Francesco Barosio, 3. Juni 1680, Aktenbündel 5623. *Staatsarchiv*, Cremona. Foto: Alessandra Barabaschi.

gustinerklosters damals Nicola hieß und der Pfarrer Lodovico. Es gab nicht einmal den Schatten eines Antonios!

Es ist also viel besser, wenn wir die Legenden beiseitelassen und uns auf die Archivdokumente konzentrieren.

Eine notarielle Urkunde vom 3. Juni 1680[16] gibt uns einen wichtigen Anhaltspunkt, um die Vergangenheit von Antonio Stradivari zurückzuverfolgen.

Da solche Urkunden damals noch in lateinischer Sprache verfasst waren, erscheint folgender Hinweis in dem oben erwähnten Dokument: *d. Antonio Stradivario filio quondam d. Alexandri Vicinæ S. Agathæ Cremonæ*. In weniger als zwei Zeilen gibt es vier Hinweise von großer Bedeutung: Antonio Stradivari wird als *filio* (Sohn) des *quondam* (verstorbenen) *Alexandri* (Alessandro) angegeben, und dann wird bestätigt, dass Antonio, wie wir zuvor gesehen haben, der Pfarrei Sant'Agata angehörte, wohin er nach seiner Heirat gezogen war.

Alessandro, Antonios Vater, war daher bereits 1680 verstorben.

Sowohl vor dem Namen von Antonio als auch vor dem seines Vaters erscheint ein *d.*, das wahrscheinlich für „Domini", d. h. Herrn, steht. Dieses Detail könnte von Bedeutung sein, weil es möglicherweise dazu benutzt wurde, um zu unterstreichen, dass Antonios Vater (und folglich auch Antonio selbst) eine Person mit einer gewissen Achtung oder Abstammung war.

Sobald sich die Nachricht von der Entdeckung dieser notariellen Urkunde verbreitete, stürmten die Forscher die Kirchenbücher auf der Suche nach einem Alessandro Stradivari, der als Vater von Antonio infrage hätte kommen können.

Paolo Lombardini[17] war der erste, der Ende des 19. Jahrhunderts in den Registern der Pfarrei San Michele Vecchio einen Alessandro Stradivari ausfindig machte, der der Richtige zu sein schien. Alessandro Stradivari, geboren 1602,[18] war mit Anna Moroni verheiratet und hatte drei Söhne: Giuseppe Giulio Cesare (1623), Carlo Felice (1626) und Giovanni Battista (1628).

Das Stradivari-Universum konnte die Freude kaum zurückhalten: Nicht nur die Identität der Eltern des berühmten Geigenbauers schien endlich geklärt, sondern es war auch ans Licht gekommen, dass er Brüder hatte! Viele folgten dem Beispiel von Lombardini und veröffentlichten die Nachricht, die um die Welt ging. Das einzige kuriose Detail war, dass zwischen der Geburt des dritten Sohnes von Alessandro Stradivari (1628) und der Geburt von Antonio, die um 1644 herum betrachtet wurde, gute 16 Jahre vergangen waren. Aber es reichte nicht, um die Enthusiasten zu beunruhigen.

Im Gegenteil, da man keine weiteren Aufzeichnungen über die Familie finden konnte, ging man davon aus, dass Alessandro und seine Familie Cremona um 1630 verlassen hatten, als sich die Pest in der Stadt ausbreitete. Dies hätte auch das Fehlen einer Geburtsurkunde von Antonio erklärt, der daher höchstwahrscheinlich außerhalb von Cremona geboren wurde. Alles passte perfekt. Aber der Teufel hatte wohl seine Hand im Spiel, und so fand Carlo Bonetti[19] mehrere Jahre später eine Reihe von Dokumenten, die beweisen, dass diese Stradivaris doch nicht die richtigen waren. Alessandro war am 5. September 1630[20] wahrscheinlich an der Pest gestorben. In seinem Testament,[21] das er zwei Tage vor seinem Tod verfasste, wird selbstverständlich kein Sohn namens Antonio erwähnt. Aber darüber braucht man sich nicht zu wundern, denn unser Antonio konnte damals noch nicht geboren gewesen sein.

Interessanter erscheint ein 27-jähriger Alessandro Stradivari, der im Jahr 1678[22] im Seelenregister der Pfarrei Sant'Agata eingetragen wurde. Er lebte mit seiner Frau Rosina Antegnati im Haus eines Herrn Giovanni Magatti, also genau zwei Türen von dem 24-jährigen Antonio Stradivari und seiner Frau Francesca Ferraboschi entfernt. Ist es möglich, dass dieser Alessandro der ältere Bruder von Antonio war? Zu jener Zeit war es üblich, dem erstgeborenen Sohn den Namen seines Vaters bzw. Großvaters zu geben, und da wir wissen, dass Antonios Vater Alessandro hieß, könnte dies die mögliche Verwandtschaft zwischen Antonio und dem jungen Mann, der im Haus von Giovanni Magatti wohnte, erklären. Leider ging das Register des folgenden Jahres verloren, und Alessandro und seine Frau sind ab 1680 nicht mehr gemeldet. Sie waren wahrscheinlich in eine andere Nachbarschaft oder sogar in eine andere Stadt gezogen.

Als ob das noch nicht verwirrend genug wäre, gab es auch noch das Problem der Zettel, die das Ganze durcheinander brachten.

Die Sache mit den Zetteln

Antonio Stradivari war einer der ersten Geigenbauer, die systematisch Papierzettel mit ihren Namen in ihre Instrumente einfügten. Dieses System erlaubte es ihm, das Instrument zu signieren, ähnlich wie es ein Maler tut, wenn er ein Gemälde beendet hat.

Auf dem Zettel, der in der Regel bedruckt war, waren der Name des Geigenbauers, sein Ort und das Baujahr des Instruments angegeben.

Der Zettel befindet sich im Inneren der Geige, auf den Boden geklebt, in der Regel auf der Bass-Seite, d. h. von vorne auf die Geige gesehen, hinter dem linken F-Loch.

Stradivaris Zettel enthielten die folgende lateinische Formel: *Antonius Stradivarius Cremonensis Faciebat Anno 1…*, gefolgt von einem kleinen Siegel, das aus einem Doppelkreis bestand, in dessen Innerem sich ein Kreuz mit den Initialen *A. S.* befand. Die letzten zwei oder drei Ziffern der Jahreszahl wurden gewöhnlich vom Geigenbauer von Hand eingetragen, nachdem er sein Werk fertiggestellt hatte.

Diese Zettel sind ein wichtiger Hinweis, um die Instrumente von Stradivari zu erkennen und das Baujahr festzulegen. Aber die Dinge in der Welt des Geigenbaus sind nie so einfach, wie sie scheinen.

Bereits in der Mitte des 18. Jahrhunderts wurden Etiketten manipuliert. Einige wurden so angepasst, dass das Entstehungsjahr eines Instruments mit dem goldenen Zeitalter eines Geigenbauers zusammenfiel. Andere wurden entfernt und in Instrumente von geringerem Wert eingesetzt. Und so entstand ein lukratives Geschäft: Diejenigen, die sich blind auf Zettel verließen, kauften Instrumente in dem Irrglauben, sie seien von großem Wert. Ein markantes Beispiel ist das Quartett, das Fürst Lichnowsky Beethoven schenkte und von dem ich berichtet habe.[23]

Insbesondere die Zettel von Stradivari wurden kopiert und in geeigneter Weise gefälscht, um als Original zu erscheinen, mit dem Ergebnis, dass der Name Stradivari heutzutage auch auf den Zetteln von zahlreichen minderwertigen Instrumenten zu finden ist.

Es gab auch diejenigen, die begannen, Zettel als Hobby zu sammeln, wie man es normalerweise mit Münzen oder Briefmarken macht. Unwillkürlich trugen diese Sammler dazu bei, den Zettelhandel und die daraus resultierende Verwirrung zu vergrößern.

Die meisten Experten waren im 19. Jahrhundert und während eines Großteils des 20. Jahrhunderts davon überzeugt, dass Antonio Stradivari 1644 ge-

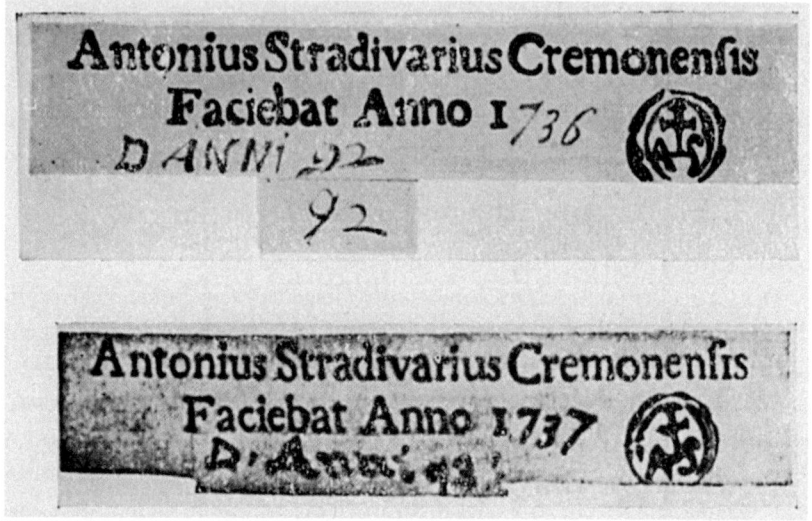

Abb. 2: Beispiele für Stradivari-Zettel mit Anmerkungen zu seinem Alter. Aus: Karel Jalovec, *Italienische Geigenbauer*, Prag: Artia, ²1957, S. 343.

boren wurde. Das liegt daran, dass einige Originalzettel aus der letzten Produktionsperiode des Instrumentenbauers handschriftliche Notizen enthalten, die das Alter angeben, das Antonio zum Zeitpunkt der Herstellung des Instruments besaß. Einige dieser Zettel, datiert 1735, 1736 und 1737, enthalten die Worte: *d'anni 91, 92, 93* ((Geschaffen) als ich 91, 92 bzw. 93 Jahre alt war). Dies schien der unwiderlegbare Beweis dafür zu sein, dass Antonio 1644 geboren wurde, und da er das Ende seines langen Lebens herannahen fühlte, wollte er, mit einem gewissen Stolz, sein Alter bekräftigen.

Leider gab es jedoch einen Zettel von 1732, auf dem Antonio erklärte, er sei 82 Jahre alt. War er im Alter ein bisschen fahrig geworden und hatte vergessen, wann er geboren wurde? Aber nein, nach Ansicht einiger Gelehrter wäre es keine 82, sondern eine schlecht geschriebene 89. Später scheint es, dass auch andere Zettel mit den Daten 1730 (92 Jahre) und 1731 (93 Jahre) im Umlauf waren, die die Theorie von 1644 erneut sprengten. Inzwischen hat jemand die Meinung geäußert, dass diese Kommentare nicht von Antonio Stradivari geschrieben wurden, sondern vielleicht von seinen Söhnen, seinen Gehilfen oder vom Grafen Ignazio Alessandro Cozio di Salabue, einer weiteren Persönlichkeit von großem Interesse, die wir kennenlernen werden. So war beispielsweise Renzo Bacchetta, der die Papiere des Grafen Cozio di Salabue systematisch neu arrangierte und in einem ausführlichen Band veröffentlichte, davon überzeugt, dass es der Graf gewesen sei, der die Angabe der Jahre auf den Stradivari-Zetteln hinzugefügt habe.[24]

Ist Ihnen schwindlig? Lassen Sie sich nicht entmutigen, wir stehen erst am Anfang der Reise. Vier Dinge sind jedoch sicher: Die Stradivaris lebten jahrhundertelang in Cremona; der Vater unseres Geigenbauers hieß Alessandro; Antonio Stradivari starb am 18. Dezember 1737 und ist nach wie vor einer der größten Geigenbauer, die es je gab. Und wenn Sie meine Meinung zum Geburtsjahr von Antonio Stradivari wissen möchten, verrate ich sie Ihnen: 1647. Warum? Betrachten Sie es als eine Eingebung[25] ... Aber meine Vermutung ist genauso gut wie Ihre.

Stradivari

II.
Adlige und Geistliche, Bauern und Weber

Auch haben die Menschen weniger Scheu, gegen einen beliebten Herrscher vorzugehen als gegen einen gefürchteten; denn Liebe wird nur durch das Band der Dankbarkeit erhalten, das die Menschen infolge ihrer Schlechtigkeit bei jeder Gelegenheit aus Eigennutz zerreißen. Furcht dagegen beruht auf der Angst vor Strafe, die den Menschen nie verläßt.[1]
(Niccolò Machiavelli, *Der Fürst*, 1532)

Die geografische Lage Cremonas begünstigte seine wirtschaftliche Entwicklung seit der Antike. Der Po, der längste Fluss Italiens, an dessen Ufern Cremona liegt, bot den Stadtbewohnern die Möglichkeit, ihre Waren über 650 Kilometer auf dem Wasserweg zu transportieren, sodass sie auf der einen Seite den piemontesischen Staat Savoyen und auf der anderen Seite das Adriatische Meer und seine Häfen erreichten, die Teil des riesigen Handelszentrums der Republik Venedig waren. Einige Nebenflüsse des mächtigen Po, ebenfalls nicht weit von Cremona entfernt, schufen noch weitere Möglichkeiten für den Handel: Die Adda erreichte den nördlichsten Teil der Lombardei, der Ticino ermöglichte die Verbindung zur Schweiz und der Oglio den Handel mit Bergamo, das damals den Venezianern gehörte, und mit Mantua auf dem Gebiet der Herzöge von Gonzaga. Neben dem Flusshandel gab es auch einen Straßenhandel, sodass viele Produkte aus Cremona auch jenseits der Alpen nach Frankreich, Österreich und Deutschland exportiert wurden, sowie in das nahe gelegene Herzogtum Parma, das sich im Besitz der Familie Farnese befand, und nach Modena, das von der Familie Este regiert wurde, und dann weiter in die Republik Genua und jenseits des Apennins, um in das Großherzogtum Toskana zu gelangen, wo die Familie Medici herrschte.

Ein Vorteil in Friedenszeiten ist ein Nachteil in Kriegszeiten

Wenn die geografische Lage von Cremona in Friedenszeiten ein Vorteil war, um den Handel zu fördern, wurde sie in Kriegszeiten strategisch unentbehrlich, als Quartier- und Durchgangsort für Soldaten und ihre Tiere. Leider war diese Tatsache allen europäischen Großmächten klar, die deswegen Cremona in der Vergangenheit in diesem Sinne ausgenutzt haben, mit den schrecklichen Ergebnissen für die Bevölkerung, die man sich vorstellen kann. Wie Professor Vigo hervorhob:

> In der kurzen Zeit von dreißig Jahren war die Stadt von den Franzosen an die Venezianer, dann erneut an die Franzosen, dann an den Herzog von Mailand und schließlich an die Spanier übergegangen. Cremona war der Scheideweg aller Armeen.[2]

Italien war damals in viele kleine Staaten geteilt, es war die Zeit der großen Herrscher, die Machiavelli in seinem Buch *Der Fürst* so präzise beschrieb. Karl V. von Habsburg (1500–1558), Kaiser des Heiligen Römischen Reiches, sein Sohn und Nachfolger Philipp II. (1527–1598) und die Königin von Frankreich Caterina de' Medici (1519–1589) sind nur einige der vielen Fürsten, die in den Vorschriften dieses kleinen Vademecums die Bestätigung ihrer Rolle als Eroberer der Welt fanden.

Vom 15. bis zum Beginn des 18. Jahrhunderts gehörte Cremona zum Herzogtum Mailand.

In seinem Todesjahr unterzeichnete König Heinrich II. von Frankreich (1519–1559) den Frieden von Cateau-Cambrésis, mit dem er den Besitz des Herzogtums Mailand den Spaniern Philipps II. zusprach, die es in der Tat bereits seit 1535 unter Karl V. verwaltet hatten. Auf diese Weise erhielt Spanien die Kontrolle über strategische Punkte, um die gesamte italienische Halbinsel zu beherrschen: das Königreich der beiden Sizilien, Sardinien, das Königreich Neapel und das Herzogtum Mailand.

Die spanische Herrschaft über Cremona dauerte ununterbrochen 172 Jahre lang, von 1535 bis 1707. Sie war durch eine indirekte Machtausübung gekennzeichnet, nämlich durch die Figur des Podestà, eines von den Spaniern ausgewählten Gouverneurs, der das gesamte Herzogtum Mailand führte und auf den sich sowohl der Generalrat der Stadt als auch die lokalen Vertreter des Herzogtums bezogen. Eine direkte Machtausübung lag nicht im Interesse der Spanier, für die Cremona wie das gesamte Herzogtum Mailand zwei Hauptaufgaben erfüllte: als strategischer Punkt, an dem Truppen zusammengeführt, untergebracht und versorgt werden sollten, und als finanzielle Ressource zur Unterstützung eines Staates, der trotz der enormen Gold- und Silbermengen, die regelmäßig aus Südamerika einströmten, ständig am Rande des Bankrotts stand. Diese zwei Ziele wurden den Einwohnern von Cremona relativ schnell und schmerzlich klar. Kurz nach der Machtübergabe erhöhten die Spanier die Steuerlast auf dem Territorium und brachten dadurch vor allem das Kleinbürgertum und das einfache Volk in Schwierigkeiten. Mitte des 19. Jahrhunderts resümierte der Cremoneser Historiker Robolotti empört über die spanische Behandlung seiner Stadt:

> Die spanische Herrschaft verschlang Kapital, Einkommen, alles, mit illiberalen, törichten Gesetzen, mehr noch als ungerecht, die langsam, beharrlich, unerschöpflich Blut und Vitalität der Cremoneser aufsaugten; mit der letzten Ausrottung verjagte sie eine kultivierte, fleißige, reiche und glückliche Stadt von 80.000 Einwohnern und hinterließ einen schmutzigen Weiler von 10.000 traurigen, trägen Bettlern, verwildert wie das Gebiet. Cremona zahlte an Karl V. 21 Jahre lang jedes Jahr etwas mehr als eine halbe Million Scudi, an Philipp II. 40 Jahre lang fast zwei Millionen Scudi, an Philipp III. 23 Jahre lang dreieinhalb Millionen Scudi und an Philipp IV. 29 Jahre lang über fünf Millionen Scudi.[3]

In gewisser Hinsicht aber waren die Cremoneser, oder besser gesagt, der Generalrat der Stadt nicht ganz schuldlos an ihrem Schicksal. Die Adelsfamilien bildeten das Rückgrat des Rates und, anstatt die Steuern infrage zu stellen, versuchten sie einerseits, den Vertretern der Kaufleute den Zugang zum Rat selbst zu verwehren, andererseits ihren eigenen Steueranteil den anderen Ständen aufzubürden. Infolgedessen hatten die Bürger, die weder zum Adel noch zum Klerus gehörten, ein doppeltes Problem. Während also die Kaufleute nicht genug Stimmen im Generalrat der Stadt hatten, um eine gerechtere Verteilung der Steuerlast zu verlangen und festzulegen, waren die Bauern unter anderem für die Bedürfnisse der Armeen zuständig, indem sie nicht nur den Sold der Soldaten, sondern auch für ihre Verpflegung, Unterkunft und auch die ihrer Pferde bezahlen mussten. Das unfaire System führte zu eklatanten Missständen, wie im Jahr 1734, als Cremona „innerhalb seiner Mauern 15.000 Soldaten und 7.000 Pferde unterbringen musste und eine Bevölkerung von 25.000 Einwohnern hatte."[4]

Ein Leben zwischen Kriegen, Hungersnöten und Seuchen

Cremona war, wie die meisten italienischen Städte jener Zeit, geteilt in feudale Aristokratie, Stadtaristokratie, große wohlhabende Kaufmannsfamilien, Kleinbürgertum, eine Masse von Handwerkern, Bauern, Geistlichen und einen erheblichen Anteil von Armen. Die enorme Steuerlast, die die spanische Regierung auferlegte, schwächte die Sozialstruktur der Stadt, während die ständige Präsenz ausländischer Armeen oft ein Träger schrecklicher Seuchen war. Wenn Cremona sich noch Ende des 16. Jahrhunderts mit rund 40.000 Einwohnern als die wohlhabendste und bevölkerungsreichste Stadt des Herzogtums nach Mailand präsentierte, änderte sich die Situation innerhalb weniger Jahre drastisch. Schwere Hungersnöte in den Jahren 1590, 1627 und 1629 brachten die Stadt schon in ernste Schwierigkeiten, während die Pest von 1630 ihr den letzten Schlag versetzte. Cremona verlor mehr als die Hälfte seiner Bevölkerung und wurde 1640 auf nur noch 16.000 Einwohner reduziert. Um 1680, als Antonio Stradivari seine Werkstatt eröffnete, hatte Cremona etwa 22.000 Einwohner,[5] von denen ungefähr 2.500–3.000[6] Vertreter des Klerus, d. h. Priester, Mönche und Nonnen, waren.

Während des ganzen 16. Jahrhunderts waren die Stoffe der Hauptexportartikel der Stadt gewesen. In der zweiten Hälfte des Jahrhunderts gaben sie zwei Fünftel der beschäftigten Bevölkerung Arbeit.[7] Die lokalen Handwerker zeigten einen guten Schuss Pragmatismus und nicht wenig Weitsicht und spezialisierten sich auf die Herstellung guter Produkte, wie Moleskin, Barchent und Beiderwand, aber von nicht sehr hoher Qualität, die sowohl auf dem nationalen als auch auf dem internationalen Markt Anerkennung fanden. Eine Vorstellung vom Ausmaß dieses Handels kann man aus den folgenden Daten gewinnen: Gegen Ende des 16. Jahrhunderts kamen mehr als 200 Tonnen Leinen aus den benachbarten Provinzen der Lombardei in die Stadt und waren hauptsächlich für die Verarbeitung zu Moleskin bestimmt.[8] Der Textilhandel leistete einen unentbehrlichen Beitrag zum städtischen Budget, wenn man bedenkt, dass im 17. Jahrhundert die Hersteller von Moleskin und Beiderwand 40 % der Steuerlast trugen.[9] Offensichtlich wurden diese Stoffe auch von allen Bevölkerungsschichten verwendet: Sowohl Bauern als auch die ärmeren Schichten kleideten sich in grobes Leinen, während die Wohlhabenden die feinere Variante für Laken, Kissenbezüge, Tischdecken und Servietten verwendeten. Außerdem wurde in den Fenstern oft gewachstes Leinen anstelle von Glas eingesetzt, letzteres war in der Tat immer noch eine Art Luxus, den sich nur wenige leisten konnten.[10]

Leider war Spanien jedoch ständig in irgendeinen Krieg verwickelt, und die Einwohner von Cremona mussten oft die Konsequenzen tragen. Hier ist ein kleines Beispiel für einige der vielen Kriege, die der habsburgische Staat im Laufe von knapp zwei Jahrhunderten führte. Wenige Jahre nach der Unterzeichnung des Friedens von Cateau-Cambrésis mit Frankreich begann Philipp II. einen Religionskrieg gegen die Niederlande, der später in den Achtzigjährigen Krieg (1568–1648) mündete. 1590–1598 griff er auch Frankreich an, das sich schuldig gemacht hatte, einen Protestanten, nämlich Heinrich IV (1553–1610), zu seinem neuen König gewählt zu haben. Obwohl Spanien beide Kriege verlor, nahm es unter Philipp III. (1578–1621) an dem verheerenden Dreißigjährigen Krieg (1618–1648) teil, an dem zahlreiche europäische Staaten beteiligt waren und der mehrere Millionen Menschenleben forderte.

Besonders schmerzhaft war für Cremona der Krieg Philipps IV. (1605–1665) gegen Frankreich (1635–1659), in dem die Franzosen 1648 Cremona mehrere Monate lang belagerten, einen Großteil der Stadt zerstörten und die Bevölkerung dezimierten, die sich von der Pest von 1630 kaum erholt hatte. Diese Belagerung könnte auch einen gewissen Einfluss auf das Leben von Antonio Stradivari gehabt haben: Einige sagen, dass er außerhalb von Cremona geboren wurde, weil sein Vater die belagerte Stadt verlassen hatte, um seine Familie zu retten, andere behaupten dagegen, dass wegen der Belagerung viele Geburten nicht ordnungsgemäß in den Taufbüchern verzeichnet wurden und sich darunter auch die unseres Geigenbauers befinden sollte.

Wie es Cremona mit all den Kriegen erging, lässt sich schnell zeigen. Im Jahr 1635 war die Krise so dramatisch, dass diejenigen, die mehr als ein Haus besaßen, diese abreißen ließen, um die Ziegelsteine zu verkaufen. Der Podestà musste persönlich eingreifen und ein solches Verhalten sofort verbieten, indem er Geldbußen festsetzte. Aber auch Körperstrafen verhängte er für diejenigen, die auf frischer Tat bei der Zerstörung eines Hauses ertappt wurden.[11] Nach einem Bericht der *Università dei mercanti* (Universität der Händler) war das Handelsvolumen in Cremona von 1580 bis 1647 um 75 % zurückgegangen.[12]

1658, also zehn Jahre nach der gewalttätigen Belagerung durch die Franzosen drangen erneut feindliche Truppen in die Stadt ein. Der 1659 unterzeichnete Pyrenäenfrieden beendete endlich den langen Krieg zwischen Spanien und Frankreich, und die Bürger des Herzogtums Mailand konnten aufatmen. Die Wirtschaft des gesamten Herzogtums hatte jedoch unweigerlich stark gelitten. Cremona hatte Mühe, sich zu erholen, da die langen Kriegsjahre seine Textilexporte stark eingeschränkt hatten. Außerdem waren konkurrierende Städte wie Ulm und Augsburg währenddessen nicht untätig geblieben, ganz im Gegenteil. Sie hatten die Schwierigkeiten von Cremona ausgenutzt, um große Marktanteile zu erobern.

Die Krise war tief, offensichtlich und irreparabel:

> Die Steuerschätzung war 1686 unter 500 Lire gefallen, 1692 unter 400, in den ersten Jahren des 18. Jahrhunderts schwankte sie um 350 Lire. Innerhalb eines Jahrhunderts hatte sie um 85 % verloren.[13]

Parallel zur Wirtschaftskrise gab es auch eine Sittenkrise, die nicht nur den Adel, sondern auch die Kirche betraf. Dies hatte besonders gravierende Folgen, weil die Kirche in Cremona, wie auch in ganz Italien, eine grundlegende Rolle innerhalb der Gemeinschaft spielte und ihr Beispiel von großer Bedeutung war. So wurden beispielsweise die meisten Bildungseinrichtungen, in denen sowohl die Sprosse des örtlichen Adels als auch die Mitglieder von Bürger- und Kaufmannsfamilien ausgebildet wurden, von religiösen Kongregationen betrieben. Immer öfter wurden die kirchlichen Investitionen Strohmännern gewährt, und es gab einen regelrechten Handel mit Benefizien,[14] an dem auch Antonio Stradivari beteiligt war, der, wie wir später sehen werden, gut 3.000 Lire für den Kauf eines solchen für seinen Sohn Alessandro zahlte, der Priester geworden war.

Das Licht in der Finsternis

In einer seltsamen Wendung des Schicksals fiel der wirtschaftliche Niedergang von Cremona mit Stradivaris Aufstieg in den Olymp des Geigenbaus zusammen. Zwischen dem Ende des 17. und dem Anfang des 18. Jahrhunderts war der Erfolg seiner Werkstatt konkurrenzlos, und der Beginn seiner sogenannten „goldenen Periode" fiel mit dem Ausbruch eines weiteren Krieges zusammen, nämlich dem des Spanischen Erbfolgekrieges (1701–1714). Diesmal waren Spanien und Frankreich Verbündete, aber das machte keinen Unterschied für die Bevölkerung von Cremona, die wieder einmal gezwungen wurde, zuerst die alliierten und dann die feindlichen Truppen zu beherbergen, zu ernähren und zu erdulden. Am 10. April 1707 verließen die französisch-spanischen Soldaten in aller Eile die Stadt, und ihr Platz wurde bald von denen Kaiser Josephs I. (1678–1711) eingenommen. Mit der Ankunft der österreichischen Armee, die die Stadt besetzte, wurde das Ende von 172 Jahren spanischer Herrschaft verkündet. Auch der dazu dienende Vertrag von Utrecht, der 1713 unterzeichnet wurde, und der Rastatter Frieden von 1714 sorgten nicht für eine dauerhafte Friedenszeit. Zu

Beginn des Jahres 1730 mobilisierten neue Erbfolgekriege, der des Herzogtums Parma und der des Großherzogtums Toskana, erneut große Armeen, die mehrere Jahre lang in Cremona lagerten und die Bevölkerung bis zum Unfassbaren schikanierten. Als Antonio Stradivari am 18. Dezember 1737 starb, sah sich seine geliebte Stadt einer weiteren Hungersnot ausgeliefert, Opfer eines Schicksals, das auf erschreckende Weise an einen höllischen Gesang in Dantes *Göttlicher Komödie* erinnerte.

Die Einwohner von Cremona gaben jedoch nicht auf, und vielen von ihnen gelang es in diesen dunklen Jahren die Welt mit ihrer Kunst zum Leuchten zu bringen.

Wie Carla Almansi schrieb:

> Die Stadt Cremona, in der die Amatis, die Stradivaris und die Guarneris lebten, war ein trostloses und elendes Land, das durch Auferlegungen, Invasionen, Hungersnöte und Seuchen dezimiert worden war.[15]

Das stimmt und das macht ihre Errungenschaften noch beachtenswerter.

Stradivari

III.
Eine Frage der Form

Das Wort Geige, begreift in sich Instrumente verschiedener Art und Grösse, welche mit Darmseiten bezogen sind, deren iede einer richtigen Austheilung nach grösser als die andere sein muß, und die mit einem aus Holz gemachten und mit Pferdhaaren bespannten Bogen gestrichen werden. Aus diesem erhellet, daß das Wort Geige ein allgemeines Wort ist, welches alle Arten der Geiginstrumente in sich einschliesset; und daß es folglich nur von einem Mißbrauche herrühret, wenn man die Violin platterdings die Geige nennt.[1]
(Leopold Mozart, *Versuch einer gründlichen Violinschule*, 1756)

In Europa kreuzten sich schon immer die Wege verschiedener Völker und Kulturen, die sich gegenseitig beeinflusst haben. Die Musik ist ein ideales Beispiel, wie die europäische Kultur durch Vermischung bereichert wurde, weil sie den Menschen seit der Antike begleitet. Neben der Vorliebe der etruskischen und griechisch-römischen Zivilisationen für Leier und Flöten gab es auch orientalische Einflüsse, insbesondere aus der arabischen Welt, die mit großer Wahrscheinlichkeit Lauten, Mandolinen und Gitarren über das maurische Spanien und Süditalien nach Europa brachten. Einige Instrumente der walisischen und keltischen Kultur wie Harfen und Leier wurden in den Händen von Hofspielleuten, aber auch von Predigern und Mönchen in den Miniaturen der damaligen Zeit dargestellt. Die Kreuzzüge leisteten auch einen bedeutenden Beitrag zum kulturellen Austausch, zum Beispiel über die verschiedenen Arten von Blasinstrumenten, aus denen die Militärkapellen zusammengesetzt waren. Dieser kulturelle Reichtum führte dazu, dass im Mittelalter eine Vielzahl von Instrumenten aller Art gespielt wurde, die sich dann in der Renaissance und in späteren Epochen weiterentwickelten.

Ursprünglich war die Geige ein Instrument, das hauptsächlich zur Begleitung von Liedern und Volksfesten verwendet wurde. Sie war nicht einer wohlhabenden Elite vorbehalten, sondern wurde von Straßenmusikern für das einfache Volk gespielt. Dann stellte man fest, welche klangliche Qualität und welche Vielfalt die Geige gekennzeichneten, daher gewann sie zunehmend an

Bedeutung. Heute finden wir sie wieder als das dominierende Element eines Orchesters vor, das von einem gebildeten und anspruchsvollen Publikum geschätzt wird.

Der unglaubliche Erfolg dieses Instruments, aber auch seine Ausdrucksmöglichkeiten und seine besondere Form haben bei vielen Menschen den Wunsch geweckt, zu klären, woher die Geige stammt und wer sie erfunden hat.

Die Geige in alten Büchern

Leopold Mozart wies bereits darauf hin, dass man das Gattungswort *Geige* in der Vergangenheit zur Bezeichnung verschiedener Saiteninstrumente verwendete, ungeachtet der Tatsache, dass diese sich oft in Typ und Größe unterschieden. Einige wurden unter dem Kinn gespielt, andere an die Brust oder auf ein Bein gelehnt. Die größeren wurden vor oder zwischen den Beinen gehalten.

Ab dem 16. Jahrhundert blühten in ganz Europa Publikationen, die sich den Musikinstrumenten widmeten und hauptsächlich von Musiktheoretikern und Komponisten verfasst wurden. Es ist durchaus interessant, einige der frühesten und wichtigsten zu erwähnen, denn sie stellten oft eine Geige dar, die nicht viel mit der heutigen zu tun hat. Im Literaturverzeichnis dieses Buches sind zusätzliche Bücher aufgelistet, die sich eingehend mit dem Thema Saiteninstrumente und den Ursprüngen der Geige befassen.

Wichtige Anfänge im deutschsprachigen Raum

Wir fangen unsere Entdeckungsreise in die Geigenliteratur chronologisch an und finden im deutschsprachigen Raum bereits 1511 ein Werk, *Musica getutscht*,[2] verfasst von Sebastian Virdung und veröffentlicht in Basel. Dies gilt als das älteste gedruckte Handbuch über Musikinstrumente. Unter den vielen Instrumenten werden im Buch auch *Groß Geigen* und *Klein Geigen* vorgestellt. Trotz ihres Namens haben diese Instrumente wenig gemeinsam mit den später von Stradivari und seinen Zeitgenossen gebauten Geigen. Die von Virdung beschriebenen *Groß Geigen* sahen wie Gitarren aus und bestanden nicht aus vier, sondern aus neun Saiten. Ihre Decke und der Boden waren flach und es fehlte der Steg. Anstelle der Schnecke hatten sie einen nach hinten abgeknickten Wirbelkasten wie den der Lauten und auf dem oberen Teil der Decke wiesen sie zwei kommaförmige Resonanzlöcher auf, also nicht dort, wo die F-Löcher heute gesch-

Abb. 3: Eine „groß Geige" in Sebastian Virdungs *Musica getutscht* von 1511. *Bayerische Staatsbibliothek*, München (4 Mus.th. 1616).

nitten werden. Die *Klein Geigen* hatten nur drei Saiten und erinnerten an die Rebec, von der wir später sprechen werden.

Wenige Jahre später, 1528 und 1545, erschien in Wittenberg das Buch *Musica instrumentalis deudsch*[3] von Martin Agricola. Man merkt hier sofort, dass sich die Familie der Geigen inzwischen erweitert hatte. Der Autor sprach von „welschen" und „polnischen" Geigen und teilte sowohl die viersaitigen *großen Geigen* als auch die dreisaitigen *kleinen Geigen* in Diskant, Alt, Tenor und Bass ein. Auch hier handelt es sich wieder um Instrumente ohne Steg, die sicherlich eine sehr geringe Klangkraft hatten und nur zur Begleitung der Stimme dienten. Es sind auch *dreisaitige Geigen* mit Steg dabei, die wie schon im Buch von Virdung der Rebec ähneln.

Echte Fortschritte zeigte das Buch *Syntagma musicum* von Michael Praetorius, das 1619 in drei Bänden in Wolfenbüttel veröffentlicht wurde. Interessant ist für uns besonders das 2. Buch, *De Organographia*,[4] das einen Überblick nicht nur über die damaligen, sondern auch die früheren Instrumente gewährt. Ein Jahr später vervollständigte Praetorius sein umfangreiches Werk, indem er *Theatrum Instrumentorum seu Sciagraphia*[5] herausbrachte. Das Buch besteht aus 42 Holzschnitten, die mit großer Sorgfalt und Genauigkeit die im 2. Band beschriebenen Instrumente abbilden. Nichts wurde dem Zufall überlassen und es sind sogar Angaben zu den Instrumentengrößen beigefügt. Die in diesem Werk reproduzierten Geigen stehen denen, die wir kennen, bereits näher, aber wir dürfen nicht vergessen, dass dieses Buch mehr als ein Jahrhundert nach dem Werk von Virdung herauskam. Zu diesem Zeitpunkt waren gute Exemplare unserer Geigen schon unterwegs, zum Beispiel wurde die Werkstatt der Amati-Familie in Cremona bereits in der zweiten Generation geführt.

Italienische Musikfunken

Auch in Italien wurde im 16. und 17. Jahrhundert viel über Musikinstrumente veröffentlicht. Hier möchten wir insbesondere drei Werke in Erinnerung rufen. Das erste, geschrieben von Giovanni Maria Lanfranco, trägt den faszinierenden Titel *Scintille di Musica*[6] (Musikfunken) und wurde 1533 in Brescia veröffentlicht. Der Autor konzentrierte sich hauptsächlich auf Musiktheorie und Gesang. Im vierten Abschnitt des Buches, der den Musikinstrumenten gewidmet ist, sprach er auch über *violoni da tasti e da arco* (Tasten- und Bogenviolonen). Wahrscheinlich aufgrund der Tatsache, dass Lanfranco zu dieser Zeit Kapellmeister der Kathedrale von Brescia war, kannte er die besten Handwerker der Stadt, deshalb lobte er am Ende des Buches insbesondere deren Geigenbauer und Organisten unter Angabe ihrer Namen und der Instrumente, auf die sie spezialisiert waren. Ein Zeichen der Anerkennung und gleichzeitig eine wichtige Quelle für Historiker. Bald werden wir sehen, warum Brescia neben Cremona so wichtig für den Anfang des Geigenbaues ist.

Der zweite Autor unserer Liste, Silvestro Ganassi, schrieb über die Instrumente, die ihm besonders am Herzen lagen, die Blockflöte und die Viola da Gamba. Letztere wurde von ihm in dem Werk *Regola Rubertina – Regola che insegna sonar de viola darcho tastada*[7] (Regelwerk, welches das Spielen der Gambe lehrt) beschrieben, das 1542 in Venedig veröffentlicht wurde, gefolgt ein Jahr später von einem Buch über den Violone[8], der dem heutigen Kontrabass ähnlich war.

Das Buch von Lodovico Zacconi, *Prattica di Musica*,[9] wurde ebenfalls in Venedig veröffentlicht und erschien in zwei Bänden (1596 und 1622). Höchst amüsant und zeitgemäß ist seine Erklärung über den Grund, warum es zwei Gambentypen gibt:

> Die Viola da braccio und die Viola da gamba sind zwei Instrumente derselben Familie: und wenn mich jemand fragen würde, warum es zwei Arten von Gamben gibt, würde ich antworten, dass der Unterschied in der Art und Weise liegt, wie sie benutzt werden:

eine zu Hause (Viola da gamba) und die andere auf der Straße (Viola da braccio). Denn es ist nicht praktisch, die Viola da gamba zu tragen, geschweige denn, sie auf der Straße zu benutzen, es ist bequemer, sie zu Hause zu spielen.[10]

Zwei Beispiele aus der französischen Welt

In Frankreich wurden Werke, die der Musik und den Musikinstrumenten gewidmet waren, mehr oder weniger zeitgleich mit anderen europäischen Nachbarstaaten veröffentlicht.

Otmar Nachtgall schrieb *Musurgia: seu praxis Musicæ*[11] (1536) in lateinischer Sprache, wobei er auch seinen eigenen Namen zu Ottomar Luscinius und den Ort der Veröffentlichung zu Argentorati (Straßburg) latinisierte. Der erste Teil des Textes enthält die lateinische Übersetzung von Virdungs Buch, was die Bedeutung und den Erfolg dieser Arbeit in ganz Europa verdeutlicht.

Im Buch von Philibert Jambe de Fer *Épitomé musical des tons, sons et accords ès voix humaines, fleustes d'Alleman, fleustes à neuf trous, violes et violons*,[12] das 1556 in Lyon veröffentlicht wurde, können wir nicht nur die große musikalische Kompetenz des Autors erkennen, sondern auch, wie fortschrittlich die Stadt selbst musikalisch war. In Lyon wohnte ein Protagonist dieses Kapitels.

Nach einer eingehenden Analyse der deutschen Flöten wandte sich Jambe de Fer der Gambe zu und begann sofort mit einem Vergleich zwischen der französischen und italienischen Stimmung der Gambe, die er „Viole" nannte. Er wies darauf hin, dass dieses Instrument in Frankreich fünf Saiten hatte, in Italien jedoch sechs.[13] In Bezug auf die „Violon" (Geige) erklärte er, dass sie nur vier Saiten habe und in Frankreich und Italien in gleicher Weise gestimmt sei.[14] Seine Beschreibung dieses Instruments ist präzise und lässt vermuten, dass er sich tatsächlich auf die Geige bezog, aber bei der Erklärung des nominellen Unterschieds zwischen „Viole" und „Violon" wies er darauf hin, dass erstere in Italien als Viola da gamba, letztere als Viola da braccio bezeichnet wurden. Doch dann fügte er hinzu, dass letztere fast ausschließlich zur Begleitung von Tänzen verwendet würden, da sie einfacher zu stimmen seien und dank ihrer geringen Größe leichter transportiert werden könnten,[15] ein Einsatz, für den ursprünglich die Geige und nicht unbedingt die Armgeige verwendet wurde.

Beispiele aus der Kunst

Im Italien des 16. Jahrhunderts erfuhren vor allem die Laute und die Gambe große Wertschätzung. Innerhalb der Gambenfamilie stand den Musikern eine ganze Reihe von Instrumenten zur Verfügung: die bereits erwähnte *Viola da braccio* und die *Viola da gamba*, der *Violone*, die *Viola bastarda*, die *Viola d'amore*, die *Viola pomposa*, die Johann Sebastian Bach 1724 bauen ließ, die *Viola da spalla* und die *Viola di bordone*. Diese Instrumente waren gewissermaßen Ableitungen der *Crwth*, *Fidel*, *Rebec* und *Gigue*.

Werfen wir einen Blick auf ein paar Meisterwerke der Vergangenheit, um die Unterschiede zwischen einigen der wichtigsten Instrumente der damaligen Zeit zu erkennen.

Als König David die Crwth spielte

Abb. 4: *König David spielt die Crwth* im Tropaire de Saint-Martial de Limoges, 1000?–1050?. *Bibliothèque nationale de France*, Départment des Manuscrits Latin 1118.

Diese Miniatur *König David spielt die Crwth* stammt aus einer wertvollen französischen Handschrift aus der Zeit um 1000–1050 mit dem Titel *Tropaire de Saint-Martial de Limoges*. Die Tropaire war ein festlicher Hauptgesang.

Das Bild zeigt König David mit großem Pomp dargestellt, sowohl die Krone, die er auf dem Haupt trägt, als auch sein Gewand sind vergoldet, und der Thron, auf dem er sitzt, ist mit mehreren Edelsteinen besetzt. Im Gegensatz zur klassischen Ikonografie, in der er gewöhnlich mit einer Zither in der Hand dargestellt wird, spielt König David in dieser Miniatur die Crwth, ein altes walisisches Instrument, das auch von den Kelten verwendet wurde. Auf den ersten Blick ähnelt das Instrument einer alten Leier, aber sein Korpus ist viel länglicher und erinnert der Form nach an ein modernes Skateboard. Offensichtlich wurde die Crwth auf eine andere Weise gespielt als die Leier. Tatsächlich ruht sie auf dem linken Knie des Königs, während er in seiner rechten Hand einen Streichbogen hält. In dieser Miniatur ist die Decke der Crwth flach und hat weder Resonanzlöcher noch einen Saitenhalter. Ihre drei Saiten sind über die gesamte Länge der Decke gespannt, laufen über einen völlig flachen Steg und sind am unteren Teil des Instruments befestigt. Besonders interessant ist der Griff des Instruments, denn in seinem oberen Teil befindet sich eine Öffnung, in die der König seine linke Hand eingeführt hat, um die drei Saiten zu zupfen. Leider ist nicht überliefert worden, wer diese wunderschöne Miniatur gemalt hat.

Eine Marienkrönung im dichten Gedränge

Der Florentiner Giovanni da Fiesole (um 1395–1455) war ein Dominikanermönch, der in der Kunstgeschichte vor allem unter dem Namen Fra Angelico bekannt ist. Der Begriff *Fra* ist eine Abkürzung des lateinischen Wortes *frater* (Bruder, kirchlich: Mönch), während ihm das Adjektiv *angelico* (engelhaft) von dem Humanisten Cristoforo Landino und Domenico da Corella, Prior des Klosters S. Maria Novella in Florenz, zugeschrieben wurde. Fra Angelico muss ein wahrhaft engelsgleicher Mensch gewesen sein. Giorgio Vasari beschrieb ihn in seinem Buch *Le Vite*[16] als einen sehr bescheidenen, nüchternen, keuschen Menschen, einen Heiligen, der nie wütend wurde und jeden mit großer Liebe empfing. Aus künstlerischer Sicht waren die von Fra Angelico behandelten Themen rein religiöser Natur, und wenn auch seine frühen Werke noch mit spätgotischen Motiven verbunden sind, so zeigen die späteren eine Gliederung des Raumes und einen Realismus, die von Masaccios moderner Ausdrucksform abgeleitet sind. Grundlegend in Fra Angelicos Werken ist das Licht, klar und göttlich, das die mittelalterliche Symbolik wiederherstellt. Ein hervorragendes Beispiel für seine Darstellung des Raumes, der Lichtverteilung und seiner Fähigkeit, Figuren darzustellen, ist das Gemälde *Marienkrönung*, das um 1434/35 entstand.

Im Zentrum des Gemäldes steht Jesus, dargestellt als ein König mit Krone und auf einem prunkvollen Thron sitzend, im Akt der Krönung Marias, die zu seinen Füßen kniet. Die Szene wird von einer Schar reich gekleideter Heiliger und Engel bezeugt. Die Figuren, die den beiden Protagonisten am nächsten stehen, sind vier Engel, von denen zwei auf jeder Seite angeordnet sind und Saiteninstrumente spielen. In der Nähe der Jungfrau, auf der linken Seite der Leinwand, befindet sich ein Engel in einem rosa Gewand, der eine Laute spielt, und einer, der eine blaue Tunika trägt und eine Gambe hält, die eine gewisse

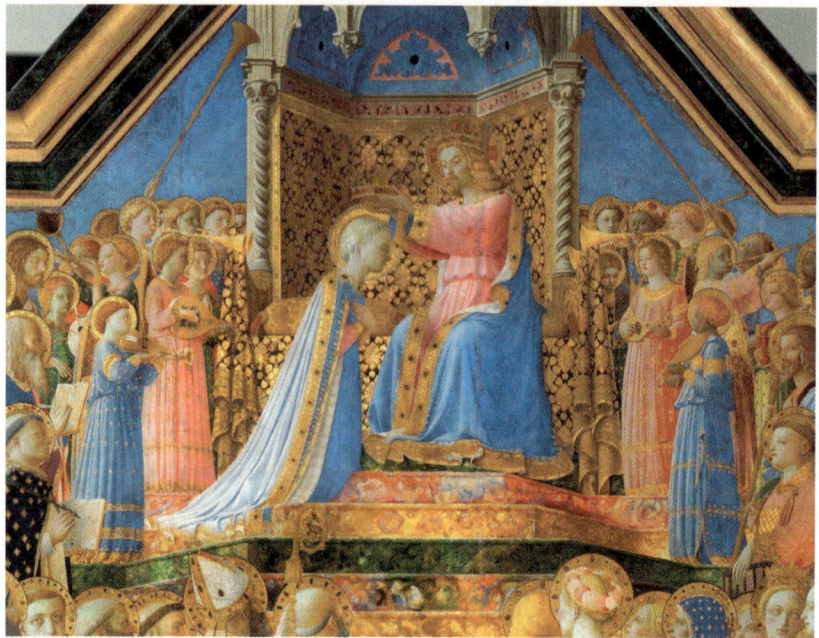

Abb. 5: Unterschiedliche Streichinstrumente in Fra Angelicos *Marienkrönung*, um 1434/35. *Musée du Louvre*, Paris. © akg-images / Erich Lessing.

Ähnlichkeit mit einer Gitarre hat, aber offensichtlich mit einem Streichbogen gespielt wurde. Die Decke und der Boden dieses Instruments sind flach. Der Hals ist sehr lang und endet in einem fast quadratisch geformten Wirbelkasten. Drei der vier Saiten erstrecken sich entlang der Decke, die kein Griffbrett hat, während die vierte Saite als Bordun, d. h. als Resonanzsaite, angeordnet ist und mit dem Daumen gezupft wurde. Die Schalllöcher und der Saitenhalter sind mehr oder weniger wie bei der klassischen Geige positioniert. Auf der anderen Seite der Szene, in der Nähe des Erlösers, befinden sich die beiden anderen spielenden Engel. Der rot gekleidete spielt eine kleine Laute, der in Blau neben ihm hält wahrscheinlich eine Rebec, ein Instrument, das sich in Form und Typ sehr von der Geige unterscheidet. Die Rebec wurde wahrscheinlich von den Mauren zu Beginn des 8. Jahrhunderts während der islamischen Eroberung der Iberischen Halbinsel nach Europa eingeführt. Ihre Form ist sehr interessant. Wie auf dem Gemälde zu sehen ist, fehlen ihr die Zargen und ihre Decke ist flach. Der Boden ist abgerundet, erinnert an die Form einer Birne, und bildet mit dem Hals einen einzigen Korpus, der mit einem halbmondförmigen Wirbelkasten endet. Boden und Hals wurden aus einem einzigen Massivholzblock gefertigt.

Prominente zu Besuch beim Hl. Hiob

Von der Toskana begeben wir uns nun nach Venedig, um über ein Werk des Malers Giovanni Bellini (um 1433–1516) zu sprechen. Er gilt als der Innovator der venezianischen Malerei und als derjenige, der die Grundlagen für die Entwicklung der venezianischen Tonmalerei legte, die ihren größten Ausdruck in den Werken von Giorgione und Tizian finden wird.

So wie Antonio Stradivaris Persönlichkeit war auch die von Giovanni Bellini von einem kontinuierlichen Forschungswillen geprägt, der ihn zeitlebens begleitete. Er wurde in der Werkstatt seines Vaters Jacopo, einem etablierten

Abb. 6: Eine Gigue und zwei Lauten in Giovanni Bellinis *Pala di San Giobbe*, um 1487. *Gallerie dell'Accademia*, Venedig. © akg-images / Cameraphoto.

venezianischen Künstler, ausgebildet, interessierte sich aber bald auch für die Werke anderer Kollegen, wie Andrea del Castagno, seinen Schwager Andrea Mantegna und Piero della Francesca. Bellini gelang es, die unterschiedlichen Erfahrungen in Ausdrucksformen, die er von diesen Meistern gelernt hatte, mit dem Licht und den Farben der venezianischen Lagune zu verschmelzen und die sogenannte tonale Perspektive einzuführen. Mit der Ankunft von Antonello da Messina in Venedig im Jahr 1475 entwickelte Bellini seine künstlerische Laufbahn weiter, wie wir in der *Pala di San Giobbe* (Altarbild vom Hl. Hiob) sehen können, die Bellini um 1487 für die gleichnamige venezianische Kirche malte. In diesem Werk ist es die Farbe, die Formen und Volumen bestimmt. Die Jungfrau sitzt auf einem Thron und hält das Kind auf dem Arm. Um sie herum sind symmetrisch sechs Heilige angeordnet. Was uns jedoch interessiert, ist der Teil, in dem drei spielende Engel dargestellt sind, die zu Füßen des Marmorthrons sitzen und fast ein Dreieck bilden, in dessen Mitte eine Aufschrift mit dem Namen des Malers zu lesen ist. Der mittlere Engel in Grün und der zu seiner Linken in Gelb spielen die Laute, während ihr Begleiter, der einen rosa Umhang über einer blauen Tunika trägt, beim Spielen eines sehr seltsamen Instruments, der Gigue, dargestellt wird.

Die von Bellini gemalte Gigue ist sehr schmal und spindelförmig. Wie wir bereits im Fall der Rebec gesehen haben, handelt es sich um ein Instrument ohne Zargen, das aus einer flachen Resonanzdecke und einem konkaven, birnenförmigen Boden besteht. Auf der Decke entdecken wir, vom unteren Teil des Instruments aufsteigend, den Saitenhalter, den kleinen Steg zwischen den beiden „C"-förmigen Schalllöchern, ein reich verziertes Griffbrett und den Wirbelkasten, der mit einer fein geschnitzten Schnecke in Form eines Löwenkopfes endet. Wie uns der Engel zeigt, wurde die Gigue mit einem Streichbogen gespielt und war, im Mittelalter entwickelt, auch in der Barockzeit noch in Gebrauch.

Göttliche Musik

Wir kommen in die Ewige Stadt, um einem Künstler zu begegnen, der keiner Vorstellung mehr bedarf: Raffael (1483–1520). Das Meisterwerk, über das wir gleich sprechen werden, hatte einen seltsamen Ursprung. Papst Julius II. wollte nicht in den Gemächern wohnen, die sein umstrittener Vorgänger Alexander VI. benutzt hatte. Aus diesem Grund beschloss er, in das Obergeschoss des Apostolischen Palastes umzuziehen und beauftragte einige Künstler, es mit Fresken zu bemalen. Unter ihnen befand sich auch der junge Raffael und der

Göttliche Musik

Abb. 7: Apollons himmlische Musik in Raffaels *Saal der Signatur. Stanzen des Raffael*, *Vatikanische Museen*, Vatikanstadt. © akg-images / Eric Vandeville.

Papst stellte relativ schnell fest, welches erstaunliche Talent er besaß. Julius II. verstand etwas von Kunst, nicht umsonst bat er Michelangelo, die Fresken der Sixtinischen Kapelle zu malen. Kurz und gut, der Papst entließ die Maler und beauftragte Raffael mit der Ausmalung seiner Gemächer, die heute von den meisten als *Stanzen des Raffael* bezeichnet werden. Der berühmteste der vier Räume ist der *Saal der Signatur*, dessen Name aus seiner Funktion abgeleitet wurde, denn hier tagte seit Mitte des 16. Jahrhunderts die höchste päpstliche Gerichtsbarkeit, genannt *Segnatura Gratiae et Iustitiae*. Ursprünglich war dies jedoch die Bibliothek und das private Arbeitszimmer von Julius II. Das ikonographische Thema dieses Gemaches sind die drei Prinzipien des Neoplatonismus: das Wahre, das Gute und das Schöne. Hier malte der Künstler zwischen 1508 und 1511 den *Disput über das Sakrament* (als Symbol für die übernatürliche Wahrheit), die *Schule von Athen* (die rationale Wahrheit), die *Tugenden* (das Gute) und schließlich den *Parnass* (das Schöne).

In *Parnass*, dem heiligen Berg, der dem Gott Apollon geweiht und Heimat der neun Musen war, feierte Raffael die Poesie als die übergeordnete Fähigkeit des Geistes. Apollon und die Musen sind daher von alten und modernen Dichtern umgeben, um eine enge Verbindung zwischen der klassischen Welt und dem christlichen Humanismus zu symbolisieren. Unter den verschiedenen Dichtern können wir links Homer erkennen, der seine Verse rezitiert, während der zu seiner Rechten sitzende Dichter Quintus Ennius sie aufschreibt, und neben ihm Dante Alighieri, im Profil dargestellt, der sich mit Vergil unterhält.

In der Mitte des Kunstwerkes ist der Gott Apollon beim Musikspielen dargestellt. Aufgrund dieses Freskos war der Kunsthistoriker Alexander Hajdecki[17] fest davon überzeugt, dass Raffael Sanzio der Erfinder der Geige sei. Leider stimmt das nicht ganz. Das von Apollon gespielte Instrument unterscheidet sich in vielerlei Hinsicht von der Geige. Zunächst einmal sieht dieses Instrument, wie wir bereits in früheren Beispielen gesehen haben, wie eine Gitarre aus, tatsächlich sind sowohl seine Resonanzdecke als auch sein Boden ganz flach. Wenn wir uns den Wirbelkasten ansehen, stellen wir fest, dass es sich nicht um eine Geige, sondern um eine achtsaitige Lira da braccio (Armlyra) handelt. Die rechte Seite des Instrumentes ruht auf der Schulter des Spielers, auch dies unterscheidet sich von der modernen Verwendung des Geigenspiels, indem das Kinn gegen die Decke, zwischen dem linken Rand des Instrumentes und dem Saitenhalter, gelehnt wird. Der Wirbelkasten weist zwei für alte arabische Gitarren typische Merkmale auf: Es hat eine sogenannte Herz- oder Blattform, und die Wirbel sind senkrecht und nicht seitlich wie bei späteren Saiteninstrumenten eingesetzt. Aber eigentlich, wenn man genau hinschaut, sieht man nur sechs senkrechte Wirbel, um die herum die jeweiligen Saiten gedreht sind. Diese erstrecken sich entlang der Decke und verschwinden dann nach dem Steg hinter Apollons Haaren. Mit den zwei übrigen seitlichen Wirbeln wurden die beiden Resonanzsaiten verbunden, die außerhalb des Griffbretts lagen und üblicherweise mit dem Daumen gezupft werden sollten.

Ein prunkvolles Festmahl

Das Werk *Die Hochzeit zu Kana* ist nicht nur wegen seiner beeindruckenden Dimensionen von fast 7 x 10 Metern ein Bild der Superlative. Dieses großartige Gemälde wurde um 1563 von Paolo Caliari (1528–1588), einem der berühmtesten Vertreter der großen venezianischen Malerei, geschaffen. Der Künstler ist allgemein als Paolo Veronese bekannt, da er in Verona geboren und ausgebildet wurde, bevor er 1553 nach Venedig zog. In diesem Werk griff Veronese ein altes biblisches Thema auf und verwandelte es in ein prächtiges und luxuriöses Fest, typisch für die venezianische Aristokratie des 16. Jahrhunderts. Er nutzte die Gelegenheit, um sozusagen ein pantagruelisches Festmahl darzustellen, das in einen imposanten architektonischen Kontext gesetzt und durch die Anwesenheit zahlreicher prächtig gekleideter Figuren belebt wurde. Das Auge des Betrachters verliert sich in diesem Wirbelsturm aus leuchtenden Farben und den unzähligen Details, die die Szene bereichern. Veronese ist es gelungen, eine so perfekte Darstellung zu schaffen, dass man fast den Eindruck hat, die Figuren in Bewegung zu sehen und den Lärm der Gespräche, das Klirren des Porzellans

Abb. 8: Ein bemerkenswertes Quartett in Veroneses *Die Hochzeit zu Kana*, um 1563. *Musée du Louvre*, Paris. © akg-images / Erich Lessing.

und das Fließen des Weins zu hören. Und inmitten dieses Klanggewirrs dringt eine sanfte Musik in unsere Ohren. In der Mitte des Gemäldes, direkt unter der Christusfigur, erscheint eine kleine Gruppe von Musikern, zu der wahrscheinlich auch der Künstler selbst gehört.

Auf der rechten Seite sollte die ältere, rot gekleidete Figur den damals 75 Jahre alten Tizian darstellen, der mit großem Eifer einen Violone, unseren heutigen Kontrabass, spielt. Betrachtet man die erhaltenen Selbstporträts von Tizian, so besteht eine große Ähnlichkeit mit dieser Gestalt. Vielleicht gibt sein Gewand bereits einen Hinweis auf die Identität dieses Mannes. Welche bessere Farbe hätte Veronese wählen können, um seinen großen Kollegen zu ehren? Tizianrot war schon damals legendär. Neben dem Altmeister sitzt ein Geistlicher, der noch nicht identifiziert wurde. Er trägt ein großes Kreuz auf der Brust und spielt eine Diskantgambe. Ihnen gegenüber, auf der linken Seite des Gemäldes, ist Veronese selbst in einem prächtigen weißen Gewand dargestellt und spielt eine Altgambe. Lange Zeit glaubte man, dass die Figur hinter ihm der Maler Jacopo Tintoretto sei, doch in letzter Zeit spekulierte man, dass es Diego Ortiz, Musiktheoretiker und Kapellmeister des Königreichs Neapel, sein könnte, der eine Tenorgambe spielt. Schließlich sollte der Flötist wieder ein venezianischer Maler, Jacopo Bassano, sein. Warum verwendete Veronese hauptsächlich Instrumente aus der Gambenfamilie in seinem Gemälde? Weil sie damals extrem beliebt waren, wie Winternitz präzise zusammenfasste:

> Die Viola da gamba spielte vom 16. bis zum 18. Jahrhundert unter den Saiteninstrumenten eine führende Rolle. Wegen ihres edlen, weichen und silbrigen Klanges und ihrer besonderen Eignung für die Aufführung polyphoner Musik erfreute sie sich großer Beliebtheit. Die hervorstechendsten Merkmale dieses Instrumententyps waren das tiefe Korpus mit abfallenden Schultern, die relativ große Anzahl Saiten – fünf bis sieben, in der Regel sechs –, die über einen leicht gewölbten Steg liefen, und die Bünde zur Erleichterung des Greifens. Viole da gamba wurden häufig in kompletten Sätzen hergestellt, die mehrere Exemplare unterschiedlicher Größen umfaßten. Die vollständige Instrumentenfamilie reichte von der violetta piccola bis zu den Instrumenten von der Größe einen Kontrabasses.[18]

Der Schöpfer der Geige

Unwiderlegbar aufzeigen zu können, in welcher Stadt die Geige, wie wir sie heute kennen, entstanden ist und wer ihr Erfinder war, ist eine, gelinde gesagt, unmögliche Aufgabe, und zwar aus verschiedenen Gründen. Die Geigenbauer haben ihre Geheimnisse immer streng gehütet und sie nur mit den engsten Mitarbeitern innerhalb der Werkstatt geteilt. Aus diesem Grund mangelt es an Dokumenten, die die Methoden der ersten Geigenbauer für den Bau ihrer Instrumente erklären. Das ist schade, denn es gibt keine theoretische Grundlage, um die Arbeit der verschiedenen Geigenbauer zu vergleichen. Wir können uns nur auf die Instrumente verlassen, die noch im Umlauf sind. Aber selbst in diesem Fall gibt es ein nicht zu unterschätzendes Problem. Viele Instrumente des 16. und 17. Jahrhunderts, wie Bratschen und Celli, wurden in späteren Epochen modifiziert, d. h. sie wurden beschnitten, um sie zu verkleinern, oder Teile wurden ersetzt, um sie dem Musikgeschmack der Zeit anzupassen. Das bedeutet, dass es in vielen Fällen nicht möglich ist, die Arbeit eines Geigenbauers zu beurteilen, dessen Instrumente nachträglich wesentlich verändert wurden. Da es keine Entwurfszeichnungen gibt, kann man nur vermuten, wie diese Instrumente ursprünglich ausgesehen haben.

Heute geht man davon aus, dass die Geige, wie wir sie kennen, von der viersaitigen Diskantviola abgeleitet ist. Doch wie wir gesehen haben, waren im 16. Jahrhundert so viele Saiteninstrumente in Gebrauch, dass man annehmen kann, die Geige sei das Ergebnis unzähliger Experimente, die von Geigenbauern in verschiedenen Städten durchgeführt wurden.

Die Tatsache, dass die von Antonio Stradivari und Giuseppe Guarneri del Gesù gebauten Instrumente auch heute noch als die Spitze des Geigenbaus gelten, zeigt deutlich, dass Cremona sicherlich ein Zentrum von großer Bedeutung war. Wenn von der Erfindung der Geige die Rede ist, werden oft die Namen von Andrea Amati, Gasparo da Salò oder auch Caspar Tieffenbrucker genannt. Könnte es sein, dass einer von ihnen der Schöpfer der Geige gewesen ist?

Brescia, Cremona, Füssen, Lyon

Obwohl es unmöglich ist, den Erfinder der Geige mit absoluter Sicherheit zu identifizieren, ist es dennoch notwendig, zumindest einige der bedeutendsten Geigenbauer zu erwähnen, die zu ihrer wesentlichen Verbesserung beigetragen haben.

Da die genauen Geburtsdaten dieser alten Geigenbauer oft fehlen, haben wir beschlossen, sie nicht in chronologischer Reihenfolge, sondern in der alphabetischen Reihenfolge der Städte, in denen sie hauptsächlich tätig waren, zu präsentieren. Dies trägt dem Umstand Rechnung, dass innerhalb derselben Stadtmauern die Werkstätten sich durch personellen Austausch leichter gegenseitig beeinflussen konnten.

Beginnen wir also in Brescia mit Gasparo Bertolotti (1540–1609), der den meisten als Gasparo da Salò bekannt ist, nach dem Namen seiner Heimatstadt am Gardasee. Er wurde in eine Familie geboren, in der Musik eine fundamentale Rolle spielte. Tatsächlich waren sowohl sein Vater als auch sein Onkel Musiker und Komponisten. Nach dem Tod seines Vaters, um 1562, zog Gasparo nach Brescia und eröffnete hier seine Geigenbauwerkstatt. Er war als Geigenbauer sehr erfolgreich und bildete nicht nur junge Talente wie Giovanni Paolo Maggini (1580–1632) aus, sondern gilt auch als Begründer der Geigenbauschule von Brescia. Für viele Experten[19,20] war es Gasparo da Salò zu verdanken, dass die Geige eine solche technische Qualität erreichte, die ihr eine Führungsrolle gegenüber anderen Streichinstrumenten sicherte. Dieses Urteil basierte nicht nur auf den bekannten Instrumenten des Geigenbauers, sondern auch auf der Überzeugung, dass er ein Zeitgenosse von Andrea Amati gewesen sei und ihn daher beeinflusst hatte. Dem Historiker Giovanni Livi[21] ist es in den Jahren, in denen er Direktor des Staatsarchivs von Brescia war, gelungen, eine Reihe grundlegender historischer Dokumente zur Biographie von Gasparo da Salò zu finden, aus denen hervorgeht, dass er etwa 30 Jahre jünger als Amati war. Auch wenn diese Entdeckungen den vermuteten Einfluss von Gasparo da Salò auf Andrea Amati verringert haben[22], so steht doch fest, dass Gasparo da Salò eine grundlegende Figur in der Entwicklung der Geige war.

Andrea Amati (um 1505–1577) ist der unbestrittene Begründer der Cremoneser Geigenbauschule. Viele hielten ihn für einen Schüler[23] von Gasparo da Salò, aber bereits 1526,[24] 14 Jahre bevor Gasparo da Salò auf die Welt kam, finden wir ihn in der Liste der Verteidiger der Stadt Cremona aufgeführt, die von den Truppen des Fürsten von Urbino bedroht wurde. Amati war zu dieser Zeit ein Lehrling in der Werkstatt des Geigenbauers Liunardo da Martinengo zusammen mit seinem Bruder „Io. [Giovanni] Antonio".[25] 1539[26] mietete er ein Haus mit Werkstatt in der Pfarrei San Faustino und wurde als „Maestro" registriert. An diesem Ort, der lange Zeit das Nervenzentrum des Cremoneser Geigenbaus darstellte, lebten und arbeiteten vier Generationen der Familie Amati: Andrea, seine Söhne Antonio (um 1537/40–1607) und Girolamo (1561–1630), sein Neffe Nicolò (1596–1684) und sein Urenkel Girolamo (1649–1740).

Leider haben nur sehr wenige von Andrea Amatis Instrumenten überlebt, aber wir wissen, dass er ein sehr geschätzter Geigenbauer gewesen sein muss. Dies zeigt die Tatsache, dass der französische König Karl IX. (1550–1574), Sohn von Caterina de' Medici, einer bekannten Mäzenin der Musik, ihm den Auftrag erteilte, zwölf große und zwölf kleine Geigen, sechs Bratschen und acht Celli zu bauen. Diese Instrumente waren entlang der Zargen mit dem königlichen Motto *Pietate et Justitia*[27] verziert. Neun dieser Instrumente haben überlebt.

Während die von Gasparo da Salò gegründete Brescianer Geigenbauschule 1632 mit dem Tod Magginis[28] endete, blieb die Cremoneser Schule bis Mitte des 18. Jahrhunderts bestehen und beeinflusste den Geigenbau bis in die Gegenwart.

Abb. 9. Pierre Woeiriot de Bouzey, *Porträt von Caspar Tieffenbrucker*, um 1562. Herzog August Bibliothek Wolfenbüttel (Cod. Guelf. 18.8 Aug. 2, fol. 1v).

Da wir uns mit der Entwicklung der Geige befassen, muss an dieser Stelle daran erinnert werden, dass auch die Füssener Geigenbauer wesentlich zur Verbesserung dieses Instruments beigetragen haben müssen. Leider ist jedoch, wie Adelmann[29] bestätigte, kein Beispiel vor der Mitte des 17. Jahrhunderts aus dieser Region erhalten geblieben.

Auch Caspar Tieffenbrucker (um 1514–1571) könnte aus Füssen stammen. Ein Kupferstich des französischen Künstlers Pierre Woeiriot de Bouzey, der ihn darstellt, löste in der Vergangenheit ein Erdbeben in der Welt des Geigenbaus aus. Im vorliegenden Werk von 1562 wird Tieffenbrucker mit 48 Jahren angegeben, sodass sein Geburtsdatum auf dieser Grundlage auch heute noch auf eine Zeit um 1514 zurückgeführt wird. Warum hat dieses Werk so viel Aufsehen erregt? Betrachten wir es im Detail. Den oberen Teil des Kupferstiches nimmt das Bild eines Mannes mit entschlossenem Blick ein, dessen hohe Stirn durch einen großen Bart ausgeglichen wird. Seine Kleidung ist von ausgezeichneter Verarbeitung, aus Samt und Seide, und unterstreicht seine rosige finanzielle Lage. In seiner rechten Hand hält er einen Kompass fest, während seine linke Hand entspannt auf einer Laute ruht, die, wie man an dem Fehlen der Wirbel und des Lacks erkennen kann, noch nicht fertiggestellt worden ist. Ist es möglich, dass er ein Saiteninstrumentenbauer ist? Die untere Hälfte des Werkes bestätigt dies, denn hier finden wir ein Dutzend Musikinstrumente, die praktisch vor ihm ausgebreitet liegen, als wollte der Künstler das große Talent seines Auftraggebers zeigen. Darunter können wir kleine und große Lauten, Gamben, Gitarren, aber auch eine Leier erkennen. In der Schriftrolle unten steht sein Name, französiert, Caspar Duiffoprugcar und das lateinische Motto: „Viva fui in sylvis, sum dura occisa securi. Dum vixi, tacui, mortua dulce cano", was auf Deutsch wie folgt übersetzt werden kann:

> Als ich lebte, war ich im Wald;
> mich fällte das harte Beil;
> Als ich lebte, schwieg ich;
> gestorben singe ich süß.

Um 1870 war Schebek[30] fest davon überzeugt, dass Tieffenbrucker die Geige erfunden hatte. Niederheitmann[31] teilte nicht nur seinen Standpunkt, sondern unterstützte ihn auch, indem er in seinem Buch sechs hervorragende Beispiele von Tieffenbrucker-Geigen vorstellte. Offensichtlich erregten diese Enthüllungen großes Aufsehen, denn es wurde behauptet, Tieffenbrucker habe schon 60 Jahre vor Gasparo da Salò Geigen gebaut. Das war keine Kleinigkeit. Leider entpuppten sich die schönen angeblichen Geigen von Tieffenbrucker jedoch bald als hervorragende Fälschungen des großen Geigenbauers Jean-Baptiste Vuillaume[32] aus dem 19. Jahrhundert. Eine große Enttäuschung! Aber vielleicht war das zu erwarten, denn wenn man den Kupferstich gut betrachtet, stellt man fest, dass hier keine Geige abgebildet ist, wie wir sie heute kennen. Hätte Tieffenbrucker sie gebaut, hätte Woeiriot de Bouzey sie sicherlich eingefügt. Dank Coutagne[33] war es auch möglich zu verstehen, warum der Name Tieffenbrucker französiert worden war. Er lebte in Lyon, ab ungefähr 1553, wo er als Lautenbauer sehr geschätzt und ein großes Vermögen angesammelt hatte. Leider ging er aber in Konkurs und hinterließ bei seinem Tod Frau und Kinder in Armut.

Die italienische Geige

Es gibt mehrere Gründe, warum die italienische Geige, und besonders die aus Cremona, in ganz Europa so erfolgreich war. Einer davon ist ein technischer Trick:

Die klassischen italienischen Geigenbauer neigten auch die Hälse ihrer Arminstrumente etwas nach hinten, und so waren deren Hälse und Griffbretter schlanker als die der nordalpinen Instrumente. Eine solche Bauweise war die Voraussetzung für ein technisch höher entwickeltes Violinspiel, was die Alemannische Bauweise nicht erlaubte.[34]

Der deutsche Geigenbauer Nicolaus Louis Diehl schrieb:

> Den italienischen Geigenmachern gebührt die Anerkennung, die Geige in der bestehenden Weise vervollkommnet und mehr oder weniger dies Instrument als Kunstwerk zuerst hingestellt zu haben.[35]

Und wie hat Stradivari seine Geigen gebaut? Lassen wir es uns von der ersten deutschen Geigenbaumeisterin, Olga Adelmann, erklären:

> Diese wurde über einer massiven, hölzernen Zargen-Innenform aufgebaut, die, wie ein Schuhleisten, immer wieder verwendet werden konnte. Zuerst fertigte der Geigenbauer dazu mit Hilfe von Zirkel und Lineal eine Zeichnung an, nach der er diese „Form" herstellte. In sechs Ausschnitte dieser Form setzte er Klötze, deren Außenseiten er der Zeichnung entsprechend gestaltete. Er bog dann die vorbereiteten Zargen, dem Umriß gemäß, über einem heißen Biegeeisen, legte sie um die Form und leimte sie an die Klötze. Zur Verbreiterung der schmalen Zargen-Leimflächen, auch zur Stabilisierung des Zargenkranzes, leimte er sechs gebogene Reifchen von innen her gegen die Zargenränder. Dann mußte er die Form vor dem Verleimen der weiteren sechs Reifchen herausnehmen. Nachdem er die Leimflächen abgerichtet und Reifchen und Klötze auf der Innenseite ausgeformt hatte, leimte er den Zargenkranz auf den vorbereiteten Boden. Der Bodenrand war in diesem Stadium noch nicht fertig umschnitten, die Adern noch nicht eingelegt und die Hohlkehlen noch nicht gestochen. Als nächstes paßte er den vorher gefertigten Hals an die Oberzargen und ans Bodenblättchen, wobei ihm eine an einem Nagel im Wirbelkasten befestigte Schnur half, den Hals zentral auszurichten. Nach dem Anleimen des Halses schlug er ein bis drei schmiedeeiserne Nägel durch den Oberklotz in den Hals, um die Leimung zu sichern, und schnitt am unteren Halsende eine Stufe heraus, in die der obere Deckenrand genau hineinpaßte. Dann leimte er die Decke auf die Zargen und zuletzt das keilförmige Griffbrett auf den Hals. Schließlich wurden die Decken- und Bodenränder, dem Zargenverlauf entsprechend, auf die endgültige Breite gebracht, die Adergräber eingeschnitten, die Adern eingelegt, die Hohlkehlen geformt, die Ränder verrundet, der Ober- und Untersattel eingesetzt. Damit war die Geige „in Weiß", also noch nicht lackiert, erst einmal fertig.[36]

Die Geige gilt als ein so perfektes Instrument, dass viele Experten die Meinung teilten, dass an der Basis ihrer Konstruktion ein analytischer Verstand mit großen mathematischen Kenntnissen, kurz ein Wissenschaftler, stehen müsse. Und wissen Sie, wer als möglicher Erfinder der Geige galt? Leonardo da Vinci.[37] Vom Fahrrad zum Auto und jetzt die Geige, was man nicht alles dem Genie Leonardos zugeschrieben hat!

IV.
Von Meistern und Schülern

Ut est rerum omnium magister usus.[1]
(Erfahrung ist der beste Lehrer.)
(Gaius Julius Cäsar, *De bello civili*, 49/48 v. Chr.)

Wie wir bereits gesehen haben, tritt Antonio Stradivari nach dem derzeitigen Stand der Forschung zum ersten Mal in einem offiziellen Dokument von Cremona anlässlich seiner Hochzeit im Jahre 1667 auf. Antonio war zu diesem Zeitpunkt etwa zwanzig Jahre alt. Wo hat er gelebt und was war sein Beruf? Wir wissen es nicht, aber wir können versuchen, es mithilfe dessen abzuleiten, was uns von seinem wertvollsten Gut bleibt: seinen Instrumenten.

Aufgrund der großen Anzahl von Meisterwerken, die Antonio Stradivari während seiner langen und produktiven Karriere geschaffen hat, musste man sich bald mit dem Problem auseinandersetzten, diese Instrumente voneinander unterscheiden zu können. Eine Lösung wurde bereits im 19. Jahrhundert gefunden, als viele Instrumente den Namen eines früheren Besitzers, Spielers oder einer prominenten Persönlichkeit bekamen. Diese Tradition setzte sich durch und wird noch heute gepflegt.

Die meisten Namen haben einen direkten Bezug zur Geschichte des Instruments, dem sie zugeschrieben werden, wie im Fall der Geige *Empress*, die im Besitz der Kaiserin Katharina II. von Russland war, oder der *King-Maximilian-Joseph-Geige*, die über ein Jahrhundert lang dem Königshaus Bayern angehörte. Es gibt aber auch Instrumente, die den Namen einer Berühmtheit erhalten haben, ohne dass diese etwas damit zu tun hatte. So gibt es zum Beispiel sogar zwei Stradivari-Geigen, die den Namen *Leonardo da Vinci* tragen. Da Leonardo 200 Jahre vor Antonio Stradivari lebte, hatte er sie sicherlich nicht besitzen können, aber mit der Namensgebung dieser Instrumente wollte man gleichzeitig seinem Genie und der Qualität der Instrumente huldigen.

Die ersten bekannten Stradivari-Instrumente wurden um 1666 gebaut. Hat sich Antonio kurz vor seiner Heirat dem Bau der Streichinstrumente gewidmet, oder sind frühere Beispiele seiner Arbeit verloren gegangen? Die Entwicklung des Geigenbaus in Cremona und die Organisation der Werkstätten in der Jugendzeit von Antonio Stradivari bieten nützliche Anhaltspunkte, um dies zu klären.

Geigenbauer und Zünfte im alten Cremona

In Cremona gab es im 17. Jahrhundert bereits Zünfte des Kunsthandwerks, die sich hauptsächlich um die *Universitas mercatorum* gruppierten. Dies war eine Art Kaufmannsloge, die auf den Vertretern verschiedener Zünfte basierte, die öffentliche Funktionen ausübten. Aber eine spezielle, den Lauten- und Geigenbauern gewidmete Zunft existierte in jener Zeit nicht. Hätte es sie gegeben, hätten wir viel mehr über die ersten Geigenbauer erfahren, die in Cremona tätig waren, zum Beispiel wer wann eine neue Werkstatt eröffnet hat. Sehr nützliche Informationen, um sich ein vollständiges Bild von der damaligen Lage zu machen. So eine Zunft fehlte jedoch nicht nur in Cremona, sondern auch in vielen anderen europäischen Städten. Der Geigenbau brauchte schon Zeit, um als eigenständige Kunst anerkannt zu werden, weil Geigenbauer oft als eine Art Hybrid, ein Mittelweg zwischen Künstlern und Holzhandwerkern angesehen wurden.

Da sie nicht auf die Hilfe und den Schutz ihrer eigenen Zunft zählen konnten, war jeder Geigenbauer auf sich selbst und auf seine Fähigkeit angewiesen, ein Netzwerk von Mitarbeitern und Auftraggebern aufzubauen, um seine Schöpfungen bekannt zu machen. All dies zu einer Zeit, als Kriege und Seuchen quasi an der Tagesordnung waren, die Kindersterblichkeit sehr hoch lag und der Tod oft auch die Mütter beim Gebären hinraffte. Die Geigenbauer solidarisierten sich miteinander und halfen einander sicherlich viel mehr, als wir uns vorstellen können, obwohl sie natürlich Konkurrenten blieben.

Ende des 17. Jahrhunderts drehte sich das Zentrum des Cremoneser Geigenbaus um die Kirche San Domenico, auf einem Platz, an dem vier verschiedene Stadtteile aufeinandertrafen. In diesem Gebiet gab es nicht nur Geigenbauer, sondern auch Holzschnitzer, Tischler, Tapezierer und eine ganze Reihe von Händlern.

150 Jahre zuvor hatte sich hier, genauer gesagt in der Werkstatt der Amatis, die sogenannte Geigenbauschule von Cremona entwickelt, die noch heute mit Namen wie Stradivari und Guarneri del Gesù den Streichinstrumentenmarkt beherrscht.

Carlo Chiesa fasste die herausragende Rolle der Amatis für die Gründung und Stärkung dieser Schule perfekt zusammen:

Seit der Entstehung der Geige Mitte des 16. Jahrhunderts stammte über ein Jahrhundert lang fast jede in Cremona gebaute Geige aus den [Händen eines Mitglieds dieser Familie.[2]

Während Stradivaris Kindheit dominierten die Amatis, mit Nicolò (1596–1684) in der dritten Generation, den Geigenbaumarkt von Cremona. Die Werkstatt von Nicolò Amati in der Pfarrei San Faustino scheint zu dieser Zeit die einzige der Stadt gewesen zu sein. Die Abwesenheit von Mitbewerbern war wahrscheinlich nicht ausschließlich durch das Fehlen von Aufträgen bedingt, sondern durch die hervorragende Qualität der Instrumente, die hier angefertigt wurden. Um die große Nachfrage befriedigen zu können, stellte Nicolò Amati mehrere Mitarbeiter ein, wie uns die Kirchenbücher verraten.

In der Werkstatt zwischen famigli und garzoni

Die Rollen- und Arbeitsteilung innerhalb der Werkstatt eines Geigenbauers unterschied sich nicht wesentlich von der eines Malers oder Bildhauers. Man denke nur an die Werkstatt von Verrocchio, in der Leonardo da Vinci seine Lehre machte, oder an jene von Ghirlandaio mit dem jungen Michelangelo. In Ermangelung einer Zunft war eine Lehrzeit bei einem Meister für angehende Geigenbauer nicht zwingend vorgeschrieben, aber es war notwendig, sich die Grundlagen des Handwerks anzueignen.

Der Geigenbaumeister hielt die Zügel in der Werkstatt fest in der Hand: Er wählte das Holz für die Instrumente aus, kümmerte sich um die wichtigsten Aufträge, arbeitete selbst an den grundlegenden Teilen des zu bauenden Instruments und überwachte die weiteren Aufgaben. Je nachdem, wie groß und wichtig die Werkstatt war, konnte er auf die Hilfe seiner Söhne, Verwandten oder externer Mitarbeiter zählen.

Nicht alle externen Mitarbeiter hatten aber die gleiche Bedeutung in der Werkstatt, d. h. es gab die *famigli* und die *garzoni* (Lehrlinge). Der Begriff *famiglio* bezeichnete einen Mitarbeiter, der in der Werkstatt wichtig war und aus diesem Grund von seinem Arbeitgeber Unterkunft und Verpflegung erhielt. Der *famiglio* wuchs sozusagen innerhalb der Familie seines Meisters auf und wurde daher als vertrauenswürdige und zuverlässige Person behandelt. Seine Position war besser als die des Lehrlings. Im Laufe der Tätigkeit von Nicolò Amati finden wir mehrere *famigli*, die in den Seelenregistern als zu seinem Haus gehörend eingetragen sind. Einer davon war Andrea Guarneri,[3] der Großvater des berühmten Giuseppe Guarneri del Gesù.

Bei den Lehrlingen handelte es sich dagegen um pendelnde Angestellte, die am Ende des Arbeitstages nach Hause und am nächsten Tag wieder in den Betrieb zurückkehrten.

Nach der Ausbildung hatten die Mitarbeiter zwei Möglichkeiten, auf den Zetteln ihrer Instrumente anzugeben, bei welchem Meister sie gelernt hatten, indem sie *sotto la disciplina* oder *alunno* schrieben.

Ein Beispiel für den ersten Fall ist ein Zettel von Omobono Stradivari, dem Sohn von Antonio Stradivari, der eine Geige mit der Angabe signierte: *Sotto la disciplina di Antonio Stradivario* (Unter der Aufsicht von Antonio Stradivari). Omobono gab dadurch bekannt, dass er bei seinem Vater gelernt hatte und das Instrument unter seiner erfahrenen Aufsicht entstanden war.

Was die zweite Option betrifft, so hat uns Antonio Stradivari selbst ein Beispiel auf einem Zettel hinterlassen, der die Worte *Antonius Stradivarius Cremonensis Alumnus Nicolaij Amati* (Antonio Stradivari aus Cremona, Schüler von Nicolò Amati) enthält.

In der Vergangenheit wurden mindestens drei Stradivari-Geigen mit ähnlichem Zettel verzeichnet, eine aus dem Jahr 1665[4] und zwei aus dem Jahr 1666. Heute kennen wir nur noch eine von ihnen, die berühmte *Serdet*[5] von 1666, benannt nach ihrem früheren Besitzer, dem französischen Geigenbauer Paul Serdet.

Dieser Zettel hat die Meinungen in der Geigenwelt gespalten.

Antonio Stradivari zeigte sich zu Beginn seiner Tätigkeit als Geigenbauer in gewisser Weise von Nicolò Amati beeinflusst, oder besser gesagt, inspiriert, wie es jeder junge Künstler aus Cremona gegenüber einer prägenden Persönlichkeit wie Amati gewesen wäre.

Sicher hatte der junge Stradivari schon ein Auge auf die vielen Kunden Nicolò Amatis: vermögende Amateure, anspruchsvolle Musiker, distinguierte Prälaten und ruhmreiche Abgesandte der europäischen Höfe. Dieselbe Klientel, die in 20 Jahren zu seiner Kundschaft gehören würde mit dem Unterschied, dass die Schlange vor seiner Tür noch länger war.

Gerade wegen des Ruhmes, den Amati als Geigenbauer genoss, sind einige Experten davon überzeugt, dass seine Werkstatt ein grundlegender Ausgangspunkt für talentierte junge Geigenbauer wie Antonio Stradivari war. Deshalb wird dieser Zettel von ihnen als Beweis für Antonios Lehrzeit bei Amati angesehen. Andere Experten wiederum sind aus verschiedenen Gründen nicht derselben Meinung. Zunächst einmal, weil Antonios Name nicht im Seelenregister erscheint, das sich auf das Haus von Amati bezieht, d. h., er ist wahrscheinlich nie ein *famiglio* von Amati gewesen. Er hätte dennoch auch mit Amati zusammenarbeiten können, ohne ein *famiglio* zu sein. Aber warum sind dann so wenige Instrumente mit einem solchen Zettel gefunden worden?

Und was, wenn Stradivari sich als Lehrling von Amati ausgab, ohne einer zu sein? Das ist kaum vorstellbar, zumal beide in derselben Stadt lebten, sodass Amati davon erfahren hätte, mit allen vorstellbaren schmerzlichen Konsequenzen.

Ein weiterer Einwand gegen eine Ausbildung bei Amati beruht auf einer Besonderheit: dem erstaunlichen handwerklichen Geschick von Antonio Stradivari. Bereits um die Mitte der 1670er Jahre zeigte der junge Stradivari eine solche Begabung in der Holzbearbeitung, dass manche Experten darin eine komplett andere Lehre erkennen.

Flora und Fauna

Ursprünglich wurden Geigen, Bratschen und Celli hauptsächlich als musikalische Begleitung verwendet. Ihr Klang diente dazu, die Stimmen von Sängern zu unterstützen, sodass ihre technischen Qualitäten im Gegensatz zu heute nicht vorrangig waren.

Dies erklärt, warum noch Ende des 17. Jahrhunderts einige Exemplare geradezu wie Skulpturen aus Holz aussahen.[6] Für diejenigen, die es sich leisten konnten, wurde die Geige zu etwas Wertvollem, ein Prunk- und Schmuckstück, das man bewundern, sammeln, verschenken konnte, wie jedes andere Kunstobjekt auch. Als die Geige eine vorherrschende Rolle im Konzert erlangte, nahm ihre Funktion als Objekt ab und es wurde stattdessen eine Verbesserung des Klangs gefordert.

Schon zu Beginn seiner Karriere wurden bei Antonio Stradivari einige Instrumente mit Intarsien in Auftrag gegeben, die uns heute über die Fähigkeiten des jungen Geigenbauers als Holzschnitzer staunen lassen. Sein guter Freund, Don Desiderio Arisi, ein Mönch des Klosters San Sigismondo in Cremona, schrieb über Stradivaris Leben. Kopien dieser Manuskriptnotizen werden heute in der Staatsbibliothek von Cremona aufbewahrt. Sie enthalten wichtige Informationen über Antonio Stradivari, seine Auftraggeber und seine Instrumente. Der Kommentar von Arisi zu Stradivaris Einlegeinstrumenten bestätigt, für wen diese Schätze bestimmt waren:

> In Cremona lebt derzeit mein lieber Freund Antonio Stradivari, ein ausgezeichneter Hersteller von Musikinstrumenten aller Art. Es ist nicht unangebracht, seine Verdienste

besonders hervorzuheben, vor allem, weil er der Kostbarkeit und Feinheit seiner Instrumente Noblesse und Anmut verleiht, indem er sie mit verschiedenen Figuren, Blumen, Früchte, Arabesken und phantasievollen Intarsien verziert. Er bemalt sie manchmal in Schwarz oder schmückt sie mit Einlegearbeiten aus Ebenholz und Elfenbein. Alle werden mit größter Kunstfertigkeit ausgeführt, wodurch sie der erhabenen Persönlichkeiten, denen sie präsentiert werden sollen, würdig sind.[7]

Es ist wichtig zu beachten, dass Stradivaris dekorative Schnitzereien von reduzierter Tiefe waren, d. h. für den Geigenbauer war es sehr wichtig, dass sie die klanglichen Merkmale des Holzes und damit die akustischen Eigenschaften des Instruments nicht beeinträchtigen. Diese Instrumente sehen nicht nur fantastisch aus, sie klingen auch wunderbar. Ähnliche filigranartige Verzierungen wurden auch von anderen Geigenbauern[8] nicht nur in Italien angefertigt, aber die von Stradivari sind bei Weitem die schönsten.

Von den elf erhaltenen verzierten Stradivari-Instrumenten ist die *Sunrise* (Sonnenaufgang) die älteste. Sie wurde 1677 gebaut und ihr folgte zwei Jahre später die *Hellier*, benannt nach ihrem ersten Besitzer Sir Samuel Hellier, der sie offenbar direkt von Stradivari erwarb. Danach schuf Stradivari 1683 die *Cipriani-Potter-Geige*, die man noch heute im *Ashmolean Museum* in Oxford bestaunen kann.

Alle diese wunderbaren Instrumente haben Verzierungen auf der Schnecke, den Zargen, der Decke und dem Boden.

Schnecke und Zargen wurden in einer Technik dekoriert, die auch Michelangelo für die Sixtinische Kapelle verwendete, dem sogenannten *spolvero* (Farbpulverspuren): Stradivari fertigte die Zeichnungen zunächst auf Papier an und perforierte dann die Konturen jedes Bildes mit einer Nadel. Dann heftete er das Blatt Papier an das zu verzierende Teil und strich mit einem Stück Holzkohle oder einem Farbbeutel mit Holzkohle darüber. Nachdem das Blatt Papier entfernt worden war, verblieb eine Reihe schwarzer Punkte auf dem Holz, d. h. der Kohlenanteil, der durch die Löcher gedrungen war. Man verband dann einfach diese Punkte mit Farbe, um die Konturen des Bildes nachzuzeichnen, das später zu schnitzen war. Am Ende der Arbeit wurden die Intarsien mit schwarzem Kitt und Klebstoff ausgefüllt und dann bekam das Instrument eine Lackierung, die die Verzierungen endgültig fixierte.[9]

Stradivaris Verzierungen zeigen gewöhnliche Tiere wie Hunde, Ziegen und Adler und andere, mythologische Wesen wie gezahnte Schlangen und seltsame Delphine, die sich gegenseitig an den Zargen des Instruments entlang jagen oder sich anscheinend in Pose werfen, um vom Zuschauer bewundert zu werden, so-

Flora und Fauna

Abb. 10: Die raffinierte Schnecke der Geige *Cipriani Potter* von Stradivari aus dem Jahre 1683. *Ashmolean Museum*, Oxford. Foto: Jan Röhrmann.

Abb. 11: Stradivaris Zeichnung zur Verzierung einer Schnecke. *Museo del Violino*, Cremona (MS513).

wie verschiedene Beispiele von Blumen und Pflanzen, die sich miteinander verflechten. Als Ergebnis bilden sie eine ganze Welt von Figuren und Ornamenten, die sich bereits im Werk europäischer Graveure der damaligen Zeit finden.

Im *Museo del Violino* in Cremona werden einige Zeichnungen von Stradivari aufbewahrt, die offenbaren, wie er sich dieser Technik bediente, aber es gibt auch einen weiteren interessanten Fund. Dies ist die Seite eines Buches,[10] das unter dem Arbeitsmaterial des Geigenbauers gefunden wurde. Pollens[11] stellte fest, dass es zu einem Werk von Giovanni Ostaus mit dem Titel *La vera perfettione del disegno*[12] (Die wahre Perfektion der Zeichnung) gehörte, das in der zweiten Hälfte des 16. Jahrhunderts veröffentlicht wurde. Vergleicht man diese Zeichnungen mit denen von Stradivari,[13] wird deutlich, wie er sie zur Verzierung einer Geige, der *Greffuhle* von 1709, verwendete, die heute im *Smithso-*

Abb. 12: Die Zeichnungen aus dem Buch von Giovanni Ostaus, die Stradivari für seine *Greffuhle-Geige* inspiriert haben. *Metropolitan Museum*, New York. Rogers Fund, 1928.

Abb. 13: Die Zarge der Stradivari-Geige *Greffuhle*. *National Museum of American History – Smithsonian Institution*, Washington, D.C. Foto: Jan Röhrmann.

Abb. 14: Das Zäpfchen der Stradivari-Geige *Cipriani Potter* von 1683. *Ashmolean Museum*, Oxford. Foto: Jan Röhrmann.

nian's National Museum of American History in Washington, D.C. aufbewahrt wird. Da haben wir eine Quelle seiner Inspiration!

Die Decke und der Boden dieser Instrumente wurden dagegen an den Rändern mit Randeinlagen, d. h. mit raffinierten diamant- oder rautenförmigen Knocheneinlagen verziert, die sich mit kreisförmigen abwechselten und sich entlang des gesamten Stückes entwickelten. Das war höchste Präzisionsarbeit.

Die Kostbarkeit der Verzierungen bestätigt das Prestige des Auftrags, während die Perfektion der Ausführung darauf schließen lässt, dass diese Instrumente von Stradivari benutzt wurden, um seine erstaunlichen handwerklichen Fähigkeiten zu zeigen.

Das letzte verzierte Stradivari-Instrument, das wir kennen, die *Rode*-Geige, die um 1722 gebaut wurde, weist eine Besonderheit auf: Die Verzierungen wurden nicht in das Holz eingelegt, sondern aufgemalt.

> WAS DIE KORYPHÄEN SAGEN: „Die Einlegeinstrumente stellen das außergewöhnlichste Werk von Antonio Stradivari dar. Eine kleine „Elite" von Meisterwerken, bei denen Intarsien und Verzierungen ein untrennbarer Teil des Instruments sind und von Stradivaris angeborenem Geschmack für Schönheit, seiner Klugheit und profunden konstruktiven Kenntnissen zeugen. Es ist kein Zufall, dass er die Verzierungen nur an Stellen erdachte und ausführte, die keinen Einfluss auf den Klang haben, und so die akustische Leistung unverändert ließen.
>
> Schon als Junge war ich von diesen Instrumenten fasziniert, und als Geigenbaustudent fertigte ich einen Nachbau an, dem im Laufe meiner beruflichen Laufbahn weitere folgten. Dank der Bereitschaft der Besitzer hatte ich auch das Privileg, eine Einlegegeige zu bauen, während die „Hellier" und die „Sunrise" neben mir auf der Werkbank standen, wobei ich ständig den Baufortschritt mit den Originalen verglich und mich von der umfassenden Harmonie inspirieren ließ, die man empfindet, wenn man sie in den Händen hält: eine einzigartige und intensive Emotion."[14]
>
> Marcello Villa, Geigenbaumeister, Cremona

Eine außergewöhnliche Ausbildung?

Die Gründlichkeit der Schnitzarbeit und die Sicherheit der Ausführung, die Stradivari in diesen ersten Beispielen zeigte, veranlasste einige Experten zu der Annahme, dass der junge Antonio nicht ein Schüler eines Geigenbauers, sondern eines Schnitzers gewesen sei. Die ersten, die diese Meinung äußerten, waren Baruzzi[15] und Santoro[16].

Sie hatten in Francesco Pescaroli (1610–1679) einen maßgeblichen Kandidaten zur Untermauerung dieser Theorie gefunden, weil er ein berühmter Architekt, Bildhauer und Schnitzer aus Cremona gewesen war.

Pescaroli hatte die Fähigkeiten, Mittel und ... die richtige Position, um, wenn schon nicht als offizieller Meister, so doch zumindest als mögliche Unterstützung für den jungen Antonio in Betracht gezogen zu werden.

Gehen wir Schritt für Schritt vor. Sicherlich lassen Pescarolis Ruhm und sein Können keinen Zweifel daran, dass er auch in der Lage gewesen wäre, willige junge Menschen auszubilden. Es gibt keinen Zweifel an seinen Fähigkeiten.

Aber haben wir Beweise, dass er es getan hat? Ja, das haben wir. Pescaroli hatte eine große Werkstatt und viele fähige Künstler, wie Giacomo Bertesi, lernten von ihm. Außerdem ist die Lage der Werkstatt von Pescaroli sehr wichtig, da sie, wie die von Nicolò Amati, den kleinen Platz vor der Kirche San Domenico überblickte. Die beiden waren praktisch Nachbarn, aber nicht nur das. Pescaroli war sicher auch in der Geigenwelt von Cremona unterwegs, wie die Tatsache beweist, dass er Taufpate der Tochter von Andrea Guarneri wurde, den wir schon als *famiglio* von Nicolò Amati kennengelernt haben. Es ist daher nicht schwer sich vorzustellen, dass der junge Antonio Stradivari mit beiden Meistern, d. h. sowohl mit Pescaroli als auch mit Amati, irgendwie hätte zusammenarbeiten können.

Da die verzierten Instrumente aber zwischen 1677 und 1690 gebaut wurden, hätte er nicht sogar bei Nicolò Amati anfangen und danach bei Pescaroli weiterlernen können? Aber es ist besser, sich nicht mit Spekulationen aufzuhalten. Vergessen wir stattdessen nicht, dass es noch einen weiteren wichtigen Faktor gibt, der Stradivari mit Pescaroli verbindet und zeigt, dass nicht nur die beiden einander kannten, sondern dass es eine gewisse Wertschätzung, ein Verständnis zwischen ihnen geben musste. Raten Sie mal, wohin Antonio Stradivari und seine Frau direkt nach der Hochzeit umzogen? Richtig, in ein Haus von Francesco Pescaroli!

V.
Das 1. Glockengeläut

Gott vergibt so vieles angesichts eines
Werks der Barmherzigkeit!
(Alessandro Manzoni, *Die Verlobten*, 1840/42)

Antonio Stradivari heiratete mit Francesca Ferraboschi eine Witwe. Ihre Geschichte ermöglicht es uns, über die Regeln der Gesellschaft jener Zeit nachzudenken und einige der Protagonisten, die im Leben von Antonio Stradivari eine große Rolle spielten, besser kennenzulernen.

Wer war Francesca Ferraboschi?

Wir beginnen ihre Beschreibung rückwärts und stellen die Figur von Alessandro Capra (1608–ca. 1682) vor, einem Architekten, Mathematiker und Landvermesser aus Cremona, der unter anderem auch Autor wichtiger Abhandlungen über Geometrie und zivile und militärische Architektur war. Capra genoss in der Stadt großes Ansehen, das er sich besonders während der Belagerung von Cremona zwischen 1647 und 1648 erworben hatte, als er sein Talent in den Dienst der Spanier zur Verteidigung seiner Heimatstadt gestellt hatte.

Cremona war damals eine kleine Welt, und es mag nun überflüssig erscheinen, die Namen der Trauzeugen von Alessandro Capra anzugeben, aber diese Einzelheiten zeigen, wie die verschiedenen Familien miteinander verbunden und in gewisser Weise voneinander abhängig waren.

Als Capra 1631 Clara Isonti heiratete, waren seine Zeugen der große Cremoneser Schnitzer Cesare Ceruti (1573–1643) und der gute Francesco Pescaroli, über den wir bereits zuvor gesprochen haben. Um eine weitere Verbindung hervorzuheben, möchten wir erwähnen, dass Francesco Pescaroli mit Maddalena, der Tochter von Cesare Ceruti, verheiratet war. Wahrscheinlich war es Ceruti selbst, der diese Bindung förderte, da sein einziger Sohn vorzeitig verstorben war und Ceruti keine männlichen Erben hatte. Daher überließ er die Werkstatt seinem Schüler und Schwiegersohn, Francesco Pescaroli. Es handelt sich um die berühmte Werkstatt, die den Platz von San Domenico überblickte, in der Nähe der Werkstatt von Nicolò Amati, wo Antonio Stradivari vielleicht die Kunst der Holzschnitzerei erlernt hat.

Wir trafen also gerade eine kleine Gruppe von Menschen, die in der Stadt einen gewissen Respekt genossen und sich gegenseitig unterstützen.

Die erste Ehe von Giovanni Giacomo Capra

Alessandro Capra war zweimal verheiratet, hatte eine große Familie und wohnte im Stadtzentrum, neben der Kirche San Leonardo, die inzwischen leider abgerissen wurde. Zwei seiner Söhne, Domenico und Angelo, hatten, wie ihr Vater, ein Interesse an Wissenschaft und Technik im Zusammenhang mit der Hydraulik entwickelt. Domenico wurde Militärmathematiker und wie schon sein Großvater Agostino und dann sein Vater interessierte er sich für die vom Fluss Po verursachten Erosionsprobleme, die eine Bedrohung für die Stadt Cremona darstellten. Angelo hingegen war Karmelitermönch geworden, was ihn jedoch nicht daran hinderte, häufig zum Thema Hydraulik konsultiert zu werden.

Aufgrund seiner wissenschaftlichen Kenntnisse leitete Alessandro Capra eine Werkstatt, die

> als eine weiterentwickelte Form der Werkstätten und Handwerksschulen des Mittelalters und der Renaissance betrachtet werden muss, in denen die typischen didaktischen Handbücher, die aus 'Abakus-Büchern' bestehen, hergestellt wurden. In diesen Büchern wurden Informationen und Anleitungen zur Vermessung, zur Perspektive und zu einigen Bereichen der angewandten Geometrie sowie zu den notwendigen Begriffen der Arithmetik und des merkantilen Rechnens gegeben.[2]

Der zweite Sohn von Alessandro Capra hieß Giovanni Giacomo und arbeitete mit seinem Vater in der Werkstatt. Wir wissen nicht viel über ihn, aber er scheint eine Person von nicht allzu unterwürfigem Charakter gewesen zu sein und die späteren Ereignisse werden das bedauerlicherweise bestätigen.

1657[3] heiratete der damals 23-jährige Giovanni Giacomo die Tochter eines wohlhabenden Seiden- und Stoffhändlers, Susanna Cerioli, aus der Pfarrei Sant'Agata. Ein Jahr später wurde das Leben des jungen Paares durch die Geburt ihres ersten Kindes, Giovanni Battista,[4] beglückt. Alessandro Capra drückte als Großvater des Neugeborenen seine Freude über das glückliche Ereignis aus, indem er sein Testament änderte und nicht nur seinen Sohn Giovanni Giacomo, sondern auch seinen Enkel einfügte.[5] Trotzdem gründete der junge Familienvater kurz darauf seine eigene Schreinerei und machte sich dadurch selbstständig. Das ist schon ein Indiz für die aufreibende Beziehung zwischen Alessandro Capra und seinem Sohn, der kaum abwarten konnte, das gesetzlich erforderliche Alter von 25 Jahren zu erreichen, um sich der väterlichen Obhut zu entziehen.[6]

Offenbar war die neue Schreinerei jedoch nicht sehr erfolgreich. Aber Giovanni Giacomo blieb auch kaum Zeit, bevor das Schicksal zuschlug.

Im Jahr 1661 fand das erste einer Reihe dramatischer Ereignisse statt. Seine Frau Susanna gebar einen zweiten Sohn, Alessandro Giovanni,[7] der im Mai zur Welt kam. Die Geburtskomplikationen schwächten die junge Mutter so sehr, dass sie sich nicht mehr erholen konnte und einen Monat später starb.[8] Das Neugeborene folgte ihr zwei Tage[9] danach. Giovanni Giacomo Capra wurde im Alter von 27 Jahren verwitwet und hatte einen dreijährigen Sohn zu versorgen. Er musste die Schreinerei schließen und zur Familie seines Vaters zurückkehren.

Ungeachtet des Charakters von Giovanni Giacomo kann man sich gut vorstellen, wie schmerzhaft und bitter diese Zeit für ihn gewesen sein muss. Er musste nicht nur in das Haus seines Vaters heimkehren, sondern stand als Witwer mit einem so jungen Sohn vor der erzwungenen Entscheidung, wieder zu heiraten. Tatsächlich kam es damals leider oft vor, dass Frauen bei einer Geburt oder als Folge davon starben. Wenn der Ehemann Witwer blieb, und insbesondere mit kleinen Kindern, wurde es als seine Pflicht angesehen, so schnell wie möglich eine andere Frau zu finden, die sich um die Kleinen kümmerte. Wie wir gerade im Fall von Susanna Capra gesehen haben, starben als Folge des Todes der Mutter oft auch Säuglinge, wenn man sie nicht sofort versorgte.

Die Suche nach der geeigneten Frau

Höchstwahrscheinlich war es Alessandro Capra selbst, der dafür verantwortlich war, eine andere geeignete Frau für seinen Sohn zu finden. Der Status der Familie Capra machte eine sorgfältige Bewertung der Kandidatin, d. h. ihrer Familie, unerlässlich. In der Tat war es sehr wichtig, eine Heirat unterhalb der sozialen Stellung zu vermeiden, und in Anbetracht des Respekts, den die Familie Capra genoss, aber auch der Dringlichkeit, zu einer zweiten Ehe zu gelangen, nutzte Alessandro Capra sicherlich seine Kontakte im Umfeld von Händlern und Kaufleuten und wurde von Francesco Pescaroli dabei unterstützt. Und so nahm er Kontakt mit der Familie Ferraboschi auf, die ebenfalls aus der Pfarrei Sant'Agata stammte. Es ist jedoch möglich, dass diese Familie Giovanni Giacomo Capra nicht unbekannt war, die in der gleichen Nachbarschaft wohnte, in der er und seine erste Frau gelebt hatten.

Das Oberhaupt der Familie Ferraboschi, Giovanni, hatte eine Wurstwarenhandlung geerbt, aber dies war nicht seine Hauptbeschäftigung. Tatsächlich war es ihm gelungen, sein Ansehen dank seiner Ernennung zum Straßenrichter zu verbessern.

Unter der langen spanischen Herrschaft wurde die Position des Straßenrichters für das gesamte Gebiet von Mailand, einschließlich Cremona, vom Gouverneur zugewiesen und beinhaltete eine Reihe komplexer Aufgaben und genau definierter Verantwortlichkeiten. Der Straßenrichter hatte die grundlegende Aufgabe, die Instandhaltung und Kontrolle der Hauptstraßen zu überprüfen und durchzusetzen. Zu dieser Zeit wurde die Instandhaltung der Straßen den ländlichen Gebieten der Grafschaft Mailand anvertraut. Ein sehr ungerechtes System, das erst unter der österreichischen Regentschaft geändert wurde, als die Straßen in Landes-, Gemeinde- und Privatstraßen neu eingeteilt wurden, wobei die Instandhaltung aller Straßen, die von der Stadt in die Provinz des Herzogtums führten, der Provinz zugeschrieben wurde; die Wartung der Gemeindestraßen den Gemeinden und nur die der Privatstraßen den Bürgern.

Es war eben anders zur Zeit Stradivaris, als der Beruf des Straßenrichters weitreichende Befugnisse genoss. Aber er konnte auch sehr gefährlich werden. Daher war es denjenigen, die ihn ausübten, erlaubt, Waffen zu tragen, die sonst verboten waren, wie zum Beispiel die mächtige Arkebuse. Giovanni Ferraboschi wurde bei der Ausübung seiner Funktion von seinem Sohn Giovanni Pietro unterstützt, einer der Hauptfiguren dieser Geschichte.

Zufrieden mit dem Rang der Ferraboschi-Familie, wählten die Capras Francesca, die Tochter von Giovanni Ferraboschi, als zukünftige Ehefrau für Giovanni Giacomo.

Die zweite Ehe von Giovanni Giacomo Capra

Paolo Lombardini[10] berichtete, dass Francesca Ferraboschi am 7. Oktober 1640 geboren wurde. Sie war daher sechs Jahre jünger als ihr Bräutigam Giovanni Giacomo.

Die Hochzeit von Francesca Ferraboschi und Giovanni Giacomo Capra fand am 10. Juli 1662[11] statt, praktisch ein Jahr nach dem Tod von Susanna, Capras ersten Frau.

Das Paar mietete ein Haus in der Pfarrei Sant'Agata, und Giovanni Giacomo kehrte zurück, um zum zweiten Mal eine eigene Schreinerei zu eröffnen, wobei er seinen Besitz und einen Teil der Mitgift seiner Frau investierte.

Die Mitgift war einer der typischsten Bräuche der damaligen Zeit, selbstverständlich für die sozialen Schichten, die es sich leisten konnten. Die zukünftige Braut wurde von ihrem Vater oder, in seiner Abwesenheit, von ihrer Familie mit einer Mitgift ausgestattet, die zu einem Teil aus Geld und zu einem Teil aus Kleidern, Schmuck, Möbeln und Haushaltsgegenständen bestand. So ausgerüstet verließ die Braut ihre Herkunftsfamilie endgültig, um in der Familie ihres Mannes aufgenommen zu werden. Nur falls ihr Ehemann starb, wurde mit der Rückkehr der Witwe in das Haus ihres Vaters gerechnet.

Die Mitgift von Francesca Ferraboschi[12] bestand aus 1.000 Lire in der Währung von Cremona und 2.500 Lire in persönlichen Gegenständen, alles in allem keine schlechte Mitgift. Der monetäre Anteil wurde jedoch nicht sofort zum Zeitpunkt der Eheschließung beglichen, sondern es wurde vereinbart, dass eine erste Zahlung, die Hälfte der Summe, zu Weihnachten 1663 und die zweite und letzte Rate an der darauf folgenden Weihnacht gezahlt werden sollte.

Neun Monate nach der Zeremonie gebar Francesca das erste Kind des Paares, ein kleines Mädchen, das auf den Namen der ersten Frau von Giovanni Giacomo Capra, Susanna, getauft wurde.

Zu diesem Zeitpunkt der Geschichte bestand die Familie Capra aus vier Personen: dem Familienoberhaupt Giovanni Giacomo, seiner Frau Francesca, seinem Sohn Giovanni Battista, geboren aus erster Ehe, und seiner Tochter Susanna.

Wir wissen nicht, ob es ein gutes Einvernehmen zwischen dem Ehepaar Capra gab und ob ihre Ehe glücklich war. Tatsache ist, dass Francesca im Februar 1664 wieder schwanger wurde. Doch Giovanni Giacomo sollte nicht in der Lage sein, der Geburt seines dritten Kindes beizuwohnen.

In der Nacht vom 28. April 1664 traf Giovanni Giacomo auf dem Heimweg seinen Schwager Giovanni Pietro Ferraboschi, den Bruder von Francesca. Leider konnte der Grund nicht geklärt werden, aber die beiden stritten sich. Die anfängliche Auseinandersetzung eskalierte, Giovanni Pietro erschoss seinen Schwager mit der Arkebuse und floh. Man transportierte den Verwundeten nach Hause und ein *cerusico* wurde in Eile gerufen. Dies war eine Art Chirurg, Arzt, Apotheker und Barbier in einer Person. Leider war es aber nicht möglich, Giovanni Giacomo zu retten. Er starb kurz danach vor den Augen seiner Frau und seiner Kinder, nachdem er die letzte Ölung durch den Pfarrer erhalten hatte. Dieser war es auch, der die Todesart in der im Kirchenregister enthaltenen Sterbeurkunde[13] beschrieb.

Damals kamen blutige Ereignisse dieser Art häufiger vor, als wir uns heute vorstellen können. Die meisten Menschen waren bewaffnet, d. h. trugen häufig mindestens ein Messer, denn heftige Kämpfe und Schlägereien waren an der Tagesordnung, und manchmal verwandelte sich ein Kampf in eine Tragödie. Ein typisches Beispiel ist der berühmte Maler Caravaggio, der ungeachtet seiner künstlerischen Begabung als hitzköpfig und streitlustig galt. Im Jahr 1606 stritt er sich mit einem Mann wegen eines Fouls während eines Ballspiels. Von der Diskussion ging man schnell zur Gewalt über. Caravaggio wurde verwundet, tötete aber seinen Gegner, um dann zu fliehen, genau wie Giovanni Pietro Ferraboschi, weil die Flucht damals ein sehr üblicher Ausweg war, auch wenn sie nur eine vorübergehende Lösung des Problems darstellte.

Was mag Francesca Ferraboschi zu jener Zeit durch den Kopf gegangen sein? Sie hatte ihren Mann durch die Hand ihres Bruders verloren, der nun aus dem gesamten Gebiet von Mailand verbannt und zum Exil gezwungen war. Im Alter von kaum 24 Jahren fand sie sich als Witwe wieder, im dritten Monat schwanger und mit zwei Kindern, die sie ernähren musste. Sie hatte kein Einkommen, sie konnte weder auf die zweite Rate ihrer Mitgift noch auf die Unterstützung von jemandem zählen, der die Schreinerei am Laufen hielt. Dies ist die Frau, die der junge Antonio Stradivari heiraten wird. Doch bis dahin musste noch viel geschehen.

Ein Akt der Barmherzigkeit

Bei Verbrechen dieser Art folgte die damalige Gesellschaft ungeschriebenen, aber präzisen Regeln: Die Familie, die den Schaden erlitten hatte, musste sich rächen, um ihren Namen von der Schande des Vergehens reinzuwaschen. Die spanische Regierung war sich dessen wohl bewusst, und um zu verhindern, dass diese Ereignisse in lange und blutige Fehden ausarten, die das soziale Gleichgewicht ihres Territoriums untergraben könnten, führte sie ein System ein, das die Schlichtung der Parteien gewährleisten sollte.

Der Täter hatte zwei Möglichkeiten: sich zu stellen oder zu fliehen. Sein sozialer Status bestimmte oft die zu treffende Entscheidung. D. h., diejenigen, die wohlhabend waren, Privilegien genossen, vor allem aber große Macht hatten, konnten sich leicht für die erste Möglichkeit entscheiden, weil sie durch Töten, Drohen oder Bestechen das Schweigen oder die Mitarbeit von Zeugen erwirken konnten. Der große Schriftsteller Alessandro Manzoni lieferte in seinem Meisterwerk *Die Verlobten* mit den Charakteren des Unbenannten und Don Rodrigo zwei treffende Beispiele für diese unantastbaren Figuren. Diese Verbrechen blieben in der Regel ungestraft, und die Täter waren den Justizbehörden offiziell unbekannt, obwohl jeder ihren Namen wusste.

Die Flucht blieb aber in den allermeisten Fällen die beste Lösung, auch weil es genügte, zum Beispiel in Piacenza, etwa 30 Kilometer von Cremona entfernt, anzukommen, um außerhalb des Staates Mailand Zuflucht zu finden. Während dem Täter offiziell der Zutritt zum gesamten Territorium verboten wurde, suchten die beteiligten Familien hinter den Kulissen nach einer Lösung. Beide Optionen zielten darauf ab, nach einer gewissen Zeit, in der Regel mindestens ein Jahr, eine Begnadigung durch den Gouverneur zu erwirken. Der Gouverneur würde sie ohne große Schwierigkeiten gewähren, sofern eine grundlegende Bedingung erfüllt war: Die Erben des Ermordeten mussten dem Täter verzeihen. Und um die Wohlüberlegtheit und Ernsthaftigkeit dieser Vergebung zu unterstreichen, musste sie vor einem Notar in Anwesenheit beider Familien durch einen öffentlichen Akt namens *Charta remissionis et pacis* (Verzicht, Frieden, Vergebung) offiziell zum Ausdruck gebracht werden.

Dieses grundlegende Dokument wurde oft nicht unbedingt aus gutem Willen, sondern durch Zahlung, d. h. durch Entschädigung des Betroffenen für den erlittenen Schaden, oder durch Druck unterschiedlicher Art erreicht.[14]

Francesca Ferraboschi musste nicht nur die Kraft aufbringen, ihrem Bruder den Mord an ihrem Mann öffentlich zu vergeben,[15] sondern sie musste auch Alessandro Capra und seine Familie davon überzeugen, das Gleiche zu tun. In dieser Phase spielten sie und ihr Schwiegervater in der Tat eine grundlegende Rolle für die Zukunft beider Familien. Es ist interessant zu beobachten, wie beide sich dem Problem aus zwei verschiedenen Blickwinkeln stellten. Francesca reagierte in erster Linie als Mutter. Ihr war bewusst, dass sie keine finanzielle Unterstützung mehr hatte, und so bat sie ihren Schwiegervater offiziell um die Rückgabe eines Teils der Mitgift. Alessandro Capra[16] hingegen reagierte als Familienoberhaupt und bat die Behörde, ihm die Enkelkinder anzuvertrauen, die wie üblich die Universalerben des verstorbenen Vaters geworden waren. Aber es gab nicht viel zu erben, da Giovanni Giacomo Capra wiederholt Schulden aufgenommen hatte. In der Zwischenzeit brachte Francesca ihre zweite Tochter zur Welt, die in der Pfarrei San Leonardo auf den hoffnungsvollen Namen *Innocenza* (Unschuld) getauft wurde. Dies war die Pfarrei von Alessandro Capra und seine Schwester Francesca wurde Taufpatin, was das Interesse der Familie Capra an den Enkelkindern verdeutlicht.

Im Juli 1665[17] wurde ein langes notarielles Dokument verfasst, die *Charta confessionis et finium*, in dem Alessandro Capra seiner Schwiegertochter einen Teil der Mitgift zurückgab. Die wenigen Besitztümer von Francesca Ferraboschi wurden sorgfältig aufgelistet: einige Kleider, neue und gebrauchte Blusen, ein paar Juwelen, Handtücher, Taschentücher, Servietten, ein Bett mit Holzkopfteil,

Laken und Decken, für einen geschätzten gesamten Wert von 1.437,10 Lire. Dies sind Sachen, die Francesca als Mitgift mitgebracht hatte, und Alessandro Capra hatte wahrscheinlich nichts dagegen, sie loszuwerden. Er war mit dem Schutz aller drei Enkelkinder betraut worden. Deshalb verließ Francesca Ferraboschi das gemietete Haus und kehrte allein zurück, um im Haus ihres Vaters zu leben.

Giovanni Ferraboschi und seine Familie wohnten in einem großen Haus mit seinem Bruder Francesco zusammen. Dort sollte Francesca bis 1667 bleiben. Im Seelenregister der Pfarrei wurde sie als Witwe verzeichnet. Ihre Töchterchen aufgeben zu müssen, muss sehr schmerzhaft für sie gewesen sein, aber gleichzeitig war es auch ein großer Akt der Liebe. Als Witwe mit zwei unterhaltsberechtigten Töchtern wäre Francesca nie in der Lage gewesen, ihren Lebensunterhalt zu bestreiten, geschweige denn einen neuen Ehemann zu finden. Indem sie ihre Töchter zusammen mit deren Bruder im Haus Capra aufwachsen ließ, verschaffte sie ihnen ein Umfeld mit Komfort und sozialem Respekt. Die Zukunft der Kleinen war dadurch gesichert. Auf diese Weise konnte Francesca auch mit der Vergebung der Capras für ihren eigenen Bruder Giovanni Pietro rechnen.

Nach und nach versuchten die Familien, ihre Bestürzung und ihren Schmerz zu überwinden, um zur Normalität zurückzukehren. Im November 1665[18] änderte Alessandro Capra sein im Jahre 1658 verfasstes Testament, das bereits seinen verstorbenen Sohn Giovanni Giacomo und seinen Enkel Giovanni Battista einschloss, dahingehend, dass es ein Vermächtnis in Höhe von je 1.000 Lire an seine beiden Enkelinnen Susanna und Innocenza enthielt.

20 Monate nach der Ermordung von Giovanni Giacomo Capra begnadigte der Gouverneur von Mailand den Mörder Giovanni Pietro Ferraboschi.[19] Der Bruder von Francesca hätte also nach Hause zurückkehren dürfen. Aber erst nachdem die beiden in die Tragödie verwickelten Familien ihn ebenfalls gemeinsam und formell begnadigt hatten. Und so kam es am 10. Januar 1667 zur endgültigen Vergebung, d. h. zur Unterzeichnung der *Charta remissionis et pacis* im Notariat von Giacinto Callegari.[20] Die Erben des verstorbenen Giovanni Giacomo Capra waren minderjährig, sodass ihr Großvater Alessandro für sie auftrat. Da diese Vergebung soweit wie möglich die ganze Familie einschließen sollte, nahmen auch Giuseppe Capra, der Onkel des Verstorbenen, und Claudio Fromondi, der Schwiegersohn von Alessandro Capra, an dem Treffen teil. Die Familie Ferraboschi wurde durch Giovanni, Francescas Vater, und ihren Onkel Francesco vertreten.

Durch seinen Großvater und Vormund Alessandro erklärte Giovanni Battista Capra offiziell für sich und seine Schwestern, sich ein Beispiel an unserem Herrn Jesus Christus zu nehmen und dem Angeklagten Giovanni Pietro Ferraboschi zu vergeben. Er vergab daher allen Hass, Groll und Beleidigungen, die aus der Tat des Angeklagten resultierten, und verzichtete auf jedes laufende Verfahren oder Urteil. Als Folge des geschlossenen Friedens wurde der Gouverneur von Mailand gebeten, alle Verfahren gegen Giovanni Pietro auszusetzen und abzubrechen, damit er zu seiner Familie nach Cremona zurückkehren könne.

Am selben Tag wurde Francescas Sieg durch die Unterzeichnung eines zweiten Dokuments[21] gekrönt, mit dem ihr Schwiegervater Alessandro ihr 300 Lire in bar, den letzten Teil ihrer Mitgift, zurückgab. Damit wurde ein schmerzliches Kapitel für ihre beiden Familien endgültig abgeschlossen, und alle konnten sich auf die Zukunft freuen. Dieses Geld würde Francesca bald dazu dienen, ein neues Leben an der Seite desjenigen zu beginnen, der als berühmtester Geigenbauer der Geschichte gefeiert wird: Antonio Stradivari.

Ein neues Leben

Wo haben sich Antonio Stradivari und Francesca Ferraboschi kennengelernt? Wir wissen es nicht, aber es wird vermutet, dass Antonio Francescas ersten Ehemann, Giovanni Giacomo Capra, kannte, der, wie Sie sich vielleicht erinnern, eine Schreinerei hatte. Schließlich war dies das Umfeld, in dem sich der junge Antonio bewegte, unter Geigenbauern, Schnitzern und Schreinern.

Nach Jahren des Schmerzes und vielen Schwierigkeiten war Francesca endlich frei, und die Priorität lautete nun: schnell heiraten!

Die beiden jungen Verlobten konnten es kaum abwarten, ihre Liebe offiziell zu krönen. Aber die Kirche hatte ihre Regeln, die nicht ignoriert werden durften. Es war notwendig, mit den drei Bekanntmachungen fortzufahren, die vor der Hochzeit durchgeführt werden sollten. Aber Francesca und Antonio hatten es eilig und konnten den Vikar überzeugen, wenigstens auf die dritte Publikation zu verzichten. So schickte der Pfarrer von Sant'Agata, der Pfarrei der zukünftigen Braut, einen Brief an den Pfarrer von Santa Cecilia, der Pfarrei des Bräutigams, und teilte ihm mit, dass zwei statt drei Publikationen ausreichen würden. Wir können uns den jungen Geigenbauer Antonio Stradivari vorstellen, der als Bote zwischen den beiden Pfarrern hin und her pendelte. Letztendlich brauchte man die Dispens doch nicht, da die erste Veröffentlichung am 26. Juni 1667, die zweite am 29. Juni und die letzte am Sonntag, dem 3. Juli, erfolgte. Und schließlich läuteten die Glocken feierlich, als Antonio Stradivari und Francesca Ferraboschi am Montag, dem 4. Juli 1667, in der Kirche Sant'Agata vermählt wurden.

Der Onkel der Braut war ihr Trauzeuge. Wen hatte Antonio dabei? Wir wissen es nicht, weil der Pfarrer vergessen hat, es in das Trauregister einzutragen. Was für ein Pech!

Und an dieser Stelle taucht der uns schon geläufige Schnitzer Francesco Pescaroli wieder auf: der Ladennachbar von Nicolò Amati, der Trauzeuge von Alessandro Capra und nun derjenige, der dem jungen Paar ein Haus in der Pfarrei Sant'Agata vermieten wird.

Es war Arnaldo Baruzzi[22], der dieses Haus in den Archiven von Cremona ausfindig machte, das er auf den Namen *Casa Nuziale* (Hochzeitsheim) taufte. Dieses Gebäude, das aus einem Erdgeschoss, einem ersten und einem zweiten Stockwerk besteht, befindet sich im heutigen Corso Garibaldi in Cremona. Neben der kleinen Eingangstür gab es eine Werkstatt, was die Vermutung bestätigt, dass Stradivari bereits Saiteninstrumente baute, wie die uns bekannte erste Geige mit der Jahreszahl 1666 bestätigt.

Indem der junge Antonio sich selbstständig machte, konnte er die Früchte seiner Arbeit genießen, ohne sie mit einem Werkstattmeister teilen zu müssen. Zweifellos brauchte er Geld, weil er eine Familie zu ernähren hatte. Haben Sie sich nicht gefragt, warum Antonio und Francesca es so eilig hatten zu heiraten? Ich verrate es Ihnen: Nur fünf Monate nach der Hochzeit kam ihr erstes Kind zur Welt!

VI.
Der Anfang zwischen Familienleben und Werkstatt

*Die Geige sowohl wie die Laute sind Kunstwerke,
und ihre Verfertiger sollen Künstler sein.*[1]
(William Leo von Lütgendorff,
*Die Geigen und Lautenmacher vom Mittelalter
bis zur Gegenwart*, 1904)

Nur fünf Monate nach der Hochzeit wurde Giulia Maria, die erste Tochter von Antonio Stradivari und Francesca Ferraboschi, geboren. Die Taufe der Kleinen fand am 22. Dezember 1667[2] in der Kirche Sant'Agata statt, der Pfarrei, wo das Ehepaar ein Haus von Francesco Pescaroli gemietet hatte. Es handelte sich um ein einfaches Bauwerk, lang und schmal (22,50 x 4,50 Meter),[3] das aus zwei Gebäuden bestand, die durch einen Innenhof getrennt und wiederum durch eine Arkade verbunden waren. Das Geschäft, wo Stradivari sicherlich seine Werkstatt eröffnete, lag zur Straße hin und daneben befand sich eine kleine Eingangstür, die in die Wohnung im oberen Stockwerk führte.

Sowohl der erste als auch der zweite Stock verfügten über vier kleine Räume. Vom zweiten Stock reichte eine Holztreppe zur überdachten Terrasse, die im Jargon von Cremona *Seccador* (Trockner) hieß. Angeblich hängte Stradivari hier seine Instrumente auf, damit das Holz an der Luft gleichmäßig alterte und dadurch seine Klangeigenschaften hervorbrachte. Die Idee scheint tatsächlich nicht so abwegig, denn ich kenne solche Einrichtungen aus meiner Kindheit und weiß, dass dort auch in der typischen sommerlichen Gluthitze der Po-Ebene immer eine leichte Brise weht. Oft wurde dieser Ort von den Hausfrauen verwendet, um die gewaschene duftende Wäsche trocknen zu lassen.

Das Leben der Stradivaris war sicher alles andere als langweilig. Nach der Geburt von Giulia Maria ließen zusätzliche Früchte der Liebe nicht allzu lange auf sich warten und Francesca Ferraboschi gebar in den folgenden vier Jahren noch drei Kinder.[4]

Der erste Sohn, Francesco, wurde Anfang Februar 1670 geboren. Die Taufpatin war Maria Elisabetta Miradori,[5] die Tochter von Giacomo Miradori, einem Maler, der mit Francesco Pescaroli zusammengearbeitet hatte. Und wieder haben wir einen Beweis für die enge Beziehung zwischen der Stradivari- und der Pescaroli-Familie. Leider starb der kleine Francesco aber nach nur acht Tagen.[6] Fast exakt ein Jahr später kam ein zweiter Junge zur Welt: Giacomo Francesco. Einem verbreiteten Brauch folgend, wurde er hauptsächlich nur Francesco genannt, wie sein verstorbener Bruder. Dieser Sohn wurde Geigenbauer und der wichtigste Helfer seines Vaters in der Werkstatt. Taufpatin war wiederum Maria Elisabetta,[7] die diesmal im Kirchenbuch unter dem Namen ihres Ehemannes Frogio (oder Frosi) aufgeführt wurde. Interessanterweise war ein Francesco Frosio der Trauzeuge eines Sohnes von Carlo Ruggeri, einem Mitglied der berühmten Geigenbauer-Familie. Wenn die beiden Frosio irgendwie miteinander verwandt wären, wäre dies ein weiterer Beweis dafür, wie die verschiedenen Familien der Geigenbauer in Cremona miteinander in Kontakt standen. Ein interessantes Beispiel liefert Nicolò Amati selbst, der 1658 Pate vom Giacinto, einem Sohn des Geigenbauers Francesco Ruggeri gewesen war.

Aber zurück zu den Stradivaris. Im März 1674 erblickte dann ein zweites Mädchen das Licht der Welt, Caterina Annunciata.[8] Wenige Jahre nach der Hochzeit war die Stradivari-Familie rasch gewachsen, und die Zahl der zu fütternden Münder war von zwei auf fünf gestiegen.

Die Entschlossenheit, mit der sich das junge Familienoberhaupt zweifelsohne für die Aufrechterhaltung seiner wachsenden Familie einsetzte, steht sicherlich in keinem Verhältnis zu der Zahl seiner früheren Instrumente, die uns geblieben sind. Heute wissen wir von knapp zwanzig Instrumenten, darunter hauptsächlich Geigen, die Antonio Stradivari in dieser ersten Phase seiner Karriere, d. h. zwischen 1667 und 1680, gebaut hat. Es ist dennoch kaum anzunehmen, dass sie seine gesamte Produktion umfassen. Stradivari war schon immer ein unermüdlicher Arbeiter, und diese begrenzte Anzahl von Instrumenten passt einfach nicht ins Bild.

Einige Experten[9] haben diesen Mangel an Produktion mit dem Bedürfnis des unerfahrenen Geigenbauers in Verbindung gebracht zu experimentieren, um eine Form zu finden, die den Anforderungen der Musiker entgegenkam. Sicherlich haben die Suche nach geeigneten Hölzern, die technischen Proben zur Verbesserung der Klangqualität, die Versuche mit verschiedenen Lacken einen großen Teil seiner Zeit in Anspruch genommen. Aber die Neugierde zum Experimentieren und der Wunsch, sein Schaffen zu verbessern, sind immanente Merkmale von Stradivaris Persönlichkeit und werden sein gesamtes langes künstlerisches Leben prägen, nicht nur die Anfänge. Darüber hinaus bleibt die nüchterne Feststellung, dass er nie in der Lage gewesen wäre, seine Familie zu versorgen, wenn er nur ein paar Instrumente pro Jahr gebaut hätte. Wie wir sehen werden, war Stradivari bereits 1680 im Besitz einer beträchtlichen Geldsumme, die er in irgendeiner Weise verdient haben muss. Nachdem wir also die unerlässlichen Zugeständnisse an die Notwendigkeit des Experiments gemacht haben, müssen wir uns fragen, in welche andere Tätigkeit er noch involviert war. Unter den verschiedenen Optionen haben sich drei herauskristallisiert, auf die wir unsere Aufmerksamkeit fokussieren.

Schöpfer im Auftrag Anderer

Graf Ignazio Alessandro Cozio di Salabue (1755–1840) aus dem Piemont besaß eine angesehene Sammlung von Streichinstrumenten, die aus etwa hundert Stücken bestand, darunter verschiedene Werke von Stradivari und Amati. Über mehrere Jahre hinweg faszinierte die Geige den Grafen so sehr, dass er sich darum bemühte, seine Sammlung zu erweitern, indem er unter anderem von Paolo Stradivari, Antonios jüngstem Sohn, einige Instrumente, Zeichnungen und Werkzeuge seines Vaters erwarb. Außerdem arbeitete er an einer Abhandlung über den Geigenbau und achtete darauf, möglichst viele Instrumente anerkannter Geigenbauer zu sehen und zu katalogisieren.

Zur Zeit des Grafen Cozio galten die Instrumente von Nicolò Amati als die Spitze des Geigenbaus und wurden zu weit höheren Preisen verkauft als die von Stradivari. Die Überlegenheit der Amati-Instrumente in dieser historischen Periode war so groß, dass Cozio davon überzeugt war, dass nicht nur Stradivari, sondern auch die meisten der jungen zeitgenössischen Geigenbauer, ob aus Cremona oder von außerhalb, Schüler von Nicolò Amati gewesen sein müssten.

Laut Cozio führte Antonio Stradivari bis etwa 1674 Instrumente im Auftrag von Amati aus, d. h., der Graf kannte einige Stradivari-Geigen, die mit Originalzetteln von Amati versehen waren.[10] Diese Instrumente waren offensichtlich zu Beginn der Karriere des jungen Geigenbauers gebaut worden. Verärgert über die Tatsache, dass diese Zettel nicht die korrekte Urheberschaft der Werke angaben, reagierte Cozio drastisch und ersetzte sie durch die von Stradivari, ohne zweimal darüber nachzudenken. In den sorgfältigen Aufzeichnungen des Grafen finden wir einige dieser Beispiele. Diese kleine, beunruhigende Episode dient dazu, die Möglichkeit in Betracht zu ziehen, dass Stradivari in den ersten Jahren seiner Tätigkeit Instrumente im Auftrag Dritter ausgeführt haben könnte.

Cozios Verhalten blieb doch nicht unbemerkt und Meyer kommentierte Jahre später:

> Es sollen auch Violinen aus der letzten Schaffensperiode Amatis mit der Bezeichnung ‚Nicolaus Amati' zweifellos von des talentvollen Schülers Hand herrühren, und solche hat man später mit Stradivaris Zetteln versehen.[11]

Inzwischen sind Stradivari-Instrumente mit Amati-Zetteln verschwunden, aber wen wundert das?

Die Vielfalt der Saiteninstrumente

Der Name Stradivari ist heutzutage untrennbar mit der Geige verbunden. Und vielleicht weiß nicht jeder, dass Antonio Stradivari nicht nur Geigen, Bratschen und Celli gebaut hat. Im Gegenteil, möglicherweise war er zu Beginn seiner Karriere mehr mit dem Bau anderer Instrumente beschäftigt als mit dem der Geige.

Mitte des 17. Jahrhunderts hatte die Geige noch nicht die überragende Stellung erreicht, die sie heute genießt, und dem jungen Stradivari, der sicherlich ein äußerst vielseitiger und talentierter Künstler war, wurde eine ganze Reihe interessanter Musikinstrumente in Auftrag gegeben.

Glücklicherweise sind uns einige Beispiele erhalten geblieben.

Heute können wir die künstlerischen Fähigkeiten von Stradivari anhand verschiedener Arten von Fundmaterial bewundern. Skizzen, Entwurfszeichnungen und Holzformen, die im *Museo del Violino* in Cremona und im *Musée de la Musique* in Paris aufbewahrt werden, zeigen uns eine aufregende Vielfalt an Instrumenten, darunter Lauten, Mandolinen, Viole da gamba (Gamben), Viole d'amore, Gitarren und Harfen. Dies alles sind Instrumente, mit denen er sich beschäftigt hat.

Abb. 15: Die geschnitzte Rosette der Stradivari-Gitarre *Hill* von 1688. © *Ashmolean Museum*, University of Oxford (WA1939.32 Guitar Antonio Stradivari).

Die Vielfalt der Saiteninstrumente

Abb. 16: Ein rares Instrument: Eine Harfe von Stradivari aus dem Jahre 1681. Foto: Claudio Mazzolari, Linea Tre Studio.

Plötzlich erwacht die Welt von Stradivari zum Leben und verdeutlicht uns, wie viel komplexer seine Beschäftigung war, als wir uns vorher vorstellen konnten. Der Geigenbauer par excellence hat doch auch viel mehr als nur Geigen gebaut. Wir sollten nicht den Fehler begehen, diese zusätzlichen Instrumente als sporadische und begrenzte Beispiele seiner kreativen Arbeit zu betrachten. Allein die zahlreichen Muster von Wirbelkästen zeigen deutlich, wie intensiv seine Tätigkeit im Gitarrenbau[12] war. Von einigen Instrumenten gibt es nicht nur Entwürfe, sondern es sind zum Glück auch konkrete Beispiele erhalten geblieben. Wir kennen heute vier Gitarren von Stradivari, die alle die für den großen Meister typische Sorgfalt im Detail und Präzision in der Ausführung zeigen. Eine davon trägt den Namen der berühmten Londoner Geigenhändler *Hill* und wird in Oxford aufbewahrt. Ihre geschnitzte Rosette mit den komplizierten Filigran-Arabesken ist ein Meisterwerk, die uns einmal mehr Stradivaris außergewöhnliche Fertigkeit in der Holzschnitzerei wertschätzen lässt.

Ein weiteres wunderbares Beispiel ist eine Harfe, die im *Musikkonservatorium San Pietro a Majella* in Neapel zu finden ist. Es handelt sich um ein auf 1681 datiertes Werk, das somit zur ersten Phase seiner schöpferischen Tätigkeit gehört. Beim Vergleich von Stradivaris Zeichnungen[13] dieser Harfe, die im Museum in Cremona ausgestellt sind, mit dem Endergebnis ist es, als hätten wir die einmalige Gelegenheit, in Stradivaris Werkstatt zurückzukehren und über seine Schulter zu schauen, um ihm bei der Arbeit zuzusehen, während er die geflügelte Meerjungfrau und den Amor skizziert, die dann in das Holz geschnitzt werden.[14]

Reparateur

Eine weitere nachgewiesene Tätigkeit von Stradivari ist die des Reparateurs von Saiteninstrumenten.

Im *Musikinstrumenten-Museum* in Berlin ist eine Laute erhalten, die einen gedruckten Zettel enthält mit den Angaben: *Magno Dieffopruchar a Venetia* (Magno Dieffopruchar in Venedig). Die Jahreszahl 1593 wurde handgeschrieben.

Irgendwann muss das Instrument eine Reparatur nötig gehabt haben, und Stradivari wurde gebeten, eine neue Decke zu bauen und den Hals zu ersetzen. Er führte die Arbeiten aus und dokumentierte sie von Hand, indem er unter den Dieffopruchar-Zettel seinen Namen, das Datum seiner Reparatur (7. Dezember 1695) und die Korrekturen, die er am Instrument vorgenommen hatte, hinzufügte.

Abb. 17: 1695 bestätigte Stradivari mit diesem Zettel, die Laute von Magnus Tieffenbrucker repariert zu haben. © *Musikinstrumenten-Museum SIMPK* (m5303_01). Foto: Knud Peter Petersen (1987).

Dies deutet darauf hin, dass Stradivaris Name Ende des 17. Jahrhunderts bereits einen solchen Wert erlangt hatte, dass der Vermerk auf dem Zettel gerechtfertigt war.

Natürlich ist es möglich, dass Stradivari auch Geigen repariert hat. Man nimmt an, dass er aufgrund seiner Fähigkeiten zum Beispiel gebeten wurde, auch Instrumente von Nicolò Amati zu reparieren.

Diejenigen, die Stradivari für einen Schüler des Schnitzers Francesco Pescaroli hielten, schlossen nicht aus, dass er Statuen, Kerzenständer, Tabernakel, Altäre und eine ganze Reihe von Holzarbeiten anfertigte, die üblicherweise von der Kirche in Auftrag gegeben wurden. Leider hatten die Schnitzer damals nicht die Angewohnheit, ihre Werke zu signieren, sodass es heute nicht möglich ist zu wissen, ob und was Stradivari tatsächlich über die Musikinstrumente hinaus geschaffen hat.

Die Amatisé-Periode

Wie wir bisher gesehen haben, baute Stradivari nicht nur Geigen. Dennoch wird der Geigenbau innerhalb weniger Jahre seine Haupttätigkeit werden. Seine Karriere wird grob in drei wesentliche Perioden unterteilt. Diese Einteilung sollte jedoch nicht zu genau genommen werden, denn Stradivari war schon immer ein großer Tüftler und zu jeder Periode gehören auch sehr unterschiedliche Instrumente. Man soll bedenken, dass es keine zwei identischen Geigen gibt. Auch wenn die Form praktisch für alle Geigen gleich ist, so ist doch jede einzelne Geige ein Unikat und das macht sie eben so einzigartig.

Die erste Periode von Stradivari wurde *Amatisé* genannt und man kann sich schon vorstellen, dass dies etwas mit Amati zu tun haben musste. Die Bezeichnung deutet tatsächlich darauf hin, dass der junge Antonio noch irgendwie von den Werken des großen Nicolò beeinflusst wurde. Aber warum? Zunächst einmal wegen der Größe seiner Geigen, die sehr oft bis etwa 1680 recht klein waren, wie die Geigen aus Amatis Blütezeit. Wie wir bereits sagten, war Nicolò Amati zu dieser Zeit einer der am meisten geschätzten Geigenbauer überhaupt. Seine Geigen zeichneten sich durch einen brillanten Ton aus, wenn auch nicht so kräftig wie der der Instrumente der Geigenbauer von Brescia. Es ist möglich, dass Antonio Stradivari sich entschied, diese Form für seine Geigen zu wählen, weil sie von seinen Kunden am meisten nachgefragt wurde bzw. sie ihrem Geschmack am besten entsprach. Auch bei der Bearbeitung des Holzes folgte er dem Beispiel von Amati. Nicolò Amati bevorzugte den Boden mit Schwartenschnitt. Was bedeutet das? Stellen Sie sich einen Holzklotz vor. Als Schwarten werden brettförmige Schnitte mit parallelen Flächen bezeichnet. Die resultierende Holzmaserung, d. h. die Wellenlinien und Streifen, sind deutlich weniger intensiv als beim Spiegelschnitt, das aus keilförmig geschnittenen Stücken besteht. Die späteren Stradivari-Geigen werden hauptsächlich Böden mit Spiegelschnitt haben, die einem wunderschönen Tigerfell ähneln. Die Qualität des Holzes im Allgemeinen könnte aber auch einen Hinweis auf Stradivaris finanzielle Situation geben. Je vermögender der Käufer oder teurer das Instrument, desto schöner das verwendete Material. Dies hat jedoch nichts mit der Klangqualität zu tun, denn es gibt durchaus hervorragende Stradivari-Geigen, die zu seiner Frühzeit gehören. Schließlich gab es auch eine Ähnlichkeit zwischen der Farbe des Lacks von Amati und der von Stradivari, d. h. beide hatten gelbliche, honigfarbene Töne. Diese Eigenheit ist besonders auffällig, weil Stradivaris Lack auch heute noch wegen seiner intensiven Rottöne ganz besonders geschätzt wird, die die Instrumente vom Ende des 17. Jahrhunderts an kennzeichnen werden.

Der Blick in die Zukunft

Das Ende der 1670er und der Anfang der 1680er Jahre brachten große Veränderungen im Leben der Familie von Stradivari. Antonio wurde erneut Vater, diesmal eines Sohnes, der am 25. Mai 1677[15] auf den Namen Alessandro Giuseppe getauft wurde. Dieser Sohn folgte ihm nicht in die Werkstatt, sondern zog es vor, Priester zu werden.

Genau zwei Jahre nach Alessandros Geburt, im Mai 1679, starb Francesco Pescaroli, der so viel für Antonio und seine Familie getan hatte. Aber das war nicht alles. Im November desselben Jahres wurde der sechste Sohn von Stradivari geboren, der den Namen des Schutzheiligen der Stadt Cremona erhielt: Omobono.[16] Er wurde Geigenbauer, wie sein Bruder Francesco, und arbeitete in der Werkstatt seines Vaters.

Zusätzlich zu Pescarolis Tod ereigneten sich zwei weitere traurige Ereignisse in kurzem Abstand voneinander. 1684 verstarb Nicolò Amati, der nicht nur beneidenswerten Ruhm erlangt, sondern auch das ehrwürdige Alter von 88 Jahren erreicht hatte. Im folgenden Jahr starb auch der Gelehrte Alessandro Capra, der erste Schwiegervater von Francesca Ferraboschi und Vormund der beiden Töchter, die aus ihrer ersten Ehe mit Giovanni Giacomo Capra hervorgegangen waren.

Diese Ereignisse markierten gewissermaßen das Ende einer Ära. Innerhalb weniger Jahre verlor Stradivari einige Menschen, die für seine Anfänge und für sein Leben im Allgemeinen sicherlich sehr viel bedeutet hatten. Vielleicht war es der Tod von Pescaroli, der ihn überzeugte, dass es an der Zeit war, nach vorne zu schauen und die Vergangenheit hinter sich zu lassen. Das kleine *Casa Nuziale* drohte, aus allen Nähten zu platzen und so beschloss Antonio Stradivari, einen wichtigen Schritt zu wagen: Er wurde Besitzer eines neuen Hauses!

Stradivari

VII.
Erste Erfolge und ein neues Zuhause

*Stradivari erschöpfte seine Kunst nach allen Beziehungen hin:
er schuf das Ideal der Geige.*[1]
(Joseph Wilhelm von Wasielewski,
Die Violine und ihre Meister, 1869)

Als Antonio Stradivari zur Welt kam, in einem geschätzten Zeitraum zwischen 1644 und 1649, scheint die Werkstatt des Geigenbauers Nicolò Amati die einzige in ganz Cremona gewesen zu sein. In den folgenden 20 Jahren hatte sich der Geigenbau in Cremona so rasant entwickelt, dass die Zahl der Geigenbauer in der Stadt definitiv zugenommen hatte, als Stradivari 1680 in sein neues Zuhause zog.

Andrea Guarneri war viele Jahre lang der *famiglio* von Nicolò Amati und sein engster Helfer geblieben. Er schien dazu bestimmt zu sein, die Werkstatt seines Meisters zu übernehmen, der noch unverheiratet war und sich dem damals beträchtlichen Alter von 50 Jahren näherte. Aber Amati heiratete 1645 Lucrezia Pagliari, was wahrscheinlich viele seiner Bekannten überraschte. Das Paar begann bald Kinder zu bekommen. Zu diesem Zeitpunkt muss Andrea Guarneri klar gewesen sein, dass es an der Zeit war, unabhängig zu werden. Und so heiratete auch er 1652 Anna Maria Orcelli, eine verwaiste Nachbarin von Amati. Die Braut brachte als Mitgift unter anderem ein kleines Haus in der Nähe des Hauses von Nicolò Amati mit. Dies gab Andrea Guarneri die Gelegenheit, seinen Lehrer zu verlassen und im neuen Haus seine eigene Werkstatt zu eröffnen. Ein weiterer zu dieser Zeit aktiver Geigenbauer war Francesco Ruggeri, den wir im vorigen Kapitel erwähnt haben. Auch er konnte, wie Stradivari, auf die Hilfe einiger seiner Söhne in der Werkstatt zählen.

Stradivari fehlte es 1680 also nicht an Konkurrenz, aber das scheint ihn nicht sonderlich gestört zu haben. Im Gegenteil, er beschloss ein Haus in unmittelbarer Nähe der Werkstätten von Amati und Guarneri zu kaufen. Stradivaris neue Werkstatt hatte ebenfalls zwei große Fenster mit Blick auf die Piazza San Domenico, wie das alte Geschäft von Francesco Pescaroli. Die Lage war ideal:

Abb. 18: Antonio Stradivari kaufte 1680 dieses Haus und wohnte hier bis zu seinem Tod 1737. „Casa di A. Stradivari – Facciata", Foto von Ernesto Fazioli. Fondo EPT, Fotografie 2° versamento, neue Nummerierung 1273. *Staatsarchiv*, Cremona. Montage: Axel Schwalm.

Auf dem Platz vor der Basilika befand sich das Grab der Familie Mariani, das genau den Punkt markierte, an dem sich das Zentrum von Cremona befand.[2]

Dieses Haus war damals als *Casa Picenardi* bekannt, weil es Giovanni Picenardi gehört hatte, einem wohlhabenden Tuchhändler, der 1676 mit nur 39 Jahren an der Pest gestorben war.

Antonio Stradivari kaufte dieses Haus am 3. Juni 1680[3] von den Erben Picenardis. Der Kaufvertrag, der noch heute im Staatsarchiv von Cremona aufbewahrt wird, ermöglicht es uns, über die damalige finanzielle Situation des Geigenbauers nachzudenken.

Das Haus war viel größer und imposanter als das *Casa Nuziale*. Es besaß zwei Keller, ein Erdgeschoss, in dem sich Stradivaris Werkstatt, die Küche, die Stube und ein kleiner Lagerraum am anderen Ende des Hofes befanden, einen ersten Stock mit vier weiteren Räumen, einen zweiten Stock mit drei Räumen und einer überdachten Terrasse und den unvermeidlichen *Seccador*. Mandelli[4] berichtete, dass entlang der oberen Balken der Terrasse mehrere Streifen aus Pappmaché gefunden wurden, die am Ende mit Nägeln befestigt waren, ähnlich denen, die von Handwerkern üblicherweise verwendet werden, um bestimmte kleine Werkzeuge zu befestigen. Darüber hinaus wurden in einer Art Truhe einige Lederreste, wahrscheinlich zur Herstellung der Instrumentenkoffer, und verschiedene Stücke Ahorn- und Fichtenholz gefunden. All dies führte zu der Annahme, dass Stradivari in der günstigen Jahreszeit auf dem *Seccador* arbeitete und seine frisch lackierten Instrumente dort zum Trocknen hängend aufbewahrte. Zur häuslichen Ausstattung gehörte auch ein imposanter weißer achteckiger Marmorbrunnen, der sich im Innenhof befand. Dieser war zu Beginn des 20. Jahrhunderts noch sichtbar, ging aber später zwischen den zwei Weltkriegen leider verloren.

Das neue Heim bat endlich Platz für alle Mitglieder der Stradivari-Familie. Aber Wohlstand hat seinen Preis, und für dieses Hauses war er nicht gering: 7.000 Lire. Damals eine beträchtliche Summe, vor allem für einen Geigenbauer am Anfang seiner Karriere.

Stradivari zahlte sofort 2.000 Lire in bar und verpflichtete sich, den Restbetrag innerhalb von vier Jahren zu zahlen, einschließlich eines jährlichen Zehnten von 6 Lire an das Kapitel der Kathedrale von Cremona. Der Zehnt war damals eine geläufige Abgabe, die einem Zehntel des Ertrags eines Grundstücks entsprach und an die Kirche abgeführt werden musste.

Der Vertrag deutet darauf hin, dass Stradivari nicht nur eine große Geldsumme besaß, sondern sich seiner auch sicher war, dass er die Schulden in relativ kurzer Zeit begleichen konnte. Die Einwilligung der Picenardis, diese Bedingungen zu akzeptieren, ist ein weiterer Beweis für Stradivaris guten Ruf und den Respekt, den er in seiner Heimatstadt genoss.

Antonio Stradivari lebte bis zu seinem Tod in diesem Haus. Mehr als 50 Jahre lang war dies die bevorzugte Adresse von Musikern, Sammlern, Künstlern, Botschaftern, Bankiers, Kardinälen, Gesandten der Könige und der Fürsten der größten europäischen Höfe.

Grundlegend für Stradivaris Erfolg waren sicherlich die Musiker, die seine Instrumente nicht nur bekannt machten, sondern ihn auch inspirierten und ihn drängten, seine Werke zu modifizieren und zu verbessern, um die notwendige musikalische Qualität zu erreichen. Die wichtige Funktion, die die Musiker für die Verbreitung der Geige, vor allem aber für ihre vorherrschende Stellung spielten, wurde während der Stradivari-Ära deutlich, als sich die Rolle der Musik und damit auch die der Streichinstrumente veränderte. Je mehr sich die Geige von der Rolle der reinen Gesangsbegleitung befreien konnte, desto unentbehrlicher wurde es, dass ihre technischen Eigenschaften ihr ein eigenständiges und prägnantes Spiel ermöglichten. Und das war Stradivaris Ziel.

Die Allongé-Geigen

Um 1690 entwickelte Stradivari eine neue Form von Geigen, die als *Allongé* bekannt wurde. Dieses Modell unterscheidet sich sehr vom Werk von Amati. Deshalb gab es Biografen, die diese neue Stradivari-Phase mit dem Tod von Nicolò Amati 1684 in Verbindung brachten, d. h., dass Stradivari sich danach freier gefühlt habe, um von Amatis Beispiel abzuweichen und zu experimentieren. Doch für die meisten Experten hat seine Wahl heute einen anderen, objektiveren Grund: die Konkurrenz aus Brescia. Die Schule von Brescia, die ihren Ursprung mit Gasparo da Salò (1540–1609) genommen hatte und von seinem Schüler Giovanni Paolo Maggini (1580–1632) fortgeführt wurde, stellte zur Zeit Stradivaris den großen Konkurrenten des Cremoneser Geigenbaus dar. Der Klang der brescianischen Geigen war tiefer und kraftvoller als der süße und brillante Sopranklang der Geigen aus Cremona. Um einen etwas trivialen Vergleich anzustellen: Es ist, als ob man einen Chianti Classico Gran Selezione mit einem Champagner Grand Cru vergleichen würde. Nicht nur war Stradivari sich der Qualität der Instrumente aus Brescia bewusst, sondern er hatte höchstwahrscheinlich auch die Gelegenheit, mindestens ein Werk von Maggini in den Händen zu halten,[5] schließlich sind Cremona und Brescia nur 50 Kilometer voneinander entfernt und durch den Kontakt mit den Musikern kannte er die Werke seiner Konkurrenten.

Mit seinen *Allongé*-Geigen versuchte er zweifellos ein Modell zu schaffen, das die besten Eigenschaften beider Geigenbauschulen in sich vereinte.

Wie sehen diese Geigen im Vergleich zu seinen früheren aus? Sie sind breiter, denn Stradivari hatte verstanden, dass bei erhöhtem Volumen der Tonreichtum zunahm, aber auch flacher und damit gewann ihr Ton in Kraft. Ihr Name rührt daher, dass sie im Allgemeinen etwas länger als die klassischen Geigen und in der Mitte schmaler sind, sodass sie deutlich länger wirken, als sie in Wirklichkeit sind. Für das ungeschulte Auge ist dieser Unterschied kaum wahrnehmbar, da er nur wenige Zentimeter beträgt.

Stradivari nahm auch einige ästhetische Veränderungen an diesen Geigen vor. So begann er beispielsweise, die Kontur der Schnecke mit einer dünnen schwarzen Linie zu verzieren, was die perfekte Ausführung der Voluten unterstrich und die ganze Schnecke äußerst elegant machte. Viele Geigenbauer sind seither seinem Beispiel gefolgt. Darüber hinaus verwendete er zunehmend Ahornholz, nach dem Spiegel geschnitten, für den Boden, wodurch die Fähigkeit des Holzes zur Klangwiedergabe erhöht und die Schönheit von Wellen und Streifen hervorgehoben wurden.

Obwohl die *Allongé*-Instrumente durchaus in der Lage sind, ausgezeichnete Töne zu erzeugen, gab Stradivari dieses Modell nach einigen Jahren wieder auf. Die Erklärung liegt wahrscheinlich darin, dass die Länge des Instruments viele Geiger beim Spielen störte.

Ab 1698 kehrte Stradivari zu einem Geigenmodell normaler Länge zurück, aber er vergaß nicht, wie viel er aus seinen Erfahrungen mit dem *Allongé*-Modell gelernt hatte, insbesondere in Bezug auf die Wölbung der Decke, um die Stärke des Klangs zu erhöhen.

Aus dem Familienleben

Im Stradivari-Haus gab es nicht nur bei den Geigenmodellen Veränderungen. Im Jahr 1689 gab Stradivaris erste Tochter Giulia Maria das Ja-Wort. Sie heiratete Giovanni Angelo Farina, einen jungen Mann aus Cremona, der einer Notarsfamilie angehörte. An dieser Stelle ist es interessant zu bemerken, wie Stradivari, der im Grunde ein Handwerker war, es geschafft hatte, eine solche Position zu erlangen, dass er eine Tochter in eine Notarsfamilie verheiraten konnte. Der gesellschaftliche Umgang zwischen Händlern oder Handwerkern und der besseren Gesellschaft war damals gar nicht üblich. Zweifellos wollte Antonio Stradivari zeigen, dass seine Familie nicht weniger angesehen war als die des Bräutigams, und so schenkte er Giulia Maria eine üppige Mitgift von knapp 7.000 Lire,[6] d. h. 5.000 Lire in Geld und 1.850 Lire in Kleidung und Haushaltsgegenständen. Das entsprach ungefähr dem Betrag, den das neue Stradivari-Haus gekostet hatte!

Zu Giulia Marias Mitgift gehörten zahlreiche Seidenkleider, verschiedene Blusen, aber auch kostbarer Gold- und Silberschmuck mit Brillanten und Granaten. Ihre Garderobe war von höchster Qualität und einige Laken und Handtücher waren sogar mit Spitzen verziert. Diese Aussteuer war viel wertvoller als die, die Francesca Ferraboschi als Mitgift für ihren ersten Ehemann mitgebracht hatte. Wieder einmal sehen wir uns mit einer Bestätigung der soliden finanziellen Situation des Geigenbauers konfrontiert.

Die notarielle Urkunde über Giulias Mitgift wurde nicht im Notariat, sondern in Stradivaris Haus unterzeichnet, ein Detail, das bestätigt, mit welchem Respekt Antonio Stradivari von seinen Mitbürgern behandelt wurde.

Giovanni Angelo Farina wurde später ebenfalls Notar und Stradivari, der ein sehr kluger Geschäftsmann war, wandte sich oft an seinen Schwiegersohn, wenn er notarielle Dokumente benötigte.

Ein weiteres Beispiel für die prestigeträchtige Stellung, die Stradivari in Cremona erlangte, ist die Tatsache, dass er Mitglied des *Consorzio della Donna* (das Konsortium der Dame) war, einer angesehenen religiösen Institution, deren Mitglieder in der Regel dem Adel und dem gehobenen Bürgertum angehörten. Diese Gesellschaft sammelte Spenden für die Armen, was nicht bedeutet, dass man sich hauptsächlich mit ein paar Almosen beschäftigte. Das Konsortium verfügte über ein riesiges landwirtschaftliches und immobiles Erbe, das wiederum größtenteils aus Spenden von Bürgern stammte.

Stradivari nahm im Dezember 1691[7] an einem Treffen dieser Institution teil. Anscheinend waren diese Art von gesellschaftlichen Begegnungen für ihn jedoch nicht von Interesse. Tatsächlich schien er an keinem weiteren teilgenommen zu haben. Aber Einladungen hat er sicher viele bekommen. Jahre später ließ er seinen Sohn Omobono an seiner Stelle an einem Treffen der *Compagnia del Santissimo Sacramento*[8] (Gesellschaft des Allerheiligsten Sakraments) teilnehmen.

Es ist also schwer vorstellbar, dass Stradivari seine Zeit bereitwillig an einem anderen Ort als seiner Werkstatt verbrachte.

Vielleicht wird es einige Leserinnen und Leser freuen zu erfahren, dass Francesca Ferraboschi ihre Töchter aus ihrer ersten Ehe mit Giovanni Giacomo Capra nicht komplett vergessen hatte. Ganz im Gegenteil. Ihre ältere Tochter Susanna wurde 1686[9] in der Kirche San Matteo getraut, einen Steinwurf von Stradivaris Haus entfernt. Als ihr erster Sohn zur Welt kam, wurde er auf den Namen Giuseppe Antonio[10] getauft. Halten Sie den Namen Antonio für einen Zufall? Unmöglich, denn Antonio Stradivari war bei der Taufe anwesend und wurde Pate des Neugeborenen. Dies zeigt, dass Stradivari nicht nur mit der ersten Familie seiner Frau auf gutem Fuße stand, sondern auch, dass seine Ehe mit Francesca Ferraboschi friedlich verlief.

Ah, wie Recht hatte Lorenzo der Prächtige, als er schrieb: „Quant'è bella giovinezza, che si fugge tuttavia! chi vuol esser lieto, sia: di doman non c'è certezza"[11] (Wie schön ist es, jung zu sein. Wie schnell vergeht das! Wer glücklich sein möchte, sei es! Keine Sicherheit gibt es für morgen!)

Das Jahrhundert neigte sich dem Ende zu, und kurz darauf sollte Stradivaris goldenes Zeitalter beginnen. Doch zuvor musste der Geigenbauer einen großen Verlust verkraften: den Tod seiner Frau Francesca.

VIII.
Ein prunkvoller Abschied

Der Violine gebührt unter allen, bis jetzt erfundenen musikalischen Instrumenten der erste Rang. Sie verdient ihn wegen der Schönheit und Gleichheit des Tons, wegen der Manigfaltigkeit der Nuançen von Stärke und Schwäche, wegen der Reinheit der Intonazion, die so vollkommen wie auf ihr und den, ihr verwandten Instrumenten, der Viola und dem Violoncell, auf keinem Blasinstrumente zu erreichen ist; hauptsächlich aber, weil sie sich zum Ausdruck des tiefsten Gefühls eignet und hierin, von allen Instrumenten, der menschlichen Stimme am nächsten kommt.[1]
(Louis Spohr, *Violinschule*, 1832)

Das 17. Jahrhundert endete mit einem tragischen Ereignis für die Stradivari-Familie: dem Tod von Francesca Ferraboschi. Weder in der Sterbe- noch in der Beerdigungsurkunde werden die Todesursachen genannt, aber es ist anzunehmen, dass sie krank war oder zumindest in den letzten Monaten ihres Lebens versorgt werden musste. Dafür spricht die Tatsache, dass im Seelenregister von 1698 im Haus von Stradivari auch ein Dienstmädchen gemeldet war. Das Familienoberhaupt erklärte sich daher erstmals bereit, Hilfe von außerhalb der Familie in Anspruch zu nehmen. Im folgenden Jahr tauchte der Name der Magd nicht mehr auf, weil offensichtlich seit dem Tod von Francesca Ferraboschi ihre Unterstützung nicht mehr erforderlich war.

Die Frau von Antonio Stradivari starb am 20. Mai 1698[2] und wurde fünf Tage später[3] im Chor der Kirche San Domenico beigesetzt. In den folgenden Jahren wird dies zur Familienkirche für die Stradivaris werden. Nicht nur die meisten Mitglieder der Stradivari-Familie sind hier begraben worden, sondern auch Antonio selbst.

Francesca Ferraboschi nahm Abschied vom Leben, als sie noch nicht 58 Jahre alt war. Sie hatte zwei Töchter mit Giovanni Giacomo Capra und sechs Söhne mit Antonio Stradivari zur Welt gebracht, von denen fünf überlebt hatten. Acht Kinder also innerhalb von 16 Jahren. Eine beachtliche Zahl, aber für die Zeit

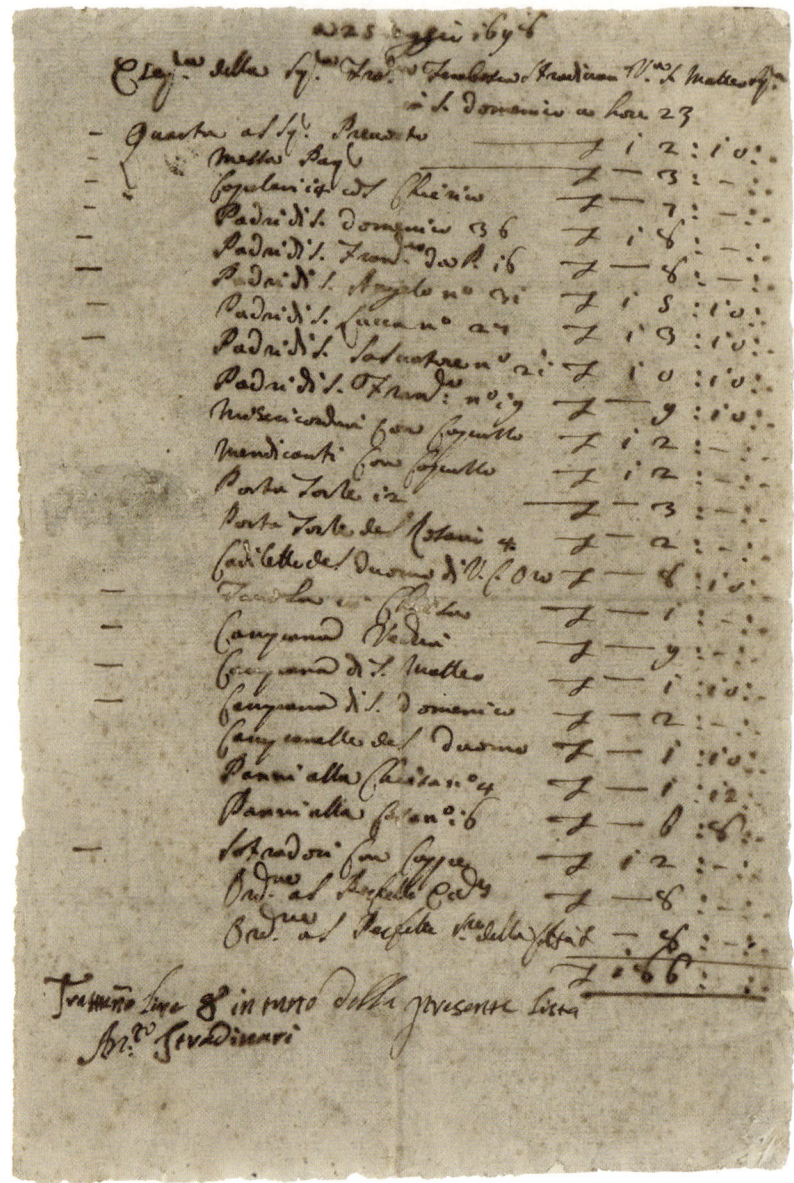

Abb. 19: Die Spesenabrechnung für die Beerdigung von Francesca Ferraboschi, unterzeichnet von Stradivari. *Staatsarchiv*, Cremona. Aufbewahrt im *Museo del Violino*, Cremona (MS601).

mehr oder weniger durchschnittlich. Nach der schmerzhaften Erfahrung der ersten Ehe konnte Francesca die zweite doch als positiv bewerten. Sie war über 30 Jahre lang eine treue Gefährtin an der Seite ihres zweiten Gatten geblieben und hatte gesehen, wie ihre Kinder die ersten Schritte in die Welt machten. Ihre erste Tochter Susanna Capra war verheiratet, ebenso wie Giulia Maria, die erste Tochter aus der Ehe mit Antonio Stradivari. Alessandro Giuseppe hatte sich entschlossen, Priester zu werden und ging ins Seminar, während Francesco und Omobono Geigenbauer geworden waren und mit ihrem Vater in der Werkstatt arbeiteten. Caterina Annunciata kümmerte sich um ihren Vater und ihre Brüder, und wie Francesco und Omobono heiratete sie nie und blieb für den Rest ihres Lebens im Haus ihres Vaters.

Es war Mandelli,[4] der im Staatsarchiv von Cremona die Spesenabrechnung für die Beerdigung von Francesca Ferraboschi entdeckte.

Dieses Dokument,[5] das heute im *Museo del Violino* von Cremona aufbewahrt wird, ist von grundlegender Bedeutung, weil es uns erlaubt, über Stradivaris Zuneigung zu seiner Frau nachzudenken, aber auch über die Art der Beerdigungen jener Zeit. Es wurde folgendermaßen aufgesetzt:

25. Mai 1698.
Trauerfeier von Frau Francesca Ferraboschi Stradivari, Pfarrei S. Matteo
Begraben in San Domenico um 23:00 Uhr.

- *Quarta*[6] an Herrn Propst   12,10   Lire.
- Pfarrmesse   3   Lire.
- 14 Kapläne und 1 Messdiener   7   Lire.
- 36 Patres der Kirche S. Domenico   18   Lire.
- 16 Patres der Kirche S. Francesco von Paola   8   Lire.
- 31 Patres der Kirche S. Angelo   15,10   Lire.
- 27 Patres der Kirche S. Luca   13,10   Lire.
- 21 Patres der Kirche S. Salvatore   10,10   Lire.
- 19 Patres der Kirche S. Francesco   9,10   Lire.
- *Misericordini* mit Hüten   12   Lire.
- Bettler mit Hüten   12   Lire.
- 12 Fackelhalter   3   Lire.
- 4 Rosenkranz-Fackelhalter   2   Lire.
- *Cadiletto* vom Dom von V. C. oro   8,10   Lire.
- Tisch in der Kirche   1   Lire.
- *Campana Vechia* [sic!]   9   Lire.
- Glocke der Kirche S. Matteo   1,10   Lire.

- Glocke der Kirche S. Domenico	2	Lire.
- Glocken des Doms	1,10	Lire.
- 4 Tücher für die Kirche	1,12	Lire.
- 16 Tücher für das Haus	6,8	Lire.
- *Sotradori* mit Hauben	12	Lire.
- Auftrag an den Kirchenpräfekten	8	Lire.
- Auftrag an den Laienpräfekten der Stadt	8	Lire.
Gesamtbetrag:	186	Lire.

Damals wurde je nach den finanziellen Möglichkeiten der Familie des Verstorbenen eine bestimmte Art von Dienstleistungen für Beerdigungen erbracht.

Am Anfang und am Ende dieses Dokuments wurden die verschiedenen Steuern aufgelistet, die an den Propst und die Präfekten zu entrichten waren. Eine reine Routinesache. Danach kommt man zu den wichtigsten Leistungen, d. h. der Zahl der Patres der verschiedenen Kirchen, die beauftragt wurden, für die Seele des Verstorbenen zu beten. Dies war von großer Bedeutung, denn diese Gebete würden den Verstorbenen auf seiner letzten Reise begleiten und dazu beitragen, seine Seele für den Tag des jüngsten Gerichts zu bewahren. Im Fall von Francesca Ferraboschi waren es 150 Patres aus sechs verschiedenen Kirchen, die für sie beteten. Eine beträchtliche Anzahl. An der Beerdigung nahmen nicht nur Seelsorger, Kleriker und Fackelträger teil, sondern auch mehrere *Misericordini* (Barmherzige), d. h. Mitbrüder und Bettler, Personen also, die man als gemietet bezeichnen könnte, um an der Zeremonie teilzunehmen, natürlich alle würdig gekleidet, also „mit Hut". Eine entscheidende Funktion wurde auch von den Glocken übernommen, die nicht nur den Beginn und den Abschluss des Ritus ankündigten, sondern in gewisser Weise den Aufstieg der Seele in den Himmel begünstigten. Antonio Stradivari entschied sich für die *Campana Vecchia del Torrazzo* (die alte Glocke vom Torrazzo), die auch oft als *Campanone* (große Glocke) bezeichnet wurde, die repräsentativste Glocke der Stadt, die gute 9 Lire kostete, und für die Glocken der beiden Kirchen in seinem Viertel, d. h. die von San Matteo und die von San Domenico, zusätzlich zu den Glöckchen des Doms. Also ein wohlerwogenes Programm. Die Fassade der Kirche San Domenico und die des Hauses von Stradivari wurden mit dunklen Vorhängen verhüllt, um die Trauer der Familie zu unterstreichen. Man transportierte den Sarg mit einem *Cadiletto*, einer Sänfte, einer Art Tragrahmen für die Prozession, die meist aus vergoldetem Holz gefertigt, mit Stuck oder Edelmetallen verziert und von Vorhängen mit Grabsymbolen verdeckt war. Je nach Niveau der Beerdigung konnte man eine Sänfte wählen, die mit schönen schwarzen

Vorhängen bedeckt und in Gold mit bunten Figuren und roten Flammen bestickt war. Francescas Sänfte war nicht nur die des Doms, der wichtigsten Kirche der Stadt, sondern auch als V. *C. oro* aufgelistet, d. h. der fünften Klasse aus Gold, die der allerersten Klasse des 19. Jahrhunderts entsprach. Selbstverständlich fehlen in der Liste die *Sotradori* nicht, d. h. die Totengräber, die mit 12 Lire entlohnt wurden.

Um eine Referenz zu haben, wie prestigeträchtig diese Beerdigung war, vergleichen wir sie mit der von zwei Konkurrenten von Stradivari, die beide auch im selben Jahr, d. h. 1698, starben. Die erste Beerdigung ist die von Andrea Guarneri, dem *famiglio* von Nicolò Amati. Während das Begräbnis von Stradivaris Frau 186 Lire gekostet hatte, bezahlten die Erben von Guarneri nur 118,16 Lire,[7] und der Verstorbene konnte auf die Gebete von nur 64 Patres zählen, weniger als die Hälfte derer von Francesca. Ein beträchtlicher Unterschied, aber die Guarneris erreichten nie einen Vermögensstand wie die Stradivaris, im Gegenteil, sie hatten oft finanzielle Probleme. Schlimmer ging es noch dem Geigenbauer Francesco Ruggeri, der sich mit einer Beerdigung von nur 49,4 Lire[8] begnügen musste.

Selbst innerhalb der Stradivari-Familie finden wir weitere markante Beispiele. Giovanni Battista Giuseppe, ein Sohn von Stradivari, der nur acht Monate nach seiner Geburt starb, wurde 1702 für nur 42,10 Lire[9] beigesetzt. Während Giulia Maria Stradivari, die Gattin des Notars Farina, 1707 ein pharaonisches Begräbnis für insgesamt 242,16 Lire[10] erhielt. Aber man sollte nicht denken, dass Antonio gegenüber seinem als Kind verstorbenen Sohn besonders geizig war, wenn man berücksichtigt, dass die Beerdigung von Giacinto, dem Sohn von Francesco Ruggeri, der 1697 im Alter von 36 Jahren starb, nur 48,19 Lire[11] gekostet hatte. Dieser Betrag gibt uns wieder einen Hinweis darauf, um wie viel mehr Stradivaris Werkstatt blühte im Vergleich zu denen seiner Konkurrenten.

Die Beerdigung von Francesca Ferraboschi war daher zweifellos repräsentabel. Antonio Stradivari hatte keine Kosten gescheut ... oder fast keine. Am Ende des Dokuments findet sich der folgende Satz aus Stradivaris Hand: *Tratte ño lire 8 in tutto della presente lista / An.to Stradivari.* (Einbehalten insgesamt 8 Lire aus dieser Liste / Antonio Stradivari.) Der gute Geigenbauer muss schon eigensinnig gewesen sein. Mit dieser Bemerkung wollte er wahrscheinlich darauf hinweisen, dass er mit der Zeremonie nicht ganz zufrieden war oder dass einige Dienste fehlten, sodass er beschloss, den Betrag von 8 Lire vom Endbetrag abzuziehen.

Stradivari

IX.
Prominente Auftraggeber

Im Beutel hab' ich Gold, daheim die Güter,
Und also reist' ich aus, die Welt zu sehn.[1]
(William Shakespeare,
Der Widerspenstigen Zähmung, 1590/92)

Stradivaris Instrumente erreichen heute astronomische Summen, aber schon zu Antonios Lebzeiten wurden sie von einer wohlhabenden und hochrangigen Klientel geschätzt.

Das Auftragsbuch in Stradivaris Werkstatt glich einem *Who's Who* der damaligen Zeit: Mitglieder europäischer Königsfamilien, Vertreter des Hochadels, politische Persönlichkeiten und hohe Offiziere haben seine Instrumente bestellt.

Wer waren diese Kunden und warum wollten sie ausgerechnet ein Stradivari-Instrument besitzen?

Die Rolle der Musik

Nach seiner Wahl zum Pontifex im Jahre 1559 beschloss Pius IV. (1499–1565), das Trienter Konzil wieder einzuberufen, das 1545 begonnen und 1552 ausgesetzt worden war. Seine beiden Vorgänger, Marcellus II. und Paul IV., hatten wenig Vertrauen in die Wirksamkeit des Rates und setzten die Arbeit nicht fort.

Pius IV. ließ, unterstützt von seinem Neffen Kardinal Karl Borromäus (1538–1584), die Arbeit des Konzils 1562, zehn Jahre nach der letzten Unterbrechung, wieder aufnehmen. Diese dritte und letzte Phase des Konzils, die 1564 mit der päpstlichen Bulle *Benedictus Deus* endete, konzentrierte sich insbesondere auf den Wert der Sakramente und der geistlichen Texte, sodass sie auch die in der Kirche zu spielende Musik beeinflusste. Es wurde beschlossen, mit Strenge auf lutherische und calvinistische Ideen zu reagieren, und das bedeutete, was unser Thema betraf, dass jede Art von Musik verboten war, die auch nur den geringsten Anschein von Profanität aufwies. Der Papst übertrug den Bischöfen und den kirchlichen Organen der Provinzen die Aufgabe und Verantwortung für die Durchsetzung dessen, was vom Konzil festgelegt worden war.

Karl Borromäus wandte in seiner Rolle als Erzbischof von Mailand die Gebote der Gegenreformation besonders rigoros an. Unter den Folgen litt die Musik, insbesondere das Madrigal, das verboten wurde, und viele Brüder, Priester und Kanoniker, die man bestrafte, wenn man sie beim Spielen profaner Instrumente oder Lieder ertappte.

Die im Herzogtum Mailand getroffenen Entscheidungen hatten nicht nur Auswirkungen auf ein riesiges Territorium, zu dem auch Cremona gehörte, sondern es gelang ihnen auch, das Leben der benachbarten Gebiete zu beeinflussen.

Dieses Übermaß an Strenge der Kirche gegenüber der Musik trug zum Teil dazu bei, die Wahrnehmung von Musik auch in anderen Zusammenhängen zu verändern bzw. die Bewegung, die schon im Gange war, nicht zu verhindern.

An den Höfen und in den Salons von Adeligen und hochrangigen Persönlichkeiten erlangte die Musik eine prestigeträchtige Rolle. In Mantua mit den Gonzaga, in Ferrara mit den d'Este, in Parma mit den Farnese, in Florenz mit den de' Medici und hinunter nach Rom mit Kardinal Benedetto Pamphilj und Königin Christina von Schweden wurde die Musik zum Vehikel, um die Macht und Autorität einer Familie zu unterstreichen.

Je mächtiger sich die Familie darstellte, desto prächtiger waren die Feste und folglich auch die Musik, die dort gespielt wurde. Die Instrumente, die anfangs praktisch nur zur Gesangsbegleitung eingesetzt wurden, gewannen mit der Zeit eine führende Rolle. Die Komponisten wurden daher aufgefordert, verschiedene Gattungen und Musikkompositionen zu schaffen, die der musikalischen Darbietung mehr Raum geben konnten, während die Geigenbauer ihre Instrumente technisch verbessern mussten, um eine perfekte Aufführung zu erreichen.

Drei Interessen wollten sich begegnen und in einem Schnittpunkt vereinen: Die Kunden, die Komponisten und die Geigenbauer.

Diese drei Realitäten beeinflussten sich gegenseitig und trugen zum Fortschritt im musikalischen Bereich bei, sowohl was die Komposition als auch was die Qualität der Instrumente betraf.

Stradivaris Kundschaft anhand der Schriften von Arisi

Don Desiderio Arisi (1659–1725) war ein Mönch der Kongregation des heiligen Hieronymus im Kloster San Sigismondo in Cremona. Er war ein Zeitgenosse von Antonio Stradivari, wenn auch einige Jahre jünger, und er bezeichnete sich als *einen guten Freund* des Geigenbauers. Diese Aussage ist, wie wir gleich sehen werden, als wahr anzusehen.

Während Francesco Arisi mit seiner *Cremona Literata* die Biographien von Philosophen, Literaten, Gelehrten und Dichtern der Stadt vom 1. Jahrhundert v. Chr. bis zu seiner Zeit sammelte, entwarf sein Bruder Don Desiderio ein ebenso komplexes Werk, das er aber den Künstlern aus Cremona widmete. Leider war es ihm jedoch nicht vergönnt, die Veröffentlichung vor seinem Tod mitzuerleben. So wurde Francesco die moralische Aufgabe übertragen, das Werk seines Bruders zu vollenden. Die Endfassung des Werkes von Don Desiderio befand sich daher im Haus von Francesco und wartete auf ihre Veröffentlichung, als sie 1727 durch einen Brand vernichtet wurde. Trotzdem gab Francesco seine Absicht nicht auf und konnte einen ersten Entwurf des Werkes seines Bruders im Kloster San Sigismondo finden. Aber Francesco war wie ein Vulkan, immer aktiv und an tausend Projekten beteiligt. Als Literat und Musikliebhaber hatte er in seinem Haus die *Accademia dei Disuniti* (Akademie der Entzweiten) eingerichtet und neben dem Druck einer unendlichen Anzahl von poetischen Werken und Apologien über Lehre und Religion auch mehrere Kataloge der wichtigsten Magistrate der Stadt verfasst. Um eine lange Geschichte kurz zu machen: Francesco starb, bevor er das Werk von Don Desiderio veröffentlichen konnte, das später verloren ging.

Glücklicherweise wurden jedoch im 18. Jahrhundert einige wenige Kopien[2] des ersten Entwurfs angefertigt, den Francesco im Kloster gefunden hatte. Diese werden heute in der Staatsbibliothek[3] von Cremona aufbewahrt. Eine davon enthält den Eintrag, der Antonio Stradivari gewidmet ist, und obwohl er unvollständig ist, stellt er für uns eine unschätzbare Informationsquelle dar.

Don Desiderio Arisi entschied, dass die Persönlichkeit seines befreundeten Geigenbauers am besten durch eine Auflistung der Auftraggeber und Aufträge in einem Zeitraum zwischen 1682 und 1715 dargestellt werden sollte. Das offizielle Auftragsbuch von Stradivari ist nie gefunden worden, und deshalb ist diese faszinierende Liste von Arisi das Beispiel, das ihm am nächsten kommt und uns eine Vorstellung von den illustren Kunden des Geigenbauers vermittelt. Die Genauigkeit, mit der der Biograph die verschiedenen Aufträge an Stradivari datiert hat, lässt vermuten, dass er durchaus Zugang zu seinen privaten Papieren hatte. Offensichtlich hatten die Instrumente von Stradivari einen solchen Ruhm erlangt, dass sie zu einem willkommenen Geschenk unter den gekrönten Häuptern Europas wurden.

Am 8. September 1682 bestellte der Bankier Michele Monzi von Venedig bei Stradivari ein *Konzert*, d. h. zwei Geigen und ein Cello, die er als Geschenk an König Jakob II. von England (1633–1701) schickte. Die Tatsache, dass Arisi sich für das Verb „schickte" entschieden hat, bedeutet, dass die Instrumente tatsächlich geliefert wurden, obwohl wir heute leider nicht wissen, was mit ihnen passiert ist. Jakob II. hatte Maria Beatrice d'Este, die Tochter des Herzogs von Modena, geheiratet. Diese Verbindung des Königs mit Italien und seine Krönung 1685 waren vielleicht der Grund für diese Gabe.

Die hohen Prälaten interessierten sich ebenfalls für das Werk von Stradivari. Kardinal Vincenzo Maria Orsini (1649–1730) bat den Geigenbauer am 12. März 1685, zwei Geigen und ein Cello zu bauen, die er dem Herzog von Natalona in Spanien zu schenken beabsichtigte. Offenbar haben ihm die Instrumente so sehr gefallen, dass er Stradivari Ende Juni neben einer großzügigen Vergütung einen *attestato di familiarità*[4] (Anerkennungsurkunde) schickte. Der Kardinal erlaubte ihm, zu seinen Familienmitgliedern gezählt zu werden und daher die relativen Privilegien (einige Steuerbefreiungen bzw. päpstliche Privilegien) zu genießen. Dies war keine Kleinigkeit, denn Kardinal Orsini wurde später unter dem Namen Benedikt XIII. zum Papst gewählt.

Wenige Monate später, am 12. September 1685, war es Bartolomeo Grandi, bekannt als Fassena, Geiger am Hof des Herzogs von Savoyen, Viktor Amadeus II. (1666–1732), der ein Konzert mit Instrumenten für den zukünftigen König von Sardinien in Auftrag gab.

Wie wir bereits erwähnt haben, trug auch die Familie d'Este zur Verbreitung der Musik auf ihrem Territorium bei. Francesco II. d'Este (1660–1694), Herzog von Modena und Bruder der oben erwähnten Maria Beatrice, war ein Mann von beträchtlicher Kultur, ein großzügiger Mäzen, ein begeisterter Musikliebhaber und ein hervorragender Geiger. Arcangelo Corelli widmete ihm 1689 sein Op. 3 (12 Triosonaten da chiesa).

Francesco II. bestellte am 5. April 1686 ein Cello von Stradivari und bat ihn, es persönlich zu übergeben, denn er wollte ihn kennenlernen. Der junge Herzog war damals 26 Jahre alt und aufgrund seiner musikalischen Leidenschaft können wir uns vorstellen, mit wie viel Neugierde er auf dieses Treffen wartete. Stradivari war sicherlich nicht weniger aufgeregt, denn es kam nicht jeden Tag vor, dass ein Geigenbauer eine Einladung von einem Herzog erhielt. Cremona liegt über 100 Kilometer von Modena entfernt, und damals konnte man mit einem Lohnkutscher nicht mehr als 50 Kilometer pro Tag zurücklegen. Stradivari brauchte also mehrere Tage, um sein Ziel zu erreichen. Wer weiß, ob Francesco II. ihn eingeladen hat, mindestens eine Nacht in seinem Palast zu verbringen. Es scheint schwer zu glauben, denn das hätte bedeutet, dass Stradivari den Aristokraten gleichgestellt worden wäre. Als Handwerker gehörte er schließlich einer Gesellschaftsschicht an, die sich sehr von der der Familie d'Este unterschied. Immerhin war er einer der wenigen Geigenbauer, die für die angesehensten gekrönten Häupter Europas arbeiteten. Auf jeden Fall müssen sowohl der Geigenbauer als auch sein Instrument einen hervorragenden Eindruck auf den jungen Herzog gemacht haben, der die Arbeit mit 30 doppelten Goldkronen belohnte.

An dieser Stelle ist es vielleicht notwendig, daran zu erinnern, dass damals der Preis für ein Instrument nicht im Voraus, sondern erst nach seiner Fertigstellung verhandelt und bezahlt wurde. Die Geigenbauer übergaben ihre Instrumente selten persönlich. In den meisten Fällen wurde ein Werk per Kurier an den Kunden geschickt. Für den Geigenbauer war es daher unerlässlich, dass er den Kunden zufriedenstellen konnte. Nur wenn die Erwartungen des Auftraggebers übertroffen waren, durfte der Geigenbauer eine höhere Belohnung verlangen.

Die beiden darauffolgenden Anmerkungen von Arisi betreffen Cellos für Spanier: Das erste Instrument wurde am 22. August 1686 vom Grafen Michele Rodeschini für den spanischen Königshof bestellt und das zweite ließ Don Agostino Darsa, General der Kavallerie des Staates Mailand, bauen.

Neben einem Auftrag aus dem Jahr 1690, von dem wir am Ende dieses Kapitels noch ausführlich sprechen werden, finden wir auch im 18. Jahrhundert mehrere von Arisi vermerkte Aufträge. In einem recht schmeichelhaften Brief vom 12. Mai 1701 dankte Antonio Cavezudo, der sowohl König Karl II. (1661–1700) als auch König Philipp V. (1683–1746) als Kapellmeister gedient hatte, Stradivari für die unübertreffliche Qualität seiner Instrumente und für den Dienst, den er dem gesamten spanischen Hof und Adel erwiesen hatte.

Fernando de Torralba und Marches, Gouverneur der Stadt Cremona, bestellte am 10. November 1702 zwei Geigen und ein Cello, die dem Herzog von Alba, vermutlich Antonio Álvarez de Toledo y Guzmán (1669–1711), geschenkt werden sollten.

Aber wie verlässlich sind die Aufzeichnungen von Arisi? Haben all diese Personen wirklich existiert? In den meisten Fällen ist es leicht, die Richtigkeit seiner Aussagen zu überprüfen, da es sich um Vertreter des Hochadels und Regierungsbeamte handelte, deren Existenz umfassend dokumentiert ist. Die folgende Anmerkung kann jedoch Zweifel aufkommen lassen. 1707 beantragte der Graf Desiderio Cleri den Bau von sechs Geigen, zwei Bratschen und einem Violoncello für König Karl III., „als er in Barcelona war". Wenn man die Daten überprüft, stellt sich heraus, dass Karl III. von Spanien erst 1716 geboren wurde, also kann er sicher nicht neun Jahre vor seiner Geburt Instrumente bestellt haben. Ist es möglich, dass Arisi sich geirrt hat? Der Hinweis auf Barcelona gibt uns einen Anhaltspunkt. Der gute Mönch meinte Karl VI. von Habsburg (1685–1740), der unter dem Namen Karl III. auch Graf von Barcelona war. Dieser Souverän verfügte über eine besonders entwickelte künstlerische Begabung, wie dies bereits bei seinem Vater Leopold I. der Fall gewesen war. Er war ein großer Förderer der Musik und gilt als einer der sogenannten „Kaiserkomponisten". Diese neun Instrumente wurden also aller Wahrscheinlichkeit nach auch nach Spanien verschifft.

War der Versand per Kurier damals überhaupt angemessen? Offenbar zweifelte König August II. von Polen (1670–1733) daran und, da er kein Risiko eingehen wollte, schickte er seinen Kapellmeister direkt nach Cremona. Jean-Baptiste Volumier kam am 10. Juni 1715 in die Stadt und blieb dort drei Monate lang, um darauf zu warten, dass Stradivari die von seinem Herrscher bestellten zwölf Geigen schuf. Sicher ist sicher.

Aus der Serenissima kam die schwärmerische Bitte des Adligen Lorenzo Giustinian, der Stradivari am 7. Juli 1714 von seinem majestätischen, den Canal Grande überblickenden Palast in Campiello dei Squellini aus darum bat, ihm eine Geige zu schicken, die alle *denkbar vollkommenen Eigenschaften* besäße. Nach Stradivaris Talent zu urteilen, wurden seine Erwartungen sicher nicht enttäuscht.

Ein bitterer Verzicht

Manchmal ist das Leben einfach seltsam. Antonio Stradivari schuf viele Instrumente, die als Geschenke an Adlige und Herren gingen, aber sobald er sich entschied, eine Gabe zu machen, spielte ihm das Schicksal einen bösen Streich.

Don Desiderio Arisi erzählte, dass Stradivari eine Gruppe von Instrumenten mit der Absicht anfertigte, sie König Philipp V. von Spanien anlässlich seines Besuchs in Cremona zu Beginn des 18. Jahrhunderts zu schenken. Die Schönheit dieser Instrumente lässt vermuten, dass es sich um ein Hochzeitsgeschenk gehandelt haben könnte. Tatsächlich hatte Philipp V. am 2. November 1701 Maria Luisa von Savoyen geheiratet, die Tochter von Viktor Amadeus II., der bereits 1685 mehrere Instrumente bei Stradivari bestellt hatte. Es ist daher möglich, dass der Geigenbauer dem neuen König und der Tochter eines so illustren Auftraggebers huldigen wollte. Doch leider nahmen die Ereignisse nicht ganz die gewünschte Wendung.

Am 1. November 1700 starb König Karl II. von Spanien, ohne Kinder zu hinterlassen. Zum Zeitpunkt seines Todes hatte der König seinen Urenkel Philipp V. zu seinem Nachfolger ernannt, der als Neffe König Ludwigs XIV. von

Frankreich zwei der mächtigsten Throne Europas hätte wieder vereinen können. Dieses kluge Manöver, von dem Spanien und Frankreich profitierten, bereitete anderen europäischen Mächten wie England und Österreich große Sorgen. Das Fehlen direkter Erben, die die Nachfolge Karls II. hätten antreten können, hatte Leopold I. von Habsburg dazu bewogen, den Thron für seinen Sohn Karl VI. zu beanspruchen, von dem wir oben in Bezug auf die neun von Stradivari 1707 geschaffenen Instrumente gesprochen haben. Es ist interessant zu beobachten, dass beide Thronanwärter, d. h. Philipp V. und Karl VI., irgendwann in den Besitz von Stradivari-Instrumenten gelangen werden, so groß war der Ruhm des Geigenbauers zu jener Zeit.

Doch kehren wir zu den historischen Ereignissen zurück. Die Unfähigkeit, eine Einigung zu erzielen, führte zu einem schmerzhaften Erbfolgekrieg, in dem sich Spanien mit Frankreich verbündete, um die Truppen Leopolds I., unterstützt von den Engländern und den Niederländern, zurückzuschlagen. Die Lombardei befand sich im Mittelpunkt dieses Streits.

Philipp V. traf am 3. Juli 1702[5] in Cremona ein und blieb dort mehrere Tage. Die Einwohner der Stadt zeigten Loyalität gegenüber Spanien, und der König wurde mit großer Begeisterung empfangen. Obwohl es den spanischen Truppen zunächst gelungen war, einen Teil der Gebiete zu verteidigen, setzten sich die Österreicher durch, und 1707 ging das Herzogtum Mailand und damit auch Cremona offiziell an Österreich über.

Arisi erzählte, dass angesichts der Umstände jemand Stradivari überredet hatte, die Idee des Geschenks aufzugeben. War es wirklich möglich, ihn umzustimmen? Das ist kaum zu glauben. Tatsächlich verkaufte Stradivari die Instrumente nie, sondern behielt sie immer bei sich im Laden. Vielleicht hatte er einfach beschlossen, die Übergabe zu verschieben und auf einen besseren Zeitpunkt zu warten, der leider nie kam. Doch das Schicksal ist unberechenbar, und nach Stradivaris Tod gelangten die Instrumente dank seines Sohnes doch noch an ihr Ziel, wie wir in einem der nächsten Kapitel erfahren werden.

Ein Meisterwerk: das Medici-Quintett

Wir kommen nun zu einem Satz Instrumente von hohem Wert und großer Schönheit, der als Medici-Quintett bekannt ist. Wie der Name schon verrät, handelt es sich um fünf Instrumente: zwei Geigen, ein Cello und zwei Bratschen (eine Alt und eine Tenor), die Stradivari für die angesehene Medici-Familie von Florenz baute.

Über diese Instrumente ist uns nicht nur der Kommentar von Don Desiderio Arisi überliefert, sondern auch mehrere Entwurfszeichnungen von Stradivari zu Teilen der Instrumente und ihrer Verzierungen sowie einige seiner Holzformen. Dieses Material,[6] das im *Museo del Violino* aufbewahrt wird, ist von grundlegender Bedeutung, um Stradivaris Talent zu würdigen, aber auch, um die Geschichte dieser Instrumente zu rekonstruieren.

Wer hat das Quintett bei Stradivari in Auftrag gegeben? Lange Zeit waren einige Biographen davon überzeugt, dass es der Großherzog der Toskana, Cosimo III. (1642–1723), war, während sich andere wiederum für seinen Sohn und vorbestimmten Nachfolger entschieden, Ferdinando (1663–1713), Erbprinzen der Toskana. Wer hatte Recht?

Cosimo III. war ein tief religiöser Mann, der sich nicht viel für Musik interessierte. Sein Sohn Ferdinando war das genaue Gegenteil. Seine Leidenschaft für die Musik und sein musikalisches Talent waren ebenso groß wie seine ausschweifende Lebenseinstellung. Ferdinando war also eindeutig der ideale Kandidat, aber war er wirklich der Auftraggeber des Quintetts gewesen?

Im *Museo del Violino* befindet sich ein Umschlag[7] mit folgender Beschriftung aus Stradivaris Hand: *Modelli Fatti alle Casse dell'Concerto de Instrumenti che Mandati all'Gran Ducca di Fiorenza dell'anno 1687: li 24 giugno* (Modelle, die für die Koffer des Instrumentenkonzerts angefertigt wurden, die ich am 24. Juni 1687 an den Großherzog von Florenz schickte). Diese Notiz, wenn auch in einem holprigen Italienisch verfasst, liefert uns verschiedene Informationen. Zunächst einmal, dass Stradivari nicht nur die Instrumente gebaut hat, sondern auch die Koffer, um sie zu transportieren. Stradivaris Gehäuse waren kleine Juwelen, weil der Geigenbauer auch den kleinsten Details die größte Aufmerksamkeit schenkte. Aus den in Cremona verwahrten Funden wissen wir zum Beispiel, dass er nicht nur die Dekorationen für die Intarsien der Koffer, sondern sogar die Schlösser entworfen hat. Nichts wurde dem Zufall überlassen.

Über das Datum der Inschrift hinaus, 1687, erfahren wir zudem, um welche Art von Instrumenten es sich handelte: um ein Konzert, also um zwei Geigen und ein Cello. Und die Bratschen? Wir werden bald sehen, warum sie fehlten.

Es ist auch bezeichnend, dass Stradivari schrieb, er habe die Instrumente an den Großherzog geschickt, nicht, dass sie von ihm in Auftrag gegeben worden seien. Diese Beobachtung mag trivial erscheinen, ist es aber nicht. Tatsächlich sind alle Funde, die sich auf die Alt- und Tenor-Viola beziehen, auf den 4. Oktober 1690 datiert. Warum diese Diskrepanz von drei Jahren?

Dank Arisi konnte das Rätsel aufgeklärt werden. Er kopierte ein Dankschreiben, das Graf Bartolomeo Ariberti (1666–1724) am 19. September 1690 an Stra-

Ein Meisterwerk: das Medici-Quintett

divari sandte. Wer war dieser Edelmann? Bartolomeo Ariberti war ein kultivierter Mäzen und ein Mitbürger von Stradivari. Er hatte 1687 beim Geigenbauer zwei Geigen und ein Cello in Auftrag gegeben, um sie dem Erbprinzen der Toskana, Ferdinando de' Medici, zu schenken. Es ist jedoch möglich, dass die Instrumente erst 1690 fertiggestellt wurden, da das Cello und eine Geige, die überlebt haben, einen Zettel mit der Jahreszahl 1690 enthalten.

So schrieb Arisi:

> Am 19. September 1690 erhielt Antonio den folgenden Brief vom Grafen Bartolomeo Ariberti:
> Vor einigen Tagen habe ich dem Prinzen der Toskana die beiden Geigen und das Cello geschenkt, und ich versichere Ihrer Lordschaft, dass sie ihm so gut gefallen haben, dass ich mir nicht mehr hätte wünschen können. Alle Virtuosen seines Orchesters brachten einstimmig ihre große Wertschätzung zum Ausdruck, erklärten die Instrumente für vollkommen perfekt und vor allem, dass sie noch nie ein Cello mit einem so angenehmen Ton gehört haben. Ich weiß nicht, wie ich Ihnen meine Dankbarkeit für die Wertschätzung ausdrücken soll, die mir der Fürst entgegengebracht hat, und ich bin Ihnen sehr dankbar, weil ich weiß, wie hart Ihre Lordschaft an diesem Werk gearbeitet hat. Ich hoffe, ich habe mir eine kleine Anerkennung dafür erworben, dass ich Ihr Können einem Haus zur Kenntnis gebracht habe, von dem wir hoffen, dass Sie in Zukunft kontinuierlich Aufträge erhalten werden. Als Beweis dafür muss ich Sie bitten, sofort mit zwei Bratschen zu beginnen, nämlich eine Tenor und eine Alt, die für die Vervollständigung des gesamten Konzerts fehlen.[8]

So war also der Zusammenhang: Ariberti bestellte die ersten drei Instrumente bei Stradivari, und Ferdinando de' Medici bat ihn zusätzlich um die beiden Bratschen. Deshalb schrieb Stradivari auf die Entwürfe der Bratschen: „Speziell entworfen für den Großfürsten der Toskana".

Was ist mit diesen fünf Instrumenten geschehen? Drei Instrumente aus dem Besitz der Medici-Familie befinden sich noch heute in Florenz in der *Galleria dell'Accademia*. Es handelt sich um das Cello und die Tenor-Viola, datiert 1690, und eine Geige, datiert 1716. Letztere wurde wahrscheinlich vom letzten Großherzog der Toskana aus der Medici-Familie, Gian Gastone (1671–1737), bestellt, um ein beschädigtes oder zerstörtes Instrument zu ersetzen. Die einzige erhaltene Geige des ursprünglichen Quintetts befindet sich in Rom, in der *Accademia di Santa Cecilia*, während die Alt-Viola der Tuscan Corporation gehört, die sie großzügigerweise der *Library of Congress* in Washington, D.C., ausgeliehen hat.

Abb. 20: Stradivaris Tenor-Viola für den Erbprinzen Ferdinando de' Medici. *Galleria dell'Accademia*, Florenz.

Alle Instrumente, die Stradivari für die Medici-Familie baute, gelten als Meisterwerke.[9]

Die Tenor-Viola (TV) ist praktisch intakt geblieben, eine echte Rarität, denn einige Teile der alten Streichinstrumente, wie Griffbrett, Hals, Saitenhalter, Sättel und Steg wurden oft gegen spätere ausgetauscht. Letzterer ist, wie alle Teile dieser Bratsche, noch original und zeigt auf der einen Seite eine Reihe von Blumenverzierungen und auf der anderen Seite zwei Telamons, die die Illusion vermitteln, mit der Stärke ihrer Arme das Gewicht der Saiten auf dem Steg zu tragen. Eine weitere Demonstration von Stradivaris unerschöpflicher Phantasie. Sogar das Griffbrett und der Saitenhalter dieser Bratsche haben die originalen Verzierungen Stradivaris bewahrt: das Medici-Wappen und ein Putto aus Perlmutt, die uns ermöglichen, noch einmal seine unglaublichen handwerklichen Fähigkeiten zu würdigen. Die anderen Instrumente des Quintetts waren ebenfalls reich verziert, aber leider sind diese Details mit der Zeit verloren gegangen.

Von den zehn erhaltenen Stradivari-Bratschen ist dies die einzige uns bekannte Tenor-Viola.

Stradivari war sehr zufrieden mit der Form der Alt-Viola (CV), die er während seiner gesamten Karriere immer wieder verwendete, zum Beispiel für die *Archinto-Bratsche* von 1696, die *MacDonald*, die wahrscheinlich um 1719 gebaut wurde, die *Paganini* von 1731 und die *Gibson* von 1734, die als die letzte Bratsche des großen Geigenbauers gilt.

Die berühmten Stradivari-Experten, die Brüder Hill aus London, widmeten der in Rom aufbewahrten Geige aus dem Jahre 1690 ein ganzes Buch und beschrieben sie wie folgt:

> Dieses bemerkenswerte Instrument, vielleicht das vollkommenste Beispiel für Stradivaris Arbeit, ist wahrscheinlich einzigartig in der Erhaltung der ursprünglichen Schönheit seiner Form und Verarbeitung in jedem Detail.[10]

Ebenso bewerteten die Hills das Cello des Medici-Quintetts: „Das vollkommenste und repräsentativste Beispiel für das Werk dieser Epoche."[11]

Historische Fehler

Die Liste von Arisi ist als unvollständig zu betrachten. Davon zeugt die Tatsache, dass im *Museo del Violino* Skizzen von Stradivari für andere wichtige Aufträge vorhanden sind, zum Beispiel eine Gambe[12] und ein Cello[13] für die Gräfin Cristina Visconti und ein verziertes Instrument[14] für den Grafen Vincenzo Carbonelli von Mantua.

Es ist möglich, dass Don Arisi nur die Aufträge zur Kenntnis genommen hatte, die seiner Meinung nach wichtiger und beachtenswerter waren.

Im Laufe der Jahrhunderte wurden zusätzliche Schriften gefunden, die Stradivari oder seinen Auftraggebern zugeschrieben wurden, was sich manchmal als sehr überraschend oder erheiternd erwies.

So wurde beispielsweise ein Brief vom 20. Juli 1693[15] veröffentlicht, in dem behauptet wurde, dass es sich um eine Antwort Stradivaris an Papst Benedikt XIII. handelte, der von ihm zwei Geigen gekauft hatte. Schade, dass nicht nur in diesem Jahr Innozenz XII. und nicht Benedikt XIII. Papst war, sondern dass letzterer erst 1724 gewählt wurde, also 31 Jahre, nachdem Antonio Stradivari ihm geschrieben hatte. Unser Geigenbauer müsste hellseherische Gaben besessen haben.

In einem anderen Brief war es König Jakob II. von England, der 1682[16] direkt an Stradivari schrieb. Auch hier hatte der Verfasser des Briefes nicht gebührend aufgepasst, sonst hätte er bemerkt, dass Jakob II. den Thron erst 1685 bestieg.

Welche Geduld muss man mit Fälschern haben!

Stradivari

X.
Eine neue Liebe

Liebe,
Liebe, des Lebens letzte Täuschung.[1]
(Giacomo Leopardi,
III. Gesang – An Angelo Mai, 1820)

Nach dem Tod seiner Frau Francesca blieb Antonio Stradivari noch einige Zeit allein, doch dann, 15 Monate nach der Trauer, d. h. am 24. August 1699, beschloss er, wieder zu heiraten. Die neue Braut war nur drei Jahre älter als Giulia Maria, Stradivaris erste Tochter. Welche Reaktion löste die Nachricht von der Heirat im Haus des Geigenbauers aus? Wie haben seine Kinder, deren Mutter etwas mehr als ein Jahr zuvor gestorben war, reagiert?

Nach unseren modernen Maßstäben mag die Witwenzeit unseres Geigenbauers zu kurz erscheinen, aber wir dürfen nicht vergessen, dass das Durchschnittsalter damals bei etwa 50 Jahren lag, wobei die letzten fünf Lebensjahre als Altersabend betrachtet wurden. Antonio Stradivari war damals etwa 55 Jahre alt, vielleicht war es diese Überlegung zusammen mit dem Wunsch, weitere Kinder in die Welt zu setzen, um seine Werkstatt zu vergrößern, die ihn überzeugten, die Vergangenheit hinter sich zu lassen und den großen Schritt erneut zu wagen.

Stradivaris Geschäft war damals in vollem Gange. Die Ankunft neuer Kinder zur Unterstützung der Brüder Francesco und Omobono hätte die Überlebenschancen der Werkstatt für ein paar weitere Generationen erhöht. Das war auch der Fall bei der Werkstatt der Amatis gewesen, auf die Stradivari natürlich Bezug nahm.

Aus historischen Dokumenten geht hervor, dass Antonio Stradivari die Leitung sowohl der Familie als auch der Werkstatt immer fest in seinen Händen hielt, ohne irgendwelche Einwände zu dulden. Daher ist es schwer vorstellbar, dass eines seiner Kinder gegen die Entscheidung seines Vaters, wieder zu heiraten, Einspruch erhoben haben könnte.

Die Entscheidung von Stradivari, nicht lange allein zu bleiben, war sicherlich keine Ausnahme, ganz im Gegenteil. Nehmen wir zum Beispiel einen anderen

Geigenbauer, Giovanni Battista Guadagnini, der, nachdem er Witwer mit drei Kindern geblieben war, nach nur 23 Tagen Witwenschaft wieder heiratete. Seine zweite Frau starb nur vier Monate nach der Eheschließung. Deshalb heiratete der Geigenbauer zwei Monate später ein drittes Mal.[2] ... *ars longa, vita brevis!*

Die neue Braut von Antonio Stradivari, Antonia Maria Zambelli, war sicherlich für das damalige Verständnis nicht mehr ganz taufrisch. Aber bevor Sie sich einen falschen Eindruck machen, versichere ich Ihnen, dass das nach heutigen Maßstäben nicht der Fall gewesen wäre, denn sie war nur 35 Jahre alt und damit um die 20 Jahre jünger als ihr zukünftiger Ehemann. Und auch in diesem Fall finden wir in der Welt des Geigenbaus zwei ähnliche Beispiele, das von Nicolò Amati, der die etwa 23 Jahre jüngere Lucrezia Pagliari geheiratet hatte, und das von Giovanni Paolo Maggini, der 15 Jahre älter als seine Frau Maddalena Anna[3] war.

Die geheimnisvolle Frau

Als ich begann, mich für das Leben und die Karriere von Antonio Stradivari zu begeistern, wusste man wenig über seine zweite Frau.

Lombardini[4] behauptete, dass sie am 11. Juni 1664 geboren wurde, aber ihre Geburtsurkunde ist inzwischen unauffindbar.

Die ersten spärlichen und dennoch bewiesenen Informationen über Antonia Maria stammten aus der Heiratsurkunde,[5] die anlässlich der Hochzeit mit Antonio Stradivari ausgestellt wurde, welche in der Kirche San Donato, der Pfarrei der Braut, stattfand.

Dieses Dokument enthielt zwei wichtige Hinweise zur Biographie der Braut: den Namen ihres Vaters, Antonio Maria Zambelli, und die Anmerkung, dass dieser bereits verstorben war, als seine Tochter Stradivari am 24. August 1699 heiratete. Lange Zeit waren dies praktisch die einzigen verfügbaren Informationen über diese Frau.

Im Jahr 2012 machte der Maler, Schnitzer und Restaurator Gianni Toninelli eine sehr interessante Entdeckung. Er war auf der Suche nach dem Testament des Malers Bernardino De Hò[6] im Staatsarchiv von Cremona, als er zu seiner großen Überraschung auf die Mitgifturkunde von Antonia Maria Zambelli vom 4. Dezember 1699 stieß.[7] Diese Entdeckung beendete eine der vielen Debatten, die in der Stradivari-Welt auf der Tagesordnung standen, zwischen denen, die behaupteten, Zambellis Mitgift sei nur ein informelles Dokument gewesen, und denen, die vom Gegenteil überzeugt waren. Letztere stützten ihre Überzeugung auf die Tatsache, dass die Mitgift von Stradivaris erster Frau, Francesca Ferraboschi, ebenfalls in einer notariellen Urkunde dokumentiert war, was die Sorgfalt beweist, mit der Antonio Stradivari alle seine Angelegenheiten verwaltete.

Die Mitgifturkunde von Antonia Maria Zambelli ermöglicht es uns, etwas mehr über den sozialen Hintergrund von Stradivaris zweiter Frau zu erfahren. Zunächst einmal wurde das Dokument von Antonio Stradivari und Giovanni Battista Valcarenghi, dem Onkel mütterlicherseits von Antonia Maria Zambelli, unterzeichnet, da ihr Vater bekanntlich bereits tot war. Stradivaris Schwiegersohn, der Notar Giovanni Angelo Farina, der Stradivaris Tochter Giulia Maria geheiratet hatte,[8] beteiligte sich als „zweiter Notar" an diesen Verhandlungen, sozusagen als weiterer Garant. Von den neun Seiten, aus denen das Dokument besteht, sind die letzten fünf besonders interessant. Wir erfahren daraus zum Beispiel, dass Antonia Maria am liebsten moos- und kaffeefarbene Kleider trug, sie besaß mehrere davon aus guter Machart, dazu Hemden und Schürzen, die mit modischer Spitze bestickt waren. Sie brachte ihrem Mann eine Mitgift von allen möglichen und erdenklichen Küchenutensilien mit, wie Servietten, Taschentücher, Handtücher, Tischdecken, Teller, Töpfe und Pfannen aller Art, aber auch ein paar Matratzen, Kissen, Laken, Decken und ein schönes Nussbaumbettgestell für das Schlafzimmer. Dazu kamen nicht nur allgemeine Nussbaummöbel, darunter mehrere kleine Tische sowie verschiedene Hochlehner und Stühle, sondern auch Einrichtungsgegenstände wie Kerzenhalter aus Messing und ein großer gerahmter Spiegel. Das Dokument listet auch eine weitere Art von Objekten auf, die eine, wenn nicht adelige Herkunft dieser Familie, so doch zumindest aus der gehobenen Mittelklasse bestätigt: fast 20 Gemälde. Jedes dieser Werke wurde kurz beschrieben, und so entdecken wir, dass es neben einigen Gemälden mit sakralen Themen wie Adam und Eva, dem heiligen Franziskus und der Verkündigung auch Bilder mit profanen Themen gab, zum Beispiel ein Gemälde mit den vier Jahreszeiten in Frauengestalt und vier Gemälde mit Stillleben. Ein eklektischer Geschmack also der Braut und eine Aufmerksamkeit für die Kunst, die ihren Wohlstand unterstrich.

Am Ende der Liste wurden die Juwelen aufgeführt, zahlreich und in Gold gefasst, mit Granaten, Perlen und Topasen. Es gab sogar einen Goldring mit einem Diamanten, der auf 140 Lire geschätzt wurde, was erneut Antonias Zugehörigkeit zu einer durchaus reichen Familie belegt.

Wie Sie sich vielleicht erinnern, bestand die Mitgift von Francesca Ferraboschi, als sie 1667 Stradivari heiratete, aus 300 Lire in Geld und knapp 1.500 Lire in verschiedenen Gütern, d. h. in Kleidung und Haushaltsgegenständen. Es war eine eher bescheidene Mitgift, aber es war alles, was Francesca nach dem Tod ihres Mannes Giovanni Giacomo von der Familie Capra zurückbekommen hatte. Anders war die Lage von Giulia Maria, Stradivaris erster Tochter. Das Mädchen heiratete 1689 den späteren Notar Farina und brachte als Beweis für den Wohlstand ihrer Familie etwa 5.000 Lire in Geld und 1.850 Lire in Gütern mit. Im Fall von Antonia Maria Zambelli belief sich ihre Mitgift auf 3.254 Lire, 13 Soldi und 6 Denare. Obwohl ein großer Teil dieser Summe nicht in Geld, sondern in Hausrat und Schmuck bezahlt wurde, war es alles in allem eine gute Mitgift.

Ein Biograf hatte berichtet, dass Antonia Maria Zambelli aus einer Kaufmannsfamilie stammte und dass sie zusammen mit ihren Brüdern ein Geschäft in der Pfarrei San Donato betrieb. Dieses Detail war von nicht geringer Bedeutung und lässt uns an sie als eine unabhängige Händlerin denken, die sich irgendwie von Antonio Stradivaris erster Frau Francesca stark unterscheidet, die mit 22 Jahren schon geheiratet hatte. Leider konnte ich jedoch keine Beweise für diese Aussage finden. Deshalb nahm ich mir vor, mehr über diese geheimnisvolle Frau in Erfahrung zu bringen.

Auf Spurensuche

Ist es wahrscheinlich, dass es in den Archiven von Cremona noch unentdeckte Dokumente über Stradivari und seine Familie gibt? Persönlich hätte ich die Erfolgsaussichten als sehr gering eingeschätzt, denn diese Unterlagen sind seit dem 19. Jahrhundert mehrfach von Gelehrten, Experten und Hobbyforschern überprüft worden. Aber Sie wissen inzwischen, dass man mich Sherlock nennt, also kann ich Ihnen bestätigen, dass ja, es gibt immer noch gute Erfolgschancen für diejenigen, die eine gute Nase, viel, viel Geduld und eine Spur Glück haben. Die Informationen, die Sie gleich lesen werden, wurden noch nie zuvor veröffentlicht und sind das Ergebnis meiner jüngsten „Ermittlungen" in Cremona.

Zu Beginn meiner Nachforschungen gab es ein Detail, das mir keine Ruhe ließ und das bis zu diesem Zeitpunkt niemand hatte erklären können: Antonia Maria Zambelli war im Bestattungsdokument[9] mit dem Namen *Antonia Costa Stradivari* angegeben worden. Offensichtlich war der Name Stradivari der ihres Mannes. Aber woher kam der Name Costa? Einige Biographen hatten argumentiert, der Priester habe sich bei der Transkription des Namens der Verstorbenen geirrt. Aber mir schien das höchst unwahrscheinlich. Und so begann ich, gewappnet mit viel Geduld und noch mehr Neugierde, in den Seelenregistern nach etwas zu suchen, das sich auf *Zambelli* und gleichzeitig auf *Costa* beziehen könnte. Und ... Ja, Sie haben es richtig erraten, ich habe es gefunden! Der ge-

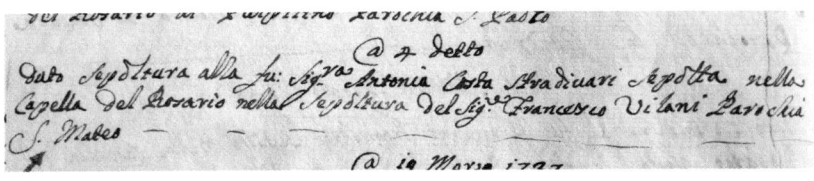

Abb. 21: Warum wurde Stradivaris Frau im Sterbebuch unter dem Namen „Costa" und nicht „Zambelli" aufgelistet? *Diocesi di Cremona*, Ufficio Beni Culturali (n° 854/BCE/E/2020). Foto: Alessandra Barabaschi.

suchte Hinweis war nicht in der Pfarrei San Donato, wo man ihn höchstwahrscheinlich suchte, sondern in der Pfarrei San Matteo.[10]

Das ist, was ich herausfinden konnte: 1659, als Stradivari noch ein Knabe war, wurden Herr Antonio Maria Zambelli und seine Frau Francesca Valcarenghi, beide 25 Jahre alt, und ihre Tochter Giovanna, ein Jahr alt, in der „Casa del Costa" als Einwohner eingetragen. Zusammen mit ihnen wohnten auch eine Schwester und zwei Brüder von Herrn Zambelli und sogar eine Magd. Also musste die Familie relativ wohlhabend gewesen sein. Das war ein vielversprechender Anfang. Aber eine neue Frage stellte sich sofort: War das Haus gemietet oder Eigentum? Die Antwort fand ich in der Zählung für das Jahr 1661, in der anstelle von „Casa del Costa" die Angabe „Casa del Signor Zambelli" verwendet wurde. Hat der Vater von Antonia Maria das Haus von Herrn Costa gekauft? Offenbar nicht, da es bereits sein Eigentum war. Tatsächlich wohnte die Familie im Jahr 1662 im selben Haus, das zu dieser Zeit als „Casa del Signor Zambelli detto Costa" (Haus von Herrn Zambelli genannt Costa) beschrieben wurde. Auch in den folgenden Jahren, bis einschließlich 1666, wird das Haus mit dem Namen Costa bezeichnet. Dies erklärt den Grund, warum der Priester Stradivaris zweite Frau im Totenschein als Antonia Maria Costa eintrug. Wie Sherlock Holmes sagen würde: „Elementary, my dear Watson!"

Vor der Geburt von Antonia Maria wohnte bei der Familie auch die Mutter von Herrn Zambelli. Warum erwähne ich das? Weil diese Frau Antonia hieß, genauso wie ihr Sohn. Deshalb wissen wir nun, dass die zweite Frau von Antonio Stradivari nicht nur wie ihr Vater, sondern auch wie ihre Großmutter genannt wurde.

Diesen Dokumenten zufolge hatte Antonia Maria Zambelli auch eine ältere Schwester, Giovanna, die um 1658 geboren wurde. Leider fehlt das damalige Taufregister, um eine Bestätigung ihres Geburtsjahres zu finden. Jedenfalls glaube ich, dass diese erste Tochter wahrscheinlich früh gestorben ist. Im Register von 1659 wurde angegeben, dass das kleine Mädchen ein Jahr alt war,

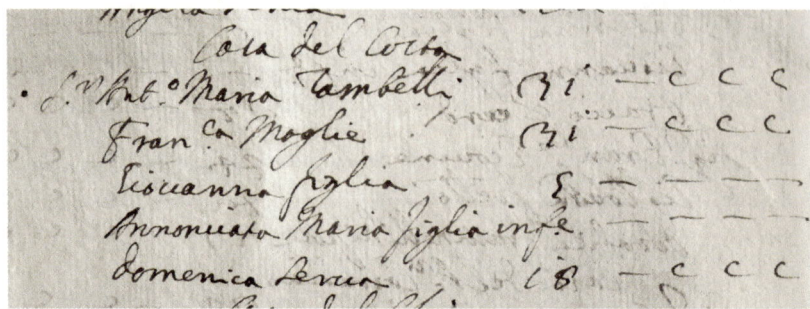

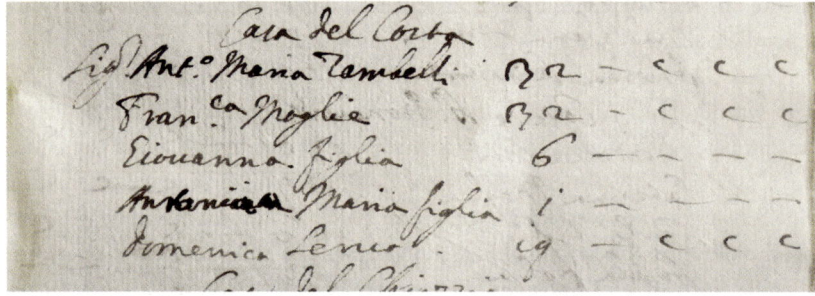

Abb. 22 und 23: Des Rätsels Lösung um den Nachnamen „Costa" von Stradivaris 2. Ehefrau. *Diocesi di Cremona*, Ufficio Beni Culturali (n° 854/BCE/E/2020). Foto: Alessandra Barabaschi.

1660 erscheint ihr Name, aber kein Hinweis auf ihr Alter, 1661 wurde sie als Kleinkind und 1662 als zweijährige eingetragen. D. h., von 1659 bis 1662 war das kleine Mädchen nur ein Jahr gealtert. Das ist nicht sehr glaubwürdig. Es würde mich nicht wundern, wenn die erste Giovanna 1658 geboren und 1660 gestorben und im folgenden Jahr eine weitere Tochter zur Welt gekommen wäre, die denselben Namen erhielt.

Doch kommen wir zur Hauptfigur dieses Kapitels, Antonia Maria Zambelli. Ihr Name erscheint zum ersten Mal in diesem Register im Jahr 1665, als sie als *infante* (Kleinkind) eingetragen wurde. Unter Berücksichtigung der Tatsache, dass die Zählung der Bürger zu Ostern erfolgte, würde die Abwesenheit von Antonia Maria bei der Zählung von 1664 und ihre Anwesenheit als Kleinkind im folgenden Jahr bestätigen, was Lombardini berichtete, nämlich dass sie im Juni 1664 geboren wurde. 1665 hat man sie als *Annunciata Maria* eingetragen. Ist sie nicht unsere Antonia Maria? Doch. Im folgenden Jahr wurde der Fehler erkannt und ihr Name, der wieder als Annunciata angegeben worden war, mit Antonia korrigiert.

Um 1667 muss die Familie Zambelli in einen anderen Stadtteil gezogen sein, denn weder von ihr noch von ihrem Haus ist im Seelenregister aus jenem Jahr eine Spur zu finden. Dies könnte bedeuten, dass es Schwierigkeiten gab und der Familienvater wahrscheinlich gezwungen gewesen wäre, das Haus zu verkaufen. Ich befürchtete, dass ich die Zambelli völlig aus den Augen verloren hatte, aber glücklicherweise konnte ich sie im Jahr 1670 in der Pfarrei San Donato[11] wiederfinden. Ursprünglich wohnten sie in der „Casa del Corazza", aber seit 1674 und für die nächsten 21 Jahre blieben sie im Haus von Herrn Carlo Mori. Während dieser langen Zeit ist viel passiert. Fangen wir mit den guten Nachrichten an. Zu Giovanna und Antonia Maria gesellte sich eine dritte Tochter, Elena, die 1670 als einjährig aufgelistet wurde. Dem glücklichen Ereignis folgten zwei traurige. Giovanna starb 1676[12] im Alter von etwa 15 Jahren. Es muss furchtbar gewesen sein, nicht nur für ihre Eltern, sondern auch für ihre Schwester Antonia Maria, die zu diesem Zeitpunkt fast zwölf Jahre alt war. Die beiden Mädchen standen sich vermutlich sehr nahe. Zudem tauchte Antonio Maria Zambelli ab 1678 nicht mehr in den Registern auf, was darauf hindeutet, dass er ebenfalls gestorben war. Er wurde demnach etwa 47 Jahre alt. Diese Annahme scheint auch durch die Heiratsurkunde von Antonia Maria Zambelli aus dem Jahr 1699 bestätigt zu werden, in der angegeben wurde, dass der Vater der Braut bereits verstorben war.

Nach dem Tod des Vaters von Antonia Maria wird der Familienname Zambelli nicht mehr zur Bezeichnung der drei verbliebenen Familienmitglieder verwendet. Antonia Marias Mutter wird fast immer mit ihrem Geburtsnamen Valcarenghi und, bei einigen Gelegenheiten, mit dem Familiennamen Costa angegeben. Antonia Maria wurde mit dem Familiennamen Costa oder einfach als „Tochter von Francesca Valcarenghi" registriert. Das Gleiche gilt für ihre Schwester Elena, die manchmal als Tochter von Francesca, bei anderer Gelegenheit als Schwester von Antonia Maria oder einfach als Elena Costa bezeichnet wurde. Das Fehlen des Familiennamens Zambelli ab dem Jahr 1678 erklärt, warum bisher wohl kein Forscher erkannt hatte, dass es sich um die Familie der zukünftigen Ehefrau von Stradivari handelt.

Bis 1695 lebten Antonia Maria Zambelli, ihre Mutter Francesca und ihre Schwester Elena allein im Haus des Herrn Mori. 1697 zogen die drei Frauen in das Haus von Francescas Bruder ein, dem Priester Don Carlo Valcarenghi. Nach dem Tod des letzteren ging das Haus in den Besitz von Antonia Marias anderem Onkel, Giovanni Battista, über, der dort bereits seit Jahren lebte.

Wenige Monate vor ihrer Heirat mit Antonio Stradivari verlor Antonia Maria Zambelli ihre Mutter. Francesca Valcarenghi starb am 2. Februar 1699.[13] Ich frage mich, inwieweit dieser Verlust dazu beigetragen hat, Antonia Maria davon zu überzeugen, den Geigenbauer zu heiraten. Ich kann mir vorstellen, dass die Trauer sie gedrängt hatte, ihr Leben ändern zu wollen, einen ganz neuen Weg einzuschlagen und eine eigene Familie zu gründen.

Von der Ursprungsfamilie Zambelli blieb nur ihre Schwester Elena im Haus ihres Onkels mütterlicherseits, und von diesem Zeitpunkt an und bis 1707 wurde sie immer als Costa bezeichnet.

Wie wir nachprüfen konnten, hatte Antonia Maria Zambelli, entgegen den Behauptungen einiger Autoren in der Vergangenheit, keinen Bruder, mit dem sie in der Pfarrei San Donato ein Geschäft hätte führen können. Im Haus ihres Onkels gab es nur einen Cousin, der gute 15 Jahre jünger als sie war.

Aus ihrer Ehe mit Antonio Stradivari wurden fünf Kinder geboren, ein Mädchen und vier Jungen, womit sich die Zahl der Nachkommen des Geigenbauers auf elf erhöhte. Das war im Durchschnitt keine aufregende Zahl, wenn man überlegt, dass der Vater des berühmten Geigers Giovanni Battista Viotti in zwei Ehen 19 Kinder zeugte.

Wie viele und welche der aus Stradivaris zweiter Ehe geborenen Kinder in der Werkstatt in die Fußstapfen ihres Vaters traten, erfahren wir in den nächsten Kapiteln.

XI.
Die goldene Zeit

*Wir haben hier einen Künstler von europäischer Berühmtheit,
der nicht in der Lage war, gleichgültig zu arbeiten.
Die Aufträge strömten von den obersten Höfen schneller herein,
als sie ausgeführt werden konnten.*[1]
(George Hart, *The Violin: Its Famous Makers*, 1909)

Es war der englische Geigenexperte und Händler George Hart, der als erster den Begriff „goldene Periode"[2] verwendete, um Stradivaris Werk zwischen dem Beginn des 18. Jahrhunderts und etwa 1725 zu beschreiben. Diese chronologische Einordnung sollte jedoch nicht streng wörtlich genommen werden, da es auch vor und nach dieser Zeit Meisterwerke von Stradivari gibt. Mit dieser Bezeichnung wollte Hart vor allem betonen, dass der Geigenbauer aus Cremona in einem Zeitraum zwischen seinem 50. und 80. Lebensjahr seine volle künstlerische Reife und eine bis heute unübertroffene Vortrefflichkeit in der Ausführung erreicht hatte. Die „goldene Periode" beginnt jedoch nicht von einem Tag auf den anderen oder mit einem genauen Datum, sondern ist ein schrittweiser Prozess, eben weil Stradivari während seiner gesamten Karriere weiter experimentieren wird, um den Grad der Perfektion zu erreichen, den er sich zum Ziel gesetzt hatte. Um 1700 ist es offensichtlich, dass er sich seine früheren Erfahrungen zunutze machte. So gelang es ihm in den folgenden 20 Jahren, Instrumente von hervorragender Qualität zu bauen, die dennoch nichts anderes sind als die natürliche Folge seiner Studien, seiner ständigen Veränderungen und seiner Erfahrung. Wie wir bereits erwähnt haben, gibt es, wenn es um handgefertigte Instrumente geht, keine zwei identischen. Selbst diejenigen, die unter Verwendung der gleichen Form gebaut wurden, unterscheiden sich immer noch voneinander, weil jedes Stück Holz im Grunde genommen anders ist als das nächste. Hinzu kommen die Dicken der verschiedenen Teile, die Positionierung der F-Löcher, der Lack und viele andere Komponenten und Faktoren, die jedes Instrument einzigartig machen.

Die Bedeutung des Holzes

Die Geigenbauer von Cremona verstanden relativ früh, wie wichtig es ist, das richtige Holz im Geigenbau zu verwenden. Ihre Wahl fiel hauptsächlich auf zwei Holzarten: Fichte für die Decke und Ahorn für den Boden. Die Verwendung von zwei verschiedenen Hölzern war grundlegend für die Optimierung der Klangqualität, da die Decke und der Boden zwei unterschiedliche Funktionen haben und daher zwei verschiedene Hölzer benötigen, um sie deutlicher hervortreten zu lassen. Ahorn gibt am besten Obertöne wieder, während die Fichte sozusagen für den weicheren Klang zuständig ist.

Die Decke muss Elastizitäts- und Festigkeitseigenschaften aufweisen, die es ihr erlauben, auch bei minimalen Dicken dem enormen Druck der Saiten und des Stegs nicht zu erliegen. Es ist ein relativ weiches und sehr elastisches Holz, das in der Lage ist, den Klang am besten durch seine Zellstruktur wiederzugeben, die eine Resonanz erzeugt. Eine sehr wertvolle Fichte, die mit dem Namen Stradivari verbunden ist, stammt aus dem Val di Fiemme (Fleimstal) im Trentino. Aufgrund ihrer typischen Fähigkeit, die Töne wiederzugeben, wird diese Holzart auch Resonanzfichte genannt. Die Legende besagt, dass Stradivari persönlich im Winter, wie viele seiner Kollegen, ins Val di Fiemme reiste, um dem Fällen der Tannenbäume beizuwohnen. Diese Bäume werden noch immer im Spätherbst gefällt, zwischen Oktober und November, zur Zeit des abnehmenden Mondes, wenn sich weniger Saft im Stamm befindet. Dank der niedrigen Temperaturen haben sie sehr dünne und perfekt konzentrische Jahresringe, ideal für die Klangerzeugung. Dieses Holz muss mindestens vier oder fünf Jahre an der Luft

Abb. 24: Der zweiteilige Boden der Geige *Le Messie* von 1716. *Ashmolean Museum*, Oxford. Foto: Jan Röhrmann.

reifen, bevor es für den Geigenbau verwendet werden kann. Ahorn hingegen ist ein viel härteres, steiferes Holz und seine Schallausbreitungsgeschwindigkeit ist viel langsamer als bei der Fichte.[3] Sein Aussehen spielt eine wichtige Rolle, denn vor allem wenn es nach dem Spiegel gespalten wird, hält es nicht nur seine Querfaser intakt, wodurch die Fähigkeit zur Klangerzeugung verbessert wird, sondern auch die Schönheit der Maserung, d. h. der unregelmäßige, wellenförmige Verlauf der Holzfasern wird hervorgehoben. Je intensiver die Maserung bzw. die sogenannte Flammung, desto schöner erscheint das Holz und damit der Boden des Instruments, der Wellenlinien zeigen kann, die eben an Flammen oder an das Tigerfell erinnern. Aus diesem Grund wird Ahornholz gewöhnlich nicht nur für den Boden des Instruments verwendet, sondern auch für die Zargen und die Schnecke, da es Bewegung verleiht und das ganze Instrument verschönert.

Die Tatsache, dass Fichte und Ahorn unterschiedlich klingen, bereichert das Klangspektrum und die Ausdrucksmöglichkeiten des Instruments. Die Schwingungen zwischen Decke und Boden werden über die Zargen übertragen, die deswegen großen Einfluss auf den Klang haben.

Stradivaris Kunstfertigkeit

Mehrere von Antonio Stradivari zwischen 1700 und 1725 gebaute Instrumente gelten als von unübertroffener Perfektion und Qualität. Was sind ihre Merkmale?

Wie Sie sich erinnern werden, hatte Stradivari das Ziel, ein Instrument zu schaffen, dessen Klang so kraftvoll ist wie der der Geigen aus Brescia, aber gleichzeitig so klar wie der der Geigen von Nicolò Amati. Um die Kraft des Klangs zu erhöhen, vergrößerte er den Mittelkörper des Instruments und fand den perfekten Grad der Wölbung von Decke und Boden, die im Allgemeinen flacher als früher wurden. Die Decke besteht fast immer aus zweiteiligem engjährigem Fichtenholz. Auf der Decke schnitzte Stradivari die F-Löcher mit solcher Meisterschaft, dass sie zum Vorbild für die folgenden Generationen wurden. Die Schnecke vollendet den Hals und ist vollkommen symmetrisch. Stradivari führte die Voluten mit der absoluten Präzision eines großen Meisterschnitzers aus. Die Konturen wurden durch eine dünne schwarze Linie betont, die ebenfalls entlang der Zargen verläuft. Leider ist diese raffinierte Linie heute aufgrund der intensiven Nutzung dieser Instrumente im Laufe der Jahrhunderte nur noch bei sehr wenigen Exemplaren sichtbar, wie zum Beispiel bei der Geige

Messias aus dem Jahre 1716, die als eines der besterhaltenen Stradivari-Instrumente der Welt gilt und im *Ashmolean Museum* in Oxford aufbewahrt wird.

Abb. 25: Die Schnecke der *Messias* mit den schwarzen Konturen. *Ashmolean Museum*, Oxford. Foto: Jan Röhrmann.

Die Einlegearbeit der „goldenen Periode" ist extrem dünn und besteht in den meisten Fällen aus dreispänigen Randadern, den beiden dunkleren äußeren, üblicherweise aus Ebenholz oder gefärbtem Birnbaumholz, und dem helleren Mittelspan aus Ahorn oder Pappel, die parallel entlang der Decke und des Bodens aufeinander folgen, bis sie sich in eine scharfe Spitze verwandelt in den Ecken treffen. Der ein- oder zweiteilige Boden, meistens nach dem Spiegel gespalten, besteht aus Ahornholz, das sich oft durch eine starke, schöne Maserung auszeichnet. Der Lack ist von einer intensiveren Farbe als in den Vorjahren und wird in zwei Lagen aufgetragen, also in einer goldenen Grundierung, auf die der Geigenbauer eine brillante Schicht zwischen Orange und feurigem Rot gelegt hat, deren Transparenz die Instrumente zum Leuchten bringt.

Der Eindruck, den man erhält, wenn man ein Stradivari-Instrument betrachtet, ist der von großer Genauigkeit in der Ausführung und perfekter Harmonie, und das ist vielleicht das größte Geheimnis des Geigenbauers.

Dies sind einige der großen Geigerinnen und Geiger, die Instrumente aus Stradivaris goldener Periode gespielt haben oder spielen: Anne-Sophie Mutter, Lady Hallé (Wilma Neruda),[4] Joshua Bell, Joseph Joachim, Jascha Heifetz, Bronislaw Huberman, Fritz Kreisler, Yehudi Menuhin, Nathan Milstein, Louis Spohr, Isaac Stern und Giovanni Battista Viotti.

Stradivaris führende Rolle

Obwohl Stradivari ein unermüdlicher Instrumentenbauer war, hat die politische Lage seiner Stadt doch seine Produktion beeinflusst. Zum Beispiel in den Jahren, als sich Spanien im Krieg mit Österreich befand, um das Mailänder Territorium zu verteidigen, scheint er weniger Instrumente gebaut zu haben, was durchaus verständlich ist, wenn man bedenkt, dass mehrere Armeen in der Stadt unterwegs waren, die praktisch bis vor seiner Haustür kämpften.

Jedenfalls ist es ihm um 1715 zweifellos gelungen, eine absolute Vorrangstellung unter den Geigenbauern Cremonas zu erlangen. Seine Werkstatt war sogar noch wichtiger als die von Nicolò Amati 60 Jahre zuvor.

Nach dem Umzug der Stradivaris in das neue Haus im Jahr 1680 hatte sich in Cremona vieles geändert. Einige von Stradivaris Kollegen waren in andere Städte gezogen, in der Hoffnung, günstigere Arbeitsmöglichkeiten zu finden, andere waren gestorben, und diejenigen, die in Cremona geblieben waren, kämpften ums Überleben.

Der Tod hatte die Ruggeris außer Gefecht gesetzt. Der Werkstattgründer Francesco war schon 1698 gestorben. Sein Sohn Carlo hatte die väterliche Werkstatt weitergeführt, bis er selbst 1713 starb, was zur endgültigen Schließung der Werkstatt führte. Sein Bruder Vincenzo, der ein eigenes Geschäft eröffnet hatte, starb 1719.

Der legendären Amati-Werkstatt erging es nicht besser. 1684 hatte Girolamo Amati das Geschäft seines berühmten Vaters Nicolò geerbt. Aber er hatte es geschlossen, um 1697 nach Piacenza zu ziehen, wahrscheinlich weil er in finanzielle Schwierigkeiten geraten war.

Giovanni Battista Rogeri, der Schüler von Nicolò Amati gewesen war, hatte bereits um 1675 in Brescia zu arbeiten begonnen.

Und der *famiglio* von Nicolò Amati? Andrea Guarneri war wie Francesco Ruggeri 1698 gestorben. Er hatte zwei Söhne, Giuseppe Guarneri 'filius Andreæ' und Pietro, die Geigenbauer geworden waren. Während Pietro bereits um 1680 nach Mantua gezogen war, weshalb er Pietro da Mantova genannt wird, war Giuseppe in Cremona geblieben und arbeitete mit seinen beiden Söhnen Pietro und Bartolomeo Giuseppe zusammen. Pietro zog nach Venedig und ist unter dem Namen Pietro da Venezia bekannt geworden, während sein Bruder Bartolomeo, der berühmte Giuseppe Guarneri del Gesù, Stradivaris einziger echter Rivale in Cremona blieb. Aber obwohl sein außergewöhnliches künstlerisches Talent heute in der ganzen Welt geschätzt wird, hatte er es damals schwer, sich durchzusetzen.

Die Ereignisse im Zusammenhang mit der Familie Guarneri und ihrer Werkstatt geben uns die Gelegenheit, über einen unter Geigenbauern weit verbreiteten Brauch der Zeit zu sprechen. Wenn ein Sohn beschloss, die Werkstatt seines Vaters zu verlassen, um sich selbstständig zu machen, wurde diese Entscheidung vom Familienoberhaupt nicht immer gut aufgenommen. Ein markantes Beispiel ist das des obengenannten Pietro, dem Sohn von Andrea Guarneri, der gezwungen wurde, nach Mantua zu ziehen, um seine eigene Werkstatt zu eröffnen. Es kam oft vor, dass Väter ihre Kinder als Konkurrenten sahen, falls sie unabhängig wurden, und sie deshalb zwangen, die Stadt zu verlassen.

Dieses Beispiel kann uns helfen, die Dynamik der Familie von Antonio Stradivari besser zu verstehen. Es ist offensichtlich, dass seine Söhne mit zwei Möglichkeiten konfrontiert wurden: Familiengeschäft oder Kirche. Drei von ihnen, nämlich Francesco, Omobono und Giovanni Battista Martino, arbeiteten mit ihrem Vater zusammen, gaben den Gedanken an die Eröffnung eines eigenen Geschäfts auf und blieben unverheiratet im väterlichen Haus. Zwei andere, Alessandro Giuseppe und Giuseppe Antonio, wurden Priester. Nur der letzte Sohn, Paolo Bartolomeo, heiratete und gründete eine Familie, aber er war nie am Geigenbau interessiert gewesen und dank der finanziellen Unterstützung seines Vaters wurde er Tuchhändler.

Die Familie wächst

Antonio Stradivari hatte mit seiner ersten Frau Francesca Ferraboschi sechs Kinder, von denen fünf überlebt haben. Im Jahre 1700 war dies seine familiäre Situation: Giulia Maria hatte schon mehrere Jahre zuvor geheiratet und sie war die Einzige, die das väterliche Haus verlassen hatte. Francesco war knapp 30 Jahre alt und Omobono 21. Beide arbeiteten mit ihrem Vater in der Werkstatt. Trotz ihrer 26 Jahre blieb Caterina unverheiratet und kümmerte sich um die ganze Familie. Alessandro war damals 23 und wurde Priester.

Die Stradivari-Familie wuchs infolge von Antonios zweiter Ehe mit Antonia Maria Zambelli. Das Paar hatte am 24. August 1699 geheiratet, und knapp 13 Monate später, im September 1700,[5] wurde ihre erste Tochter Francesca Maria geboren, die den Namen von Antonios erster Frau erhielt. Das junge Mädchen wurde Nonne und verließ kurz nach ihrem 20. Lebensjahr[6] das Haus ihres Vaters, um in das Kloster in Mantua einzutreten, wo sich bereits eine Tochter des Geigenbauers Pietro Guarneri aus Mantua befand, den wir vorhin erwähnt haben. Wir haben hier wieder ein interessantes Beispiel für die Verbindungen zwischen den Familien der Geigenbauer aus Cremona. Denn von allen Klöstern, die es damals gab, und es waren sicher nicht wenige, zog Stradivaris Tochter ausgerechnet in dasjenige, in dem bereits Guarneris Tochter war.

Im November 1701[7] kam Giovanni Battista Giuseppe auf die Welt, der nach nur acht Monaten starb.[8] Dies war sicherlich ein harter Schlag für seine Mutter, aber auch für Stradivari selbst, der bereits einen Sohn aus der ersten Ehe verloren hatte.

Innerhalb weniger Jahre brachte Antonia Maria Zambelli drei weitere Kinder zur Welt. Giovanni Battista Martino wurde im November 1703[9] geboren und mit zwei der drei Namen seines früh verstorbenen Bruders getauft. Wir wissen nicht viel über diesen Jungen, der im Haus seines Vaters blieb und ihn höchstwahrscheinlich zusammen mit seinen Brüdern Francesco und Omobono in der Werkstatt unterstützte. Ein knappes Jahr später wird ein weiterer Sohn, Giuseppe Antonio,[10] eintreffen, der wie sein Bruder Alessandro Priester[11] werden wird. Im Jahr 1708, als Stradivari bereits das 60. Lebensjahr vollendet hatte, wurde sein letzter Sohn Paolo Bartolomeo[12] geboren, der mit der providentiellen väterlichen Unterstützung Kaufmann wurde.

In Stradivaris Haus waren also mehrere neue Münder angekommen, die gefüttert werden mussten, was jedoch den Familienvater, der nun das Monopol auf den Geigenbau von Cremona besaß, nicht sehr beunruhigt haben dürfte.

Ein Hilferuf

Wie wir bereits erwähnt haben, waren die Familien damals ziemlich groß. In den ersten zehn Ehejahren brachten Frauen durchschnittlich fast ein Kind pro Jahr zur Welt. Wie konnten Frauen die resultierenden gewaltigen Aufgaben bewältigen? Höchstwahrscheinlich waren Hebammen sehr gefragt, aber leider werden sie in den Archivdokumenten kaum erwähnt, da ihre Unterstützung in der Regel nur für einen begrenzten Zeitraum benötigt wurde. Anders war der Fall der Bediensteten, denn wir finden sie oft in den Seelenregistern aufgeführt, weil sie mit der Familie zusammenlebten, für die sie arbeiteten. Es handelte sich in der Regel um sehr junge Mädchen im Alter zwischen zwölf und 25 Jahren.

Antonia Maria Zambelli stammte aus einer Familie, die, solange ihr Vater am Leben war, praktisch jedes Jahr eine Magd angestellt hatte.

Stradivari war wohlhabend und konnte sich sicherlich auch ein Dienstmädchen leisten, dennoch beschäftigte er nur wenige[13] von ihnen im Laufe seines Lebens und immer zu bestimmten, schweren Zeiten. Offensichtlich hatte er einen sehr umsichtigen Umgang mit Geld.

Das erste Dienstmädchen, das wir im Hausstand der Stradivari finden, tauchte 1698 auf. Es ist kein Zufall, dass das Familienoberhaupt in jenem Jahr beschlossen hatte, ein Dienstmädchen einzustellen, weil seine Frau Francesca höchstwahrscheinlich sehr krank war. Sie starb nämlich im Mai desselben Jahres. Im darauf folgenden Jahr entschied Stradivari wohl, dass das Dienstmädchen nicht mehr gebraucht wurde, und tatsächlich gibt es im Register keine

Spur von ihr. Immerhin waren seine Kinder bereits erwachsen, und seine Tochter Caterina Annunciata hatte sicherlich in Abwesenheit ihrer Mutter die Hausarbeit übernommen.

Im Jahr 1702 finden wir eine neue Magd, die die Familie unterstützte, aber wiederum nur für ein Jahr. Auch in diesem Fall ist es nicht schwer zu verstehen, warum sie eingestellt wurde. In den letzten Jahren waren drei Personen zu Stradivaris Familie hinzugekommen: seine zweite Frau Antonia Maria, seine kleine Tochter Francesca Maria, die zu diesem Zeitpunkt etwa zwei Jahre alt war, und der kleine Junge des Hauses, Giovanni Battista Giuseppe, der im November des Vorjahres geboren worden war. Ich kann mir vorstellen, dass die Anwesenheit der Magd vor allem deshalb notwendig war, weil Letzterer sicherlich gesundheitliche Probleme hatte. Der Kleine starb im Juli desselben Jahres.

Die dritte Magd wurde in einem entscheidenden Jahr, 1705, wieder eingestellt. Nach dem Tod von Giovanni Battista Giuseppe hatte Antonia Maria zwei weitere Kinder zur Welt gebracht: Giovanni Battista Martino, der damals eineinhalb Jahre alt war, und Giuseppe Antonio, der etwa sechs Monate alt war. Sie hatte sicher alle Hände voll zu tun!

In den folgenden 25 Jahren verließ sich die Familie nicht mehr auf ein Dienstmädchen. Doch ab 1731 änderte sich die Lage. Von diesem Jahr an und bis 1745 stellten die Stradivaris stets Bedienstete ein, mit Ausnahme des Jahres 1739. Das lässt uns erkennen, dass nach und nach alle Mitglieder gealtert waren und mehr oder weniger Hilfe benötigten … Selbst Legenden werden alt.

XII.
Was hörte man zur Zeit Stradivaris?

Der Weg des Ohrs ist der gangbarste und nächste zu unsern Herzen. –
Musik hat den rauhen Eroberer Bagdads bezwungen,
wo Mengs und Correggio alle Malerkraft vergebens erschöpft hätten.[1]
(Friedrich Schiller, *Über das gegenwärtige teutsche Theater*, 1782)

Die lange spanische Herrschaft über das Herzogtum Mailand, zu dem Cremona gehörte, hatte dramatische Folgen für die Wirtschaft des Territoriums und die Existenz seiner Bevölkerung. Die korrupte Justiz, die täglichen Ungerechtigkeiten, die Höhe der Steuern und Abgaben und die Häufigkeit von Feldzügen, Epidemien und Hungersnöten hatten den Handel drastisch reduziert, die Landwirtschaft war verarmt und die handwerkliche Produktion wurde fast vollständig eingestellt.

Wie im Laufe der Geschichte oft festgestellt wird, blüht die Kunst angesichts solch desolater Zustände mit einer Energie, die einen staunen lässt. So auch in den kleineren Zentren der Lombardei, die sich in jener Zeit durch eine wirklich bemerkenswerte intellektuelle und künstlerische Lebendigkeit auszeichneten.

Musik war damals keineswegs das ausschließliche Vorrecht der Wohlhabendsten. Sie wurde selbstverständlich als Vokalmusik in Kirchen, Palästen und Akademien gespielt, aber auch als Populärmusik auf den Plätzen von Spielleuten und Pfeifern und in den Häusern des einfachen Volkes praktiziert.

Die damals populärste Musikgattung war das Madrigal, das seinen Ursprung in Italien hatte und Mitte des 16. Jahrhunderts in verschiedene andere europäische Länder exportiert wurde. Das Madrigal wird oft als eine Zeitspanne zwischen dem letzten Triumph der flämischen Polyfonie und der Geburt des Melodrams beschrieben. Wie wir bereits erwähnt haben, hielt der Erzbischof von Mailand, Karl Borromäus, diese Musik für obszön und verbot ihre Ausführung strengstens. Gleichwohl wurde dies die bevorzugte Musikform der Renaissance-Höfe. Die Gonzaga, Herzöge von Mantua, die Este, Herzöge von Ferrara, Modena und Reggio, und die Medici, Großherzöge der Toskana, sind perfekte Beispiele für einen Adel, der sich im Bild des kühnen und weisen von

Machiavelli dargestellten *Fürsten* widerspiegelt, dessen Hof sich nach dem Vorbild des Werkes *Il libro del Cortegiano* (das Buch des Hofmanns) von Baldassarre Castiglione entwickelte. Für diese Grundherren wurde die Musik zu einem elitären Vergnügen und angenehmen Zeitvertreib. Die verschiedenen Höfe wetteiferten um die begabtesten Komponisten, die bei großen Feierlichkeiten wie Hochzeiten und Themenfesten ihr Können unter Beweis stellen konnten. Dies sollte dazu beitragen, das Potenzial der Geige zu erkennen und sie zu einem unverzichtbaren Element der Musik der Zukunft zu machen.

Die Musik in Cremona

Trotz der schwierigen politischen Lage war Cremona musikalisch aktiv und nicht nur in Kirchen. 1560 wurde die *Accademia degli Animosi* (Akademie der Beherzten) gegründet, ein Treffpunkt für das gebildete Publikum in dem – mit einer kurzen Unterbrechung – fast ein Jahrhundert lang Musik auf höchstem Niveau praktiziert wurde.

Die Stadt hatte hervorragende Musiker hervorgebracht, die eine Anstellung an den angesehensten Höfen und religiösen Institutionen Italiens gefunden hatten, wie Costanzo Porta (ca. 1529–1601), Tiburzio Massaino (vor 1550 – nach 1608) und Benedetto Pallavicino (ca. 1551–1601). Aber wenn es um den Geigenbau geht, dann gibt es einen weiteren Komponisten aus Cremona, dem heute noch eine grundlegende Rolle bei der Unterstützung und Entwicklung der Geigenbauschule von Cremona zugeschrieben wird: Claudio Monteverdi (1567–1643).

Claudio Monteverdi wurde im Mai 1567 in Cremona als Sohn einer nicht besonders wohlhabenden, aber in der Stadt durchaus geschätzten Familie geboren. Sein Vater Baldassare war Arzt und gründete das Kollegium der Chirurgen in Cremona, dessen erster Präsident er wurde. Die Medizin spielte in der Familientradition der Monteverdis eine wichtige Rolle, tatsächlich scheint es, dass sowohl Claudios Großvater als auch sein Urgroßvater Ärzte gewesen waren.

Seine Mutter Maddalena, Tochter des Goldschmieds Salvatore Zignani, starb jung. Sie hatte nach Claudio zwei weitere Kinder zur Welt gebracht, Maria Domitilla (1571) und Giulio Cesare (1573). Letzterer entschied sich ebenfalls für eine musikalische Laufbahn und arbeitete für eine gewisse Zeit zusammen mit seinem älteren Bruder in Mantua am Gonzaga-Hof.

Der junge Claudio Monteverdi, der älteste Sohn der Familie, muss von klein auf eine solche Veranlagung für Musik gezeigt haben, dass er seinen Vater überzeugte, ihn nicht zu einem Medizinstudium zu zwingen, sondern ihn in die Kathedrale einzuführen, wo er dem Chor noch vor seinem zehnten Geburtstag beitrat. So erhielt der begabte junge Mann auch eine gute Schulbildung in der angrenzenden Klosterschule.

Damals war die Kathedrale das wichtigste musikalische Zentrum der Stadt, mit einem Chor von zwölf Sängern unter der Leitung des Kapellmeisters Marc'Antonio Ingegneri.

Baldassare Monteverdi vertraute die musikalische Ausbildung seines jungen Sohnes Ingegneri an, der ihn in Kontrapunkt, Viola, Gesang und wahrscheinlich auch Orgel und Laute unterrichtete. Die Bedeutung von Marc'Antonio Ingegneri für Monteverdis musikalische Ausbildung wird durch das Detail bestätigt, dass dieser sich in seinen ersten Kompositionen als sein Schüler zu erkennen gab.

Die ersten Früchte der Studien des jungen Komponisten ließen nicht lange auf sich warten und er veröffentlichte seine ersten Kompositionen, *Sacræ Cantiunculæ*, 1582, im Alter von 15 Jahren. Es war jedoch wahrscheinlich die Veröffentlichung vom *Primo Libro de' Madrigali* (1. Madrigalbuch) in Venedig fünf Jahre später, die ihn davon überzeugte, dass es an der Zeit war, über die Zukunft seiner Karriere nachzudenken. Wäre Monteverdi in Cremona geblieben, hätte er vielleicht den Platz seines Meisters einnehmen können, aber wie viele Jahre wären vergangen? Also fuhr er nach Mailand, in der Hoffnung, einen prestigeträchtigen Platz in der Hauptstadt des Herzogtums zu finden, aber er musste mit leeren Händen nach Cremona zurückkehren. Trotzdem setzte er seine Studien fort und veröffentlichte 1590 das *2. Madrigalbuch*, dem nach einigen Monaten das Angebot des Hofes von Mantua folgte, in die Dienste des Herzogs Vincenzo I. Gonzaga (1562–1612) als Violist einzutreten.

Am Gonzaga-Hof

Die Familie Gonzaga hatte sich seit der Gründung ihres mantuanischen Hofes im 15. Jahrhundert immer durch ihr starkes Interesse an Kultur und Kunst ausgezeichnet.

Markgraf Francesco II. Gonzaga (1466–1519) und seine Gemahlin Isabella d'Este (1474–1539) hatten nicht nur eine Leidenschaft für Musik, sondern sie konnten auch Musikinstrumente spielen, was damals gar nicht selbstverständlich war. Zu Beginn des 16. Jahrhunderts etablierten sie eine Hofkapelle und stellten die Musiker ein, die Herzog Alfonso I. d'Este (1476–1534) nur widerwillig entlassen musste, um seine enormen Schulden zu begleichen.

Monteverdi kam zunächst als Musiker nach Mantua, doch wenige Jahre später wurde ihm die Rolle des Kapellmeisters übertragen, die angesehen, aber dennoch unterbezahlt und mit einem außerordentlichen Arbeitsaufwand verbunden war und oft durch die Eifersüchteleien des Hofes noch erschwert wurde. Eine große psychologische Unterstützung muss für ihn Claudia Cattaneo dargestellt haben, die Tochter eines Bratschisten und selbst Sängerin am Gonzaga-Hof war. Die beiden heirateten 1599 und aus dieser glücklichen Verbindung gingen drei Kinder hervor: Francesco Baldassare (1601), Leonora Camilla (1603) und Massimiliano Giacomo (1604). Wenige Jahre nach der Geburt des letzten Sohnes komponierte Monteverdi am Gonzaga-Hof sein Meisterwerk: *L'Orfeo* (den Orpheus).

Wichtig für die musikalische Konzeption dieses Werkes müssen für Monteverdi die Neuerungen gewesen sein, die von der sogenannten *Camerata de' Bardi* eingebracht wurden, einer Gruppe florentinischer Intellektueller, darunter Vincenzo Galilei, Vater des berühmten Galileo, die eine Wiederbelebung der griechischen Tragödie anstrebten.

Wir wissen nicht, ob es der Herzog oder sein Sohn Francesco (1586–1612) war, der Monteverdi das Werk in Auftrag gab, aber sicher ist, dass das Orpheus-Thema der Familie Gonzaga sehr am Herzen lag. Agnolo Poliziano hatte schon mehr als ein Jahrhundert zuvor, 1471, für Kardinal Francesco Gonzaga (1444–1483) einen *Orpheus* geschrieben. Dies gilt als das erste in italienischer Sprache geschriebene Drama eines profanen Themas mit musikalischen Partien.

Es gab daher große Erwartungen an Monteverdis neuen *Orpheus*, der sich als enormer Erfolg erwies und als erstes musikalische Werk im modernen Sinne des Wortes gefeiert wird. Denn hier emanzipierte sich die Instrumentalmusik deutlich von der Vokalmusik. Diese Oper wurde während des Karnevals am 24. Februar 1607 in einem Saal des Herzogspalastes von Mantua vor den Mitgliedern der *Accademia degli Invaghiti* (Akademie der Vernarrten) aufgeführt, deren Leiter der Kronprinz der Stadt, Francesco Gonzaga, war.

Zwei kleine wichtige Geigen

Welcher Zusammenhang besteht zwischen Monteverdis *Orpheus* und dem Geigenbau in Cremona?

Traditionell war die Rolle der Musikinstrumente derjenigen des Gesanges untergeordnet. Sie sollten hauptsächlich die menschlichen Stimmen entweder verstärken oder ersetzen, sodass ihre Verwendung in Partituren sehr oft unter der allgemeinen Bezeichnung „für alle Arten von Instrumenten" fallen, was auf die freie Wahl der verschiedenen Instrumentengruppen hinweist, die verwendet werden konnten.

Monteverdi listete die etwa 40 Instrumente höchst sorgfältig auf, die für die Aufführung des *Orpheus* verwendet werden sollten, und bewies damit, dass er die Vielfalt und die klanglichen Fähigkeiten der einzelnen Instrumente zu schätzen wusste.

Der Teil, der uns besonders interessiert, ist der Beginn des Zweiten Aktes. Auf eine Eröffnungssinfonie, in der Orpheus die Landschaft betrachtet, in die er nach langer Abwesenheit zurückgekehrt ist, folgt ein fröhlicher Refrain mit *un clavicembalo, duoi chitarroni e duoi violini piccoli alla francese* (einem Cembalo, zwei Chitarronen[2] und zwei kleinen Geigen im französischen Stil), der die Ankunft der Hirten ankündigt. Unter den Saiteninstrumenten dominierten damals die Laute und die Gambe. Im *Orpheus* wurde der Geige eine gewisse Individualität und Autonomie zuerkannt. Monteverdi hat die Bedeutung des Orchesters in einem modernen Sinn interpretiert und lässt es über mehrere Seiten allein spielen.

Das Aufsehen, das *Orpheus* erregte, lässt sich an den zahlreichen Aufführungen der Oper ablesen, die zu den Favoriten vom Herzog Vincenzo I. gehörte. Doch leider hatte Monteverdi, der krank und erschöpft von der äußersten Arbeitsbelastung war, nicht die Zeit, sich über den Erfolg zu freuen. Seine Frau Claudia war sehr krank, und so bat der Komponist im Juni dem Herzog um eine kurze Beurlaubung, um nach Cremona zu fahren, wo er beabsichtigte, seine Frau der ärztlichen Obhut seines Vaters anzuvertrauen. Doch selbst in seiner geliebten Heimatstadt fand er keine Ruhe. Der Gesundheitszustand seiner Frau verschlechterte sich und bereits im Juli bat ihn der Herzog, ein neues Sonett zu komponieren. Der einzige Trost war der herzliche Empfang, den er in Cremona erhielt, wo die *Accademia degli Animosi* im August ein Konzert zu seinen Ehren gab und ihm den Titel eines Akademikers verlieh.

Als er Anfang September von einem kurzen Aufenthalt in Mailand zurückkehrte, fand er seine Frau im Sterben vor. Die medizinische Behandlung hatte nicht zu der erhofften Genesung geführt, und Claudia Cattaneo starb am 10. September 1607. Monteverdi fand sich mit vierzig Jahren als Witwer wieder, verzweifelt und mit zwei Kindern, um die er sich kümmern musste (seine Tochter Leonora war früh gestorben). Herzog Vincenzo I. zeigte jedoch wenig Interesse an Monteverdis Familientragödie und verlangte wenige Tage nach Claudias Beerdigung die Rückkehr des Komponisten an den Hof. Monteverdi hatte keine andere Wahl, als seine Kinder der Obhut seines Vaters anzuvertrauen und nach Mantua aufzubrechen.

Hier erwartete ihn eine sehr heikle Aufgabe, die er in aller Eile erfüllen musste: die Komposition einer Oper zur Feier der bevorstehenden Hochzeit des ältesten Sohnes des Herzogs, Francesco, mit Margarete von Savoyen. Diese Ehe hatte große politische Bedeutung für den Herzog von Mantua, der beschloss, sie mit einem Pomp zu feiern, welcher der größten europäischen Höfen würdig war. Während der Feierlichkeiten sollte als Hauptwerk *L'Arianna* aufgeführt werden, die Monteverdi in wenigen Monaten vertonen sollte. Zusätzlich musste er auch die Partitur von *Il Ballo delle Ingrate* schaffen. Als ob das noch nicht genug wäre, kam zu dem schwierigen psychologischen Moment, in dem sich der Komponist befand, und zu der Dringlichkeit und Bedeutung der Oper noch der plötzliche Tod der Hauptsängerin Caterina Martinelli nur zwei Monate vor der Aufführung hinzu. Alles deutete also darauf hin, dass *L'Arianna* in eine Katastrophe münden könnte. Doch als die Oper am 28. Mai 1608 vor Fürsten, Herzögen und Botschaftern aus ganz Europa auf die Bühne kam, war allen klar, dass Monteverdi ein weiteres Meisterwerk komponiert hatte. Von dieser Oper, die später leider verloren ging, ist nur noch die Partitur mit dem berühmten *Lamento di Arianna* erhalten.

L'Arianna erregte die gleiche Begeisterung wie *L'Orfeo* und wurde zu einem Bezugspunkt für die Musiker der damaligen Zeit.

Der Komponist, erschöpft von der harten Arbeit und begierig darauf, seine Kinder wiederzusehen, erhielt vom Herzog die Erlaubnis, für einige Monate nach Cremona zurückzukehren.

In Cremona hatte er sicher die Gelegenheit, die Werkstatt der Amati-Familie zu besuchen, wo Girolamo (1561–1630) die von seinem Vater Andrea (1505/10 um 1577) begonnene und von seinem Bruder Antonio (1537/40 um 1607) fortgeführte Tradition weiter verfolgte. Wer weiß, ob er bei diesem Besuch auch die Gelegenheit hatte, einen jungen 13-jährigen Burschen kennenzulernen, der einer der führenden Geigenbauer in Cremona werden sollte: Nicolò Amati.

Nach 19 Jahren Dienst am Hof des Gonzaga mit einem mageren Gehalt und verbittert durch die Behandlung, die er erlitten hatte, kehrte Monteverdi nach Cremona zurück mit der Absicht, nie wieder einen Fuß nach Mantua zu setzen. Die Beharrlichkeit und die Versprechungen des Herzogs, der sein Gehalt tatsächlich erhöhte, zwangen ihn jedoch zum Nachgeben, sodass Monteverdi schließlich nur ein Jahr in Cremona blieb und weiterhin für den Herzog komponierte, der ihn mit ständigen Anfragen beschäftigte.

Nach dem plötzlichen Tod des Herzogs am 18. Februar 1612 änderte sich die Situation drastisch. Sein ältester Sohn, der ihm unter dem Namen Francesco IV. folgte, entließ Monteverdi Knall auf Fall.

Gründe zur Verzweiflung hatte der Komponist nun genug: Er war 45 Jahre alt, arbeitslos und hatte zwei Kinder zu versorgen. Aber es war noch nicht aller Tage Abend, denn sein Ruhm war so groß, dass ihm bald eine neue, noch prestigeträchtigere Stelle angeboten wurde: Kapellmeister in Venedig.

Unterstützung aus Venedig für die Geige aus Cremona

Venedig ist eine magische Stadt, in der die goldenen Kuppeln in der Sonne glänzen und die majestätischen Marmorpaläste auf dem grünen Wasser zu schwimmen scheinen. Die venezianischen engen Gassen machen es für Außenstehende zu einem unentwirrbaren Labyrinth, gleichzeitig aber auch zum Kreuzungspunkt von Tausend Kulturen.

Als Monteverdi 1613 eintraf, war die Stadt eine politische und militärische Macht, die von einem Dogen regiert wurde und über eine beneidenswerte Seeflotte verfügte. Die Zeit der Venezianer, Kaufleute und Abenteurer, war geprägt von den Segelschiffen, die die Lagune beladen mit Muranoglas und kostbaren Stoffen verließen und mit Gewürzen, Edelsteinen und orientalischen Teppichen zurückkehrten. Die Opulenz des damals als die schönste Stadt der Welt geltenden Venedig spiegelte sich nicht nur in der Erhabenheit seiner Paläste, Kirchen und Gärten wider, sondern auch in der Selbstverständlichkeit, mit der die Bevölkerung aus allen Gesellschaftsschichten die Spielsäle frequentierte und an den prächtigen Festen und unvergleichlichen Maskenbällen teilnahm.

Bereits 1498 war in Venedig die erste Druckerei für Musiknoten eröffnet worden. Die Drucker und Musiker der Stadt hatten diese Tradition mit großem Geschick fortgeführt.

Die Musikkapelle des Markusdoms mit über 30 Sängern und 20 Musikern war das musikalische Herz der Stadt und hing direkt von der venezianischen Justiz ab. Ihre Verwaltung wurde an neun Prokuratoren verwiesen, die in der *Procuratie Nuove* (die neuen Prokuratien) mit Blick auf den Markusplatz untergebracht waren und als oberste Richter fungierten.

Die Venezianer schätzten Monteverdi und zeigten ihm dies von Anfang an, indem sie ihn mit großem Respekt behandelten und ihm eine viel großzügigere Belohnung anboten, als er sie in Mantua erhalten hatte.

Doch gleich zu Beginn seines neuen Abenteuers, auf dem Weg zur *Serenissima*, wurde Monteverdi von einer Bande bewaffneter Banditen seines gesamten Besitzes beraubt. Glücklicherweise hat diese bedauerliche Episode sein gutes Verhältnis zu der Stadt, in der er die nächsten 30 Jahre bis zu seinem Tod blieb, nicht beeinträchtigt. Hier fühlte er sich körperlich genauso wie seelisch wohl. Nach dem Verlust seiner geliebten Frau hatte er beschlossen, nicht wieder zu heiraten, und 1632 wurde er in Venedig zum Priester geweiht.

Pier Francesco Caletti Bruni (1602–1676), bekannt als Cavalli, stammte aus Crema, eine Nachbarstadt von Cremona, arbeitete einige Jahre im Markusdom unter der Leitung von Monteverdi und wurde später auch dessen Kapellmeister. Die Anwesenheit dieser beiden großen Komponisten aus der Lombardei trug dazu bei, Venedig zum Zentrum der italienischen Musikoper zu machen.

1637 eröffneten Benedetto Ferrari und Francesco Manelli das Teatro San Cassiano in Venedig. Es ist wichtig, sich dies in Erinnerung zu rufen, denn es war das erste Opernhaus, das für ein zahlendes Publikum konzipiert wurde. Die Aufführung wechselte also von einem elitären Ort an einem adligen Hof in ein öffentliches, für alle zugängliches Theater. Konzeptuell war das fast eine Revolution und es ist nicht überraschend, dass dies ausgerechnet in Venedig stattfand, das als ziemlich liberale und tolerante Stadt galt. Innerhalb von 50 Jahren wurden etwa 20 Theater dieser Art in Venedig eröffnet. Sowohl Monteverdi als auch sein Schüler Cavalli schrieben mehrere Opern für diese Theater und trugen so zur Entwicklung und Verbreitung der Oper und gleichzeitig zur Förderung der Geige und ihrer Familie (Bratsche, Cello und Kontrabass) innerhalb des Orchesters bei. Die musikalische Oper wurde nicht nur bei den Einwohnern Venedigs zur Lieblingsvorstellung, sondern verbreitete sich schnell auch im übrigen Italien und Europa. Bald wurden Kompositionen veröffentlicht, die der Geige gewidmet waren, und es wurde eine Differenzierung zwischen „Kirchensonate" und „Kammersonate" vorgenommen, die Giovanni Legrenzi (1626–1690) und Biagio Marini (1594–1663) zugeschrieben wurde.[3] Erstere, die hauptsächlich während der Liturgie aufgeführt werden sollte, hatte einen ernsten und majestätischen Stil, während letztere sich durch variable Rhythmen und eine gewisse Formfreiheit auszeichnete. Weitere Komponisten wie Arcangelo Corelli (1653–1713), Antonio Vivaldi (1678–1741) und Giuseppe Tartini (1692–1770) trugen im Gefolge von Monteverdi und Cavalli dazu bei, der Geige eine führende Rolle zu geben und gleichzeitig den Geigenbauern als Ansporn zu dienen, ihr Schaffen zu verbessern.

Und die Erde bewegt sich doch, aber die Geige nicht

Selbst als Kapellmeister des Markusdomes ließ Monteverdi keine Gelegenheit aus, Cremona und die Geigenbauer seiner Heimatstadt zu unterstützen. Ein gutes Beispiel bietet uns der Briefwechsel zwischen Fulgenzio Micanzio und Ga-

lileo Galilei. Micanzio war ein Priester und angesehener Philosoph, der über 30 Jahre lang als theologischer Berater der Republik Venedig wirkte. Er war ein großer Bewunderer und persönlicher Freund von Galileo Galilei. In ihrer lebhaften Korrespondenz über ferne Planeten und Teleskope der neuesten Generation fand auch die Geige von Cremona ihren Platz. Galilei bat Micanzio darum, eine Geige für seinen Neffen Alberto zu beschaffen, der seinem Vater Michelangelo als Hofmusiker des Herzogs von Bayern Maximilian I. nachgefolgt war:
Von Galileo Galilei an Fulgenzio Micanzio in Venedig.

Arcetri, 20. November 1637
Wenn Sie meine Rente erhalten, erweisen Sie mir bitte die Höflichkeit, sie so lange bei Ihnen zu behalten, bis mein Neffe Alberto, der im Dienst seiner Durchlaucht von Bayern steht und sich derzeit in meinem Haus aufhält, Sie auf dem Rückweg nach München besuchen kommt. Bei dieser Gelegenheit würde er gerne eine Geige aus Cremona oder Brescia kaufen, da er dieses Instrument sehr gut spielt. Die oben erwähnte Rente wird für die Bezahlung des Instruments benötigt. Ich kann mir vorstellen, dass bei Ihnen Instrumente dieser Art zu finden sind, auch wenn sie anderswo gebaut werden. Wenn dies nicht der Fall sein sollte, muss ein Exemplar Ihnen zugeschickt werden. Ich wäre Ihnen dankbar, wenn Sie sich bei jemandem aus der Branche erkundigen könnten, damit er sich für eine Geige von denen in Brescia entscheiden kann, die perfekt ist.

Galilei beabsichtigte, die Geige mit der Rente zu bezahlen, die er monatlich von der Republik Venedig erhielt, für in der Vergangenheit geleistete Dienste. Er hatte sich wahrscheinlich an Micanzio gewendet, weil dieser in Brescia geboren worden war. Da Venedig zu jener Zeit eines der aktivsten Handelszentren Europas war, ging Galilei davon aus, dass der Priester in kurzer Zeit eine Geige aus seiner Heimatstadt erhalten könnte. Leider entwickelte sich das Geschäft nicht so schnell, wie er sich gedacht hatte.
Von Fulgenzio Micanzio an Galileo Galilei in Florenz

Venedig, 5. Dezember 1637
Über die Geige für Ihren Neffen habe ich mit dem Konzertmeister des Markusdoms gesprochen, der mir sagte, dass man die aus Brescia leicht bekommt, aber die aus Cremona sind unvergleichlich besser, ja, sie gelten als das Non plus ultra.
Herr Monteverdi, der Kapellmeister von San Marco, ist ein gebürtiger Cremoneser. Ich habe ihn daher gebeten, sich von seinem Neffen, der in Cremona lebt, eine solche schicken zu lassen. Der Preisunterschied zwischen den Geigen aus Cremona und denen aus Brescia zeigt die Überlegenheit der ersteren gegenüber den letzteren, denn die Geigen

aus Cremona kosten mindestens zwölf Dukatoni, während die anderen nicht einmal den Preis von vier erreichen. Ich kann mir vorstellen, dass Sie, da Ihr Neffe im Dienst Seiner Hoheit von Bayern steht, lieber einen aus Cremona haben möchten. Deshalb habe ich angefordert, dass eine solche so schnell wie möglich nach Venedig geschickt wird.

Der Dukatone war eine Silbermünze, die ab 1563 in Venedig geprägt wurde.
Die Geigen aus Cremona waren dann damals dreimal so teuer wie die aus Brescia.
Aber die Maische muss lange gären, um ein ausgezeichneter Wein zu werden. Und genauso muss man sich gedulden, um eine erstklassige Geige zu bekommen …
Von Fulgenzio Micanzio an Galileo Galilei in Florenz

> Venedig, 16. Januar 1638
> Ich habe mich mit dem Schreiben an Sie verspätet, weil ich auf Nachrichten über diese gepriesene Geige warte, die aus Cremona ankommen sollte, aber noch nicht gesehen wurde, für welche Monsignore Monteverdi mir versichert, dass er mehrmals geschrieben hat, um den Versand aufzufordern.

Micanzio zeigt sich hier beunruhigt, weil das Instrument noch nicht geliefert wurde. Mit ziemlicher Sicherheit wandte sich Claudio Monteverdis Neffe an die Werkstatt von Amati, um eine Geige von hervorragender Qualität zu erhalten. Die Werkstatt vom inzwischen 36-jährigen Nicolò Amati war damals bei weitem die wichtigste in Cremona, sodass die Kunstwerke auf sich warten ließen.
Von Fulgenzio Micanzio an Galileo Galilei in Florenz

> Venedig, 7. Mai 1638
> Die Geige kommt endlich. Gestern zeigte mir Herr Monteverdi den Brief, mit dem sein Neffe ihm mitgeteilt hat, dass sie fertig und von ausgezeichneter Qualität ist. Jetzt muss man sie nur noch abschicken. Es tut mir sehr leid, dass Sie so lange warten mussten, aber ich konnte nichts dafür.[4]

Micanzio konnte Galilei schließlich bestätigen, dass die hervorragende Geige aus Cremona für seinen Neffen bereit war. Seit der Anfrage des Wissenschaftlers waren sechs Monate vergangen, aber wir zweifeln nicht daran, dass das Instrument Alberto Galilei zufrieden gestellt haben wird.

Eine Hommage an Monteverdi?

Monteverdi starb 1643 und daher hatte er keine Möglichkeit die ausgezeichneten Geigen von Stradivari auszuprobieren. Dennoch war Monteverdis Geist noch präsent in Cremona, als unser Geigenbauer in seiner Werkstatt schuftete, worauf eine seiner Geigen hinweist: die *San Lorenzo*.

Auf den ersten Blick ist die *San-Lorenzo-Geige* ein typisches Beispiel für Stradivaris *goldene Zeit*, mit ihrer breiten und anmutigen Form, dem Boden aus zwei schönen nach dem Spiegel gespaltenen Ahornbrettern, den perfekt geschnitzten F-Löchern und dem durchscheinenden Lack, von einer glänzenden Orangefarbe auf goldenem Grund. Aber es gibt ein Detail, das diese Geige von allen anderen uns bekannten Stradivari-Instrumenten unterscheidet: die faszinierende lateinische Inschrift auf ihren Zargen.

Abb. 26: Das geheimnisvolle Motto auf den Zargen der Geige *San Lorenzo* von 1718. Mit freundlicher Genehmigung von J & A Beare, London. Foto: Jan Röhrmann.

Auf der Mitte der Diskantzarge sind noch Spuren der Worte *Gloria et divitiae* sichtbar, gefolgt von den Worten *in domo eius* auf der Mitte der Basszarge. Diese Inschrift scheint nicht nachträglich angebracht worden zu sein. Warum wurde sie aber auf die Geige gemalt? Und was ist der Ursprung und die Bedeutung dieses Satzes?

Diese Worte stammen aus dem 3. Vers von *Beatus vir*, dem lateinischen Incipit von Psalm 112. Der vollständige Vers lautet wie folgt:

> Gloria et divitiae in domo eius:
> et iustitia eius manet in saeculum saeculi.

Das wird übersetzt als:

> Herrlichkeit und Reichtum sind in seinem Haus,
> und seine Gerechtigkeit bleibt in alle Ewigkeit.

Nur der erste Teil des Verses ist auf dem Instrument abgebildet, vielleicht weil nicht genug Platz für die Wiedergabe des gesamten Textes vorhanden war oder weil man bewusst darauf verzichtet hat.

Zur Zeit von Stradivari war dieser Psalm sehr berühmt, denn er gehörte zu den fünf Vesperpsalmen an Sonn- und Feiertagen. Teile davon finden sich in Gemälden, Skulpturen und musikalischen Kompositionen ab dem 16. Jahrhundert, sodass er dem Geigenbauer aus Cremona sicherlich vertraut war.

Wir finden diesen Vers in der *Selva morale e spirituale*, einer Sammlung geistlicher Werke von Claudio Monteverdi, die 1640 in Venedig veröffentlicht wurde, aber auch in den drei *Beatus vir*, die Antonio Vivaldi zwischen 1713 und 1719 komponierte. Dieser Psalm blieb auch in den folgenden Jahrhunderten populär, zum Beispiel wurde er auch von Wolfgang Amadeus Mozart (*Vesperae solennes de Dominica* und *Vesperae solennes de Confessore*) und Michael Haydn (*Beatus vir*) vertont.

Da die Herkunft der Inschrift klar ist, wollen wir uns dem Grund für ihre Verwendung zuwenden. Mehrere Experten haben unterschiedliche Vermutungen angestellt. Zu Beginn des 20. Jahrhunderts schlug Arthur Hill vor, dass die Inschrift „direkt bei Stradivari von einem der Adelshäuser Italiens bestellt wurde, wo sie bis zum Kauf durch Pichel [Václav Pichl] verblieb".[5] Der Ausstellungskatalog zum 200-jährigen Stradivari-Jubiläum von 1937[6] behauptet, dass Stradivari das Instrument für den Herzog von San Lorenzo hergestellt und die Inschrift als Widmung an ihn gemalt habe, ein Irrglaube, den Ernest Doring teilte.[7]

In jüngerer Zeit hat Duane Rosengard das Motto mit dem ersten bekannten Besitzer des Instruments in Verbindung gebracht, dem Geiger und Komponisten Mauro D'Alay (1687–1757), auch bekannt als Maurino Dalay oder Dallay. D'Alay heiratete im Oktober 1717, und laut Rosengard „war die Geige höchstwahrscheinlich ein Hochzeitsgeschenk" von „seinem Schwiegervater Giuseppe Venturini, einem Geiger, der viele Jahre lang der Farnese-Dynastie in Parma gedient hatte".[8]

Diese letzte Hypothese könnte passen. Dennoch ist die Geige 1718 datiert, d. h. ein Jahr nach der Hochzeit, daher scheint die Geschichte komplizierter zu sein. Um dies zu klären, stützen wir uns auch in diesem Fall auf historische Quellen und insbesondere auf den Briefwechsel zwischen Giovanni Michele Anselmi di Briata und Paolo Stradivari. Anselmi di Briata war ein Tuchhändler, der im Auftrag des Grafen Cozio di Salabue wertvolle Geigen suchte und kaufte. Paolo Stradivari, von dem wir bereits gesprochen haben, war der letztgeborene Sohn von Antonio und handelte auch mit Stoffen.

Als Antonio Stradivari 1737 starb, erbte sein Sohn Francesco unter anderem die Instrumente, die in der Werkstatt seines Vaters verblieben waren, darunter die Geige, die heute als *San Lorenzo* bekannt ist. Als wiederum Francesco starb, erbte Paolo, was in der Werkstatt übrig geblieben war.

Anselmi di Briata⁹ schrieb daher an Paolo Stradivari und drängte ihn, unter seinen Kontakten in Mantua zu überprüfen, ob sie einen Herrn Ritter Fondu kannten, der eine Stradivari-Geige von Mauro d'Alay gekauft hatte. Graf Cozio wusste, dass d'Alay das Instrument in Besitz gehabt hatte und war sehr am Kauf interessiert.

Die Antwort von Paolo Stradivari gibt uns wichtige Informationen über die Vergangenheit dieses Instruments:

> Ich glaube, dass Herr Fondu, der Ritter, den Sie erwähnten, in Parma und nicht in Mantua lebt. Als ich ihm die Geige verkaufte, lebte er in Parma und bat mich um eine weitere Geige. Später erfuhr ich, dass er auch die von Herrn Ranvino Delaij [Maurino D'Alay] besaß, die er vor Jahren von meinem Bruder Francesco erworben hatte. Auf jeden Fall werde ich aus Höflichkeit Ihretwegen nach Mantua schreiben, um mich zu vergewissern und dies schriftlich zu bestätigen.¹⁰

Die *San-Lorenzo-Geige* wurde daher von Francesco Stradivari an Mauro d'Alay verkauft, was bedeutet, dass sie höchstwahrscheinlich noch in Stradivaris Werkstatt war, als das Familienoberhaupt starb.

1754 erließ D'Alay ein Testament und vermachte alles, was er besaß, dem Konstantinorden in Parma, einschließlich seiner Stradivari-Geige. D'Alay starb 1757 und im folgenden Jahr verkaufte der Orden das Instrument an Ferdinando Tondù-Mangani (1713 – ca.1793). Trotz der bescheidenen Herkunft hatte die Familie Tondù im 17. Jahrhundert durch die Produktion und den Handel mit Stoffen beträchtlichen Reichtum angehäuft. Die meisten Familienmitglieder lebten in Parma. Warum hatte der Konstantinorden ausgerechnet Herrn Tondù-Mangani die Geige feilgeboten? Es gab durchaus eine Verbindung zwischen dem Orden und der Familie Tondù, denn letztere hatte die Schirmherrschaft über die Kruzifixkapelle in der Basilika der Steccata, dem Hauptquartier des Ordens.

Tondù-Mangani erwarb daher die Geige und behielt sie bis zu seinem Tod in seinem Besitz, trotz zahlreicher Versuche des Grafen Cozio, sie ihm abzukaufen.

Nach Berichten von Paolo Stradivari hatte Tondù-Mangani auch Stradivari-Instrumente von ihm gekauft.

Es lässt sich daher nicht mit Sicherheit sagen, warum dieser Psalm zur Verzierung des Instruments gewählt wurde. Ob es eine Hommage an Monteverdi war?

Möchten Sie wissen, warum die Geige *San Lorenzo* heißt? Das kann ich Ihnen verraten. Offenbar war es der große Virtuose Giovanni Battista Viotti, der das Instrument 1823, wenige Monate vor seinem Tod, an Lorenzo Fernández de

Villavicencio Cañas y Portocarrero, den dritten Herzog von San Lorenzo (1778–1859), verkaufte. Dieser hatte eine bemerkenswerte Kunstsammlung in seinem Schloss in Jerez de la Frontera und behielt die Geige für den Rest seines Lebens.

Welche Komponisten standen in Kontakt mit Stradivari?

Das Cremona von Stradivari war aus musikalischer Sicht ein fruchtbarer Boden, auf dem Komponisten und Musiker wirkten, deren Ruhm die Grenzen Italiens überschritt.[11] Unter den Hauptprotagonisten des Musiklebens der Stadt, die mit ihrer Arbeit und ihren Ratschlägen sicherlich zur Verbesserung der Cremoneser Saiteninstrumente beigetragen haben, möchten wir vier Künstler erwähnen: Tarquinio Merula (1595–1665) und Carlo Piazzi (1645?–1709) waren beide Kapellmeister in der Kathedrale von Cremona. Der erste während Stradivaris Jugend, der zweite während seiner Reife. Gasparo Visconti (1683–1731), der einer Adelsfamilie angehörte, war ein Schüler von Arcangelo Corelli und hatte in England großen Erfolg als Musiker. Wahrscheinlich ist es ihm zu verdanken, dass die Engländer den Klang der Instrumente Stradivaris zu schätzen begannen, zum Nachteil der Instrumente von Nicolò Amati und Jakob Stainer. Es besteht kein Zweifel, dass Visconti und Stradivari einander kannten und schätzten. Dies zeigt sich daran, dass Visconti und sein Vater als Zeugen für eine geschäftliche Angelegenheit von Stradivari aufgetreten sind, über die wir später noch sprechen werden. Darüber hinaus scheint sich der Vermerk *Sig.ra Cristina Visconta*,[12] der auf einem Papiermodell für den Bau einer Gambe von Stradivari erscheint, auf die Ehefrau von Gasparo Visconti, Cristina Stefkens, zu beziehen. Leider wissen wir nicht, warum sie die Gambe bei Stradivari in Auftrag gegeben hatte. Da sie aus einer Familie stammte, in der die Musik eine große Rolle spielte, genoss sie höchstwahrscheinlich auch eine musikalische Ausbildung, aber es könnte auch sein, dass sie die Absicht hatte, die Gambe zu verschenken. Obwohl Gasparo Visconti nur zum Vergnügen Musiker war, wurde er sicherlich von seinen Zeitgenossen geschätzt, so sehr, dass sogar der berühmte Giuseppe Tartini sich nach Cremona begab, um ihn zu treffen.

Der vierte Musiker in unserer kurzen Liste war Francesco Diana (1717–?), genannt „Lo Spagnoletto", geboren in einer cremonesischen Musikerfamilie. Er war viel jünger als Stradivari, aber er hatte sicherlich Kontakte zu seiner Werkstatt. Tatsächlich wurde er vom Sohn Antonio Stradivaris, Paolo, mehrmals als zuverlässiger Kenner und Besitzer von Cremoneser Instrumenten erwähnt.[13]

XIII.
Ein gewiefter Geschäftsmann

Das liebe Bild von Euch, als einem guten Vater,
der mir lehrte, wie man sich verewige,
ist mir ins Herz geprägt.[1]
(Dante Alighieri, *Die Göttliche Komödie – Die Hölle*, 1314)

Die große Persönlichkeit von Antonio Stradivari zeigt sich nicht nur in der Exzellenz seiner Instrumente, sondern auch in der Fähigkeit, mit der er es immer geschafft hat, seine Geschäfte zu führen und seine Familie zu unterstützen. Als Handwerker hatte Stradivari sicherlich nicht die Möglichkeit gehabt, höhere Schulen zu besuchen, wie seine wenigen verbliebenen Schriften bestätigen. Es besteht kein Zweifel, dass er schreiben konnte, aber sein Italienisch ist oft mangelhaft. Die Vertrautheit mit dem Schreiben war unter Handwerkern keine Selbstverständlichkeit, ein gutes Beispiel ist der Geigenbauer Giovanni Battista Guadagnini, der in zwei Briefen seines Sohnes Gaetano mit einem Kreuz unterzeichnete, was darauf hindeutet, dass er Analphabet war.[2]

Im Gegensatz zu dem, was heute angestrebt wird, verfügten die damaligen Handwerker nicht über eine solide Schulbildung, wie sie zum Beispiel bei Priestern, Ärzten, Notaren und Ingenieuren vorgesehen war. Dennoch zeigte Stradivari große Geschicklichkeit sowohl im Umgang mit Holz, wie seine Instrumente beweisen, als auch mit Papier, wie man an der Verwaltung seines Vermögens sehen kann. Auch wenn er in diesem Sinne keine Ausnahme war, so ist er doch immer noch ein ganz besonderer Fall. Vergessen wir nicht, dass viele seiner Kollegen, wie zum Beispiel Girolamo Amati, der Sohn von Nicolò, ihre Finanzen nicht klug verwaltet haben und in Konkurs gingen.

Antonio Stradivari hingegen verstand es, die mit seiner Kunst erzielten Gewinne auszureizen und hatte einen ausgezeichneten Riecher für Geschäfte. Bei der Verwaltung seiner Finanzen ist klar, dass eine seiner Prioritäten die Gewährleistung wirtschaftlicher Sicherheit für seine Kinder gewesen ist. Damit waren offensichtlich die Kinder gemeint, die nicht mit ihm in der Werkstatt arbeiteten, sondern einen anderen Weg gewählt hatten. Wir haben bereits darauf hingewiesen, wie es ihm als Handwerker gelang, seine erste Tochter Giulia Maria in die Familie eines Notars zu verheiraten. In einigen der folgenden Beispiele werden wir sehen, wie er sich um die anderen Kinder kümmerte.

Für seinen Sohn Alessandro

Alessandro Giuseppe Stradivari wurde in Antonios erster Ehe mit Francesca Ferraboschi geboren. 1696, im Alter von 19 Jahren, hatte Alessandro beschlossen, in das Seminar einzutreten und wurde später zum Priester geweiht.

Dank seines Vaters nahm er 1705 eine kirchliche Pfründe in Besitz, die das Ergebnis einer Reihe von komplizierten Ereignissen war.[3] Alles begann mit dem Priester Don Bartolomeo Zanni, der dem Grafen Federico Ferrari den Betrag von 3.000 Lire gewährte. Bei der Annahme der Summe war dieser verpflichtet, einen jährlichen Zins von 5 % an einen von der Kurie von Cremona ausgewählten Priester zu zahlen, damit dieser die Verantwortung für die Feier der Gottesdienste auf dem Altar von San Raffaele in der *Chiesa del Luogo Pio del Soccorso* übernehmen konnte. Diese Verantwortung wurde ursprünglich Don Zanni selbst übertragen. Nach dem Tod des Grafen Anfang 1697 beschlossen seine Erben, die 3.000 Lire an Don Zanni zurückzuzahlen, der sich nach einem anderen Kandidaten umsehen musste, der die jährlichen Zinsen von 150 Lire zahlen konnte. Die beiden Söhne von Nicolò Amati, der Geigenbauer Girolamo und sein Bruder, Don Giovanni Battista, erklärten sich bereit, den Betrag entgegenzunehmen und die entsprechenden Zinsen zu zahlen. Als Sicherheit verpfändeten sie einen Teil ihres Hauses in der Pfarrei San Faustino, wo sich die berühmte Werkstatt der Familie befand, die über 150 Jahre lang das Zentrum des Geigenbaus in Cremona gewesen war. Das Geschäft wurde abgeschlossen, aber leider verschlechterte sich die finanzielle Lage der Brüder Amati so sehr, dass die Gläubiger die Pfändung und den Verkauf ihres gesamten Besitzes verlangten, damit die erheblichen Schulden beglichen werden konnten. Als ob das noch nicht genug wäre, starb Don Zanni. An diesem Punkt griff Antonio Stradivari ein und kaufte für seinen Sohn Alessandro das Benefizium[4] für die Summe von 3.000 Lire.[5] Einerseits rettete Stradivari die Lage, andererseits mussten die Söhne von Nicolò Amati nun dem Sohn Stradivaris, Don Alessandro, die Zinsen für den damals von Don Zanni erhaltenen Betrag zahlen. Es ist verblüffend, wie dieses Geschehen den Machtwechsel in der Geigenbauwelt von Cremona widerspiegelt: Bis fast zum Ende des 17. Jahrhunderts von der Amati-Familie beherrscht, ging sie nun in die Hände der Stradivari-Familie über.

Doch trotz der guten väterlichen Absichten verlief die Angelegenheit für Don Alessandro Stradivari nicht wie erhofft. Die Brüder Amati waren zu verschuldet, um die jährlichen Zinsen von 5 % auf die erhaltene Summe zu zahlen, und zu einem bestimmten Zeitpunkt sah sich Don Alessandro gezwungen, sie zu verklagen.[6] Der Prozess zog sich über Jahre hin, und erst kurz vor seinem Tod wurde Stradivaris Sohn Eigentümer eines Teils des Amati-Hauses.[7]

Eine bittersüße Gesellschaft

Italien rühmt sich seit der Antike einer großen kulinarischen Tradition, zu der natürlich auch die Lombardei beigetragen hat. Der finanzielle Einsatz von Stradivari, den wir nun beleuchten werden, macht uns mit einer kulinarischen Spezialität von damals bekannt, von der heute auf italienischen Tischen leider keine Spur mehr zu finden ist: die *Offelle*.

Offella war ein ungesäuerter Kuchen aus Blätter- oder Mürbeteig, rund und niedrig in der Form. Wir kennen den Ursprung des Begriffs *offella* nicht, der aus dem italienischen Lexikon verschwunden ist, aber im lombardischen Dialekt wird der Konditor auch heute noch *offellèe* genannt, als Beweis für die Beliebtheit dieser Süßspeisen in der Vergangenheit. Der große lombardische Küchenchef Bartolomeo Scappi (1500–1577), der im Dienste zweier Päpste und verschiedener Kardinäle stand, bereitete die *Offelle alla milanese*[8] mit Aprikosenmarmelade für Papst Pius V. anlässlich des ersten Jahrestages seiner Übernahme des päpstlichen Throns zu. Die *offelle* waren daher eine populäre und zugleich päpstliche bzw. königliche Speise.

Aber was in aller Welt könnte ein Geigenbauer wie Stradivari mit *offelle* zu tun haben? Die Antwort ist einfach: ein wirtschaftlicher Gewinn. 1714, als Stradivari auf dem Höhepunkt seines Schaffens war, sozusagen in der Mitte seiner „goldenen Periode", gründete er mit den Brüdern Ranuzio und Vittorio Bonvicini ein Unternehmen.[9] Die beiden Brüder beschlossen, in Cremona eine *offelleria* zu eröffnen, ein Geschäft, in dem Backwaren verkauft wurden, finanziert mit den Beiträgen von Stradivari und einem weiteren Mitbürger, Giulio Annoni. Zeugen dieser Vereinbarung wurden der adlige Musiker Gasparo Visconti, den wir im vorherigen Kapitel erwähnt haben, und sein Vater Giulio Cesare.

Unser Geigenbauer zahlte die Summe von 8.000 Lire. Die Brüder Bonvicini verpflichteten sich ihrerseits, ihm das Geld am Ende des fünften Jahres vollständig und in silbernen Filippi[10] zurückzugeben und ihm außerdem eine halbjährliche Verzinsung von 5 % auf das eingezahlte Kapital und jährlich die Hälfte der Gewinne aus den Verkäufen zu zahlen. Man muss kein mathematisches Genie sein, um zu verstehen, dass in den Kassen der Brüder Bonvicini nicht viel übrig bleiben konnte, wenn Stradivari jährlich die Hälfte der Einnahmen zusätzlich zu den Kapitalzinsen kassierte.

Bald wurde klar, dass es dem Unternehmen schlecht ging. Deshalb beschlossen die Mönche des Klosters San Sigismondo, die eine Hypothek von 6.000 Lire auf ein Haus der Bonvicini-Brüder in der Pfarrei Sant'Agata besaßen, die Rückzahlung des Betrags zu verlangen, da sie befürchteten, das Unternehmen würde bald in Konkurs gehen. Das fragliche Haus war weit über 6.000 Lire wert, aber da die Brüder Bonvicini nicht in der Lage waren, die Schulden zu begleichen, witterte Stradivari ein neues Geschäft. Er zahlte den Mönchen kurzerhand den fälligen Betrag und alle anfallenden Zinsen. Die Bonvicinis konnten aufatmen, aber nicht für lange. Vier Jahre nach der Gründung des Backwarenunternehmens waren die Schulden so hoch, dass die Gläubiger ihre Zahlung verlangten. Um die Lage zu retten, zahlte Annoni neues Kapital in das Unternehmen ein, während Stradivari sich klugerweise weigerte, dies zu tun. Es kam zum unvermeidlichen Bankrott, und Stradivari, der 1721[11] zu den Gläubigern gehörte, musste mehrmals vor Gericht erscheinen, um seine korrekte Vorgehensweise beim Erwerb des Bonvicini-Hauses nachzuweisen, das er durch die Übernahme der Hypothek der Mönche von San Sigismondo erhalten hatte. Der Richter stimmte ihm zu und der Geigenbauer konnte das Haus offiziell behalten. Dies war bereits eine lohnende Investition, da er mit nur 6.000 Lire eine Immobilie von höherem Wert erworben hatte. Was den Betrag betrifft, den er anfänglich in die Firma investiert hatte, so dauerte es etwas länger, aber 1731[12] zahlten die Brüder Bonvicini ihm die letzte Restschuld zurück.[13]

Für seinen Sohn Giuseppe

Was hat Stradivari mit dem Haus der Bonvicini-Brüder gemacht, das er für 6.000 Lire gekauft hatte? Er hat es für 14.000 Lire weiterverkauft![14] Im September 1721 hatte der Richter festgestellt, dass Stradivari der rechtmäßige Eigentümer dieser Immobilie war, und so hatte er sie, als guter Geschäftsmann wie er war, ein paar Monate später an Paolo Gargioni weiterverkauft.[15] Gemäß den Vereinbarungen zahlte Gargioni sofort 8.000 Lire und verpflichtete sich, die Schuld von 6.000 Lire später zu begleichen, wobei er sich bereit erklärte, den üblichen Jahreszins von 5 % zu zahlen.

Stradivari war damit zufrieden und nutzte dieses Geschäft, um einen anderen seiner Söhne zu unterstützen.

Don Alessandro war nicht der einzige Sohn von Stradivari, der die kirchliche Laufbahn eingeschlagen hat. Sein Sohn Giuseppe Antonio, der 1704 geboren wurde, war ebenfalls im Alter von 25 Jahren Priester geworden. Kurz bevor Giuseppe sein Gelübde ablegte, beschloss sein Vater Antonio, dass er in Zukunft von den jährlichen Zinsen profitieren sollte, die mit dem von Gargioni erworbenen Haus verbunden waren.[16] Auf diese Weise sicherte der Geigenbauer auch diesem Sohn, der wie Don Alessandro noch immer unter seinem Dach wohnte, ein, wenn auch nicht sehr hohes, so doch zumindest regelmäßiges Einkommen zu. Stradivaris lobenswerte Absichten gegenüber seinem Sohn werden dadurch bestätigt, dass er in der notariellen Urkunde Don Giuseppe diese Vergünstigung für den Rest seines Lebens und *inter vivos irrevocabilis* gewährt hat, d. h., dass niemand sie hätte widerrufen dürfen, ansonsten hätte man ihn persönlich beleidigt. Und gottbewahre, dass jemand ihn hätte kränken wollen!

Das Konzept der Unterstützung der Kinder, selbst wenn sie die Volljährigkeit erreicht haben, ist für unsere Gesellschaft fast schon eine Selbstverständlichkeit, aber ganz anders war die Situation zur Zeit Stradivaris. Da die Familien damals oft sehr groß waren, wurden Kinder als eine unverzichtbare Quelle der finanziellen Unterstützung für die Familie selbst angesehen. Je früher die Kleinen dazu in der Lage waren, desto besser. Tatsächlich wurden in den damaligen Dokumenten Säuglinge und Kinder bis etwa acht Jahre häufig als *inutili* (nutzlos) aufgeführt, nicht aus Bosheit oder Verachtung, sondern um anzuzeigen, dass sie zu jung waren, um arbeiten zu können und so zur Familienwirtschaft beizutragen. Unter diesem Gesichtspunkt zeigen uns die Leibrenten, die Antonio Stradivari für seine Kinder eingerichtet hatte, in gewisser Weise, wie sehr ihm ihr Wohlergehen am Herzen lag.

Für seine Tochter Francesca

Obwohl wir bisher Beispiele dafür gegeben haben, wie Stradivari zwei seiner männlichen Nachkommen unterstützte, geht aus den Archivdokumenten nicht hervor, dass er geschlechtsspezifische Unterschiede gemacht und seine Töchter vernachlässigt hätte. Einen ersten Beweis für seine Großzügigkeit hatten wir bereits gesehen, als er seiner Tochter Giulia Maria, die den künftigen Notar Farina geheiratet hatte, eine pharaonische Mitgift zur Verfügung stellte. Nun präsentieren wir ein zweites Beispiel, das sich auf seine Tochter Francesca bezieht.

Francesca Maria, geboren 1701, war die erste Tochter, die aus Stradivaris Verbindung mit Antonia Maria Zambelli zur Welt kam. Das Kind wurde auf den

Namen von Antonios erster Frau, Francesca Ferraboschi, getauft. Auch Francesca entschied sich, wie ihre Brüder Alessandro und Giuseppe, ihr Gelübde abzulegen. Kurz vor ihrem 20. Lebensjahr wurde sie eine Nonne mit dem Namen Rosa Maria Antonia, zu Ehren ihrer Mutter, und wurde Novizin im Kloster der Beata Vergine di San Giorgio in Mantua. Wie wir bereits erwähnt haben, lebte auch die Tochter eines anderen Cremoneser Geigenbauers, Pietro Guarneri, seit mehreren Jahren in diesem Kloster, und vielleicht war dies der Grund dafür, dass Stradivari diesen Ort für seine Tochter wählte. Die Anwesenheit einer weiteren Frau aus Cremona, die einer Familie angehörte, mit der die Stradivaris in Kontakt standen, hätte zumindest dafür gesorgt, dass die junge Nonne Rosa Maria Antonia gut aufgenommen wurde.

Stradivari legte durch eine Spende an das Kloster fest, dass die Zinsen auf das Kapital den künftigen Bedürfnissen seiner Tochter dienen sollten. Außerdem bestimmte er für sie eine Leibrente von 100 Lire pro Jahr,[17] die in zwei halbjährlichen Raten von je 50 Lire ausgezahlt werden sollte und die zur vorherigen Spende hinzukam. Mit dieser Leibrente sicherte der Geigenbauer ihr einen respektablen Lebensstandard zu.

Für seinen Sohn Paolo

Paolo Bartolomeo, geboren 1708, war der letzte Sohn von Antonio Stradivari. Offensichtlich war er ganz anders als seine Brüder. Denn er gab selbst zu, weder am Instrumentenbau interessiert zu sein, noch viel vom Geigenbau im Allgemeinen zu verstehen.[18] Die Tatsache, dass er heiratete und Kinder bekam, deutet darauf hin, dass er wiederum auch die Berufung seiner Brüder Alessandro und Giuseppe nicht teilte.

Im Fall von Paolo stand Antonio Stradivari also vor dem Rätsel, wie er diesen Sohn unterstützen sollte, der weder mit ihm in der Werkstatt arbeiten, noch die Soutane tragen wollte. Was hätte man tun können? Unserem Geigenbauer fehlte es sicherlich nicht an finanziellen oder geistigen Ressourcen, aber die Zeit drängte.

Damals war das Erreichen des 25. Lebensjahres für einen Sohn ein Ziel von großer Bedeutung, denn von diesem Zeitpunkt an konnte er frei über sein eigenes Leben entscheiden. Ein Beispiel dafür hatten wir, als wir über Giovanni Giacomo Capra sprachen, Francesca Ferraboschis ersten Ehemann, der, sobald er 25 Jahre alt geworden war, sich von der väterlichen Obhut unabhängig machte, indem er seine eigene Schreinerei eröffnete.

Zweifelsohne hat sich Antonio Stradivari sein ganzes Leben lang bemüht, die Kontrolle über das Familiengeschäft, aber auch über die einzelnen Familienmitglieder, zu behalten. Im Jahre 1733, nur vier Jahre vor seinem Tod, entschied der Geigenbauer über das Schicksal seines jüngsten Sohnes. Paolo war am 26. Januar 1733 25 Jahre alt geworden, und um ihn vielleicht daran zu hindern, seine eigenen Entscheidungen zu treffen, beeilte sich sein Vater, ihm eine Beschäftigung zu verschaffen. Tatsächlich stellte er zwei Wochen nach Paolos Geburtstag formell fest, dass Paolo Tuchhändler werden sollte. Die notarielle Urkunde wurde im Haus von Antonio Stradivari unterzeichnet, um sowohl das Prestige des Familienoberhauptes zu unterstreichen, als auch zu betonen, dass er und nicht Paolo das Ganze organisiert hatte. Um seinem Sohn einen soliden Start zu sichern, gab er ihm 20.000 Lire[19] als Startkapital, um zusammen mit Lorenzo Berti eine Handelsgesellschaft zu gründen. Die Tatsache, dass unser Geigenbauer seinen Sohn in einen Handel mit Berti verwickelt hat, zeigt, dass er dem Geschäft ebenso viel Aufmerksamkeit und Liebe zum Detail gewidmet hat wie der Herstellung seiner Instrumente. Lorenzo Berti war sicherlich einer der renommiertesten Kaufleute der Stadt, und der junge Paolo Stradivari hätte sich keinen besseren Meister zum Erlernen des Gewerbes erhoffen können. In der Gründungsurkunde des Unternehmens legte Antonio Stradivari fest, dass er nach drei Jahren das Anfangskapital auf bis zu 50.000 Lire hätte erhöhen können, eine stattliche Summe, die deutlich zeigt, wie blühend seine Werkstatt war. Nach dem alten Sprichwort, dass Vorbeugen besser als Heilen ist, entschied Stradivari auch, dass Paolo in den ersten sechs Jahren die Früchte seiner Arbeit nicht genießen konnte, die stattdessen das Kapital des Unternehmens erhöhen sollten. Auf jeden Fall bekräftigte das Dokument, dass Paolo von seinem Vater in jeder Hinsicht versorgt wurde und, falls dieser sterben sollte, von den Früchten seines Erbes. Wenn Antonio einerseits als Kontrollfreak betrachtet werden kann, so besteht andererseits kein Zweifel daran, dass er sich immer für das Wohl seiner Kinder eingesetzt hat.

Die notarielle Urkunde wurde zuerst von Antonio Stradivari, dann von Lorenzo Berti und Paolo Stradivari und schließlich von zwei Zeugen und dem zuständigen Notar unterzeichnet.

Zusätzlich zu seiner Unterschrift musste Stradivari auch die Genehmigung des gesamten Dokuments selbst bestätigen, und er tat dies in einem ziemlich mangelhaften Italienisch. Der Satz bedeutet ungefähr: „Ich, Antonio Stradivari, bestätige die obigen Absätze mit Ausnahme des *stagelto*." Den Begriff *stagelto* gibt es in der italienischen Sprache nicht, und wahrscheinlich meinte der Geigenbauer etwas wie „mit Ausnahme des durchgestrichenen Absatzes." Berti und

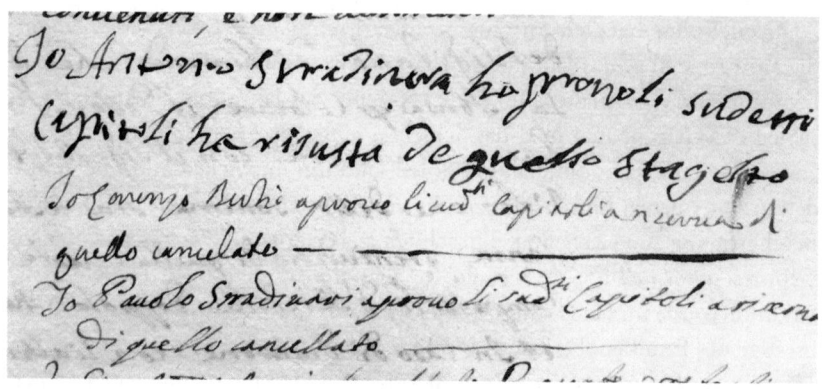

Abb. 27: Mit dieser Unterschrift ermöglichte Antonio Stradivari seinem Sohn Paolo Geschäftsmann zu werden. Notariatsarchiv, Notar Imerio Maffi Maffino, 16. Februar 1732 (ab incarnatione Domini, d. h. 1733), Aktenbündel 6765. *Staatsarchiv*, Cremona. Foto: Alessandra Barabaschi.

Paolo Stradivari verwendeten den Ausdruck „gestrichen" bzw. „annulliert". Vergleicht man die Handschrift von Antonio Stradivari mit der der anderen Subskribenten, könnte man meinen, dass er eine zittrige Hand hatte, schließlich war er sicher über 80. Hält man dieses Schreiben jedoch neben einen 25 Jahre zuvor verfassten Brief Stradivaris, den wir in Kürze auswerten werden, so stellt man fest, dass sich sein Stil im Laufe der Zeit kaum verändert hat. Dies bestätigen auch seine Instrumente der letzten Jahre, die trotz einiger leichter Mängel in der Ausführung noch immer von beeindruckender Qualität sind.

Stradivari als Geldverleiher

Stradivaris Erfolg als Geigenbauer war so groß, dass er sicherlich über beträchtliche Geldsummen in verschiedenen Währungen verfügte. Wir haben bisher gesehen, wie er oft einen Teil seiner Einkünfte durch die Beteiligung an verschiedenen Unternehmen investierte und die möglichen Erträge manchmal mit einer lebenslangen Rente für seine Kinder verknüpfte. Bei anderen Gelegenheiten versäumte er es nicht, Geld zu leihen, zum Beispiel wenn einige seiner Bekannten es brauchten. Dies war der Fall bei Pietro Cabrinetti,[20] der 1712 5.500 Lire von Leonardo Rolla, einem Nachbarn Stradivaris, geliehen hatte. Als Cabrinetti zwei Jahre später die Schulden begleichen musste, hatte er nur 1.500 Lire angespart. Stradivari lieh ihm daher die fehlenden 4.000 Lire, und Cabrinetti verpflichtete sich, ihm jährlich 5 % Zinsen zu zahlen, wobei er als Garantie ein Stück Land am Stadtrand von Cremona zur Verfügung stellte.[21] In ähnlicher Weise lieh unser Geigenbauer 1729[22] einem gewissen Gregorio Ghisolfi 100 silberne Filippi, d. h. zirka 1.400 Lire, mit dem üblichen Jahreszinssatz von 5 %. In diesem Fall wurde die Schuld jedoch erst 1748 beglichen, und da Antonio Stradivari in der Zwischenzeit bereits tot war, trieb sein Sohn Paolo den Betrag ein.[23] Dies beweist, dass Antonio Stradivari seine Geschäfte so gut geführt hatte, dass, wie im Falle seiner Instrumente, seine Söhne auch nach seinem Tod davon profitieren konnten.

Aus eigener Hand

Einige Zeichnungen auf Papier und Holzformen aus Stradivaris Werkstatt, die heute im *Museo del Violino* in Cremona aufbewahrt werden, enthalten kurze handschriftliche Notizen, die den Instrumententyp, den Namen des Kunden, für den das Instrument bestimmt war, oder den Geigenbauer, der es gebaut hat, angeben. Es ist nicht immer möglich, mit Sicherheit festzustellen, wer diese Kommentare verfasst hat. In einigen Fällen kann man die Handschrift von Antonio Stradivari, die seiner Söhne Francesco und Omobono, die mit ihm in der Werkstatt arbeiteten, oder die des Grafen Cozio di Salabue erkennen.[24]

Leider sind uns nur drei handschriftliche Dokumente von Antonio Stradivari bekannt: zwei Briefe und sein Testament. Über Letzteres werden wir in einem der nächsten Kapitel ausführlich sprechen. Die beiden Briefe, der eine datiert vom 12. August 1708, der andere undatiert, unterscheiden sich im Inhalt und waren vermutlich an zwei verschiedene Auftraggeber gerichtet, hatten aber sozusagen dieselbe Funktion, denn Stradivari entschuldigte sich mit diesen Briefen für die verspätete Zustellung eines Instruments. Es ist kurios, um nicht zu sagen symptomatisch, dass diese seltenen schriftlichen Zeugnisse des Geigenbauers den enormen Arbeitsaufwand in seiner Werkstatt bestätigen, mit dem er kaum mithalten konnte. Der hier wiedergegebene Brief von 1708 befand sich im Besitz von den Gebrüdern Hill in London, den berühmten englischen Geigenbauern und -händlern. Am 1. Dezember 1995 wurde er beim Auktionshaus Sotheby's versteigert und von der *Fondazione Walter Stauffer* in Cremona erworben. So kehrte das Schriftstück nach vielen Jahren in seine Heimatstadt zurück, wo man es noch heute betrachten kann, da die *Stauffer-Stiftung* es dankenswerterweise dem *Museo del Violino* als Leihgabe zur Verfügung stellte.[25]

Der Text dieses Briefes, relativ kurz und in einem unterwürfigen, dennoch einfachen Italienisch, enthält mehrere wertvolle Hinweise:

Hochverehrter, sehr ehrwürdiger und erlauchter Herr
Ich bitte Sie um Verzeihung für die Verzögerung mit der Geige, die durch die Lackierung der großen Risse entstanden ist, damit die Sonne sie nicht wieder öffnen kann. Sie werden jedoch nun das Instrument, gut repariert, in seinem Koffer erhalten, und ich bedaure, dass ich Ihnen nicht mehr dienen konnte. Bitte schicken Sie mir für meine Arbeit ein Filippo; es ist mehr wert, aber um Ihnen dienen zu können, bin ich mit dieser Summe zufrieden. Wenn ich noch etwas für Sie tun kann, bitte ich Sie, mir zu befehlen. Ihre Hand küssend verbleibe ich, hochverehrter Herr,

Ihr treuester Diener
Antonio Stradivari
Cremona, 12. August 1708.[26]

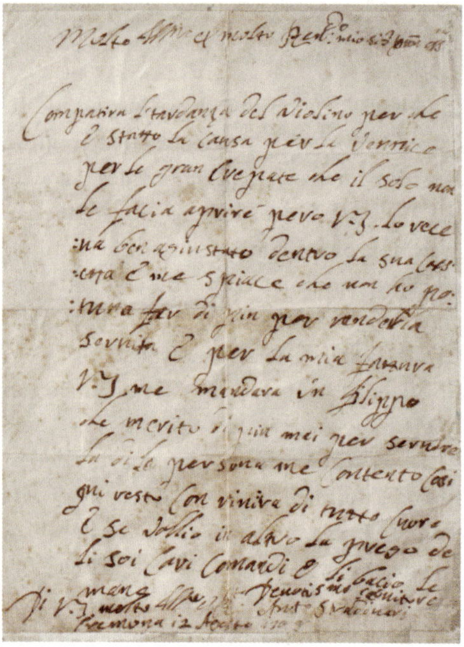

Abb. 28: Ein seltenes Zeugnis: Ein ganzer Brief von Stradivari. *Fondazione Stauffer*, Cremona. Aufbewahrt im *Museo del Violino*, Cremona. Foto: Axel Schwalm.

Aus dem Inhalt des Briefes geht hervor, dass Stradivari mit einer gewissen Verspätung eine Geige zurückschickte, die ihm offensichtlich zur Reparatur anvertraut worden war. Es kann kein neues Instrument gewesen sein, weil der Geigenbauer als Zahlung dafür nur einen Filippo verlangte, eine Summe, die für eine Neuanschaffung viel zu gering wäre, daher muss er nur einige Änderungen an einem bereits benutzten Instrument vorgenommen haben. Auf jeden Fall kann man davon ausgehen, dass er sie ganz oder teilweise neu lackiert hatte, denn er entschuldigte sich für die Verzögerung bei der Rückgabe, weil er warten musste, bis der Lack komplett getrocknet war, um Risse zu vermeiden. Interessant ist auch der Hinweis, dass die Instrumente damals wie heute in speziellen Behältern transportiert wurden. Stradivari war eben ein Geigenbauer, der nicht nur kostbare Streichinstrumente herstellte, sondern auch deren entsprechende Gehäuse, wie einige in Cremona erhaltene vorbereitende Skizzen bestätigen.

XIV.
Die Perfektion namens Cello

*Die Violoncelli von Stradivarius haben ein
hervorragendes Uebergewicht gegen alle Instrumente derselben Art;
ihrem mächtigen und brillanten Ton kommt Nichts gleich.
Diese Eigenschaft rührt eines Theils von der Wahl des Holzes,
andern Theils von der Stärkevertheilung her
und von dem genauen Verhältnisse,
in welchem alle Theile des Instrumentes zu einander stehen.*[1]
(Nicolaus Louis Diehl, *Die Geigenmacher der alten
italienischen Schule*, 1877)

Obwohl Stradivari weltbekannt für seine Geigen ist, hat er ein weiteres Instrument zur Vollkommenheit geführt: das Cello.

Wie Andrea Amati im Allgemeinen als der „Vater" der Cremoneser Geige gefeiert wird, weil er ihre Form perfektioniert hat, so gilt das Gleiche für Antonio Stradivari in Bezug auf das Cello. Zweifellos ist sein Beitrag zur Geigenbaukunst von unschätzbarem Wert, und einige seiner Schöpfungen, wie die um 1707 entstandene sogenannte „B-Form" für das Cello, sind auch heute noch ein Bezugspunkt für zeitgenössische Geigenbauer, wenngleich mehr als 300 Jahre vergangen sind.

Die Größe dient dem Zweck

Zu Beginn von Stradivaris Laufbahn waren die Celli meist noch recht groß. Warum? Aus praktischen und technischen Gründen, die mit der Funktion zusammenhängen: Sie wurden meist gebaut, um als Fundamentalbass in Kirchen oder als Begleitung von Rezitativen anstelle der Viola da Gamba gespielt zu werden. Daher sollten sie einen tiefen Klang erzeugen, deshalb waren sie groß und ihre Zargen extrem hoch, um den nötigen Resonanzraum zu erreichen. Damals wurden die Saiten aus den Därmen von Schafen, Ziegen oder Lämmern hergestellt. Sie mussten lang sein, um die gewünschten tiefen Töne zu erreichen. Aber solche großen Celli waren nicht immer einfach zu handhaben, weil der Stachel, der schon im 17. Jahrhundert in einigen wenigen Exemplaren zu finden ist, sich bis zum 19. Jahrhundert nicht durchsetzen konnte. Daher musste der Cellist das sperrige Instrument fest zwischen seinen Knien geklemmt spielen, was nicht nur eine Quälerei war, sondern oft auch als anzüglich empfunden wurde. Das erklärt, warum das Cello für lange Zeit als ungeeignetes Instrument für Frauen angesehen wurde.[2] Manchmal wurde das Cello auch stehend gespielt, aber diese Position beeinträchtigte beträchtlich die Handbewegungen und daher das Klangspektrum. Eine dritte Möglichkeit bestand darin, es an der Schulter des Musikers zu befestigen. Wie ging das? Es wurde ein kleines Loch in der Mitte des Bodens des Instruments gemacht, um das Einführen eines kleinen Stabes oder Hakens zu ermöglichen. Eine Schnur oder Kette wurde dann daran befestigt und um die Schultern des Musikers gelegt, damit er auf dem so aufgehängten Instrument spielen konnte. Es war sicher nicht bequem, aber es erfüllte den Zweck. Kleinere Abmessungen und kürzere Saiten hätten die Handhabung erleichtert und schnellere Handbewegungen ermöglicht, aber der Klang hätte dann womöglich an Tiefe eingebüßt.

In einer relativ kurzen Zeit trugen unterschiedliche Faktoren zur Änderung der Celloform bei. In der zweiten Hälfte des 17. Jahrhunderts wurden in Bologna umsponnene Saiten eingeführt, was die Leistungsfähigkeit des Instruments deutlich erhöhte. Dabei handelte es sich im Grunde um Saiten mit einem Kern aus Darm oder Seide, der mit reinem Silber oder Kupfer oder alternativ mit Silber- und Kupferdraht umwickelt war. Noch Anfang des 20. Jahrhunderts meinte der Geigenexperte George Hart:

> Die Italiener stehen wie schon in früheren Zeiten bei dieser Herstellung an erster Stelle. Ihr Können zeigt sich in den drei wichtigsten Voraussetzungen für die Saitenherstellung, nämlich hohe Güte der Oberfläche, große Haltbarkeit und Reinheit des Klanges. Es gibt Manufakturen in Rom, Neapel, Padua und Verona.[3]

Vom Ende des 17. Jahrhunderts bis zur ersten Hälfte des 18. Jahrhunderts fanden auch in der europäischen Musikszene erhebliche Veränderungen statt: Das Streichquartett-Ensemble entwickelte sich allmählich zu einem Quintett aus zwei Geigen, zwei Bratschen und einem Cello, wie wir es heute kennen, und Solokonzerte wurden durch Werke unter anderem italienischer Barockkomponisten wie Giovanni Bononcini (1670–1747), Tomaso Albinoni (1671–1751) und Benedetto Marcello (1686–1739) populär.

Schließlich wurde das Cello nicht mehr nur als Begleitinstrument betrachtet, und Komponisten wie Antonio Vivaldi (1678–1741) und Johann Sebastian Bach

(1685–1750) ehrten es mit Solopartien, was viel zu seinem Status in der Welt der Streichmusik beitrug.

Um mit diesen neuen Trends Schritt halten zu können, brauchten die Musiker ein geeignetes Instrument und wahrscheinlich spornten auch sie die Geigenbauer an, das Instrument entsprechend zu verbessern. Mehr als je zuvor waren eine ausgezeichnete Resonanz und ein kräftiger Ton erforderlich. Frei nach dem Motto: Experimentierfreudigkeit!

In Italien engagierten sich Geigenbauer eifrig für diese Aufgabe in Venedig, Mailand, Rom und Neapel. Einige davon zeichneten sich durch das Experimentieren mit neuen Modellen aus, zum Beispiel der Venezianer Matteo Goffriller (1659–1742) und sein Schüler Domenico Montagnana (1686–1750), aber auch der Cremoneser Pietro Guarneri da Venezia (1695–1762), der Mailänder Giovanni Grancino (1637–1709), der Deutsche David Tecchler (1666–1747) und der Neapolitaner Alessandro Gagliano (1665–1732). Ausgehend von dem, was sich aus den überlieferten Instrumenten ableiten lässt, scheinen andere ihrer Kollegen während ihrer gesamten Laufbahn ein einziges Modell beibehalten zu haben, wie im Fall von Giovanni Battista Rogeri (um 1642–1710) und Santo Serafino (um 1699–1776). Drei frühere Instrumentenbauer verdienen besondere Erwähnung, die aus drei wichtigen Geigenbauzentren stammten: Giovanni Paolo Maggini (1580–1632) aus Brescia, dessen Celli als die frühesten bekannten Exemplare mit einer Korpuslänge von nur 75,5 cm gelten; Jakob Stainer (um 1619–1683) aus Absam, der etwa 15 Jahre vor seinen Kollegen aus Cremona ein Cello von „idealen Dimensionen"[4] entwickelte; und Francesco Ruggeri (um 1630–1698) aus Cremona, dessen kleinere Celli Stradivari wahrscheinlich den Weg wiesen, den er einschlagen sollte.

Und was machte Stradivari? Anhand der im *Museo del Violino* aufbewahrten Zeichnungen wissen wir, dass er auch Gamben (Viola da Gamba) schaffte, die für lange Zeit beliebter als Celli waren. Das früheste uns bekannte Cello-Exemplar von Stradivari wurde um 1680 gebaut. Anfangs waren praktisch alle seinen Celli große Instrumente mit einer Korpuslänge von etwa 79 cm. Sie entsprachen den bevorzugten Formen der damaligen Zeit und wurden auch offensichtlich am meisten nachgefragt. Das ist wahrscheinlich der Grund, warum er etwa 20 Jahre lang größere Celli baute, scheinbar ohne sich um die neuen Richtungen zu kümmern, die einige seiner Kollegen erforschten. Wie wir schon bei einigen Geigen vor 1700 gesehen haben, verwendete Stradivari auch für manche seiner früheren Celli Böden mit Schwartenschnitt. Außerdem bevorzugte er oft Pappel- oder Lindenholz statt Ahorn nicht nur für Böden, sondern auch für Zargen und Schnecken.

Da wir wissen, dass dieser ersten Phase die hervorragende B-Form folgte, könnten wir versucht sein, diese früheren Instrumente zu unterschätzen. Aber das wäre ein großer Fehler, denn drei Beispiele, die glücklicherweise in ihren beträchtlichen Originalproportionen erhalten geblieben sind, reichen aus, um die überragende Handwerkskunst von Stradivari zu demonstrieren: das Cello *Medici, Tuscan* von 1690, das sich immer noch in der Stadt befindet, für die der Geigenbauer es vor mehr als 330 Jahren schuf: Florenz, weil es dem *Conservatorio Cherubini di Firenze* gehört und in der *Galleria dell'Accademia* ausgestellt wird; das Cello *Lord Aylesford* von 1696, das Teil der beachtlichen Stradivari-Sammlung der japanischen Stiftung *Nippon Music Foundation* in Tokio ist und das Cello *Servais, Chimay* von 1701, das im *National Museum of American History – Smithsonian Institution* in Washington, D.C., aufbewahrt wird. Allein diese drei Instrumente zeigen, wie sehr Stradivari als Künstler geschätzt wird, dessen Instrumente überall auf der Welt zu finden sind.

Nun haben wir behauptet, dass Stradivari bis Ende des 17. Jahrhunderts praktisch nie vom großen Cello abgewichen ist. Das stimmt nicht ganz. Denn es gibt mindestens zwei Celli, nämlich das *Spanish Court* von 1694 im *Palacio Real* in Madrid und das der *Stauffer-Stiftung* gehörende und im *Museo del Violino* in Cremona ausgestellte *Cristiani* von 1700, die von der Größe her kleiner sind, obwohl sie vor dem 1701 entstandenen *Servais* gebaut wurden. Nichtsdestotrotz schuf er für zwei Jahrzehnte große Celli. Wieso? Wir sind der Meinung, dass Stradivari schon immer ein großer Experimentator war, dass er aber vielleicht im Fall der Celli lange Zeit aufgrund der Wünsche seiner angesehenen Kunden weiterhin große Abmessungen lieferte.

Es darf nicht vergessen werden, dass leider viele Exemplare großer Celli aus dem 16. und 17. Jahrhunderten in späteren Epochen verkleinert wurden, wie im Fall aller Celli von Andrea Amati (um 1505–1577) und seinen Söhnen Antonio (um 1537/40–1607) und Girolamo (1561–1630), was uns manchmal daran hindert, die Entwicklung dieses Instruments in den verschiedenen europäischen Ländern genau zurückzuverfolgen.

Die berühmte „B-Form"

Die reduzierten Abmessungen der Celli *Spanish Court* und *Cristiani* erweckten den Eindruck, dass Stradivari zu Beginn des 18. Jahrhunderts bereit war, einen kleineren Cellotyp zu entwickeln. Doch stattdessen überraschte er uns wieder, denn er stellte den Cellobau für mehrere Jahre ein. Wie konnte das geschehen?

Hatte er das Interesse an dieses Instrument verloren? Oder wurde zwischen 1701 und 1707 kein einziges Cello bei ihm in Auftrag gegeben, weil er vielleicht zu viel Geld für solche Instrumente verlangte? Wäre es andererseits möglich, dass alle in diesen sechs Jahren gebauten Celli verschollen sind? Es darf nicht vergessen werden, dass zu dieser Zeit der Spanische Erbfolgekrieg (1701–1714) stattfand und Cremona gerade zwischen 1701 und 1707 erneut zur Unterbringung und Versorgung der Truppen benutzt wurde, mit den tragischen Folgen, die wir uns vorstellen können. Vielleicht zog es Stradivaris Werkstatt vor, sich in diesen Krisenjahren auf den Bau von Geigen zu konzentrieren, deren Ausführung weniger Zeit in Anspruch nahm als die von Celli, sodass man schneller kassieren konnte. Diese Pause hat zu vielen Spekulationen geführt, aber es ist nicht auszuschließen, dass Antonio Stradivari einfach Zeit brauchte, um dieses Instrument neu zu überdenken.

Offensichtlich tat ihm die Unterbrechung gut, denn um 1707 begann er Celli nach der neuen B-Form zu bauen, die seitdem als das absolute Ideal betrachtet wird und deren Abmessungen und Proportionen immer noch als Maßstab gelten. Dieses Modell war nun kleiner und kompakter als seine früheren Modelle, mit einer Korpuslänge von etwa 76 cm. Warum war diese Form für so lange Zeit derart erfolgreich? Um das zu verdeutlichen, bieten wir Ihnen die Meinungen namhafter Experten in drei unterschiedlichen Epochen dar:

Im 19. Jahrhundert meinte François-Joseph Fétis:

> Was die Überlegenheit dieser Instrumente gewährleistet, ist, wie bei den Geigen, die ständige Anwendung der Gesetze der Akustik.[5]

Im 20. Jahrhundert betonten die Brüder Hill beeindruckt:

> Die Vortrefflichkeit von Stradivaris Violoncellos ist sogar noch bemerkenswerter als die seiner anderen Schöpfungen; in der Tat können wir ohne Zögern sagen, dass seine besten Beispiele konkurrenzlos sind. […] Das höchste Verdienst solcher Violoncelli, ungeachtet ihrer Formschönheit, ihrer stilistischen Reinheit und ihrer vollendeten Verarbeitung, besteht in der Genauigkeit der Proportionen, die in ihrer Gesamtheit ein Klangergebnis hervorbringen, das nur selten – wir können vielleicht sagen, nie – in anderen Instrumenten der vielen und verschiedenen italienischen Hersteller zu finden ist. Sie sind einzigartig, wenn es darum geht, die genauen Abmessungen aufzuzeigen, die für die Erzeugung eines Tonstandards erforderlich sind, der maximale Kraft mit äußerster Qualität verbindet und keine Wünsche offen lässt.[6]

Im 21. Jahrhundert erklärte Charles Beare, dass die B-Form

> von den meisten Spielern als die bestmögliche Kombination für Vielfalt, Wärme, Reichtum des Tons, Resonanz, Reaktionsfähigkeit und allgemeine Handlichkeit angesehen wird. Darüber hinaus teilen sie [diese Celli] mit den Geigen und Bratschen ihres Schöpfers eine außerordentliche Tragfähigkeit, wobei die kleinsten Nuancen auch im hinteren Bereich eines Konzertsaals zu hören sind.[7]

Abb. 29: Ein Paradebeispiel für Stradivaris B-Form: das Cello *Baron Rothschild, Gore-Booth* von 1710. Foto: Jan Röhrmann.

Endlich war es Stradivari gelungen, die perfekte Form zu finden, die er lange gesucht hatte. Seine Zufriedenheit mit der B-Form wird bestätigt durch die Tatsache, dass er fast 20 Jahre lang, d. h. von 1707 bis etwa 1726, ausschließlich sie zur Herstellung seiner Celli verwendet hat. Es sind insgesamt ungefähr 50 Stradivari-Celli erhalten und nur noch etwa 20 davon wurden aus der B-Form gebaut. Die meisten dieser Instrumente werden von einigen der besten Cellistinnen und Cellisten der Welt gespielt. Hervorragende und charakteristische Exemplare sind das *Baron Rothschild, Gore-Booth*[8] (1710), das *Duport* (1711), das *Batta-Piatigorsky* (1714) und das *Piatti, Red Cello* (1720).

Zu den ausgezeichneten Interpreten, die Stradivaris Celli der B-Form gespielt haben bzw. spielen, gehören Jacqueline du Pré, Amaryllis Fleming, Guilhermina Suggia, Rocco Filippini, Yo-Yo Ma, Gregor Piatigorsky, Alfredo Piatti und Mstislav Rostropovich.

Warum heißt dieses Modell B-Form? Wie wir bereits erwähnt haben, sind leider die Auftragsbücher der Stradivari-Werkstatt verloren gegangen und dasselbe gilt für die Innenform aus Holz, die der Geigenbauer für dieses Modell benutzt hat. Dennoch wissen wir, dass es Stradivari selbst war, der dieses

Cellomodell mit dem Namen B-Form bezeichnete. In der Tat gibt es unter den zahlreichen Fundstücken, die dem Bau dieses Instrumententyps gewidmet sind und die im *Museo del Violino* in Cremona aufbewahrt werden, einige, die er selbst mit dem Buchstaben *B⁾* gekennzeichnet hat. Insbesondere schrieb Antonio Stradivari in gebrochenem Italienisch auf den oberen Teil einer Kompasszeichnung der F-Löcher eines Cellos: *Musura per la forma B / per far li occhi Del violoncello*[10] (Maße der B-Form / um die F-Löcher des Cellos zu fertigen.)

WAS DIE KORYPHÄEN SAGEN: „Ich begann meine Konzertkarriere in jungen Jahren und fing bald an, Instrumente zu kaufen. Ich war auf der Suche nach einem Cello, das „meinen" Klang reproduzieren konnte, das meiner Meinung nach meinem Selbstbild entsprach. Es war keine leichte Aufgabe, und ich wurde Sammler, ohne es zu wollen. Ich suchte jahrelang und fragte mich oft, ob ich „mein" Instrument je finden würde.

Als mein Bogen zum ersten Mal die Saiten des „Gore-Booth" berührte, wusste ich, dass ich den Partner gefunden hatte, nach dem ich immer gesucht hatte. Es war, als ob das Instrument zu meiner Seele sprach. Ich habe mich total darin verliebt. Dies ist das einzige Instrument, das die Stimme meiner Seele wiedergibt."[11]

Rocco Filippini, Cellist, Lugano

Weitere Entwicklungen

Die B-Form begleitete Stradivari über 20 Jahre lang, aber ab 1726, als unser Geigenbauer vermutlich schon über 80 Jahre alt war, kam eine neue Celloform aus seiner Werkstatt, der in den kommenden Jahren noch zwei weitere folgten. Wie wir oft wiederholt haben, war Stradivari ein Experimentator. Aber kann man sich vorstellen, dass es ihm in einem so fortgeschrittenen Alter gelungen sein sollte, neue Modelle zu erfinden, vor allem für ein Instrument wie das Cello, dessen Herstellung aufgrund seiner Größe eine gewisse Kraft erfordert? Gehen wir Schritt für Schritt vor und versuchen wir zunächst zu verstehen, wie sich diese drei neuen Modelle von der B-Form unterscheiden. Das erste, das um 1726 erschien, war etwa 1,5 cm kürzer und hatte schmalere Oberbügel bzw. Schultern, eine technische Raffinesse, die die Handhabbarkeit für den Spieler erheblich verbesserte. Dieses Modell wurde die *forma B piccola* (kleine B-Form) genannt, da dies die Bezeichnung ist, die sich auf der Rückseite der Kompasszeichnung für die Positionierung der F-Löcher der B-Form befindet, die wir gerade erläutert haben. Auch in diesem Fall zeigt die Zeichnung die Positionierung der F-Löcher eines Cellos und oben die Worte: *Per far li occhi della forma*

B Picola / del violoncello[12] (Um die F-Löcher des Cellos der kleinen B-Form zu fertigen). Dieser Kommentar wurde jedoch nicht von Stradivari verfasst, sondern, dem namhaften Experten Simone Ferdinando Sacconi zufolge,[13] von seinen Söhnen. Diese Meinung wurde später von anderen Experten geteilt, und in der Tat ist es offensichtlich, dass die Schrift nicht die von Antonio Stradivari ist. Auch dieses Modell war genauso wie die B-Form sehr erfolgreich.[14]

Das zweite Modell war sogar noch kleiner als das vorherige, d. h. etwa 3 cm im Vergleich zur B-Form, von der es jedoch mehr oder weniger die Abmessungen der Oberbügel beibehielt. Das dritte Modell noch wurde weiter reduziert, 6 cm kleiner als die B-Form, aber mit ähnlichen Oberbügeln. Dies ist das kleinste uns bekannte Cello von Stradivari.

Höchstwahrscheinlich wurden diese drei späteren Modelle mithilfe seiner Söhne und womöglich auch Carlo Bergonzis (1683–1747) entwickelt.

Auch diese Celli fanden Bewunderer unter den großen Interpreten dieses Instruments, sowohl in der Vergangenheit als auch heute.[15]

XV.
Stradivaris Steckbrief

Der Künstler ist der Schöpfer schöner Dinge.
Die Kunst zu offenbaren und den Künstler zu verstecken
ist die Aufgabe der Kunst.[1]
(Oscar Wilde, *Das Bildnis des Dorian Gray*, 1891)

Sind Sie auch neugierig zu erfahren, wie Antonio Stradivari aussah? Diese Frage hat viele Geigenexperten, aber auch Musikliebhaber und einfach Neugierige in der Vergangenheit beschäftigt.

Basierend auf einer Erzählung von Polledro veröffentlichte der belgische Musikwissenschaftler François-Joseph Fétis Mitte des 19. Jahrhunderts eine knappe, aber zugleich präzise Beschreibung des legendären Geigenbauers, aus der wir nicht nur seine physische Erscheinung, sondern auch das, was wir als seine moralische Haltung definieren könnten, ableiten können. Giovanni Battista Polledro (1781–1853) war ein bedeutender piemontesischer Geiger, der in Europa großen Ruhm erlangte. Sein Lehrmeister Gaetano Pugnani (1731–1798), der auch den großen Virtuosen Giovanni Battista Viotti (1755–1824) ausgebildet hatte, war noch ein Kind, als er Antonio Stradivari kennenlernte. Obwohl der Geigenbauer schon im hohen Alter war, muss er den jungen Pugnani fasziniert haben, der oft von dieser Begegnung erzählte:

> Polledro, ehemaliger erster Geiger der Königlichen Kapelle von Turin, der vor einigen Jahren in sehr fortgeschrittenem Alter verstarb, berichtete, dass sein Meister [Gaetano Pugnani] Stradivari gekannt habe und dass er gerne über ihn sprach. Er sei, sagte er, von hoher Statur und schlank gewesen. Gewöhnlich trug er im Winter eine weiße Wollmütze und im Sommer eine Baumwollmütze. Bei der Arbeit trug er eine weiße Lederschürze über den Kleidern, und da er immer arbeitete, unterschied sich seine Kleidung kaum. Er hatte mehr als nur Reichtum durch Arbeit und Wirtschaft erworben; denn die Menschen in Cremona pflegten zu sagen: Reich wie Stradivari.[2]

Diese kurze Beschreibung wurde später nicht nur von allen wichtigen Biographen[3] Stradivaris aufgegriffen, sondern regte auch die Phantasie vieler Künstler an, die versuchten, dem Geigenbauer ein Antlitz zu geben. Obwohl es sich dabei immer um posthume Darstellungen handelt, sind einige Werke inzwischen so berühmt geworden, dass der von ihnen abgebildete Stradivari in der kollektiven Vorstellung als das Original wahrgenommen wird.

Welches Gesicht kommt dem von Stradivari am nächsten? Die Entscheidung liegt bei Ihnen.

Der Stradivari von Alessandro Rinaldi

Der Cremoneser Künstler Alessandro Rinaldi (1837–1890) verkörperte voll und ganz den romantischen Geist seiner Zeit. Er erhielt eine künstlerische Ausbildung, indem er unter anderem bei dem geschätzten Künstler Francesco Hayez an der Brera-Akademie in Mailand studierte. Vielleicht war es der Einfluss von Hayez selbst, dessen Werke oft eine versteckte patriotische Botschaft des *Risorgimento* (der Einigung Italiens) enthielten, der Rinaldi überzeugte, sich bei den „Cacciatori delle Alpi" anzumelden, einer vom General Giuseppe Garibaldi gegründeten Freiwilligentruppe, die 1859 im zweiten italienischen Unabhängigkeitskrieg gegen die kaiserlich-österreichische Armee kämpfte, um die Lombardei zu befreien. Nach seinen militärischen Erfolgen kehrte Rinaldi zur Malerei zurück und spezialisierte sich auf Genremalerei, also auf die Darstellung von Momenten des täglichen Lebens illustrer Persönlichkeiten aus der Vergangenheit. Ein Beispiel seines Könnens bietet uns die 1886 entstandene Leinwand *La bottega di Antonio Stradivari* (die Werkstatt von Antonio Stradivari), die heute im *Museo del Violino* in Cremona ausgestellt wird. Auf den ersten Blick wirkt das Werk überwiegend düster, aber eine sorgfältige Betrachtung lässt uns seine durchdachte Komposition und zahlreichen Details erkennen. Wir befinden uns, wie der Titel selbst andeutet, in der Werkstatt von Stradivari und der aus Cremona stammende Rinaldi beweist, dass ihm ein solcher Ort durchaus vertraut ist. Seine Darstellung ist realistisch, nicht idealisiert. Der Raum ist weitläufig und besteht aus mehreren Zimmern; wir können ihn wahrnehmen, indem wir unseren Blick vom Hauptraum im vorderen Teil des Gemäldes in den zweiten Raum im Hintergrund schweifen lassen, den man durch einen Korbbogen in der Trennwand erreichen kann. Die Tiefe dieses zweiten Raumes wird durch die Figur des in Grün und mit Lederschürze gekleideten jungen Helfers auf der linken Seite unterstrichen, der dabei ist, die Schnecke einer Geige zu schnitzen.

Wir kehren in den Hauptraum zurück und betrachten das links von der Leinwand dargestellte Fenster, das eine doppelte Funktion hat: Einerseits er-

Abb. 30: Wie Alessandro Rinaldi sich Stradivari in seiner Werkstatt vorstellte. Comune di Cremona, *Museo Civico Ala Ponzone*.

möglicht es uns, die Stadt zu erkennen, in der sich dieses Ereignis abspielt, Cremona, identifizierbar durch das Detail der Fassade der Kirche San Domenico, das man hinter dem Glas erblicken kann; andererseits beleuchtet es als Hauptlichtquelle der gesamten Szene die Hauptfigur. Diese letztere nimmt das Zentrum des Gemäldes ein und ist selbstverständlich Antonio Stradivari. Das Licht hat daher eine symbolische Funktion, denn es erhellt den Geigenbauer nicht pauschal: Indem es seine blasse Haut und das Weiß seiner Kleidung unterstreicht, macht es ihn fast transzendent in Bezug auf alles um ihn herum. Stradivari wird hier also als die eigentliche Lichtquelle innerhalb der Welt des Geigenbaus dargestellt.

Rinaldi wurde sicherlich von Pugnanis bei Fétis veröffentlichter Erzählung inspiriert, um den älteren Geigenbauer zu porträtieren, dessen Schlankheit durch sein abgezehrtes Gesicht unterstrichen wird und durch eine imposante Adlernase, dünne Arme und spindeldürre Finger gekennzeichnet ist. Ein Teil seiner langen, weißen Haare taucht unter seiner Wollmütze auf, und über seiner Kleidung erkennen wir sofort die weiße Lederschürze. Dies ist eine realistische, prunklose Darstellung.

Der Maler verewigte einen Moment in Stradivaris täglicher Aktivität, indem er ihn auf seinem hölzernen Schemel sitzend zeigte, mit einer noch zu lackierenden Geige in der linken Hand, in der Absicht, die Konsistenz des Lacks zu überprüfen, der in der Ampulle enthalten war, die er in seiner rechten Hand hielt.

Mit einem guten ausgedachten Trick grenzte Rinaldi Stradivaris Profil ab und hob die Weiße seines Gesichts und seiner Mütze weiter hervor, indem er einen dunklen Hintergrund genau hinter dem Kopf des Geigenbauers malte. Das deutet auf einen dritten Raum hin, vielleicht einen Lagerraum, dessen Funktion uns wegen des gedämpften Lichts verborgen bleibt. Durch das kleine Fenster in diesem Raum können wir eine Reihe von Bernsteintönen erkennen, die an die Farben des Lacks in der von Stradivari erhobenen Ampulle erinnern. Wenn man den Blick vom Fenster auf die Ampulle richtet, hat man das Gefühl, dass der Geigenbauer seine Hand bewegt, um die perfekte Konsistenz des Lacks zu gewährleisten, den er gleich verwenden wird.

In unmittelbarer Nähe von Stradivari gibt es drei kleine Tischchen, die die zeitliche Entwicklung der Geschichte verdeutlichen. Auf dem rechts von ihm ruhen nämlich mehrere Fläschchen, die die wesentlichen Zutaten für die Herstellung seines berühmten Lacks enthalten, sowie zwei Bücher, die der Geigenbauer vielleicht gerade benutzt hat, um zu entscheiden, in welchem Verhältnis die verschiedenen Ingredienzien gemischt werden sollten. Diese Gegenstände ermöglichen uns vorzustellen, was vor wenigen Minuten passiert ist. Dies könnte man daher als den kleinen Tisch der Vergangenheit betrachten. Der Tisch vor Stradivari ist dagegen überladen mit allen Werkzeugen und Gegenständen, die er für seine Arbeit benötigt und vor allem mit einer Untertasse mit Pinsel, um zu bestätigen, dass der Geigenbauer sich darauf vorbereitet, seine neueste Kreation zu lackieren, dies ist der Tisch der Gegenwart. Zu seiner Linken finden wir zwei fertige Geigen, die noch lackiert werden sollen, auf einen kleinen orientalischen Teppich gelegt, das ist der Tisch der Zukunft. Im Zentrum dieses zeitlichen Dreiecks steht Stradivari, der oberste Schöpfer, der sich an die Arbeit macht. Seine Geste wird mit großer Aufmerksamkeit von der im Halbdunkel sitzenden Figur beobachtet, die sich links auf der Leinwand befindet. Es handelt sich womöglich um den Auftraggeber der Geige, einen Mann mittleren Alters, der sicherlich nicht gerade erst in der Werkstatt angekommen ist. Woraus leiten wir das ab? Er sitzt bequem, sein Hut ruht auf den Knien und er liest. Als er erkennt, dass Stradivari fast bereit ist, die Geige zu lackieren, blickt der Zuschauer von der Zeitung auf, um den großen Moment nicht zu verpassen.

Überall um Stradivari herum, auf dem Boden, auf anderen Tischen, an die Wände gelehnt oder an ihnen hängend, finden wir andere Instrumente oder

Teile davon, Harfen, Lauten, Gitarren und Celli, was bestätigt, dass Rinaldi sehr wohl wusste, dass Stradivari verschiedene Arten von Saiteninstrumenten gebaut hat. Darüber hinaus locken verschiedene Holzformen, zahlreiche andere Werkzeuge, Bögen, Stege, Zargen und mit Nieten besetzte Lederkästen für den Geigentransport ebenfalls die Blicke auf sich und laden zum Entdecken ein. Nichts wird dem Zufall überlassen, und selbst kleinste Details wie Holzspäne, gerissene Saiten und Entwurfsskizzen, die zerknüllt auf dem Boden liegen, tragen dazu bei, die Szene lebendig und realistisch wirken zu lassen.

Der Stradivari von Edouard Jean Conrad Hamman

Wie Rinaldi spezialisierte sich auch der belgische Maler Edouard Jean Conrad Hamman (1819–1888) auf Genre- und vor allem auf Historienmalerei. Er studierte zuerst in Antwerpen und zog dann nach Paris, wo er in der renommierten École des beaux-arts seine Ausbildung fortsetzte. Im Alter von 30 Jahren unternahm Hamman eine Reise nach Italien, um die großen Meister zu entdecken, die ihn faszinierten: Raffael, Tizian, Tintoretto und Veronese, deren Meisterwerke ihm halfen, das Verhältnis von Farben, Licht und Schatten besser zu ergründen.

Hamman war ein in Europa besonders geschätzter Künstler, und seine Werke wurden nicht nur regelmäßig ausgestellt, sondern auch in wichtigen Salons wie Brüssel und Paris ausgezeichnet. Auf dem Pariser Salon 1859 wurde sein Gemälde mit dem Titel *Stradivarius* unter der Nummer 1391 ausgestellt, das Begeisterung auslöste. Der Kupferstecher Adolphe Mouilleron (1820–1881) fertigte davon schon im folgenden Jahr eine Lithographie an, die von Bertauts gedruckt und von Barbot herausgegeben wurde, was zur weiten Verbreitung des Werkes und seiner Wertschätzung in ganz Europa beitrug. Die Lithographien werden seit langer Zeit reproduziert, während die ursprüngliche Leinwand verschwunden zu sein scheint. Leider konnte ich bis heute nicht feststellen, ob das Gemälde tatsächlich noch existiert und wo es sich befindet, aber die erhaltenen Lithographien erlauben es uns, die ikonographische Wahl Hammans zu würdigen. Diese Darstellung, die Sie auf der Titelseite dieses Buches finden, ist inzwischen in der allgemeinen Vorstellung zu jener Antonio Stradivaris par excellence geworden.

Obwohl Rinaldi und Hamman sich mit demselben Thema beschäftigten, sind ihre Ergebnisse völlig unterschiedlich. Für Hamman ist Stradivari mehr ein Philosoph als ein Geigenbauer, mehr ein kreatives Genie als ein einfacher Handwerker.

Das Bild ist hier in zwei sehr deutliche Flächen geteilt. Auf der rechten Seite sehen wir Antonio Stradivari als einen vornehmen Herrn des 18. Jahrhunderts dargestellt. Er ist allein in seiner Werkstatt und hinter ihm gibt es nur einen dunklen Hintergrund und einen schweren Samtvorhang. Er sitzt auf einem schönen mit seinem Monogramm bestickten Ledersessel mit Messingnieten und trägt ein modisches Gewand bestehend aus einer langen Samtjacke, die mit mehreren glitzernden Goldknöpfen verziert ist. Man kann sich kaum vorstellen, dass das seine Arbeitskleidung gewesen sein könnte. Der Maler wollte aber betonen, dass Stradivari mit seinem Gehirn und weniger mit seinen Händen erschuf, deshalb brauchte er weder eine Mütze noch eine Werkstattschürze. Der einzige visuelle Bezug zu Pugnanis Erzählung wird durch ein helles Stück Stoff bzw. Leder dargestellt, das sanft auf seinem linken Bein ruht, an der Stelle, an der die Geige, die der Geigenbauer in der linken Hand hält, sein Knie berührt.

In Rinaldis Gemälde waren mehrere Aktionen im Gange, d. h. der junge Mann schnitzte die Schnecke, der Besucher schaute von der Zeitung weg, um fasziniert Stradivari zu beobachten, und der Geigenbauer war im Begriff, ein Instrument zu lackieren. Dies trug dazu bei, Bewegung zu erzeugen und uns das Gefühl zu vermitteln, dass wir sogar die Geräusche der Werkstatt hören könnten. In Hammans Werk ist dagegen alles still, weil das Genie über seine neueste Schöpfung sinniert. Das Kinn ruht auf seiner rechten Hand, der Blick ist nachdenklich, fast melancholisch. Ohne das Monogramm auf der Rückenlehne des Sessels wäre es unmöglich zu erraten, dass es sich hier um den Geigenbauer Stradivari handelt, der sich in einem Moment intimer Überlegung befindet, und nicht um einen wohlhabenden Kunden, der das Pro und Contra eines zukünftigen Kaufes abwägt.

Die linke Hälfte des Werkes verdeutlicht, dass wir uns doch nicht in einem bürgerlichen Salon, sondern in der Werkstatt eines Geigenbauers befinden. Im Hintergrund gibt es eine große Werkbank mit Werkzeugen, Ampullen und Instrumenten, an den Wänden hängen einige Bögen, ein altes Dickenmessgerät, ein Bündel Saiten und eine Geige, und vor dem Geigenbauer steht ein kleiner Tisch, auf dem zwei fertige und ein noch zu bearbeitendes Instrument stehen, aber auch ein dickes aufgeschlagenes Buch ist dabei, das auf seine Inspirations- und Wissensquelle hinweist.

Dies ist der Stradivari, der dem Geschmack des Publikums des 19. Jahrhunderts am besten entsprach, das idealisierte Bild einer Legende.

Das Porträt von Stradivari war nicht das erste Gemälde, das Hamman berühmten, mit der Musikwelt verbundenen Persönlichkeiten widmete. Er stellte zum Beispiel auch Beethoven, Gluck, Händel, Haydn und Mozart dar. Diese

Werke waren als Lithographien enorm erfolgreich, weil sich die beschreibende Präzision von Details wie der Kleidung mit der Idealisierung des Lebens der dargestellten Figur vermischte. Albert Pomme de Mirimonde schrieb dazu:

> Edouard Hammans Gestalten aus der Musikwelt waren durch Radierungen weit verbreitet worden. Vor dem Krieg von 1914 schmückten solche Lithographien noch die Häuser bescheidener Musiker und ließen diejenigen, die sie besaßen, träumen.[4]

Der Stradivari von Edgar Bundy

Edgar Bundy (1862–1922) wurde 1862 in Brighton, England, geboren. Wie seine beiden Kollegen Rinaldi und Hamman spezialisierte sich Bundy auf Historienmalerei, doch im Gegensatz zu ihnen absolvierte er kein akademisches Studium, sondern war Autodidakt. Dessen ungeachtet war er recht erfolgreich, und seine Werke wurden von angesehenen Institutionen wie dem Pariser Salon und der Royal Academy in London ausgestellt.

In seinem Gemälde *Antonio Stradivari at work in his studio* (Antonio Stradivari bei der Arbeit in seinem Atelier) von 1893 verwendete Bundy einige Details aus den beiden soeben beschriebenen Werken, überarbeitete sie jedoch auf originelle Weise. Die Geigenbaukunst, die aus dieser Leinwand hervorgeht, ist das Ergebnis von Teamarbeit, und Antonio Stradivari wird als Dirigent und nicht als solitäres Genie präsentiert.

Im Mittelpunkt des Werkes steht der große zentrale Tisch, der als perspektivisches Element fungiert, um den herum sich die drei abgebildeten Figuren befinden. Auf der dem Zuschauer zugewandten Tischseite sitzt links ein junger Helfer, wahrscheinlich Francesco, der Sohn Stradivaris, der die halbe Decke einer Geige betrachtet. Dieser Gegenstand liegt vor ihm und ruht auf einer Entwurfszeichnung, wie um zu betonen, dass der junge Geigenbauer die Richtigkeit seiner Arbeit überprüft oder überlegt, wie er weiter verfahren soll. Auf der anderen Tischseite rechts sitzt Stradivari selbst, der, genau wie bei Hamman, eine „weiße" Geige, d. h. eine unlackierte Geige, kritisch in Augenschein nimmt, die er fest in der linken Hand hält, während die rechte Hand seinen Kopf stützt. Die Gesten sind dieselben, aber die Figur ist hier gespiegelt und das Ergebnis völlig anders. Bundy stellt Stradivari nicht als alten, einsamen Mann dar, sondern als einen selbstbewussten Künstler auf dem Höhepunkt seines Ruhms, einen Meister, der die Zügel seiner Werkstatt fest in der Hand hält. Hier ist er auch nicht wie ein Adeliger gekleidet, sondern trägt ein einfaches,

Abb. 31: Für Edgar Bundy war Stradivaris Werkstatt vom Sonnenlicht durchflutet.
© akg-images.

bequemes und unprätentiöses Arbeitshemd. Sein Kopf wird von einer weißen Mütze geschützt, eine Hommage an Pugnanis Geschichte.

Stradivaris Ausdruck unterstreicht sicherlich einen Moment der Besinnung, der in diesem Fall jedoch nicht allein, sondern unter Beteiligung seiner Assistenten oder, besser gesagt, einiger seiner Kinder stattfindet. Tatsächlich steht hinter ihm ein Mädchen, vielleicht seine Tochter Caterina Annunciata, die sich anscheinend an ihn wenden wollte, um ihn um eine Meinung zu den Teilen der Geige zu bitten, die sie in der Hand hält, aber dann wurde ihre Aufmerksamkeit von dem Instrument erregt, das der Geigenbauer gerade beobachtet.

An der Rückwand hängen die Instrumente an einem Faden, und es scheint fast so, als ob sie schwingen würden.

Bundy übernimmt aus Rinaldis Werk das Detail des Lichts, das auch in diesem Fall durch ein Fenster auf der linken Seite des Gemäldes eintritt, von dem aus wir ein bisschen von der Fassade der Kirche San Domenico erblicken können. Bundys Licht ist jedoch fast blendend, ein warmes, mediterranes Licht, das den Raum mit einer Intensität durchdringt, die die Geigen wie Juwelen erstrahlen lässt. Einige Details der zahllosen auf dem Tisch liegenden Gegenstände glänzen ebenfalls in der Sonne, ebenso wie das Weinfläschchen und die Weintrauben, Anzeichen einer anspruchslosen Mahlzeit.

War dies das wahre Gesicht Stradivaris?

Im Mai 2012 wurde im Auktionshaus Wannenes in Genua eine kleine Tafel aus Nussbaumholz, 13,5 x 10 cm groß, mithin etwas größer als eine Visitenkarte, versteigert. Im Katalog wurde sie als Werk eines venetischen Künstlers aus dem 18. Jahrhundert aufgelistet. Das Objekt stellte das Gesicht oder vielmehr die Karikatur eines Mannes dar, der eine Geige in der Hand hält, erregte aber zunächst wenig Aufmerksamkeit.

Interessant war hauptsächlich die Inschrift im oberen Teil: *STRADIVARIO ANTONIO*. Aber sollte sie als authentisch betrachtet werden? Unter den Experten gab es große Bedenken und eine gute Portion Zurückhaltung dazu. Im Laufe der Jahre hatte es zahlreiche mutmaßliche Stradivari-Porträts gegeben, die plötzlich auf dem Markt aufgetaucht waren und sich ebenso schnell als große Enttäuschung entpuppten und in Vergessenheit gerieten. Es schien unfassbar, dass das einzige Porträt des großen Geigenbauers ein Werk sein sollte, das darauf abzielte, ihn lächerlich zu machen.

Das Ganze benötigte eine Erklärung. Deshalb versuchte man zunächst zu verstehen, welcher Künstler infrage käme und wann das Gemälde entstanden war. Dies ist Professor Marco Tanzi gelungen, der aufgrund seiner umfassenden Kenntnisse über die Künstler, die zwischen dem 17. und 18. Jahrhundert in Norditalien tätig waren, dies „dank eindeutiger stilistischer Merkmale"[5] Bernardino De Hò (1677–1729) (auch Deho oder Dehò genannt) zuschrieb und unterstrich, dass „der Urheber einige eigentümliche und gut erkennbare Details hervorhebt, die ihn in einen sehr präzisen Moment der künstlerischen Geschehnisse in Cremona versetzen".[6] War dies dann ein Maler aus Cremona und nicht aus Venetien gewesen? Ja, Bernardino De Hò wurde 1677 in Drizzona, einem Dörfchen knapp 30 Kilometer von Cremona entfernt, geboren und er war ein Schüler von Angelo Massarotti, über den wir in Kürze sprechen werden. De Hò war also nicht nur ein Zeitgenosse von Antonio Stradivari, sondern auch ein Mitbürger. Die Sache wurde interessanter.

Warum hatte sich dieser Künstler ausgerechnet für eine Karikatur unseres Geigenbauers entschieden? Die Antwort darauf finden wir im Werk eines anderen Cremoneser Zeitgenossen, Giovanni Battista Zaist, der De Hòs künstlerische Fähigkeiten anerkannte, seine Bildwahl jedoch mit Begriffen beschrieb, die alles andere als schmeichelhaft waren:

> Er war ein Schüler von Massarotti, seine Gemälde waren nicht schlecht, wenn er nicht damals begonnen hätte, lächerliche Karikaturen zu malen, in denen die Mängel der

Abb. 32: Ist dies das wahre Gesicht Stradivaris? Bernardino De Hò (1677–1729) *Antonio Stradivario*. Privatsammlung. Foto: Cristian Chiodelli. Aufbewahrt im *Museo del Violino*, Cremona.

dargestellten Personen stark hervorgehoben wurden. Trotz der Tatsache, dass dieses Genre zu tadeln ist, denn je mehr es gelingt, desto mehr unterstreicht es die Mängel und Unvollkommenheiten der Natur, die tatsächlich aber nur in der überdrehten Phantasie des verrückten Malers liegen, dennoch war seine Meisterschaft so groß, dass es ihm gelang, die dargestellten Sujets wunderbar wiederzugeben und dadurch die Zuschauer zum Lachen zu bringen ….[7]

Bernardino De Hò widmete sich daher nicht nur ernsthaften Werken sakraler Natur wie zahlreichen Altarbildern, sondern auch einer leichteren profanen Gattung, die in der Kunstgeschichte als *Bambocciata* bekannt ist. Dieser Begriff leitet sich von dem Spitznamen *Bamboccio* ab, mit dem der niederländische Maler Pieter van Laer, einer der größten Vertreter dieser Kunstgattung, bezeichnet wurde.

Zaist selbst musste zugestehen, dass die *Bambocciate* von De Hò sehr beliebt waren, und es ist daher möglich, dass sich auch Stradivari auf diese Weise porträtieren ließ.

Die geringen Abmessungen des Gemäldes und die nicht allzu präzise bildliche Wiedergabe lassen vermuten, dass es sich um einen Entwurf handelte, dem vielleicht ein größeres Gemälde folgen sollte. Auf jeden Fall ist klar, dass es sich um ein eigenständiges Porträt handelt und nicht um eine Idealisierung.

Die Geige, die in den Händen der abgebildeten Person gehalten wird, ist auch deshalb von einiger Bedeutung, weil es sich um ein unfertiges Instrument handelt, da der Steg, die Saiten und das Griffbrett fehlen. Es ist daher wahrscheinlich, dass es sich um das Porträt eines Geigenbauers handelt und nicht etwa um das eines Musikers, der mit einem fertigen Instrument dargestellt worden wäre.

Nach einer sorgfältigen Analyse des Gemäldes unter der Wood-Lampe konnte der jetzige Besitzer zwei weitere interessante Details feststellen. Erstens, dass die abgebildete Geige nicht später hinzugefügt wurde, sondern von Anfang an und ohne Bedenken vom Maler konzipiert wurde. Ferner, dass die Inschrift STRADIVARIO ANTONIO aus demselben Farb- und Bildmaterial zu bestehen scheint, wie einige der Endbearbeitungen des Gemäldes selbst, wie zum Beispiel die Glanzlichter der Geige, und daher nicht später oder von anderer Hand angefertigt worden sein kann.[8]

Dieses Werk, das zu einer Privatsammlung gehört, ist heute als *Presunto ritratto di Antonio Stradivari* (Vermutliches Porträt von Antonio Stradivari) bekannt und befindet sich als Leihgabe im *Museo del Violino* von Cremona, wo es seit Dezember 2017 neben der Leinwand von Alessandro Rinaldi ausgestellt wird. Und wer dieses kleine Porträt mit anderen *Bambocciate* von Bernardino De Hò vergleichen möchte, findet einige von ihnen im Stadtmuseum *Ala Ponzone* in Cremona ausgestellt.

Ein legendäres Porträt

Das Leben jeder legendären Figur, die diesen Namen verdient, ist voller Legenden. Antonio Stradivari bildet da keine Ausnahme. Mit seinem Antlitz ist eine schöne Legende verbunden, von der wir Ihnen gerne berichten möchten.

In der Vergangenheit wurden Sakralbauten oft auf den Fundamenten früherer Gebäude errichtet, die die gleiche Funktion erfüllten. Dies gilt auch für die Kirche Sant'Agostino, die im 13. Jahrhundert in Cremona auf dem Unterbau der bereits bestehenden Kirche San Giacomo in braida errichtet wurde. Zwischen dem 14. und 17. Jahrhundert zählte diese Kirche, zu der auch zwei Klöster und eine imposante Bibliothek gehörten, zu den bedeutendsten Einrichtungen der Stadt. Von ihrem Prestige zeugen die zahlreichen Kunstwerke, die noch heute hier aufbewahrt werden, wie zum Beispiel eine Leinwand des Lehrmeisters von Raffael, Pietro Vannucci, der unter dem Namen Perugino bekannt ist.

In dieser Kirche befinden sich auch einige großartige Werke des Cremoneser Künstlers Angelo Massarotti (1654–1723), des Lehrers von Bernardino De Hò, über den wir gerade gesprochen haben. Das erste, das San Tommaso da Villanova bei der Verteilung von Almosen an die Armen zeigt, ist 1689 datiert. Das zweite, das an der Gegenfassade über dem Eingangsportal der Kirche angebracht ist, ist wahrscheinlich zeitgenössisch und trägt den Titel *Sant'Agostino che consegna la regola* (Der heilige Augustinus bei der Übergabe der (Ordens-) Regel). Es ist eine imposante Leinwand, sowohl wegen ihres großen Formats als auch wegen der Komplexität der Darstellung. Die Legende besagt, dass dieses Gemälde etwas mit unserem Geigenbauer zu tun hat. Auf welche Weise?

Das Werk ist in der Barockzeit entstanden und wurde fast wie eine theatralische Inszenierung konzipiert. Im oberen Teil befinden sich zwei Cherubim, von denen der eine die Mitra und der andere den Bischofsstab hält, die typischen Bischofsinsignien, die uns daran erinnern, dass der heilige Augustinus Bischof war. Die Cherubinen sind auch gerade dabei, die Vorhänge zu bewegen, damit wir Zeugen des Geschehens werden. Dies spielt sich im Inneren eines prächtigen Portikus ab, der von großen klassischen Säulen getragen wird, die an die Säulen des Petersdoms erinnern, und von einem kurvenförmigen Architrav überragt wird, eine deutliche Hommage an das Genie von Gian Lorenzo Bernini, einem der größten Protagonisten des Barocks. In der Mitte der Leinwand ist der heilige Augustinus auf einem reichen Barockthron sitzend dargestellt, dieser endet in einer großen Muschel, die eine Aura schafft, wie eine riesige Krone um den Kopf des Heiligen. Er ist gerade dabei, seine berühmte Ordensregel, die sogenannte Augustinusregel, einer Schar von Ordensmitgliedern und hochrangigen Persönlichkeiten zu zeigen, die sich zu diesem Anlass hinter zwei kunstvollen klassischen Balustraden drängen.

Massarotti benutzte diese Figuren, um seine großen künstlerischen Fähigkeiten zu zeigen. Jede Figur wird mit einer Fülle von Details dargestellt, die sich sowohl im Reichtum der Kleidung als auch in der Vielfalt der Haltungen wiederfinden. Es ist eine Szene großer Bewegung, in der die verschiedenen Figuren sich gegenseitig unterhalten, Kommentare austauschen und mit Gesten und Mimik die Heiligkeit des Ereignisses betonen.

Die Gesichter sind charakterisiert, nicht idealisiert. Jedes Gesicht weist Merkmale auf, die es von den anderen unterscheidet, was zeigt, dass es sich wahrscheinlich um verschiedene Prälaten, darunter Johanniter und Malteser, und illustre Persönlichkeiten des damaligen Cremona handelt.

Abb. 33: Versteckt sich Stradivari zwischen diesen vornehmen Bürgern? *Diocesi di Cremona*, Ufficio Beni Culturali (n° 854/BCE/E/2020). Foto: Roberto Caccialanza. (www.robertocaccialanza.com)

Unter ihnen sollte sich daher auch das Gesicht Stradivaris verbergen. Wo? Auf der linken Seite der Leinwand, zwischen dem Mann im grünen Anzug und dem goldenen Umhang, der einen prächtigen goldenen Federhut trägt, und dem Priester mit der Kutte, der nach links schaut, ist eine Dreiviertelfigur zu sehen, die fast unerwartet hervorschaut. Der Legende nach soll dies Antonio Stradivari sein, dessen Gesicht demjenigen auf einem im letzten Jahrhundert gefundenen Medaillon ähnelt, von dem jede Spur inzwischen verloren gegangen ist. Wie gesagt, Massarotti war ein Zeitgenosse und ein Mitbürger unseres Geigenbauers, und es ist auch leicht zu erkennen, dass die Gesichter der dargestellten Personen Porträts sind. Ist dies also tatsächlich das Antlitz unseres Geigenbauers? Wie es immer bei Legenden der Fall ist, liegt es bei Ihnen, dies zu entscheiden.

Stradivari

XVI.
Die Rivalen

Es gibt nichts wie diese drei Namen: Amati, Guarneri, Stradivari;
es gab und wird nie wieder drei Geschäfte wie jene drei
gegenüber der großen Kirche San Domenico geben.[1]
(Hugh Reginald Haweis, Old violins and violin lore, 1898)

Der Tradition zufolge wurde das Handwerk des Geigenbauers üblicherweise vom Vater an den Sohn weitergegeben. In der Zeit, in der Antonio Stradivari lebte und tätig war, boomte der Geigenbau in Cremona, in den viele Familien einbezogen waren. Dank der zahlreichen aktiven Geigenbauwerkstätten wurde aus der Stadt ein in ganz Europa bekanntes Geigenbauzentrum. Einige Geigenbauer, die in Cremona geboren oder ausgebildet wurden und später die Stadt verließen, trugen auch dazu bei, den Cremoneser Geigenbau über die italienischen Grenzen hinaus bekannt zu machen.

Werfen wir einen kurzen Blick auf die wichtigsten Familienwerkstätten in Cremona, die zwischen dem 17. und 18. Jahrhundert mit der von Stradivari konkurriert haben.

Die Familie Amati:
Die Begründer des großen cremonesischen Geigenbaus

Mit der Familie Amati begann die Tradition des Geigenbaus in Cremona und durch sie wurde die sogenannte cremonesische Geigenbauschule gegründet. Es war Andrea Amati (ca. 1505/10–1577), der im 16. Jahrhundert seine Werkstatt in der Pfarrei San Faustino eröffnete. Diese blieb viele Jahre lang die einzige Geigenbauwerkstatt der Stadt. Seine Söhne Antonio (ca. 1537/40–1607) und Girolamo (1561–1630) wurden ebenfalls Geigenbauer und arbeiteten zusammen mit ihm in der Werkstatt.

Einige Jahre nach dem Tod seines Vaters beendete Antonio Amati die Arbeit mit seinem Bruder und zog in eine andere Werkstatt um. Angeblich hatte er weder Söhne noch Erben. Daher endete 1607 mit seinem Tod die Geigenbautätigkeit dieses Zweigs der Familie. Anders lag der Fall bei seinem Bruder. Historischen Dokumenten zufolge hatte Girolamo zehn Kinder, von denen das sechste, Nicolò (1596–1684), sich nicht nur dem Geigenbau widmete, sondern auch dazu beitrug, die Familienwerkstatt zur berühmtesten der Stadt zu machen. Der Beginn der Laufbahn von Nicolò Amati war alles andere als einfach. Seine Eltern und zwei seiner Schwestern kamen durch die große Pest von 1630 ums Leben, als die Bevölkerung der Stadt dezimiert wurde. Dennoch gelang es ihm mithilfe von Assistenten, die Krise zu überwinden und sich als wichtigster Geigenbauer der Stadt zu etablieren. Um 1650 waren in Cremona etwa zwanzig Geigenbauer tätig, keine geringe Anzahl, wenn man bedenkt, dass die Stadt zu dieser Zeit etwa 30.000 Einwohner zählte.[2] Die Familientradition spielte in der Werkstatt der Amati immer eine wichtige Rolle. Selbst im hohen Alter signierte Nicolò Amati seine Zettel oft mit dem Hinweis, er sei der Sohn von Girolamo und Neffe von Antonio. Im Gegensatz zu Stradivari war Nicolò Amati kein großer Erfinder, sondern hielt sich lieber an die Modelle von Instrumenten, die zuerst von seinem Großvater und dann von seinem Vater und seinem Onkel entwickelt worden waren. Als Stradivari seine eigene Werkstatt eröffnete, war Nicolò Amati sicherlich sein größter Konkurrent, oder besser gesagt, Nicolò Amati war so geschätzt, dass der junge Stradivari sich mit seinem Talent darauf vorbereitete, seinen Platz einzunehmen. Nicolò Amati heiratete im späten Alter und hatte acht Kinder, vier Mädchen und vier Jungen. Von diesen wurde nur der zweite, Girolamo (1649–1740), Geigenbauer und assistierte ihm schon in jungen Jahren in der Werkstatt. Nicolò Amati starb 1684 und ließ damit Antonio Stradivari den Weg offen, um innerhalb weniger Jahre zum berühmtesten Geigenbauer der Stadt zu werden. Die geachtete Werkstatt der Familie Amati schloss ihre Türen in der vierten Generation mit Nicolòs Sohn Girolamo, der trotz seines Talents etliche Schulden anhäufte und 1697 die Stadt endgültig verließ und nach Piacenza zog.

Die Familie Guarneri: Von Nicolòs famiglio zum größten Rivalen Antonios

Das Engagement der Familie Guarneri auf dem Gebiet des Geigenbaus begann mit Andrea (1623–1698), der mehrere Jahre lang der Assistent bzw. der *famiglio* von Nicolò Amati war, wie wir bereits erläutert haben. Aufgrund der engen Beziehung, die Nicolò Amati und Andrea Guarneri zweifellos verband, war letzterer in gewisser Weise prädestiniert, die Werkstatt seines Meisters zu übernehmen, der im Gegensatz zu den damaligen Gepflogenheiten keine Familie in jungen Jahren gegründet hatte. Doch der Plan von Andrea Guarneri zerschlug sich, weil Nicolò Amati kurz vor seinem 50. Geburtstag Lucrezia Pagliari heiratete. Die Ankunft der ersten Kinder des Ehepaares, insbesondere des Sohnes Girolamo, der die Nachfolge seines Vaters im Geigenbau antrat, bestätigte Andrea Guarneri, dass die Zeit gekommen war, um sich mit einer eigenen Werkstatt selbstständig zu machen. Er tat dies 1652, indem er Anna Maria Orcelli heiratete und in das Haus seiner Frau zog, wo er seine neue Werkstatt eröffnete, nur wenige Meter von der seines Meisters Nicolò entfernt. Die Söhne von Andrea Guarneri, Pietro (1655–1720) und Giuseppe Giovanni Battista (1666–1740) sicherten der Familie Guarneri die Fortführung der Geigenbautätigkeit in der zweiten Generation. Anscheinend verstanden sich Andrea Guarneri und sein ältester Sohn jedoch nicht gut, sodass Pietro bald den Wunsch äußerte, eine eigene Werkstatt zu eröffnen. Um zu verhindern, dass die verschiedenen Familienmitglieder miteinander konkurrierten, folgten die Geigenbauer in diesen Fällen ungeschriebenen, aber dennoch strengen Gesetzen: Wer sich unabhängig machen wollte, musste die Stadt verlassen. Andrea Guarneri setzte diese Regel durch, und so kam es, dass sein Sohn Pietro Cremona verließ und nach Mantua zog, weshalb er heute als Pietro da Mantova bekannt ist. Um seinen Vater in der Geigenbautätigkeit zu unterstützen, blieb daher Giuseppe Giovanni Battista in Cremona, der gewöhnlich Giuseppe *filius Andrææ* genannt wird. Folglich erbte er die Familienwerkstatt, als sein Vater 1698 starb. Giuseppe hatte auch zwei Söhne, die Geigenbauer wurden: Pietro (1695–1762) und Bartolomeo Giuseppe (1698–1744). Offensichtlich war es jedoch nicht einfach, mit Giuseppe Guarneri auszukommen, und das nicht nur, weil er ständig bis tief über beide Ohren in Schulden steckte. Sein Sohn Pietro wollte, genau wie sein gleichnamiger Onkel, ein eigenes Geschäft eröffnen und zog aus diesem Grund 1717, im Alter von nur 22 Jahren, nach Venedig, sodass er dann Pietro da Venezia genannt wurde. Sogar sein Bruder eröffnete nach seiner Heirat sein eigenes Geschäft, aber er blieb ausnahmsweise in Cremona und versuchte, soweit es ihm möglich war, seinem Vater zu helfen, dessen finanzielle Lage immer prekärer wurde. Dieser Geigenbauer ging als Giuseppe Guarneri del Gesù in die Geschichte ein, der heute als der einzig wahre Rivale von Antonio Stradivari gilt. Guarneri del Gesù und Stradivari verband eine große Kreativität und Experimentierfreudigkeit, die sie zu unterschiedlichen Ergebnissen führten. Wenn heute die Meisterwerke dieser beiden Geigenbauer einen ähnlichen Marktwert haben, der sich in der Größenordnung von mehreren Millionen Euro befindet, so wurden zur Zeit Stradivaris und bis Anfang des 19. Jahrhunderts die Instrumente von Guarneri del Gesù nicht besonders geschätzt, weil sie in einigen Fällen nicht die für Stradivari typische Liebe zum Detail, Eleganz und Symmetrie aufwiesen. Der brillante Geiger Niccolò Paganini spielte 1828[3] während seiner ersten Europatournee die Geige, die er selbst *Il Cannone* taufte, und damit trug er zur Wiederentdeckung und Wertschätzung von Guarneri del Gesù durch das europäische Publikum bei.

Während Antonio Stradivari über 90 Jahre alt wurde und praktisch bis zuletzt in seiner Werkstatt tätig war und so eine beträchtliche Anzahl von Meisterwerken schuf, wirkte sich der frühzeitige Tod von Giuseppe Guarneri del Gesù im Alter von nur 46 Jahren drastisch auf die Anzahl seiner Instrumente aus, von denen heute nur noch etwa 150 erhalten sind. Auch dank dieser geringen Anzahl erreichen heute seine Meisterwerke schwindelerregende Preise. In der Vergangenheit galt diese Seltenheit dagegen als Bestätigung eines negativen Urteils, das der Persönlichkeit dieses Geigenbauers zugeschrieben wurde. Diese Meinung basierte auf einer von Fétis veröffentlichten Geschichte, nach der Giuseppe Guarneri del Gesù ein unregelmäßiges Leben führte, Wein liebte, ein Faulenzer war und mehrere Jahre im Gefängnis verbrachte.[4] Offenbar entspricht diese Beschreibung jedoch nicht der Wahrheit, und Drögemeyer beeilte sich zu Beginn des 20. Jahrhunderts zu erklären:

> Nachforschung über den Ursprung dieser Legende durch den Canonico Bazzi in Cremona förderte die Tatsache zu Tage, daß in dem Sterberegister der Kathedrale zu Cremona ein Giacomo Guarneri verzeichnet steht, der am 8. Oktober 1715 im Gefängnis daselbst starb. In späteren Jahren hat wahrscheinlich eine Namensverwechslung zu Ungunsten Giuseppe Guarneri's stattgefunden und sich traditionell erhalten.[5]

Wollen Sie wissen, warum dieser Geigenbauer „del Gesù" genannt wird? Weil er auf seinen Zetteln neben seinem Namen, dem Namen der Stadt Cremona und dem Datum auch ein Kreuz, gefolgt von dem Monogramm *IHS*, einer Kurzform des Namens Jesus druckte.

Die Familie Ruggeri: Ein rätselhaftes Familienoberhaupt und talentierte Nachkommen

Wie im Fall von Antonio Stradivari kennen wir auch das Geburtsdatum des Geigenbauers Francesco Ruggeri (ca. 1630–1698) nicht, und sein Name wird zum ersten Mal in einem Trauregister erwähnt, aus dem hervorgeht, dass er, Sohn von Giovanni Battista Ruggeri, 1652 Ippolita Ravasi heiratete. Beide Ehepartner sowie ihre Familien waren in der Pfarrei San Bernardo im nördlichen

Teil der Stadt, etwas außerhalb der Stadtmauern von Cremona, ansässig. Unter Berücksichtigung der Tatsache, dass zu dieser Zeit die Ehe in der Regel um das 20. Lebensjahr geschlossen wurde, nahm man an, dass Francesco Ruggeri um 1630 geboren wurde und, vielleicht wegen der damals wütenden Pest, nicht im Taufregister der Pfarrei San Bernardo erschien.

Francesco Ruggeri war ein so guter Geigenbauer, dass einige seiner Geigen in der Vergangenheit als Schöpfungen von Nicolò Amati verkauft wurden, so hoch war ihre Qualität und so nah ihr Stil an dem von Amati. Aus diesem Grund wird angenommen, dass Ruggeri ein Lehrling von Amati gewesen ist, aber bis heute wurden keine Dokumente gefunden, die dies bestätigen. Es besteht jedoch kein Zweifel daran, dass sich die beiden Familien gut kannten und ein gutes Verhältnis zueinander hatten. Mindestens zwei Fakten beweisen dies: Nicolò Amati war der Taufpate von Giacinto (1658–1660), dem zweiten Sohn von Francesco Ruggeri; Girolamo Amati, der Sohn von Nicolò, war der Taufpate des Enkels von Francesco Ruggeri, d. h. des Sohnes Giovanni Battista, der wiederum der erste Sohn von Francesco Ruggeri war. Diese Umstände bestätigen, dass die Kontakte zwischen den Familien der Geigenbauer aus Cremona nicht so sporadisch oder feindselig waren, wie man manchmal vermutet.

Francesco Ruggeri und seine Frau hatten zehn Kinder: vier Mädchen und sechs Jungen. Der bereits erwähnte Giacinto und sein Bruder Paolo (1669–1676) starben früh. Alle anderen männlichen Söhne wurden Geigenbauer wie ihr Vater: Giovanni Battista (1653–1711), Giacinto (1661–1697), der, wie so oft, auf den Namen seines früh verstorbenen Bruders getauft wurde, Vincenzo (1663–1719) und Carlo (1666–1713).

So wie man von der Lehrzeit von Francesco Ruggeri bei Amati ausgeht, fragt man sich oft, ob Ruggeri wiederum nicht in irgendeiner Weise der Lehrer von Antonio Stradivari gewesen sein könnte. Weshalb? Vor allem aus zwei Gründen: Die ersten Instrumente von Antonio Stradivari weisen stilistische Ähnlichkeiten mit denen von Ruggeri auf; außerdem war die Werkstatt von Francesco Ruggeri um 1660 sehr produktiv, aber seine Söhne waren zu jung, um ihrem Vater helfen zu können. Ist es möglich, dass er stattdessen den jungen Antonio Stradivari einsetzte, um die Wünsche seiner Kunden in jenen Jahren zu erfüllen? Hoffentlich wird in der Zukunft irgendein Dokument oder Instrument auftauchen, mit dessen Hilfe man Licht in die rätselhafte Gestalt dieses Geigenbauers bringen kann.

Als Francesco Ruggeri die Hilfe seiner Söhne in der Werkstatt in Anspruch nehmen konnte, war er besonders aktiv beim Bau von Celli, die, wie wir gesehen haben, einen größeren körperlichen Einsatz erfordern als andere, kleinere Instrumente.

Im Gegensatz zu dem, was in der Familie Guarneri geschehen war, wurden die Söhne Ruggeris nicht von ihrem Vater gezwungen, Cremona zu verlassen, obwohl sie sich nach ihrer Heirat entschlossen, eine eigene Werkstatt zu eröffnen. Giacinto zog in die gleiche Straße, in der sich die Werkstatt der Amati befand, und arbeitete vielleicht mit ihnen zusammen. Giovanni Battista zog ein paar Mal um und wohnte dann in der Pfarrei San Silvestro, praktisch in derselben Straße, in der sein Bruder Vincenzo seine Werkstatt eröffnet hatte. Dies deutet darauf hin, dass die beiden Brüder zusammengearbeitet haben könnten. Das Oberhaupt der Familie, Francesco Ruggeri, verließ um 1687 die Pfarrei San Bernardo und zog in die Pfarrei San Sebastiano, und sein Sohn Carlo arbeitete weiter mit ihm in der Werkstatt, die er nach dessen Tod erbte.

Die Mitglieder der Familie Ruggeri scheinen eine sehr enge Beziehung zueinander gehabt zu haben. Leider erreichte keiner ein sehr hohes Alter. Der letzte überlebende Sohn von Francesco Ruggeri war Vincenzo, der 1719 im Alter von nur 56 Jahren starb. Zu diesem Zeitpunkt befand sich Antonio Stradivari noch in der Mitte seiner „goldenen Zeit". Vincenzo Ruggeri war ein produktiver und sehr geschätzter Geigenbauer, der in Kontakt mit einem anderen Geigenbauer, Carlo Bergonzi, stand, über den wir im nächsten Abschnitt sprechen werden.

Die Familie Bergonzi: Zuhause bei den Stradivari

Die Familie Bergonzi wohnte in einem Haus gegenüber der Kirche Sant'Agata, in der Antonio Stradivari und Francesca Ferraboschi im Juli 1667 geheiratet hatten. Carlo Bergonzi (1683–1747) kam 1683 auf die Welt, als Stradivari bereits in die nahe gelegene Pfarrei San Matteo umgezogen war, nachdem er ein Haus auf dem Platz vor der Kirche San Domenico gekauft hatte. Carlo war das vierte von neun Kindern. Wir wissen nicht, warum er sich entschied, Geigenbauer zu werden, aber höchstwahrscheinlich begann er seine Lehre in einer Werkstatt etwa im Alter von 14 Jahren, nach dem Tod seines Vaters.

Zu diesem Zeitpunkt hatte sich Vincenzo Ruggeri bereits von seinem Vater Francesco unabhängig gemacht, indem er seine Werkstatt in der Pfarrei San Silvestro eröffnet hatte. Es wird vermutet, dass Carlo Bergonzi den Beruf des Geigenbauers von Vincenzo selbst erlernt hat, aber leider konnte bisher keine endgültige Bestätigung in den Dokumenten gefunden werden, da das Seelenregister der Pfarrei San Silvestro inzwischen verloren gegangen ist.[6] Auf jeden Fall verband Vincenzo Ruggeri und Carlo Bergonzi eine langjährige Freundschaft, die durch den Umstand bestätigt wird, dass die Taufpatin von Vincenzos Tochter Teresa, die 1705 konfirmiert wurde, die Mutter von Carlo, Giulia Gusberti, war. Aus der Verbindung von Carlo Bergonzi mit Teresa Cavauli, die 1710 geheiratet hatten, wurden sechs Kinder geboren: drei Mädchen und drei Jungen. Zwei Söhne des Paares, Michelangelo (1721–1758) und Zosimo (1724–1779), widmeten sich wie ihr Vater dem Geigenbau.

Zwischen 1712 und 1720 lebten Carlo Bergonzi und sein jüngerer Bruder Pietro in der Pfarrei San Silvestro, wo auch Vincenzo Ruggeri jahrelang mit seiner Familie wohnte. Vincenzo Ruggeri starb im Jahr 1719 und kurz danach zog Carlo Bergonzi mit seiner Familie in eine andere Pfarrei. Von diesem Moment an zeigten seine Instrumente gewisse Ähnlichkeiten mit denen von Guarneri del Gesù, insbesondere was den Stil der Schnecke und die Form der Instrumente betraf.[7] Da jedoch leider nur etwa 50 von Carlo Bergonzi geschaffene Instrumente überlebt haben, ist es schwierig, ihren Stil und ihre Einflüsse zweifelsfrei zu beurteilen.

1730 starb Teresa, die Frau von Carlo Bergonzi, im Alter von nur 37 Jahren. Einen Monat später starb auch das zuletzt geborene Kind des Paares. Damals, nach dem Tod der Mutter, war es für die jüngsten Kinder schwierig, zu überleben, für die Neugeborenen war es fast unmöglich. Um dieses Datum herum begann die Zusammenarbeit zwischen Carlo Bergonzi und der Werkstatt der Familie Stradivari, eine aus künstlerischer Sicht sehr positive Zeit für Bergonzi, in der er einige seiner besten Instrumente baute. Aber auch die Stradivaris profitierten sicherlich von seiner Hilfe, und es ist nicht auszuschließen, dass die letzten Formen von Celli, die in diesen Jahren entwickelt wurden, das Ergebnis der Zusammenarbeit zwischen Carlo Bergonzi und den Söhnen von Antonio Stradivari waren.

Nach dem Tod von Antonio Stradivari (1737) und seinen Söhnen Omobono (1742) und Francesco (1743) wurde die berühmte Stradivari-Werkstatt geschlossen und Paolo, Antonios jüngster Sohn, beschloss, das Haus an Carlo Bergonzi zu vermieten, der 1746 mit seiner ganzen Familie dorthin zog. Obwohl er im darauffolgenden Jahr starb, lebten seine Kinder weiterhin in dem Haus, insbesondere Michelangelo, der dort bis zu seinem Tod im Jahre 1758 blieb, woraufhin seine Witwe in ein anderes Haus umzog.

Die Familie Rogeri: Eine Karriere zwischen Cremona und Brescia

Lange Zeit hatten Experten keine geringen Schwierigkeiten, die Familie Ruggeri von der der Rogeri zu unterscheiden, da diese Familiennamen in vielen Dokumenten fast gleich geschrieben wurden: Ruger, Roger, Rugeri. Außerdem latinisierten die Rogeri ihren Familiennamen oft in Ruggerius, sodass er dem der Rogeri sehr ähnlich wurde.

Heute wissen wir, dass es sich um zwei sehr unterschiedliche Familien handelt. Diejenige von Francesco Ruggeri hatte cremonesische Ursprünge, während Giovanni Battista Rogeri (ca. 1642–1710) in Bologna geboren wurde. Irgendwie kam Rogeri auch mit Cremona in Kontakt. Tatsächlich war er bereits mit 19 Jahren ein *famiglio* von Nicolò Amati und lebte von 1661 bis 1662 im Haus des großen Geigenbauers. Es gibt noch viel zu entdecken über die Figur des Giovanni Battista Rogeri, der nach einer guten Ausbildung in Cremona um 1675 in das andere große italienische Zentrum des Geigenbaus, nach Brescia, umzog. Giovanni Battista wurde von zwei Söhnen in der Werkstatt unterstützt, Pietro Giacomo (1665–1724) und Giovanni Paolo (1667– vor 1705).

Die Familie Guadagnini: Die Exzellenz eines wandernden Geigenbauers

Giovanni Battista Guadagnini (1711–1786) gilt heute nach Stradivari und Guarneri del Gesù als drittgrößter Geigenbauer der Geschichte und war, genau wie sie, ein großer Experimentator. Er wurde in Bilegno di Borgonovo Val Tidone geboren, einem kleinen Dorf in der Nähe von Piacenza, etwa 60 Kilometer von Cremona entfernt. Sein Vater Lorenzo war Geigenbauer (um 1690?–1745/50) und sein erster Lehrer.

Im Gegensatz zu Antonio Stradivari, der praktisch sein ganzes Leben in Cremona verbrachte, zog Giovanni Battista Guadagnini oft umher, sodass seine interessante Geigenbautätigkeit in vier Perioden unterteilt ist, die den vier Städten entsprechen, in denen er lebte: in Piacenza (1716–1749) in der Werkstatt seines Vaters, in Mailand (1749–1758), in Parma (1758–1771) und in Turin, wo er bis zu seinem Tod 1786 blieb. Die Instrumente von Guadagnini gehören heute zu den weltweit am meisten geschätzten. Seine Celli zum Beispiel werden auf mehrere Millionen Euro geschätzt. Es ist nicht klar, ob Guadagnini eine direkte Beziehung zu der Stadt Cremona hatte, ob er also tatsächlich dort gelebt hat. In mindestens ein Dutzend seiner 1758 datierten Instrumente fügte er einen Zettel ein, auf dem angegeben war, dass sie in Cremona hergestellt wurden, aber es könnte ein raffinierter Trick gewesen sein, um sie zu einem höheren Preis zu verkaufen. Während seines Aufenthaltes in Turin lernte Guadagnini den Grafen Ignazio Alessandro Cozio di Salabue (1755–1840) kennen, einen berühmten piemontesischen Sammler und Kunstmäzen, der ihn mit dem Bau mehrerer Instrumente beauftragte, von denen einige zu den schönsten gehören, die dieser Geigenbauer geschaffen hat. Die Werkstatt der Guadagnini wurde in der dritten Generation von seinem Sohn Giuseppe und anderen Familienmitgliedern weitergeführt, aber keiner konnte die hervorragende Qualität von Giovanni Battista übertreffen.

Jakob Stainer: Der große Außenseiter

Im Gegensatz zu den Geigenbauern, die wir bisher behandelt haben, wollte Jakob Stainer (ca. 1619–1683) weder seine Werkstatt an seine Kinder weitergeben, noch eine Geigenbauschule gründen, im Gegenteil, er war nicht bereit, sein Wissen mit jemandem zu teilen, aus diesem Grund nahm er nie die Hilfe von Assistenten in Anspruch.

Er wurde wahrscheinlich um 1619 in Absam geboren. Sein Vater arbeitete in den Salzbergwerken, und seine Mutter starb, als Jakob etwa zwei Jahre alt war. Es wird vermutet, dass der Geigenbauer in Venedig oder sogar in Cremona, in der Werkstatt von Nicolò Amati, ausgebildet wurde, aber bisher konnten keine Dokumente gefunden werden, die dies bestätigen. Die mögliche Ausbildung bei Amati würde durch die Qualität und den Stil von Stainers Instrumenten bestätigt, die oft viel mit denen des großen Geigenbauers aus Cremona gemeinsam haben. Es gab eine Zeit als die Instrumente von Stainer denen von Amati und Stradivari Paroli boten. Warum? Bis 1800 waren die Geigen von Stainer die begehrtesten Instrumente Europas. Der Grund dafür liegt im Musikideal jener Jahre, das einen hellen und klaren Ton, typisch für die Instrumente von Amati und Stainer, gegenüber den kräftigeren Instrumenten von Guarneri del Gesù und Stradivari bevorzugte. Niederheitmann schrieb 1877 zu diesem Thema:

> Es muss dabei ebenfalls dem Geschmack der Zeit Rechnung getragen werden. Wenn in der Jetztzeit Kraft und Schönheit vereint beansprucht werden und Stradivarius und Joseph Guarnerius, welche diese Eigenschaften in höchster Potenz besitzen, am meisten geschätzt sind, so gab es wiederum Zeiten, wo man dem sanftklingenden Ton den Vorzug gab, und Amati und Stainer den Preis zuerkannte.[8]

Stainer wurde auch vom Adel sehr geschätzt, unter seinen Bewunderern waren sowohl Erzherzog Ferdinand Karl von Österreich (1628–1662) als auch Kaiser Leopold I. von Habsburg (1640–1705). Wie schon im Fall der Stradivari-Instrumente wurden auch die von Stainer aufgrund seiner Popularität nicht nur kopiert, sondern auch in großer Zahl gefälscht.

Das goldene Zeitalter des cremonesischen Geigenbaus

Es gab Zeiten in der Geschichte, in denen große Persönlichkeiten zur gleichen Zeit in derselben Stadt lebten und dazu beitrugen, oft unvergleichliche künstlerische Höhepunkte zu erreichen. Dies war der Fall für das Florenz der Medici während der Renaissance mit Michelangelo, Leonardo und Botticelli sowie für das Rom von Papst Julius II. Dasselbe kann von Cremona zwischen dem 17. und 18. Jahrhundert gesagt werden, wo so viele talentierte Geigenbauer lebten, wie die Amati, die Stradivari, die Guarneri, die Ruggeri und die Bergonzi, die sich gegenseitig beeinflussten und die Kunst des Geigenbaus auf ein sehr hohes Niveau brachten. In ihren Werkstätten, die oft nur einen Katzensprung voneinander entfernt lagen, entstanden Meisterwerke, die noch heute, mehr als 350 Jahre später, durch ihre Perfektion und Schönheit verblüffen. Innerhalb von zehn Jahren, zwischen 1737 und 1747, verstarben große Protagonisten der Cremoneser Geigenbauschule: Antonio Stradivari (1737), Omobono Stradivari (1742), Francesco Stradivari (1743), Giuseppe Guarneri del Gesù (1744) und Carlo Bergonzi (1747). Und damit kam das Ende einer Ära. Ihr Erbe wird heute von den mehr als 150 in der Stadt tätigen Werkstätten bewahrt und weitergeführt.

WAS DIE KORYPHÄEN SAGEN: „Stradivari trat als einzigartiger Handwerker aus dem Schatten von Francesco Ruggeri, Nicolò Amati und Andrea Guarneri hervor, deren bereits beachtliche Leistungen er unbedingt übertreffen wollte. Er besaß die einzigartige Fähigkeit, Kunst und Wissenschaft perfekt in Holzkästlein miteinander zu verknüpfen, die unsere Ohren und Augen gleichermaßen erfreuen. Außerdem hatte er einen ausgeprägten Scharfsinn.

Im Alter von vierzig Jahren, mit einem weiteren sehr produktiven halben Jahrhundert vor sich, hatte er bereits alle vergangenen und gegenwärtigen Konkurrenten in Cremona in den Schatten gestellt, genauso wie diejenigen, die zu diesem Zeitpunkt anderswo, teilweise durch seinen Erfolg verdrängt, arbeiteten. Einige von ihnen starben in Armut.

Nur ein Mann, jung genug, um sein Enkel zu sein, mit einer fast entgegengesetzten Persönlichkeit, war in der Lage, sich der scheinbar unüberwindlichen Herausforderung zu stellen und es schließlich mit Antonios künstlerischer Vorherrschaft aufzunehmen: der letzte der Guarneris."[9]

Dmitry Gindin, Experte und Fachberater

XVII.
Die reifen Jahre

Ihn schuf Natur und hat die Form zerschlagen.[1]
(Ludovico Ariosto, *Der rasende Roland*, 1516)

Mit der Eroberung des Herzogtums Mailand im Jahr 1707 hatten die österreichischen Habsburger der 172-jährigen spanischen Herrschaft über das Gebiet und damit über die Stadt Cremona ein Ende gesetzt. Der ersehnte Frieden, den der Sonnenkönig Ludwig XIV. von Bourbon (1638–1715) und Karl VI. von Habsburg (1685–1740) 1714 in Rastatt unterzeichneten, beendete offiziell den 1701 begonnenen spanischen Erbfolgekrieg.

Das Ende des Konflikts bedeutete für die Bewohner von Cremona vor allem eines: die Möglichkeit, nach Jahren des Missbrauchs, der Repression und der Gewalt durch die verschiedenen in der Stadt stationierten Truppen endlich wieder ein normales Leben führen zu können.

Der Frieden war leider ein kurzes Intermezzo in der langen Geschichte der gepeinigten Stadt. Bereits 1733 ging das von den Österreichern besetzte Cremona an die Franzosen über, um wenige Jahre später in den kaiserlichen Besitz zurückzukehren. Bis 1738 war die Lage wieder chaotisch und schmerzhaft für die Menschen in Cremona, die erneut der ständigen Abfolge der Truppen in der Stadt ausgeliefert waren.

Wie hatte Stradivaris Familie diese Jahre überlebt? Offenbar ohne allzu große Schwierigkeiten. Die sogenannte „goldene Periode" von Antonio Stradivari hatte praktisch mit dem Spanischen Erbfolgekrieg begonnen und dauerte bis etwa 1725. Aus der Qualität der Instrumente, die in dieser Zeit aus seiner Werkstatt kamen, und aus der Zahl der Geschäfte, an denen der Geigenbauer beteiligt war, wird deutlich, dass er ungeachtet der Krise und der Kriege zum Erfolg entschlossen war. Die größte Schwierigkeit stellte sicherlich der Verlust von zwei seiner Kinder dar: Giovanni Battista Giuseppe, der 1702 nur acht Monate nach seiner Geburt gestorben war, und seine geliebte Tochter Giulia Maria, die 1707 im Alter von 40 Jahren starb. All dies wirkte sich jedoch kaum auf die Kreativität des Familienoberhauptes aus. Der einzige Rückgang, der festgestellt werden kann, ist derjenige im Zusammenhang mit der Herstellung von Celli, die zwischen 1701 und 1707 für einige Jahre zum Stillstand gekommen zu sein scheint.

Eine zusätzliche Hand?

Eines der großen ungelösten Rätsel bezüglich der Familie von Antonio Stradivari betrifft sein neuntes Kind, das dritte, das von Antonia Maria Zambelli geboren wurde, Giovanni Battista Martino. Wir wissen sehr wenig über diesen Jungen, der 1703 geboren wurde und im Haus seines Vaters lebte. Nach den Archivdokumenten war er nicht verheiratet, und wir können mit großer Wahrscheinlichkeit auch ausschließen, dass er sich für eine kirchliche Laufbahn entschieden hat, sonst hätten wir eine Bestätigung dafür im Seelenregister der Pfarrei San Matteo gefunden, wie es bei seinen Brüdern Alessandro Giuseppe und Giuseppe Antonio der Fall war. Was war er von Beruf? Mehrere Experten meinen, dass Giovanni Battista Martino zusammen mit den beiden anderen Söhnen von Antonio Stradivari, Francesco und Omobono, seinem Vater in der Werkstatt geholfen hat. Was führt uns zu dieser Vermutung? Die Tatsache, dass ab 1715, als Antonio Stradivari etwa 70 Jahre alt war, einige seiner Instrumente einen jugendlicheren und zarteren Stil kennzeichnen, eine neue Prägung, die nicht den stilistischen Merkmalen von Francesco und Omobono entspricht.

Damals begann die Berufslaufbahn der Handwerker ungefähr mit zehn Jahren. Wäre dieser junge Mann wirklich entschlossen gewesen, Geigenbauer zu werden, hätte er wahrscheinlich schon um 1713 die Werkstatt seines Vaters besucht. Einige Instrumente lassen vermuten, dass er um 1720 aktiv mit seinem Vater und seinen Brüdern zusammengearbeitet hat. Aber man kann es nicht mit letzter Bestimmtheit sagen, weil Giovanni Battista Martino leider schon 1727 starb, als er erst 24 Jahre alt war.[2] Sein vorzeitiger Tod stürzte nicht nur seine Angehörigen in Verzweiflung, sondern hinterließ auch Spuren in Stradivaris Werkstatt, wie Carlo Chiesa schrieb:

> Auf jeden Fall läutete dieses tragische Ereignis einen kleinen Stilunterschied in den Stradivari-Produktionen ein, auf den schnell die männlichere, aber allmählich weniger präzise Ausführung des alternden Antonio folgte, der anscheinend für den Rest seines langen Arbeitslebens ohne Unterstützung arbeitete.[3]

Antonio Stradivari ließ seinen Sohn praktisch vor seinem Haus, in der Kirche San Domenico, genauer gesagt in der Cappella del Rosario (Rosenkranzkapelle), in der Familiengruft der Villani begraben, die einige Jahre später die Grabstätte der Familie Stradivari wird.

Die letzte Periode

Auf jene Zeit außergewöhnlicher Produktivität, welche Stradivaris „goldene Periode" genannt wurde, folgte die, wie man sagt, letzte Schaffensphase des Geigenbauers, die bis zu seinem Tod im Dezember 1737 lief. In diesem letzten Zeitabschnitt ist die Anzahl der gebauten Instrumente geringer und einige zeigen eindeutigere Details, die nach Meinung von Experten zweifellos mit dem fortgeschrittenen Alter des Geigenbauers zusammenhängen. Wie unterscheiden sich die Instrumente dieser letzten Jahre von seinen früheren? Zunächst einmal ist es wichtig zu betonen, dass es keine historischen Beweise dafür gibt, dass Antonio Stradivari in dieser Zeit seines Lebens etwas an seiner Routine geändert hätte. Im Gegensatz beispielsweise zu Nicolò Amati (1596–1684), der, obwohl er ein auch hohes Alter erreicht hatte, angeblich einige Jahre vor seinem Tod aufhörte, aktiv am Leben seiner Werkstatt teilzunehmen, behielt Antonio Stradivari seine Werkstatt praktisch bis zum letzten Tag fest im Griff, und seine Schaffensfreude ließ mit dem Alter nicht nach. Auch dies unterstreicht in gewisser Weise Stradivaris große Persönlichkeit und Einzigartigkeit innerhalb der Welt des Geigenbaus. Wir können uns also vorstellen, wie der 80-jährige Geigenbauer seine Tage an der Werkbank verbrachte, mit Zirkel und Hobel in der Hand, um neue Meisterwerke zu schaffen, die Arbeit seiner Assistenten zu überwachen und die Beziehungen zu seiner angesehenen Kundschaft zu pflegen, so wie er es immer getan hatte. Unter diesem Gesichtspunkt hatten sich weder sein Tagesablauf noch die Verteilung der Verantwortlichkeiten innerhalb der Familienwerkstatt verändert.

Die zweite wichtige Erkenntnis ist, dass seine in dieser letzten Phase gebauten Instrumente einen schönen Klang haben, eine Tonfülle, die dem früherer Jahre gleichkommt und von den großen Geigerinnen und Geigern in gleicher Weise geschätzt wird. Zum Beispiel kaufte der berühmte belgische Solist Eugène Ysaÿe 1895 eine Stradivari-Geige von 1734, die heute unter den Namen *Herkules, Ysaÿe, Szeryng, Kinor David, Semel* bekannt ist und von der er sich erst 1908 trennte, als sie ihm gestohlen wurde.[4] Dies beweist, dass Stradivari trotz seines fortgeschrittenen Alters durchaus in der Lage war, seinen Instrumenten einen hervorragenden Klang zu sichern, und dies ist ein sehr wichtiger Hinweis.

Was war also an diesen Instrumenten im Vergleich zu ihren Vorgängern anders? Zunächst einmal das Rohmaterial, d. h. das Holz. Tatsächlich verwendete

Stradivari in den letzten Jahren häufig für den Boden seiner Instrumente Ahorn mit einer weniger lebhaften Flammung oder das sogenannte Oppio, ein einheimisches Holz mit dünneren Streifen. Diese Böden erregen weniger Aufmerksamkeit als die vorherigen, aber dies ist ein rein ästhetisches Detail.

Darüber hinaus war die Hand des Geigenbauers aufgrund seines fortgeschrittenen Alters offensichtlich nicht mehr so fest, es fehlte ihr ein wenig Sicherheit, und dies zeigt sich besonders in der Verarbeitung der Instrumente, der es an Vollkommenheit fehlt. Die Randeinlagen sind dicker und weniger präzis, die Ecken haben an Schärfe eingebüßt und die F-Löcher sind nicht mehr so perfekt geschnitzt. Auch die Lackfarbe neigt mehr zum Braun als zum Rot, hat weniger Glanz und Transparenz. Selbst in diesen Fällen haben diese Details keinen Einfluss auf die Klangqualität, aber Antonio Stradivari hat uns an ein solches Maß an Geschicklichkeit und Akribie gewöhnt, dass diese Abweichungen von der Perfektion zeigen, wie seine Hand weniger sicher war, aber auch, dass er in einigen Fällen von seinen Söhnen Francesco und Omobono und dem Geigenbauer Carlo Bergonzi unterstützt wurde. Einige seltene Instrumente enthalten einen Zettel mit der Angabe *sub disciplina*, um zu unterstreichen, dass sie unter der Leitung von Antonio Stradivari hergestellt wurden.

Stradivaris Beharrlichkeit brachte ihm die Bewunderung der großen Experten der Vergangenheit ein. Wasielewski schrieb:

> Stradivari überdauerte drei Generationen, und gleichwie Tizian als neun und neunzigjähriger [sic!] Greis ein Bild schuf, so fertigte Stradivari in seinem zwei und neunzigsten Lebensjahre noch eine Violine.[5]

Der deutsche Kritiker bezog sich hier auf das, was als das letzte von Antonio Stradivari 1737 gebaute Instrument gilt. Diese Geige trägt den poetischen Namen *Schwanengesang*.

Die Bratsche von Niccolò Paganini

Auch die von Antonio Stradivari gebauten Bratschen sind heute sehr geschätzt und vor allem begehrt, denn nur ein Dutzend von ihnen ist erhalten geblieben. Nur zwei dieser Bratschen wurden großformatig als Tenor-Bratschen gebaut: die bereits erwähnte Bratsche *Medici, Tuscan* von 1690, die in der *Galleria dell'Accademia* in Florenz aufbewahrt wird, und die Bratsche *Axelrod* von 1695, die zu dem von Evelyn und Herbert R. Axelrod dem *Smithsonian's National Museum of*

American History in Washington, D.C. gestifteten Stradivari-Quartett gehört. Letztere ist jedoch verkleinert worden, sodass die *Medici-Bratsche* tatsächlich die einzige überlebende Tenor-Bratsche ist.

Die älteste bekannte Stradivari-Bratsche wurde 1672 geschaffen und heißt *Gustav Mahler*, weil Rolf Habisreutinger (1908–1991) sie am 7. Juli 1960 zum 100. Geburtstag Mahlers gekauft hat. Der Schweizer Textilindustrielle und Amateurcellist Habisreutinger gründete 1964 eine Stiftung, die *Stradivari Stiftung Habisreutinger*, mit dem Ziel, begabte junge Musiker zu fördern, indem man ihnen diese wertvollen Instrumente leiht. Heute umfasst die Sammlung sechs Instrumente von Antonio Stradivari und eine Geige seines Sohnes Omobono. Interessanterweise besitzt die Stiftung nicht nur Stradivaris erste bekannte Bratsche, sondern auch das, was als seine letzte gilt, die Bratsche *Gibson, Saint Senoch*, die u. a. dem englischen Musiker George Alfred Gibson (1849–1924) gehörte, der zwölf Jahre lang als Professor an der *Royal Academy of Music* in London tätig war.

Mit Ausnahme der beiden Tenor-Bratschen und der *Gustav-Mahler-Bratsche* wurden alle anderen uns bekannten Bratschen von Stradivari anhand der Innenform gebaut, die Stradivari für die 1690 für die Familie Medici geschaffene Alt-Bratsche gebaut hatte. Dies Instrument wird heute in der *Library of Congress* in Washington, D.C. aufbewahrt.

Unter den verschiedenen Persönlichkeiten, die eine Stradivari-Bratsche besaßen, darf der große Niccolò Paganini (1782–1840) nicht vergessen werden. Seine 1731 von Stradivari gebaute Bratsche ist unter dem Namen *Paganini, Mendelssohn*, bekannt, weil sie nicht nur dem genuesischen Geiger, sondern auch dem Bankier und Mäzen Robert von Mendelssohn (1857–1917) gehört hat. In seiner Berlioz gewidmeten Biographie beschrieb der Musikkritiker Adolphe Jullien eine amüsante Anekdote, die nicht nur bestätigt, wie sehr Paganini diese Bratsche schätzte, sondern auch, was für ein unberechenbarer Charakter er war. So bat Paganini, begeistert von seiner Bratsche, Hector Berlioz (1803–1869), ein wichtiges Stück für dieses Instrument zu schreiben. Der junge Komponist, der befürchtete, den anspruchsvollen Geiger nicht zufriedenstellen zu können, versuchte abzulehnen. Aber Paganini hakte nach, bis der Franzose resigniert zustimmte. Anfangs lautete das gewählte Thema *Les Derniers Instants de Marie Stuart*, doch schon bald legte Berlioz es zur Seite, denn „es gefiel ihm jedoch nicht, ein vulgäres Stück zu produzieren, das mit teuflischen Schwierigkeiten geschmückt war",[6] und er entschied sich stattdessen für eine Komposition, die das Solo mit dem Orchester kombinierte. Zu diesem Zeitpunkt muss er bereits die ersten Zweifel gehabt haben, dass Paganini nicht einverstanden sein würde.

Aber nachdem er sein Wort gegeben hatte, setzte Berlioz die Arbeit fort und begeisterte sich bald so sehr dafür, dass er über 13 Stunden am Tag daran arbeitete.

> Er nahm sich vor, für das Orchester eine Reihe Partien zu komponieren, in die die Bratsche als aktive Figur eingreifen sollte; er wollte dieses Instrument, indem er es in die Mitte der poetischen Erinnerungen an seine Wanderungen in den Abruzzen stellte, zu einer Art melancholischem Träumer im Stil von Byrons *Childe Harolds Pilgerfahrt* machen. Daher der Titel der Sinfonie, *Harold en Italie*, in der die Hauptmelodie, die zuerst von der Bratsche freigelegt wurde, den anderen Liedern des Orchesters überlagert werden sollte, mit denen sie in Bewegung und Charakter kontrastierte, ohne ihre Entfaltung zu unterbrechen.[7]

Innerhalb von nur sechs Monaten beendete Berlioz die Sinfonie, doch in der Zwischenzeit hatten sich seine Zweifel an Paganinis Wertschätzung zu der Überzeugung verdichtet, dass der „Teufelsgeiger" unzufrieden sein würde. Er schrieb:

> Es ist eine Sinfonie auf einem neuen Niveau, keine Komposition, die geschrieben wurde, um ein individuelles Talent wie das seine zum Leuchten zu bringen.[8]

Und tatsächlich lag er richtig. Paganini weigerte sich, das Stück aufzuführen, was seiner Meinung nach seinen Stil nicht ausreichend würdigte und ihn zu langen Spielpausen gezwungen hätte. Und wie könnte man von Paganini verlangen, bewegungslos auf der Bühne zu bleiben? Und so wurde *Harold en Italie* 1834 in Paris zum ersten Mal aufgeführt mit Chrétien Urhan anstelle von Paganini. Nur vier Jahre später, als Paganini nach Paris zurückkehrte, um eine Reihe von Konzerten zu geben, konnte er, begleitet von seinem Sohn Achille, die Sinfonie hören, und seine Reaktion muss Berlioz überwältigt haben.

> Am Ende des Konzerts kletterte er auf die Bühne, durchschritt die Masse der eifrigen Musiker um Berlioz und ließ den kleinen Jungen [Achille] ihm sagen, dass ihn diese Musik begeistert hatte, dass er noch nie solche Emotionen empfunden hatte. Und während das Kind sprach, unterstützte der große Künstler seine unverständlichen Worte mit *Oui, oui, oui!* und unter Verzicht auf jeden anderen Ausdruck als mit Gesten verbeugte er sich vor Berlioz und küsste seine Hände.[9]

Als ob das noch nicht genug gewesen wäre, schrieb Paganini am nächsten Tag an Berlioz, proklamierte ihn zum Erben, zum Nachfolger Beethovens, und fügte seinem Lob einen Scheck über 20.000 Francs bei, eine Summe, „die es ihm erlauben würde, für die Ehre der Musik zu leben und zu arbeiten."[10] Genie und Wahnsinn!

Übrigens sammelte Paganini neben seiner Konzerttätigkeit auch Musikinstrumente und war einer der wenigen, die es schafften, ein Stradivari-Quartett zu besitzen.

Der letzte Wille Antonio Stradivaris

Antonio Stradivari hat seine Geschäfte stets mit großer Akribie und mit dem Hintergedanken geführt, daraus Vorteile für seine Familie zu ziehen. Vielleicht war es der Verlust seines jungen Sohnes Giovanni Battista Martino, der ihn davon überzeugte, dass es an der Zeit war, die Zukunft der Familie nach seinem Tod zu regeln.

Er tat dies, indem er genau diejenige Gruft in der Kirche San Domenico erwarb, in der er Giovanni Battista Martino hatte begraben lassen. Dadurch stellte er sicher, dass alle Mitglieder seiner Familie zukünftig an einem Ort begraben werden könnten. Seine Wahl war, wie immer, sehr wohlüberlegt, und wir werden im nächsten Kapitel ausführlich darauf eingehen.

Darüber hinaus hat er sein Testament verfasst. Es waren Carlo Chiesa und Duane Rosengard, die Stradivaris Testament im Staatsarchiv von Cremona[11] fanden. Es war eine sensationelle Entdeckung, die uns einmal mehr die Klarheit und Aufmerksamkeit erkennen lässt, mit denen der Geigenbauer an jedes Problem herangegangen ist. Es gibt vier Versionen dieses Testaments, die in etwas mehr als zwei Monaten erstellt wurden, was zeigt, dass Antonio Stradivari sicherstellen wollte, dass er nichts vergaß. Aber auch, um die Schwierigkeit zu unterstreichen, die ihn sicherlich dazu veranlasst hat, nach seinem Gewissen zu entscheiden, wie er seinen Nachlass auf seine verschiedenen Kinder aufteilen sollte. Wer wäre zu bevorzugen? Wem was überlassen von seinem beachtlichen Vermögen? Dies waren sicherlich keine leichten Entscheidungen.

Die erste Fassung seines Testaments datiert vom 24. Januar 1729 und wurde nicht, wie oft üblich, von einem Notar, sondern von Stradivari selbst verfasst. Es besteht aus drei Seiten, dem längsten handgeschriebenen Dokument des Geigenbauers, das wir kennen. Aus dieser ersten Version geht klar hervor, dass Stradivari sicher sein wollte, dass er jedem seiner Lieben ein friedliches, nicht durch finanzielle Probleme belastetes Dasein sichern wollte. Und das ist an sich schon eine lobenswerte Sache. Dennoch schien Stradivari vermeiden zu wollen, dass die Mitglieder seiner Familie von dem Testament erführen. Denn die folgenden Versionen des Testaments wurden von dem Notar Giovanni Pietro Prati verfasst, einem Notar, an den sich Stradivari erst bei dieser Gelegenheit wandte. Zudem wurde das Testament nicht, wie in diesen Fällen üblich, im Haus des Erblassers unterzeichnet, sondern in der Kirche Sant'Agostino in Anwesenheit von Stradivari, dem Notar mit zwei Assistenten und sieben Augustinervätern. Einer dieser Priester war Giuseppe Prati, der Bruder des Notars. Es ist daher wahrscheinlich, dass Stradivari sich auf den Notar Prati stützte, weil ihm dies von den Augustinervätern und insbesondere von seinem Bruder Don Giuseppe vorgeschlagen wurde, oder aber, dass seine Wahl auf die Kirche Sant'Agostino fiel, weil es Notar Prati war, der ihn beriet. Jedenfalls sieht es nicht danach aus, dass Stradivari eine besondere Verbindung zu dieser Kirche oder zum Notar Prati hatte.

In der endgültigen Fassung seines Testaments vom 6. April 1729 benannte Stradivari alle seine Kinder als Universalerben. Dies beweist, dass er Söhne und Töchter in gleicher Weise schätzte, ein Standpunkt, der damals sicher nicht als selbstverständlich galt. Schauen wir uns kurz an, was er jedem seiner Familienmitglieder hinterlassen hat.

An Francesco Giacomo (58 Jahre alt)

Nach dem Tod seiner Schwester Giulia Maria war Francesco der älteste Sohn von Stradivari geworden. Er hatte seinem Vater seit seiner Kindheit in der Werkstatt geholfen und war im Laufe der Jahre zu der Person geworden, auf die sich Antonio Stradivari für die Zukunft des Familienunternehmens am meisten verließ. Die grundlegende Rolle, die Francesco in Stradivaris Haus spielte, wurde von Antonio selbst in seinem Testament hervorgehoben und bekräftigt. Er ernannte Francesco nicht nur zum Haupterben seines Nachlasses, einschließlich des Hauses, der Werkstatt und allem, was sich darin befand, sondern auch zu seinem Nachfolger als Familienoberhaupt und Testamentsvollstrecker. Eine Anerkennung, die seine jahrelange Arbeit belohnte, aber auch die Hingabe und den Respekt berücksichtigte, die Francesco seinem Vater stets entgegengebracht hatte. Stradivari betonte dies in seinem Testament und wies in der Tat darauf hin, dass Francesco „immer die Hauptstütze des Berufs des besagten Erblassers war und ist, und sich immer gehorsam und unterwürfig gegenüber seinen Befehlen gezeigt hat."[12] Mit diesem Satz deutete der Geigenbauer wohl an, dass Francesco den größten Teil seines Nachlasses nicht nur deshalb erbte, weil er der älteste Sohn war, sondern vor allem wegen des respektvollen Umgangs gegenüber seinem Vater. Dies war in gewisser Weise eine Kritik an seinem Sohn Omobono, wie wir gleich sehen werden.

Antonio Stradivari veranlasste, dass Francesco mit seiner Stiefmutter Antonia Maria und seinen Brüdern im Haus seines Vaters in „gutem Frieden und Harmonie"[13] lebte. Hier fällt sofort auf, dass der Name Omobono in der Liste der Kinder fehlt, als ob Antonio Stradivari nicht daran interessiert gewesen wäre zu wissen, wo Omobono nach seinem Tod wohnen würde, oder dass er es für selbstverständlich hielte, dass Omobono das Haus seines Vaters verlassen würde. Stradivari bestimmte, dass er in der Kirche San Domenico beerdigt werden sollte, betraute aber seinen Sohn Francesco mit der Aufgabe, sich um die Beerdigung zu kümmern. Praktisch gesehen lag es an Francesco zu entscheiden, wie viel die Beerdigung seines Vaters kosten würde, d. h. mit welchem Prunk der alte Geigenbauer die Erde verlassen sollte. Stradivari hatte in den ersten Fassungen seines Testaments hinzugefügt, dass man, wenn möglich, 50 Messen vor seinem Leichnam abhalten sollte. Aber in der endgültigen Fassung begnügte er sich mit nur sechs Messen. Darüber hinaus unterstellte er sich der Gnade seines Sohnes, über die Zahl der Patres zu befinden, die für seine Seele beten sollten. Seinen Sohn entscheiden zu lassen, ob und wie viele Gebete seine Seele in den Himmel begleiten würden, war ein großer Vertrauensbeweis! Wie Sie sich vielleicht erinnern, hatte Antonio Stradivari bereits 1698 bis zu 150 Patres, die sechs verschiedenen Kirchen angehörten, beauftragt, für die Seele seiner ersten Frau Francesca Ferraboschi zu beten.

An Caterina Annunciata (55 Jahre alt) und Francesca Maria (29 Jahre alt)

Caterina Annunciata hatte immer im Haus ihres Vaters gelebt und im Gegensatz zu ihren Schwestern nie geheiratet oder Gelübde abgelegt. Ihr Vater vermachte ihr die Gewinne aus zwei Geschäften, die wir in einem früheren Kapitel erörtert haben. Die erste Schuld wurde 1712 von Pietro Cabrinetti aufgenommen, die zweite von Gregorio Ghisolfi im Februar 1729, wenige Monate bevor der Geigenbauer sein Testament unterzeichnete. Die Zinsen aus diesen beiden Krediten entsprachen etwa 270 Lire pro Jahr, die somit an Caterina gingen. Caterina musste sich jedoch verpflichten, einen Teil davon, nämlich 100 Lire pro Jahr, an ihre Schwester Francesca Maria zu zahlen. Auf diese Weise sicherte Stradivari beiden Töchtern ein Jahreseinkommen zu, das ihnen ein friedliches

Leben ermöglichen würde. Darüber hinaus beschloss das Familienoberhaupt, dass Caterina ihre gesamte Kleidung, ihren Schmuck und ihre Wäsche behalten konnte. Es sollte nicht überraschen, dass Stradivari es für angebracht hielt, dies in sein Testament aufzunehmen, da sonst all diese Sachen automatisch an das neu ernannte Familienoberhaupt, Francesco, gegangen wären. Francesca Maria war Nonne geworden, daher bestand das Problem der Kleidung, Schmuck und Wäsche in ihrem Fall nicht.

An Don Alessandro Giuseppe (52 Jahre alt)

Alessandro Giuseppe war der erste Sohn von Antonio Stradivari, der sich entschieden hatte, die Gelübde abzulegen, und bereits 1706[14] zum Priester geweiht worden war. Dennoch hatte er immer im Haus seines Vaters gewohnt. Der Geigenbauer vermachte ihm 3.000 Lire in bar und betonte, dass sie gewinnbringend zu verwenden seien. Selbst bei dieser Gelegenheit ließ Stradivari nicht die Gelegenheit aus, seine Söhne zu ermahnen, ihren Nachlass klug zu verwalten. Hätte Don Alessandro beschlossen, anderswo zu leben, hätte er außerdem das Recht gehabt, Wäsche, Möbel und Gemälde im Wert von 1.000 Lire aus dem Haus seines Vaters mitzunehmen. Letztendlich erbte Don Alessandro jedoch nichts, da er vor seinem Vater, am 26. Januar 1732, starb.[15]

An Omobono Felice (50 Jahre alt)

Der Teil des Erbes, der seinem Sohn Omobono hätte gehören sollen, war sicherlich das größte Problem für Stradivari. Dies zeigt sich bereits daran, dass der Geigenbauer das Vermächtnis für Omobono in den verschiedenen Versionen seines Testaments mehrfach geändert hat. In diesen Dokumenten wird deutlich, dass es eine gewisse Verstimmung zwischen Vater und Sohn gab. Omobono hatte sich nie so respektvoll gegenüber seinem Vater gezeigt wie sein Bruder Francesco. Vielleicht ist die Ursache außerhalb von Cremona zu suchen. Nach den testamentarischen Angaben Stradivaris hatte Omobono auf Kosten seines Vaters zweieinhalb Jahre in Neapel verbracht. Die Gründe für diesen Aufenthalt sind uns nicht bekannt. Es ist schwer zu sagen, was Omobono dazu getrieben hatte, Cremona zu verlassen. Eine neapolitanische Liebe? Der Wunsch, eine eigene Werkstatt weit weg von seinem Vater zu eröffnen? Die Aussicht, die Instrumente aus Stradivaris Werkstatt auch in Süditalien bekannt zu machen? Nach den Seelenregistern der Pfarrei San Matteo war der 18-jährige Omobono 1698[16] tatsächlich aus dem Haus seines Vaters abwesend. Dies war das Jahr, in dem Stradivaris erste Frau bzw. Omobonos Mutter, Francesca Ferraboschi, starb. War dies der erste Grund für die Spannung zwischen den beiden? Im folgenden Jahr[17] tauchte der Name Omobono jedoch wieder innerhalb der Familie auf. Er war also nur ein Jahr und nicht zweieinhalb Jahre abwesend gewesen. Oder ist es möglich, dass er immer noch abwesend war und der Pfarrer oder der Mesner es nicht bemerkt hat? Es wäre kaum zu glauben. Auf der anderen Seite gibt es bis zu Omobonos Tod keine weiteren Abwesenheiten. Vorläufig müssen wir uns damit begnügen zu wissen, dass diese Reise höchstwahrscheinlich 1698 stattfand und dass sein Vater ihm 31 Jahre später noch nicht verziehen hatte. Was auch immer der Grund für diese Reise gewesen sein mag, so zeigte sich Antonio Stradivari mit dem Ergebnis nicht zufrieden und vermerkte in seinem Testament, dass es ihn 2.000 Lire gekostet hatte. In der ersten Fassung seines Testaments scheint es sogar, dass Stradivari die Absicht hatte, seinem Sohn nichts zu hinterlassen. Denn er hinterließ ihm formell 3.000 Lire, von denen die 2.000 Lire, die er bereits für seinen Aufenthalt in Neapel bezahlt hatte, und andere Ausgaben für seinen Unterhalt abgezogen werden mussten, mit dem Ergebnis, dass Omobono leer ausging. In späteren Versionen ist es offensichtlich, dass der ältere Vater mit sich und seinem Gewissen kämpfte. Am Ende hinterließ Stradivari seinem Sohn 5.000 Lire, von denen die 2.000 Lire, die er für das Abenteuer Neapel ausgegeben hatte, abgezogen werden mussten. Von den verbleibenden 3.000 Lire sollte die Hälfte der Summe in bar an Omobono gezahlt werden, die andere Hälfte in Objekten für das Haus. An dieser Stelle betonte Stradivari, dass sein Sohn kein Anrecht auf seine Arbeitswerkzeuge habe, aber er könne zwischen Gegenständen, Wäsche und Gemälden des väterlichen Hauses wählen, letztere müssten jedoch von seinem Bruder Francesco ausgewählt werden. Außerdem hätte Omobono Anspruch auf sechs Stradivari-Geigen im Gesamtwert von 1.000 Lire gehabt. Alles in allem besser als nichts.

An Giuseppe Antonio (25 Jahre alt)

Giuseppe Antonio hatte sein Gelübde wie sein Bruder Alessandro abgelegt. In dem Jahr, in dem sein Vater sein Testament machte, wurde Giuseppe im Seelenregister noch als Kleriker angegeben,[18] aber ab dem folgenden Jahr erschien er als Priester.[19] Antonio Stradivari bestätigte in seinem Testament, dass sein Sohn Giuseppe Anspruch auf die jährlichen Zinsen für die 6.000 Lire Schulden von

Ponzetti hatte, an den Stradivari ein Haus verkauft hatte. Der Geigenbauer legte in seinem Testament ausdrücklich fest, dass Giuseppe das Geld reinvestieren müsse, falls Ponzetti die Schulden bezahle. Wir haben es wieder einmal mit der Persönlichkeit Stradivaris zu tun, für den das Geld immer wieder neu investiert werden musste und niemals untätig bleiben durfte. Stradivari entschied auch, dass Giuseppe seiner Mutter Antonia Maria die Summe von 500 Lire zahlen sollte.

An Paolo Bartolomeo (21 Jahre alt)

Wie wir wissen, investierte Stradivari 1733 für seinen Sohn Paolo Bartolomeo 20.000 Lire, um ihm zu ermöglichen, eine Handelsgesellschaft mit Lorenzo Berti zu gründen. Als er jedoch vier Jahre zuvor sein Testament verfasste, konnte er noch nicht wissen, was aus Paolo werden sollte. Auf jeden Fall wollte Stradivari um jeden Preis aus seinem 21-jährigen Sohn einen Kaufmann machen. Aus diesem Grund entschied er, dass Paolo, wenn er den kaufmännischen Beruf gewählt hätte, Anspruch auf 6.000 Lire in bar aus seinem Erbe hätte. Hätte sich Paolo schließlich für einen anderen Beruf entschieden, hätte er nur 3.000 Lire in bar und 3.000 Lire in Möbeln, Wäsche und Haushaltswaren erhalten. Das ist schon eine kleine Erpressung. Letztendlich folgte Paolo dem Willen seines Vaters und wurde Kaufmann, sodass er die 6.000 Lire erbte. Wie im Falle seines Bruders Omobono konnte Paolo auch sechs Geigen seines Vaters im Wert von 1.000 Lire erhalten. Und wie im Falle seines Bruders Giuseppe musste auch Paolo seiner Mutter Antonia Maria 500 Lire zahlen.

An seine Frau Antonia Maria (ca. 65 Jahre alt)

Stradivari verfasste sein Testament im 30. Jahr seiner Ehe mit Antonia Zambelli. Stradivaris Verbindung mit Francesca Ferraboschi hatte nur ein Jahr länger gedauert, aber auf der Grundlage der beiden uns vorliegenden Dokumente haben wir den Eindruck, dass Antonio seiner ersten Frau näher stand als seiner zweiten. Das erste Dokument ist die Spesenabrechnung für die Beerdigung von Francesca, aus der die Aufmerksamkeit hervorgeht, mit der sich der Geigenbauer um alle Details gekümmert hat: die goldene Trage für den Sarg, die 150 Patres, die für die Seele der Verstorbenen beteten, die verschiedenen Glocken, die ihre Auffahrt in den Himmel begleiteten, usw. Andererseits wurde seine zweite Frau, Antonia Maria, in seinem Testament von der Aufteilung des Vermögens von Antonio Stradivari ausgeschlossen. In der ersten Fassung hatte der Geigenbauer sogar keinen finanziellen Betrag für seine Frau vorgesehen. Antonia Maria hätte im Haus der Familie bleiben dürfen, und ihr Stiefsohn Francesco hätte sich um sie kümmern müssen. Mehr nicht. Eine eher dürftige Anerkennung nach 30 Jahren Ehe. In den folgenden Wochen muss Stradivari begriffen haben, dass die Behandlung seiner zweiten Frau nicht sehr korrekt war, und am Ende bestimmte er zusätzlich, dass seine Söhne Giuseppe und Paolo ihr die Summe von 1.000 Lire in bar hätten zahlen müssen. Wenn wir pingelig vorgehen wollen, ist dies eine Verbesserung gegenüber der ersten Fassung des Testaments, aber auch eine Bestätigung, dass die Ehefrau nicht am Nachlass ihres Mannes beteiligt war, sondern nur über ihre Kinder auf ihren Erbanteil zugreifen konnte. Es ist ein kleines Detail, aber immer noch bezeichnend. Darüber hinaus legte Stradivari fest, dass seine Frau, wie im Fall seiner Tochter Caterina, alle ihre Kleider, ihre Wäsche, aber nur die Hälfte ihres Schmucks behalten durfte. Wieder ein kleines, aber gewichtiges Detail. Am Ende des seiner Frau gewidmeten Absatzes erklärte Stradivari, dass dieses Vermächtnis der Dank für die Zuneigung sei, die sie ihm stets entgegengebracht habe. Er ging aber auch davon aus, dass sie Witwe blieb und ehrlich und keusch im Haus des Geigenbauers lebte. Eine für die damalige Zeit vielleicht typische, aber nicht sehr nette Bemerkung. Dennoch muss ihm dieser letzte Satz nicht stark genug vorgekommen sein. Er fügte dem endgültigen Testamentsentwurf ein weiteres Dokument bei und wies darauf hin, dass seine Frau bei einer erneuten Heirat überhaupt nichts erhalten würde. Leider starb Antonia Maria Zambelli, die 20 Jahre jünger als ihr Ehemann war, vor ihm und war sich daher dieser Klauseln in seinem Testament nicht bewusst. Zumindest unter diesem Gesichtspunkt ein kleiner Trost.

Stradivari

XVIII.
Der Tod einer Legende

*Das lange produktive Leben Stradivaris und
seine anhaltende Dominanz über den Cremoneser Geigenhandel
führten vielleicht unbeabsichtigt dazu,
genau diese Schule in die Knie zu zwingen.*[1]
(Carlo Chiesa; Duane Rosengard,
The Stradivari Legacy, 1998)

Für Katholiken hatte der Ort der Bestattung schon immer eine große Bedeutung. Das Christentum erlaubte ursprünglich keine Bestattung in der Kirche. Dies lag wahrscheinlich auch daran, dass schon die alten Römer ihre Toten außerhalb der Stadt begraben mussten. Das christliche Gebot wurde aber im Laufe der Jahrhunderte revidiert und dahingehend geändert, dass Bestattungen letztendlich *ad sanctos et apud ecclesiam* (in der Nähe der Heiligen und in den Kirchen) gefördert wurden. Der Wunsch der Gläubigen, direkt in der Kirche oder in ihrer unmittelbaren Nähe bestattet zu werden, bestimmte schließlich ab dem Mittelalter eine besondere Nutzung des geweihten Raumes innerhalb und außerhalb der Kirche.

Die begehrtesten Grabstätten innerhalb der Kirche befanden sich natürlich in der Nähe der Reliquien der Heiligen oder der Altäre, an denen regelmäßig die Messe gefeiert wurde. Die Heiligen ruhten in besonderen Kapellen oder unter den Altären. Man nahm an, dass ein Begräbnis in ihrer unmittelbaren Nähe die Seelen der Verstorbenen schützen würde und ihnen ermöglicht hätte, am Tag des Jüngsten Gerichts aufzuwachen und das Paradies betreten zu können. Deshalb wurden die Leichen der wohlhabenden Gläubigen direkt unter den Bodenplatten begraben. Die Reicheren unter ihnen konnten es sich sogar leisten, die Bodenplatte, die gewöhnlich aus Marmor bestand, mit ihrem Namen, ihrem Bildnis oder dem Wappen ihres Hauses gravieren zu lassen. Vielleicht ist Ihnen nicht nur in italienischen Kirchen aufgefallen, dass der Boden, vor allem in der Nähe des Hauptaltars, oft aus ganzen Reihen von Marmorplatten besteht, die, wenn sie nicht durch ständige Reibung abgestumpft sind, immer noch die Marmoreinlage zeigen, welche die dort Bestatteten identifiziert. Die

Armen hingegen wurden ohne Särge und in Massengräbern bestattet. Das Massengrab befand sich bestenfalls in der Nähe des Kreuzgangs der Kirche oder in der äußeren Umfriedung, um auch in diesem Fall eine schützende Wirkung zu gewährleisten. Wenn ein Grab nicht mehr in der Lage war, Leichen aufzunehmen, wurde es zugeschaufelt und ein neues gegraben. In regelmäßigen Abständen grub man dann die in den älteren Gräbern enthaltenen Knochen aus und legte sie in die Beinhäuser. Den Außenbereich, der die Leichen beherbergte, nannte man auf Italienisch *camposanto* (heiliges Feld). Diese Bezeichnung betonte die Heiligkeit solcher Orte und wurde später verwendet, um Friedhöfe allgemein zu benennen.

Die Dominikaner in Cremona und die Kirche San Domenico

Der Dominikanerorden wurde nach seinem Gründer, dem spanischen Mönch Dominikus von Guzmán (1170–1221) benannt, der ihn 1215 gegründet hatte. Dieser Orden fand von Anfang an großen Anklang. Deshalb genehmigte Papst Honorius III. (ca. 1150–1227) ihn offiziell schon ein Jahr nach seiner Gründung. Die Dominikaner sehnten sich nach der Rückkehr der Kirche zu den ursprünglichen Bedingungen von Demut und Armut. Aus diesem Grund lehnten sie Luxus und Reichtum ab und lebten in Bettelei. Die Grundsätze des Ordens waren Predigen und Lehren, mit dem Hauptziel, den häretischen Bewegungen entgegenzuwirken, die in Europa Fuß fassten. Zu den illustren Persönlichkeiten, die diesem Orden angehörten, zählten die heilige Katharina von Siena (1347–1380), die Papst Gregor XI. überzeugte, Avignon zu verlassen und nach Rom zurückzukehren, und Girolamo Savonarola (1452–1498), dessen feurige Predigten zur Vertreibung der Medici-Familie aus Florenz und zur Ausrufung der florentinischen Republik beitrugen.

Die intensive missionarische Tätigkeit machte die Dominikaner für die Kirche zu einem wertvollen Instrument im Kampf gegen die ketzerische Bedrohung. Bereits gegen Ende des 12. Jahrhunderts kam es in Europa zu tiefgreifenden sozialen und kulturellen Veränderungen, die sich in gewisser Weise auch auf den religiösen Bereich im Leben der Menschen auswirkten. Die konsolidierte Gesellschaftsstruktur, die seit jeher auf drei verschiedenen Ordnungen beruhte: *Oratores, Bellatores, Laboratores* (Priester, Krieger, Arbeiter), wurde allmählich durch das Entstehen einer neuen Klasse, der Bourgeoisie, infrage gestellt. Die Kirche hat die Inquisition mit dem Ziel eingeführt, diesen Wandel zu stoppen und insbesondere die als häretisch geltenden Bewegungen im Keim zu ersticken, die eine

Die Dominikaner in Cremona und die Kirche San Domenico

Abb. 34: Die Kirche San Domenico in Cremona, wo Stradivari und viele Mitglieder seiner Familie begraben wurden. Rekonstruktion von Roberto Caccialanza anhand zweier Fotoplatten von Aurelio Betri (Fotoplatten 190B und 192, vor Juli 1869). *Staatsbibliothek*, Cremona. Restauriert von Roberto Caccialanza. (www.robertocaccialanza.com)

Gefahr bedeuteten, die etablierte Ordnung zu untergraben und die Gläubigen vom wahren Glauben abzubringen. Nach dem Willen von Papst Gregor IX. (ca. 1167–1241) wurden die Inquisitoren direkt von ihm ernannt. Sie verfügten über große Macht und konnten beispielsweise sogar einen Bischof absetzen, wenn sie ihn für unfähig hielten, die Ketzerei in seinem Gebiet angemessen zu bekämpfen. Zunächst wurde die Rolle der Inquisitoren den Zisterziensermönchen, dann den Franziskanern und schließlich den Dominikanern übertragen. Der Orden der Dominikanermönche ließ sich in der ersten Hälfte des 13. Jahrhunderts in Cremona nieder und erhielt die Aufgabe, die häretischen Bewegungen der Katharer und der Patarener zu unterdrücken. Glücklicherweise wurden den übrigen Quellen zufolge die Diktate der Inquisition in Cremona mit viel mehr gesundem Menschenverstand angewandt als in anderen Teilen Europas, wo es zu echten Massakern kam.

Ende des 13. Jahrhunderts erhielten die Dominikaner von Cremona vom Bischof die kleine Kirche Sant'Agnese,[2] die sich im Zentrum der Stadt befand. Die Autorität der Predigerbrüder und die Beliebtheit, die sie in der Stadt genossen, veranlassten sie später zu der Entscheidung, die kleine Kirche abzureißen, um ein neues Gebäude zu errichten, das ihrem Gründer, dem heiligen Dominikus, gewidmet werden sollte. Das Projekt erlangte eine solche Dimension, dass es bald eine zweite Kirche, die von San Martino, einbezog.

Das Prestige der Lage der neuen Kirche San Domenico ist schnell beschrieben: Auf dem davorliegenden gleichnamigen Platz, den auch Stradivaris Werkstatt überblickte, vereinten sich die vier Straßen, die zu den vier Stadttoren führten. Dies war das Herz von Cremona.

Der Architekt Carlo Domenico Visioli[3] und der Ingenieur Ettore Signori[4] beschrieben ausführlich diese imposante Kirche, die bald zu einer der beliebtesten der Stadt wurde. Das Gebäude hatte den Grundriss eines lateinischen Kreuzes, dessen Mittelschiff etwa 85 Meter und dessen Querschiff 35 Meter maß. Es war also noch länger als der Dom.

Die Fassade, schlicht und gleichzeitig majestätisch aufgrund ihrer Größe, war 24 Meter lang und 33 Meter hoch. Sowohl außen als auch innen überwog der Backstein, ein armseliges Element, das an die Prinzipien des Mönchsordens erinnerte. Eine große Rosette in der Mitte der Fassade mit Terrakotta-Leisten und -Rahmen war eine der Hauptdekorationen. Ein weiteres Schmuckelement bildete ein Giebel, der aus einer Loggia mit Spitzbögen bestand, die von kleinen Säulen getragen wurde, unter denen sich ein zweibogiges Fenster mit Spitzbogen befand, das von zwei kleinen Tabernakeln flankiert wurde. Der Schwung in Richtung Himmel wurde durch drei polygonale Zinnen betont, die von Türmen überragt wurden. Mit seinen 62 Metern war der Kampanile der zweitgrößte nach dem Torrazzo, dem Glockenturm des Doms und Symbol der Stadt.

Der Innenraum war in drei Schiffe von insgesamt 22 Metern Breite unterteilt, die wiederum durch zwei Reihen von sechs majestätischen Ziegelsteinpfeilern mit einem Durchmesser von 1,75 Metern und einer Höhe von 7,75 Metern getrennt waren.

Die Schlichtheit des Innenraums akzentuierte gleichzeitig seine Majestät und weckte bei den Gläubigen ein Gefühl des Staunens und der Hingabe an diesen Tempel des Herrn, der das hohe Ansehen des Dominikanerordens widerspiegelte und in dem viele illustre Cremoneser begraben werden wollten.

> Mit den beträchtlichen Beträgen, die sie als Schenkungen von berühmten Persönlichkeiten (in der Kirche und im Kreuzgang des Klosters begraben) erhielten, konnten die Predigerbrüder wichtige Werke bei den berühmtesten Cremoneser Künstlern des 16. bis 18. Jahrhunderts in Auftrag geben und so die Pracht der Basilika erhöhen.[5]

Die vermögenden Wohltäter unterstrichen die Bedeutung und die Reputation ihrer Familien, indem sie ihre Kapellen mit Marmor, Gemälden und Fresken schmückten, während für die Dominikaner die Kunst ein Mittel war, um ihre Arbeit und die des Heiligen Offiziums zu fördern und die grundlegende Rolle, die sie in der Geschichte der Kirche spielten, zu bekräftigen.

In der Nähe der Kirche wurde auch ein imposantes Kloster errichtet, das unter anderem eine reichhaltige Bibliothek beherbergte, um noch einmal die Grundprinzipien des Dominikanerordens zu unterstreichen. Nicht weniger als drei Bruderschaften hatten ihren Sitz im Kloster: die Bruderschaft des Heiligen Rosenkranzes, die Kompanie des Kreuzes und die Bruderschaft des heiligsten Namens Gottes.

Die Asymmetrie des Glaubens

Während das linke Seitenschiff praktisch an den Kreuzgang von San Domenico grenzte, überblickte eine Reihe von Kapellen das rechte Seitenschiff. Diese waren eine Ergänzung zum Grundriss des lateinischen Kreuzes und wurden durch die Einbeziehung früherer Strukturen erreicht. Auf diese Weise erschien die Kirche am Ende asymmetrisch, aber dank ihrer gewaltigen Größe fiel es wahrscheinlich überhaupt nicht auf. Die erste Kapelle auf der rechten Seite war früheren Heiligen gewidmet: Katharina von Alexandria und Johannes dem Täufer, die zweite dem wichtigsten Apostel Jesus, Petrus dem Märtyrer. Diese Kapelle wurde 1513 durch den Kauf einer neben der Kirche gelegenen Werkstatt erworben und in eine Kapelle umgewandelt.[6] Hier hatte die Kompanie des Kreuzes ihren Hauptsitz. Anstelle der dritten Kapelle gab es zunächst einen Raum für die Verehrung der heiligen Ursula. Aber Francesco Allegri entschied 1495, dass seine beiden unverheirateten Töchter, Margherita und Antonia, einen Teil ihres Erbes für den Bau einer neuen Kapelle für die Selige Jungfrau vom Rosenkranz verwenden sollten. Diese Kapelle war eine der allerersten, die der Marienverehrung in einer Dominikanerkirche gewidmet wurde.[7] Die Marienverehrung erlangte ab der Mitte des 16. Jahrhunderts eine grundlegende Bedeutung, da sie als Instrument gegen protestantische Ketzerei eingesetzt wurde. Diese Kapelle spielt eine wichtige Rolle in unserer Geschichte, deshalb werden wir sie in Kürze im Detail beschreiben. Die vierte Kapelle war zunächst dem heiligen Evangelisten Johannes und später Rosa da Lima gewidmet. Diese Heilige, die dem Dominikanerorden angehörte, wurde 1671 heilig gesprochen, und dies spiegelte sich natürlich in der zunehmenden Anzahl ihrer Verehrer wider. Die letzte Kapelle vor dem Querschiff war dem heiligen Martin geweiht. Der Überlieferung zufolge befand sich hier ursprünglich die diesem Heiligen geweihte Kirche, die später zerstört wurde, um die Kirche San Domenico zu vergrößern. Später wurden aus diesem großen Raum zwei getrennte Kapellen gebaut, eine dem heiligen Vincenzo Ferrari und eine dem heiligsten Namen Jesu geweiht, letztere war der Sitz der gleichnamigen Bruderschaft.

1575 unternahm Kardinal Karl Borromäus (1538–1584) einen apostolischen Besuch in Cremona, bei dem er auch die Kirche San Domenico besuchte. Als Ergebnis dieses Treffens informierte der Kardinal die Dominikaner über eine Reihe von Änderungen an der Struktur und motivierte sie mit der Notwendigkeit, auf die vom Konzil von Trient aufgestellten Diktate zu reagieren. Einige Jahre später beschlossen die Dominikaner, einige Renovierungsarbeiten an der Kirche durchzuführen. Diese hatten die offizielle Funktion, den vom Kardinal erlassenen Anordnungen zu gehorchen, aber in Wirklichkeit gaben sie den Brüdern auch die Gelegenheit, die Innendekoration zu erneuern und sie dem Geschmack der Zeit anzupassen.

Die Kapelle der Seligen Jungfrau vom Rosenkranz

Wie wurde die Kapelle der Seligen Jungfrau vom Rosenkranz geschmückt? Die ersten Informationen darüber gehen auf das Jahr 1577 zurück, als die Kapelle „dank der Schirmherrschaft des Priors des Klosters, Pater Severino da San Severino, zum offiziellen Sitz der Bruderschaft des Rosenkranzes wurde."[8] Anscheinend befand sich die Kapelle damals in einem völlig verlassenen Zustand, sodass die Dominikaner sicherlich froh waren, eine Gruppe von Interessenten zu finden, die sich um die notwendigen Renovierungsarbeiten kümmern konnten. Innerhalb weniger Jahre sollte dies die schönste Kapelle der gesamten Kirche werden. Die Struktur der Kapelle wurde vergrößert und einige der größten Exponenten der lombardischen Barockschule, wie Giovan Battista Trotti, bekannt als il Malosso (1555–1619), Giulio Cesare Procaccini (1574–1625) und sein Bruder Camillo (1561–1629), wurden zur Ausführung der Fresken und Gemälde berufen. Die ikonografische Auswahl basierte hauptsächlich auf Episoden aus dem Leben der Jungfrau Maria und auf Themen, die die Rolle des marianischen Gebetes als Mittel gegen Ketzerei hervorhoben. Zu den Werken, die die größte Bewunderung erregten, gehörte das von Malosso gemalte Fresko der Kuppel. Das dargestellte Thema war die Mariä Himmelfahrt. Der Künstler zeigte den Moment, in dem die Mutter Gottes im Begriff war, das Paradies zu erreichen. Ihr grandioser Aufstieg in einen Himmel voller Wolken wurde von neun Engeln begleitet, die, zum Teil mit Trompeten gewappnet, ihre Ankunft feierlich an-

Abb. 35: Der Altar der Stradivari-Kapelle, der sich heute in der Kirche San Siro in Soresina befindet. *Diocesi di Cremona*, Ufficio Beni Culturali (n° 854/BCE/E/2020). Foto: Alessandra Barabaschi.

kündigten. Die Dreifaltigkeit erwartete ihre Ankunft im Himmel. Die vier Pendentifs waren ebenfalls mit flatternden Engeln geschmückt, die auf die Jungfrau Maria anspielende Symbole in der Hand hielten. Leider ist von diesem Fresko nur noch ein Fragment erhalten, aber es war so schön, dass viele Zeitgenossen darüber berichtet haben. Glücklicherweise konnten alle Gemälde, die für die Rosenkranzkapelle angefertigt wurden, gerettet werden. Vier dieser wunderbaren Bilder befinden sich in der *Sala San Domenico* im *Stadtmuseum Ala Ponzone* in Cremona. Darunter gibt es eine Lünette von Giulio Cesare Procaccini, die vermutlich um 1615 entstanden ist. Dieses Werk mit dem Titel *Transizione della Vergine* (Der Tod der Jungfrau Maria) gilt als Meisterwerk des Künstlers. Es ist ein Gemälde von seltener Schönheit. Maria liegt auf einem Bett, das seine Konsistenz zu verlieren und sich in eine Wolke zu verwandeln scheint. Um sie herum hatten sich die Apostel versammelt, die vom Schmerz erschüttert waren. Dieses Werk allein reicht aus, um zu zeigen, mit welchem Elan und außerordentlicher Pracht die Künstler in dieser Kapelle gearbeitet haben.

Um besser zu verstehen, wie groß die der Seligen Jungfrau vom Rosenkranz geweihte Kapelle war, schlage ich Ihnen einen Besuch in Soresina vor, einem kleinen Ort knapp 30 Kilometer von Cremona entfernt. Die Reise lohnt sich. Hier, in der Kirche San Siro, nur einen Steinwurf vom Hauptplatz entfernt, ist der letzte Altar der Rosenkranzkapelle erhalten. Wer hauptsächlich Weißmarmor kennt, wird vor diesem großartigen Werk staunen. Man spielte hier mit mehrfarbigem Marmor, rot, grün, gelb und grau, um das harte Material und die gesamte Komposition lebendig wirken zu lassen. In der Hauptnische, die heute eine Herz-Jesu-Statue beherbergt, stand früher eine Holzstatue der Jungfrau Maria. Die beiden Statuen aus Carrara-Marmor an den Seiten, die den heiligen Dominikus und die heilige Katharina darstellen, gehörten ursprünglich zum Altar. Diese beiden Heiligen wurden ausgewählt, um die beiden Geschlechter und damit den gesamten Mönchsorden zu repräsentieren. Der heilige Dominikus trägt die für die Dominikaner typische Soutane und ist mit einer Tonsur dargestellt. In seiner linken Hand hält er ein Buch, um seine Rolle als Prediger hervorzuheben. In der Nähe seiner Füße befindet sich ein Hund. Das Tier wurde wegen der Assonanz mit dem Namen des Mönchsordens ausgewählt: Dominikaner (auf Italienisch *domenicani*), d. h. *Domini canes*, die Hunde des Herrn. Hunde, vor allem schwarz-weiße wie die Soutane der Mönche, wurden oft in der Nähe von Mitgliedern dieses Ordens auch in Fresken und Gemälden dargestellt.

Genauso wie Jesu ist auch die heilige Katharina mit 33 Jahren gestorben und hatte die Stigmata erhalten. Ihre Ikonographie spiegelte oft diese besondere Beziehung zwischen den beiden wider. Deswegen ruht auf Katharinas Haupt in der Statue auf dem Altar die Dornenkrone, die erneut auf Jesu und gleichzeitig auf ihr Martyrium hinweist. Die Heilige hält außerdem das Kreuz in ihrer linken Hand.

In den Giebel wurden zwei Engel gemeißelt, die auf das zentrale Rosenfenster hinweisen, das von einem Rahmen aus Putten und Wolken umgeben ist. Von großer Wirkung ist die Mitte der Rosette aus Glas, die von den Sonnenstrahlen beleuchtet wird und eine Taube auf einem göttlichen goldenen Hintergrund zeigt.

Eine Ruhestätte für die Ewigkeit?

Nicht nur Adlige und reiche Kaufleute, sondern auch Geigenbauer wollten in der Kirche San Domenico begraben werden. Anna Maria Orcelli, die Ehefrau von Andrea Guarneri, dem *famiglio* von Nicolò Amati, wurde im Januar 1695 in dieser Kirche, genauer gesagt in der Rosenkranzkapelle, beigesetzt. Und am selben Ort wurde auch ihr Ehemann begraben, einige Jahre später, nämlich 1698.[9]

Auch die Familie Stradivari zeigte großes Interesse an dieser Kirche. Die erste Frau von Antonio Stradivari, Francesca Ferraboschi, die im Mai 1698 gestorben war, ruhte im Chor dieser Kirche. Als im November 1727 auch Antonio Stradivaris Sohn, Giovanni Battista Martino, starb, ließ ihn sein Vater in der Rosenkranzkapelle in der Familiengruft der Villani begraben.

Wie wir im vorigen Kapitel erläutert haben, muss der Tod dieses Sohnes den alten Geigenbauer davon überzeugt haben, dass die Zeit gekommen war, wichtige Entscheidungen darüber zu treffen, wie die Zukunft der Familie nach seinem Tod aussehen sollte. Er machte sein Testament und beschloss, das Grab zu kaufen, das der Familie Villani gehört hatte, deren letztes Mitglied 1721 gestorben war.[10] Auf diese Weise sicherte Stradivari sich und seinen Angehörigen eine Ruhestätte für die Ewigkeit. Beim Betreten der Rosenkranzkapelle befand sich dieses Grab auf der linken Seite unter dem Fußboden. Die Marmortafel, die sie verschloss, wird im *Museo del Violino* von Cremona aufbewahrt. Dieser Grabstein ist sehr interessant, weil es offensichtlich ist, dass Antonio Stradivari den früheren Grabstein der Familie Villani praktisch wiederverwertet hat, ihren Namen und ihr Familienwappen abkratzen ließ und den folgenden Wortlaut anbringen ließ: *Sepolcro di Antoni[o] Stradivari E. Svoi Eredi Anno 1729* (Grab von Antoni[o] Stradivari und seinen Erben. Jahr 1729). Auf dem Marmor sind teilweise die ausradierten Inschriften zu sehen, und die Jahreszahl 1664 ist ebenfalls erhalten geblieben, was bestätigt, dass das Grab in der Vergangenheit viele Jahre lang der Familie Villani gehört hatte.

Der umsichtige Umgang mit dem Geld hatte dazu geführt, dass die Familie Stradivari nur selten auf Hilfe von außen angewiesen war. Wie wir gesehen haben, stellte Antonio Stradivari nur bei drei Gelegenheiten ein Dienstmädchen ein: 1698, im Jahr, in dem seine erste Frau Francesca Ferraboschi starb; 1702, dem Jahr, in dem Francesca Maria und Giovanni Battista Giuseppe Kleinkinder waren und seine zweite Frau, Antonia Maria Zambelli, mit Giovanni Battista Martino schwanger war; und 1705, als der Säugling Giuseppe Antonio zur Schar der Kleinkinder hinzukam. Nach diesem Jahr und für die nächsten 25 Jahre wurden keine weiteren Bediensteten im Stradivari-Haus in das Seelenregister eingetragen. Die Lage änderte sich ab 1731, als innerhalb der Familie bis 1738 immer ein Dienstmädchen anwesend war.[11] Was war geschehen? Die Anwesenheit einer Helferin im Haus im Jahr 1731 kann damit begründet werden, dass Stradivaris Sohn, Alessandro Giuseppe, krank war. Der Priester, der im Haus seines Vaters wohnte, starb im folgenden Jahr.[12] Danach war es vielleicht Stradivaris Frau, Antonia Maria, die krank wurde. Sie starb am 3. März 1737[13] und war das zweite Familienmitglied, das in der Familiengruft in der Rosenkranz-

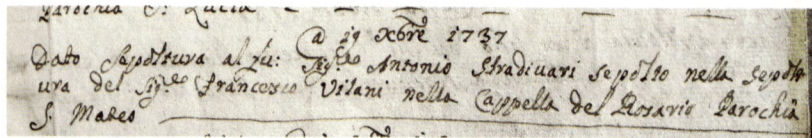

Abb. 36: Stradivaris Eintrag im Sterbebuch der Kirche San Domenico. *Diocesi di Cremona, Ufficio Beni Culturali* (n° 854/BCE/E/2020). Foto: Alessandra Barabaschi.

kapelle beigesetzt wurde.[14] Sie wäre in wenigen Monate 73 Jahre alt geworden, ein beachtliches Alter für eine Frau zu dieser Zeit, wenn man bedenkt, dass sie fünf Kinder zur Welt gebracht hatte. Der alte Geigenbauer hatte damit seine zweite Lebensgefährtin verloren, mit der er die letzten 38 Jahre seines Lebens geteilt hatte. Ihm blieb die Zuneigung und der Respekt seiner Kinder, aber es ist schwer sich vorzustellen, wie er sich gefühlt haben musste. Sicherlich gab ihm sein jüngster Sohn, Paolo Bartolomeo, einen Grund, stolz zu sein. Nachdem er die Handelsgesellschaft mit Lorenzo Berti erfolgreich gegründet hatte, heiratete er am 7. September 1737 Elena Templari.[15] Unter den männlichen Kindern von Antonio Stradivari blieb Paolo damit der Einzige, der geheiratet hat. Die Eheschließung wurde von einem Dominikanermönch, Giovanni Tommaso Mainoldi, in der Kirche San Felice, weit entfernt vom Stadtzentrum, gefeiert. An der Zeremonie nahm der alte Geigenbauer nicht teil, der vielleicht nicht in der Lage war, die Reise anzutreten. Die Trauzeugen waren Lorenzo Berti und sein Schwager, was beweist, dass Paolo Stradivari mit seinem Geschäftspartner ein ausgezeichnetes Verhältnis hatte. Paolo, der immer im Haus seines Vaters gewohnt hatte, lebte dort auch zusammen mit seiner Frau. Ob Antonio Stradivari insgeheim gehofft hat, seine Enkel würden seine Werkstatt in der dritten Generation weiterführen?

Am 18. Dezember 1737[16] starb Antonio Stradivari, und in der Sterbeurkunde, die der Pfarrer der Kirche San Matteo ausstellte, wurde er als *circiter* (etwa) 95 Jahre alt angegeben. Vielleicht konnte zu diesem Zeitpunkt niemand mit Sicherheit mehr sagen, in welchem Jahr er geboren wurde. Am nächsten Tag[17] wurde sein Leichnam im Familiengrab in der Rosenkranzkapelle neben seiner zweiten Frau und vor allem neben seinem geliebten Sohn Giovanni Battista Martino beigesetzt. Auf diese Weise verließ der berühmteste Geigenbauer aller Zeiten die weltliche Bühne und hinterließ seinen beiden Söhnen Francesco und Omobono eine blühende Werkstatt, aber auch ein Erbe, das schwerlich zu übertreffen war.

Das Ende der legendären Werkstatt der Stradivari

Die Nachricht vom Tod Antonio Stradivaris wurde, wenn schon nicht geheim gehalten, so doch zumindest nicht von seinen Söhnen in alle Winde zerstreut. Und es ist leicht, sich den Grund dafür vorzustellen. Francesco und Omobono mussten nicht nur einige der unvollendeten Instrumente ihres Vaters verkaufen, sondern auch eine ganze Werkstatt am Leben erhalten, die so abhängig von der Persönlichkeit Antonios war. Je später sich die Nachricht von seinem Tod verbreitet hätte, desto besser wäre es für die überlebenden Geigenbauer gewesen, denn sie hätten die Instrumente mit Antonios Unterschrift weiterverkaufen können. Zu den Schwierigkeiten, die treibende Kraft der gesamten Werkstatt verloren zu haben, kam die kritische politische Lage hinzu, in der Cremona erneut zwischen zwei Armeen im Krieg zerrieben wurde: der französischen und der österreichischen.

Wie von Antonio Stradivari testamentarisch festgelegt, hatte sein Sohn Francesco die Rolle des Familienoberhauptes übernommen. Im ehemaligen Haus von Antonio Stradivari lebten weiterhin neben Francesco auch seine Schwester Caterina Annunciata und seine Brüder Omobono, Don Giuseppe Antonio und Paolo Bartolomeo mit seiner Frau Elena Templari.[18] Anders als von Antonio Stradivari erwartet, zog Omobono nach seinem Tod nicht aus.

Während in den folgenden Jahren die Ehe von Paolo Stradivari mit Elena Templari durch die Geburten von Pietro Antonio[19] (1738), der immer nur Antonio wie sein Großvater genannt wurde, Francesca Antonia (1739), Carlo Andrea (1741) und Francesco Gaetano (1744) belebt wurde, ging die Tätigkeit in der Werkstatt mit Francesco und Omobono Stradivari und Carlo Bergonzi weiter. Wie fühlte es sich für die Söhne an, endlich selbst über ihr Leben entscheiden zu können, vor allem für Francesco, der nach so vielen Jahren in den Diensten seines Vaters nun der Meister geworden war und entscheiden konnte, was mit der Werkstatt geschehen sollte? Wird er glücklich gewesen sein? Oder wird er die enorme Verantwortung, der er sich stellen musste, verflucht haben?

Wenn man sich auf die Anzahl der Instrumente verlassen würde, die einen von Stradivaris Söhnen signierten Zettel enthalten, würde man annehmen, dass die beiden Brüder sehr wenig gearbeitet haben. Stattdessen verbrachten sie wahrscheinlich einen Großteil ihrer Energie damit, die von ihrem Vater unvollendet gelassenen Instrumente fertigzustellen und schließlich seine Zettel darin einzufügen. Eine naheliegende Entscheidung, die jedoch zu der Unsicherheit über die Zuschreibung einiger späterer Instrumente beitrug. Der Mangel an

Instrumenten, die von den Söhnen Stradivaris signiert sind, wurde auch vom Grafen Cozio di Salabue bemerkt, dem er eine interessante Ursache zuschrieb:

> Stradivari Francesco, Sohn von Antonio [...] ist als Geigenbauer fast unbekannt, da seine schwache Gesundheit es ihm nicht erlaubte, viel zu arbeiten.[20]

Stattdessen wissen wir aus Antonio Stradivaris eigenen Worten, dass sein Sohn Francesco ihm in der Werkstatt eine große Hilfe war.

Das Schicksal ließ Francesco und Omobono wenig Zeit, ihre neue Rolle in der Werkstatt zu genießen. Omobono starb 1742, nur fünf Jahre nach seinem Vater.[21] Er war noch nicht 63 Jahre alt. Sein Bruder Francesco starb 1743 im Alter von 72 Jahren.[22] Beide Brüder wurden in der Familiengruft in der Rosenkranzkapelle beigesetzt.[23]

Keiner der Söhne von Paolo Stradivari wurde Geigenbauer. Und so wurde mit dem Tod Francescos die Werkstatt der Familie Stradivari endgültig geschlossen, die über 63 Jahre lang einige der besten Streichinstrumente der Welt erschaffen hatte.

XIX.
Ein bemerkenswerter Graf

Du wirst auf eigene Kosten erfahren,
dass du auf dem langen Lebensweg
vielen Masken und wenigen Gesichtern begegnen wirst.
(Luigi Pirandello (1867–1936) zugeschrieben)

Nur wenige Jahre nach dem Tod von Antonio Stradivari im Dezember 1737 verlor der Cremoneser Geigenbau auch einige andere Protagonisten. Ihr Ableben hatte einen großen Einfluss auf die Geigenbauwerkstätten der Stadt. Es starben die Söhne von Antonio Stradivari, Omobono (1742) und Francesco (1743), aber auch Giuseppe Giovanni Battista Guarneri (1740) und sein Sohn, der heute als der größte Rivale Stradivaris gilt: Bartolomeo Giuseppe Guarneri del Gesù (1744). Viele Experten sind der Ansicht, dass der vorzeitige Tod des letzteren im Alter von nur 46 Jahren das Ende der Blütezeit der klassischen Cremoneser Geigenbauschule markiert.

Was Stradivaris Familie betraf, so waren diese Ereignisse abrupt und brachten ein seit Jahren bestehendes Gleichgewicht durcheinander. In Stradivaris Haus wurden Entscheidungen über ein halbes Jahrhundert lang vom Familienoberhaupt Antonio getroffen. Nun hatte sich die Lage in weniger als zehn Jahren völlig verändert. Paolo Stradivari, Antonios jüngster Sohn, war von seinem Bruder Francesco zum Universalerben ernannt worden und erbte daher nicht nur das väterliche Haus mit der angegliederten Werkstatt, sondern auch alle unverkauft gebliebenen Instrumente. Ein wichtiges Erbe, das mit großer Sorgfalt behandelt werden musste. Denn es gab mehrere Aspekte zu berücksichtigen: War es empfehlenswert, die so gut etablierte Werkstatt offen zu halten? Wenn ja, wer hätte sie übernehmen sollen? Wie und an wen könnten die verbleibenden Instrumente verkauft werden? Paolo war kein Geigenbauer, sondern ein Tuchhändler, der sich dazu nie besonders für den Geigenbau interessiert hatte. Aller Wahrscheinlichkeit nach wandte er sich an einen vertrauenswürdigen Geigenbauer. In diesem Zusammenhang fällt einem natürlich der Name von Carlo Bergonzi ein. Da er lange Zeit in Stradivaris Werkstatt gearbeitet hatte, war er sowohl mit dem Stil ihrer Instrumente als auch mit ihrer Kundschaft vertraut.

Bergonzi war der letzte große Vertreter einer glücklichen Ära des cremonesischen Geigenbaus geblieben. Und es war kein Zufall, dass Paolo Stradivari das Haus und die Werkstatt, in der sein Vater über 50 Jahre lang gelebt und gearbeitet hatte, ausgerechnet an Bergonzi vermietete. Paolo traf eine ausgezeichnete Wahl, da er sowieso nicht gewusst hätte, was er mit dem Laden anfangen sollte, während Bergonzi nach dem Tod von Francesco und Omobono als geistiger Erbe von Antonio Stradivaris Werk betrachtet werden konnte. Ab 1746 zog Paolo daher mit seiner Familie in ein Haus im Stadtteil der Kathedrale, während Carlo Bergonzi das Haus der Stradivari mietete und mit Unterstützung seiner Söhne Michelangelo und Zosimo die Tätigkeit des Geigenbaus in der Werkstatt fortsetzte, die Antonio Stradivari auf dem Platz vor der Kirche San Domenico gegründet hatte. Obwohl Bergonzi im Februar des folgenden Jahres starb, blieb sein Sohn Michelangelo bis 1758 im Haus.

Wie viele Instrumente hat Paolo Stradivari nach dem Tod seines Bruders Francesco geerbt? Zumindest in diesem Fall kennen wir die genaue Zahl, denn es war Paolo selbst, der sie in einem Brief angab: 91 Instrumente, und dazu noch zwei Celli, zwei Bratschen und das berühmte *Spanische Quintett*.[1] Insgesamt waren es also 100 Instrumente. Eine enorme Anzahl, so groß, dass viele an ihrer Zuverlässigkeit gezweifelt haben. Wir wissen zum Beispiel, dass Antonio Stradivari oft Schwierigkeiten hatte, die vielen Aufträge, die er erhielt, zu erfüllen. Es fällt schwer zu glauben, dass er trotz der Hilfe seiner Söhne und Bergonzis in der Lage gewesen wäre, 100 unverkaufte Instrumente anzuhäufen. Im Moment können wir nur den Worten von Paolo Stradivari glauben, aber wir dürfen nicht vergessen, dass er, obwohl er mit der Welt des Geigenbaus nicht sehr vertraut war, ein ausgezeichneter Kaufmann blieb. Ein Beweis dafür ist die Tatsache, dass er 1775 nur noch zehn Instrumente seines Vaters und zwei Instrumente seines Bruders Francesco besaß,[2] die er an einen jungen Adligen mit einer brennenden Leidenschaft für den Geigenbau verkaufte: Graf Ignazio Alessandro Cozio von Salabue.

Die Leidenschaft eines Grafen

Ignazio Alessandro Cozio Graf von Salabue wurde am 14. März 1755 in Casale Monferrato, Piemont, als Sohn von Carlo und der Marquise Taddea Balbiani geboren. Wie es sich für einen jungen Adligen jener Zeit gehörte, hätte Cozio eine glänzende militärische Laufbahn einschlagen sollen, und zu diesem Zweck trat er im Alter von 16 Jahren in die Militärakademie von Turin ein. Doch das

Die Leidenschaft eines Grafen 209

Schicksal wollte es anders. Nach dem Tod seines Vaters 1780 musste der junge Graf die Akademie verlassen, um sich der Verwaltung des Familienbesitzes zu widmen. Dazu lebte er sowohl im Familienpalast in Casale Monferrato als auch im Familienschloss in Salabue, einem kleinen Dorf in der Provinz Alessandria. Soweit wir wissen, scheint Cozio keine regulären Musikstudien absolviert zu haben. Aber mit hoher Wahrscheinlichkeit wurde er in die Musik eingeführt, wie es in Adelsfamilien üblich war. Sein Vater besaß eine Sammlung von Musikinstrumenten, darunter eine Violine von Nicolò Amati aus dem Jahr 1668.[3] Es scheint, dass es dieses Instrument war, das den jungen Grafen zunächst für den Geigenbau interessierte, und bald verwandelte sich das anfängliche Interesse in eine echte Leidenschaft, die ihn den größten Teil seines Lebens begleitete. Der Wunsch, eine eigene Sammlung von Streichinstrumenten anzulegen, stellte ihn vor zwei Probleme: das Fachwissen und den Kauf der Instrumente.

Einerseits war sich Cozio bewusst, dass er nicht über die notwendigen Grundkenntnisse verfügte, um persönlich die besten Instrumente zum Kauf auswählen zu können, und andererseits, dass er sich nicht direkt dem Kauf und Verkauf von Instrumenten widmen konnte, da der Handel keine für ein Mitglied der Aristokratie geeignete Tätigkeit war. Aber seine Leidenschaft für dieses Thema war so groß, dass er sich dem Problem systematisch widmete und sich der Mitarbeit verschiedener Experten versicherte. Er wandte sich zunächst an den Geigenbauer Giovanni Battista Guadagnini. Wie wir in einem früheren Kapitel erwähnt haben, war Guadagnini, nachdem er in Piacenza, Mailand und Parma gelebt und gearbeitet hatte, um 1771 ins Piemont, genauer gesagt nach Turin, gezogen. Graf Cozio kontaktierte ihn in der Überzeugung, Guadagnini sei der ideale Kandidat für die benötigte Hilfe. Denn er war ein talentierter Geigenbauer und hatte gute Kontakte nach Cremona. Neben der Beschaffung der Instrumente für den Grafen erhielt Guadagnini von ihm auch die Aufgabe, exakte Kopien von Stradivaris Instrumenten anzufertigen. Um sicher zu sein, dass der Geigenbauer sich diesem Auftrag mit Elan widmete, verlangte Cozio, dass Guadagnini ausschließlich für ihn arbeitete und jeden anderen Auftraggeber zurückwies. Eine große Beanspruchung, die zeigt, mit welcher Inbrunst und zugleich jugendlichen Naivität sich Cozio für den Geigenbau begeisterte. In Turin befand sich auch das Tuchgeschäft von Giovanni Michele Anselmi di Briata, einem geschickten Kaufmann, der über gewisse Kenntnisse im Geigenbau verfügte. Innerhalb weniger Jahre wurde er für den Grafen Cozio zu einer grundlegenden Stütze für den An- und Verkauf von Instrumenten. Nicht zu vergessen sind die Geigenbauer-Brüder Pietro Giovanni und Domenico Mantegazza aus Mailand, die den jungen Grafen sowohl in didaktischer Hinsicht unterstützten, indem sie ihm beim Erlernen der Materie halfen, als auch in praktischer Weise, indem sie Reparaturen durchführten und vor allem einige seiner Instrumente modernisierten (Einbau neuer Griffbretter, Hälse und Stege).

Dies waren die Hauptfiguren, auf die sich Cozio bei der Erstellung seiner Instrumentensammlung stützte.

Ein Vademecum zum Geigenbau

Im Laufe der Zeit vertiefte Cozio sein Studium des Geigenbaus so sehr, dass er beschloss, ihm eine Abhandlung zu widmen, um diese Kunst, die ihn so faszinierte, im Detail darzulegen. Seine Aufzeichnungen und seine umfangreiche Korrespondenz werden heute in der Staatsbibliothek von Cremona aufbewahrt. Renzo Bacchetta war der erste, der die verbliebenen Papiere des Grafen systematisch neu arrangierte, ins heutige Italienisch transkribierte und 1950 veröffentlichte. Das Ergebnis ist ein faszinierender Essay über den Geigenbau und seine Wahrnehmung in der zweiten Hälfte des 18. Jahrhunderts. Mit einer sehr propädeutischen Zielsetzung widmete Graf Cozio den Teilen, aus denen die Geige besteht, fast 100 Seiten. Dies eröffnete ihm die Möglichkeit, seinen Lesern praktische Ratschläge zu geben, zum Beispiel welche Hölzer für den Bau der Geige am besten geeignet sind, wie man ein Instrument richtig reinigt, welche Eigenschaften die besten Saiten haben, wo man sie kaufen kann und sogar, wie man die Koffer für den richtigen Transport der Instrumente baut. Aus dieser Arbeit wird sofort deutlich, wie sehr sich Cozio mit Leidenschaft allem gewidmet hat, was Streichinstrumente betrifft. Bei mehreren Gelegenheiten fügte er auch die Ratschläge der Mantegazza-Brüder und seine eigenen Kommentare zu Guadagninis Werk hinzu, Bewertungen, die für zeitgenössische Experten sehr nützlich sind.

Der informative, aber auch didaktische Zweck von Cozios Text wird in dem Abschnitt deutlich, der dem Geigenlack gewidmet ist. Der eifrige Graf versuchte auf jede erdenkliche Weise, an Stradivaris Originalrezept heranzukommen. Obwohl ihm dies letztlich nicht gelang, blieb er überzeugt, dass er dennoch genügend wertvolle und nützliche Informationen gesammelt hatte, die er gerne mit dem Leser teilte. Nur wenige Seiten reichen aus, um zu erkennen, wie lang und intensiv seine Forschung war. Er führte detailliert auf, von wem er welche Informationen erhalten hatte: Herr Persico von Cremona übergab ihm ein Rezept, das ihm vom Grafen Maggi gegeben worden war, der behauptete, es sei das von Stradivari. Kavalier Carlo Carli teilte ihm mit, dass er mit Dr. Zanferri von Lodi gesprochen habe, der sagte, er habe Stradivari gekannt und wisse, dass sein berühmter Lack auf Öl und nicht auf Spiritus basiere und dass das Holz mit Drachenblut behandelt worden sei. Ein Geigenbauer aus dem Dorf Santa Margherita drängte ihn, verbrannte Gerardina-Erde zu verwenden, um die rote Farbe des Lacks zu intensivieren. Die allgegenwärtigen Mantegazza-Brüder rieten ihm stattdessen, zu diesem Zweck Safran in den Lack zu geben. Noch nicht komplett zufrieden, schrieb der Graf selbst ein Rezept um, das er in einem Mailänder Almanach von 1777 gefunden hatte, der ihn als den „wahren Stradivari-Lack, aufrichtig und sicher"[4] beschrieb. Das Ganze ist ein faszinierender Einblick in das Geheimnis, das die Figur von Stradivari und dessen legendären Lack von Anfang an umgab. Anhand dieser wenigen Beispiele können wir uns bereits ein Bild vom Umfang von Cozios Wirkungsbereich und von der Anzahl seiner Kontakte machen.

Sehr interessant für uns heute ist auch die Tatsache, dass der Graf sich bemühte, Biographien der wichtigsten Geigenbauer zu schreiben. Obwohl sie Fehler enthalten, bleiben sie ein wichtiges Bild der Zeit. Darüber hinaus katalogisierte er nicht nur die ihm bekannten Instrumente Stradivaris, sondern auch die anderer bedeutender Geigenbauer und lieferte, wenn möglich, eine detaillierte Beschreibung der Form, Hauptmerkmale und des Zustands jedes Instruments. Er listete die Instrumente auf, die zu seiner Sammlung gehörten, aber auch diejenigen, die er gesehen hatte oder über die er informiert worden war. Diese Forschung geht über die italienischen Grenzen hinaus und schließt sogar Instrumente aus europäischen Sammlungen ein.

Verhandlungen mit Paolo Stradivari

Wie Sie sich sicherlich vorstellen können, nahm Cozio sofort Kontakt zu Stradivaris Verwandten auf, um zu überprüfen, ob sie im Besitz von Instrumenten des großen Geigenbauers waren. Den Aufzeichnungen des Grafen zufolge begannen seine Verhandlungen mit Paolo Stradivari über den Kauf einiger Instrumente seines Vaters bereits 1773.[5] Innerhalb von zwei Jahren verkaufte Paolo Stradivari ihm alles, was ihm nach seinen Angaben noch geblieben war, nämlich zehn Instrumente von Antonio und zwei von Francesco Stradivari. Wenn wir die Tatsache berücksichtigen, dass Paolo behauptete, nach dem Tod seines Bruders Francesco im Jahre 1743 100 Instrumente geerbt zu haben, bedeutet dies, dass er in etwa 30 Jahren fast 90 Instrumente verkauft hatte. Eine wirklich beeindruckende Anzahl.

Entgegen der damals vorherrschenden Meinung, die die Instrumente von Nicolò Amati und Jakob Stainer bevorzugte, entwickelte Cozio relativ bald eine Leidenschaft für die Instrumente von Antonio Stradivari, die er für qualitativ hochwertiger als alle anderen hielt.

Paolo Stradivari verkaufte dem Grafen nicht nur seine Instrumente, sondern fungierte auch als Vermittler, indem er ihn mit anderen Cremonesern in Kontakt brachte, die hochwertige Instrumente besaßen. So sandte er zum Beispiel einen Brief an Guadagnini bezüglich der Verhandlung über zwei Geigen von Nicolò Amati für den Grafen Cozio. Dieses Dokument belegt, dass die Instrumente von Amati zu dieser Zeit sehr geschätzt wurden und höhere Preise als die von Stradivari erzielten.[6] So ermöglicht die ganze Korrespondenz zwischen Graf Cozio, seinen Mitarbeitern, Paolo Stradivari und anderen Persönlichkeiten der damaligen Zeit es uns, die Bewertungen von Streichinstrumenten genauer zu kennen. Beispielsweise wird klar, dass die Geigen von Antonio Stradivari nicht nur ein Drittel der Geigen von Nicolò Amati kosteten, sondern sogar zu einem niedrigeren Preis verkauft wurden als die von Andrea Guarneri.[7] Es wird auch bestätigt, dass die Instrumente von Stainer noch teurer waren als die von Nicolò Amati. Selbst zu Beginn des 19. Jahrhunderts kosteten die Geigen von Nicolò Amati, wenn sie in gutem Zustand waren, trotz Stradivaris wachsenden Ruhms immer noch doppelt so viel.[8]

Der rege Briefwechsel zwischen Paolo Stradivari und den Vermittlern, die für Graf Cozio tätig waren, zeigt auch, wie penibel die sozialen Hierarchien damals definiert waren. Sehr oft sah sich Paolo Stradivari gezwungen, sich in seinen Briefen für seinen direkten, kommerziellen und familiären Stil zu entschuldigen: „Scusate perché io scrivo alla mercantile senza cerimonie"[9] (Entschuldigen Sie mich, weil ich kaufmännisch, ohne Zeremoniell schreibe.)

Seinem großen Wunsch folgend, die gesamte Arbeit von Antonio Stradivari vollständig dokumentieren zu können, bemühte sich Graf Cozio auch um das Auftragsbuch der Werkstatt, das die Liste aller Instrumente Stradivaris und ihrer jeweiligen Auftraggeber enthielt. Leider wurde dieses jedoch trotz der zahlreichen Nachforschungen des Grafen nie gefunden. Aber dank seiner Hartnäckigkeit konnten andere Gegenstände, die Antonio Stradivari gehört hatten, gerettet werden, die von großer Bedeutung sind und heute im *Museo del Violino* von Cremona aufbewahrt werden. Welche sind das?

In einem Brief an Anselmi di Briata vom 4. Mai 1775 bot Paolo Stradivari dem Grafen die Innenformen und Werkzeuge an, die seinem Vater gehört hatten, und betonte, dass er keine Schwierigkeiten haben werde, sie ihm zu verkaufen, „vorausgesetzt sie blieben nicht in Cremona".[10] Einen Monat später verwendete Paolo Stradivari in einem weiteren Brief an Briata erneut einen ähnlichen Ausdruck: „damit nichts von meinem Vater in Cremona bleibt".[11]

Warum so viele Ressentiments gegenüber seiner Stadt? Wir wissen es nicht genau. Einige behaupten, dass Paolo Stradivari einen Groll gegen die Cremoneser hegte, die sich über seinen Vater Antonio geärgert hatten, als er sein berühmtes Quintett König Philipp V. von Spanien schenken wollte. Paolos Empörung könnte aber einen ganz anderen Grund gehabt haben, der nichts mit Cremona zu tun hatte, sondern mit seiner eigenen Familie. Die Beziehung zwischen Paolo Stradivari und seinem Sohn Antonio II. war sehr umstritten. Es ist offensichtlich, dass Paolo den Lebensstil seines Sohnes missbilligte und in keiner Weise wollte, dass er sich in sein Geschäft oder in das seiner Familie einmischte. Ohne Zögern wies Paolo in einem seinem Testament beigefügten Kodizill darauf hin:

> Ich meine, befehle und wünsche, dass der besagte Antonio, mein Sohn und Erbe [...] sich auf keinen Fall in die besagten Firmengeschäfte oder in die Familienangelegenheiten einmischt. Er sollte sich nämlich völlig davon enthalten.[12]

Sehr klare Worte, die die Hypothese stützen, dass Paolo fest entschlossen war, nichts von seinem Vater Antonio in Cremona zu lassen, um seinen Sohn Antonio II. daran zu hindern, es zu verwalten.

Viele Masken und wenige Gesichter?

Die Verhandlungen über den Ankauf von Gegenständen aus der Werkstatt Stradivaris verliefen nicht reibungslos. Paolo Stradivari hatte zunächst die Zahlung von acht *Zecchini gigliati*[13] verlangt, Cozio bot ihm fünf an, und am Ende einigten sie sich auf sechs. Das Feilschen irritierte zweifellos den jungen Grafen, der immer öfter die Ausnutzung seiner Gutgläubigkeit bemerkte. Da er weiterhin Instrumente aus verschiedenen Quellen gleichzeitig kaufte, hatte er sich in kurzer Zeit mit der Welt des Geigenbaus vertraut gemacht und erkannte, wie leicht es war, zum Narren gehalten zu werden. Er stellte zum Beispiel fest, dass die Zettel, die die präzise Zuordnung eines Instruments zu einem Geigenbauer garantieren sollten, leicht ersetzt, korrigiert oder gefälscht werden könnten. Cozio entschied daher, dass es unerlässlich sei, seine Investitionen zu schützen. Am 30. Juli 1775 verlangte er von Paolo Stradivari ein gestempeltes Dokument, das bescheinigte, dass alle ihm von Paolo verkauften Instrumente von seinem Vater Antonio Stradivari angefertigt worden waren.[14] Die Antwort kam drei Wochen später und war nicht ohne Überraschungen. Paolo schrieb, er liege krank im Bett, aber trotzdem bemühte er sich, zu antworten. Er erklärte, dass er von seinem Vater Antonio und seinem Bruder Francesco 91 Instrumente, zwei Celli, zwei Bratschen und das berühmte Quintett geerbt habe, und dass diese alle neu und nie gespielt worden seien. Um jegliche Zweifel des Grafen zu zerstreuen, fügte er auch hinzu, dass nur Verrückte vermuten könnten, dass es sich nicht um Originalinstrumente handeln würde und dass er sie auf andere Weise beschafft hätte, denn es sei allen bekannt, dass der Geigenbau nicht sein Fachgebiet sei und er keine Kenntnis davon habe. In Bezug auf die Forderung des Grafen nach einem Echtheitszertifikat auf gestempeltem Papier entschuldigte sich Paolo, dass er sie nicht erfüllen könne, weil es in Cremona „kein solches gestempeltes Papier gibt".[15] Ein Begründung, die schmunzeln lässt, denn auch ohne gestempeltes Papier hätte Paolo Cozio eine notariell unterzeichnete Erklärung abgeben können. Diese Ausrede muss den Grafen also ziemlich geärgert haben. Zu Paolos Verteidigung muss andererseits zugegeben werden, dass er nicht gelogen hat, als er sagte, er sei krank. Denn er starb innerhalb weniger Monate. Aber Cozio konnte dies nicht wissen. Neben seiner Enttäuschung über das Fehlen des Zertifikats kam die Tatsache hinzu, dass die Kiste mit den Werkzeugen von Stradivari noch nicht bei ihm angekommen war. Als ob das noch nicht genug wäre, hatte Paolo ihm den Kauf einer Geige des Händlers Righetti angeboten, was sich als ziemlicher Reinfall entpuppte. Tatsächlich entdeckte der Graf, als er das Instrument erhielt, dass es sich um eine Kindergeige handelte, obwohl er es als reguläre Geige bezahlt hatte. Für uns heute ist dieses Instrument ein seltenes Beispiel für Stradivaris vielseitiges künstlerisches Schaffen, aber damals muss sich Cozio betrogen gefühlt haben, so sehr, dass er die Rückgabe und Rückerstattung verlangte.[16] Aber auch diese Angelegenheit zog sich lange hin.

Die Verbitterung des Grafen wird deutlich in einer Antwort seines Vermittlers an einen der vielen, die ihm geschrieben hatten, um ihm den Kauf eines Instruments vorzuschlagen:

> Als Antwort auf Ihr Schreiben vom letzten Monat möchte ich Ihnen sagen, dass ich keine Geigen mehr kaufe, ohne sie vorher gesehen zu haben, und dass dies bei so hohen Preisen unmöglich ist.[17]

Der junge Aristokrat hatte seine Lektion auf eigene Kosten gelernt und ging in die Offensive, indem er alle seine Beschwerden gegen Paolo Stradivari in einem Brief zusammenfasste: Er wolle für die Kindergeige entschädigt werden, die Kiste mit den Werkzeugen sei immer noch nicht eingetroffen und die Bescheinigung, die Paolo ihm in der Zwischenzeit geschickt hatte, passe ihm nun nicht. Bezüglich der letzteren beklagte sich der Graf, dass Paolo bestätigt habe, ihm zehn Instrumente seines Vaters Antonio und zwei seines Bruders Francesco verkauft zu haben. Aber Cozio verlangte nun, dass der Name Francesco, „der nicht so bekannt gewesen war wie der Vater",[18] geheim gehalten werden müsse. Also ließ sich auch Cozio in diesen Teufelskreis von falschen Zuschreibungen hineinziehen! Leider konnte Paolo Stradivari seinen Forderungen jedoch nicht nachkommen, da er in der Zwischenzeit verstorben war.

Die Verhandlungen mit dem Grafen wurden daher von seinem Sohn Antonio II. weitergeführt. Letzterer informierte Cozio nicht nur über den Tod seines Vaters, sondern gab auch an, dass seines Wissens sein Vater nicht als Vermittler für Righettis Kindergeige fungiert habe. Dies sei vielmehr Pater Ravizza gewesen, weshalb der Graf jede Beschwerde an letzteren hätte richten sollen. Antonio II. versicherte Cozio, dass er die Werkzeugkiste so bald wie möglich schicken würde. Er wolle aber darauf hinweisen, dass er zusätzliche seinem Großvater gehörende Werkzeuge in einer Truhe gefunden habe. Er sei bereit, dem Grafen auch diese zu verkaufen.[19]

Armer Cozio, welche Geduld musste er aufbringen! Antonio II. bestätigte ihm, was er schon seit Monaten vermutet hatte, nämlich dass Paolo trotz der verschiedenen Versprechungen die Kiste nicht verschickt hatte. Außerdem versuchte nun er, nämlich der letzte Ankömmling, die Karten neu zu mischen und verlangte mehr Geld für Werkzeugen, deren Existenz sein Vater angeblich vergessen hatte. Das war nicht zu fassen! „Verba volant, scripta manent", so sagte man in der Antike, und Cozio wusste das zu schätzen. Seine Antwort an Antonio II. war ein kleines diplomatisches Meisterwerk.[20]

Der Graf stellte fest, dass ja, der gute Paolo, Gott hab ihn selig, die Werkzeuge in der Truhe wohl vergessen haben müsse, denn, und an dieser Stelle schrieb Cozio Paolos genauen Wortlaut nieder, er habe ihm versichert, ihm alle Formen, Zeichnungen und Werkzeuge von Antonio Stradivari zu schicken. Da Antonio II. sicherlich ein Gentleman wie sein Vater sei, werde dieser ihm daher zweifellos alle Werkzeuge zukommen lassen. Für ihn war die Angelegenheit damit abgeschlossen, und er hatte nicht die Absicht, einen Cent mehr zu zahlen. Und um Antonio II. noch mehr unter Druck zu setzen, fügte er hinzu, dass er immer noch auf das Echtheitszertifikat der Geigen warte, das Paolo ihm versprochen habe. Was kann man dazu sagen? Der Graf war jung, aber er lernte schnell, wie man mit den Händlern umzugehen hatte.

Monate vergingen, und Antonio II. ließ nichts mehr von sich hören. Des vergeblichen Wartens müde, beschloss Cozio, zum Angriff überzugehen, und am 12. April 1776 schrieb er ihm einen Brief, der mehr für einen Untergebenen als für einen Korrespondenten gedacht schien.[21] Cozio verlangte nicht nur, die Kiste mit den Werkzeugen sofort zu erhalten, sondern er verfasste auch den genauen Text für das Echtheitszertifikat, das Antonio II. ihm schicken solle. Nur um sicher zu sein, dass diesmal alles glatt liefe. Er nutzte auch die Gelegenheit, Antonio II. zu beauftragen, ihm die Liste aller von seinem Großvater gebauten Instrumente mit ihren Preisen und Eigenschaften zu schicken. Und da er zu diesem Zeitpunkt niemandem mehr traute, bat er ihn auch, ihm mitzuteilen, ob Guadagnini in Cremona zwei Geigen verkauft habe.

Antonio II. schickte ihm das Zertifikat,[22] in dem nur die von seinem Großvater hergestellten Instrumente erwähnt wurden. Und es erscheint legitim, sich zu fragen, ob die Zettel der beiden von Francesco gebauten Geigen danach ersetzt wurden. Der Enkel des großen Stradivari gab daher der Bitte des Grafen nach, ließ sich aber nicht so schnell einschüchtern. Seine Antwort konzentrierte sich hauptsächlich auf mehrere Instrumente, die erworben werden könnten und die er vermittelt habe. Er äußerte sich nicht zu Guadagninis Geschäften in Cremona und antwortete mit einer polemischen Note auf die Forderung von Cozio, ihm eine Liste der von seinem Großvater gebauten Instrumente zu schicken:

> Wenn Sie die Anzahl der Geigen, Violoni, Celli und Bratschen wissen wollen, werde ich Ihnen antworten, dass mein Vorfahre in San Domenico hier in Cremona begraben ist. Versuchen Sie selbst, mit ihm zu sprechen, um zu sehen, ob er Ihnen antworten wird.[23]

Die Geschäftsbeziehung zwischen Cozio und Antonio II. wurde fortgesetzt, jedoch ohne allzu große Begeisterung von beiden Seiten.

Eine weitere große Enttäuschung für den Grafen muss die Entdeckung gewesen sein, dass Guadagnini trotz des mit ihm unterzeichneten Vertrages tatsächlich ohne sein Wissen Instrumente für andere Auftraggeber gebaut hatte. Offensichtlich war der Geigenbauer jedoch gezwungen zu versuchen, sein Einkommen zu erhöhen, um seine wachsenden Schulden zu begleichen. In einem Brief flehte Guadagnini Cozio an, einen Gläubiger zu bezahlen, der ihm etwas Holz geliefert hatte, denn „sonst tun sie mir etwas Unrecht".[24] Doch der Graf hatte offensichtlich das Vertrauen in seinen Mitarbeiter verloren und so kam es schließlich zur Vertragsauflösung.[25]

Eine neue Ära

In den folgenden Jahren sammelte Cozio weiterhin Instrumente, aber er hatte irgendwie seine jugendliche Begeisterung verloren. Wie könnte man es ihm übel nehmen?

Der Ausbruch der Französischen Revolution zwang ihn, sein Schloss in Salabue zu verlassen und bei der Familie seines Freundes Carli in Mailand Zuflucht zu suchen, der Bankier war. Er zog um, versäumte es aber nicht, seine Sammlung von Streichinstrumenten mitzunehmen. Er sammelte über 100 Instrumente der größten Namen des klassischen Geigenbaus. Die Zeit verging, aber die Leidenschaft für Stradivari war noch nicht ganz an ihm vorübergegangen. Nach 24 Jahren, seit sie zuletzt miteinander gesprochen hatten, nahm Cozio erneut Kontakt mit Antonio II. auf. Die Revolution hatte jedoch in gewisser Weise die Regeln der Gesellschaft verändert, sodass es diesmal Cozio selbst und nicht mehr einer seiner zahlreichen Mitarbeiter war, der die Feder in die Hand nahm und zweimal[26] an den Enkel des großen Geigenbauers schrieb. Denn er wollte zwei Viole d'amore kaufen. Er unterschrieb beide Briefe einfach mit seinem Namen, Ignazio Alessandro Cozio, und verzichtete damit auf den Adelstitel, wahrscheinlich weil es für den Adel nach den Pariser Ereignissen ratsamer war, nicht zu viel Aufmerksamkeit zu erregen.

Zu seiner großen Überraschung erhielt er aber keine Antwort. Kein Wunder, denn Antonio II. war seit zwölf Jahren tot.[27]

Cozios Besessenheit von dem legendären Geigenbauer Antonio Stradivari ließ ihm keine Ruhe und drei Jahre später versuchte er erneut herauszufinden, ob die Innenformen für die Celli und andere Werkzeuge, die in seiner Sammlung fehlten, erhalten geblieben waren. Er vermutete, dass Paolo Stradivari dieses Material den Nachfahren von Carlo Bergonzi überlassen hatte.[28]

1816 kehrte Graf Cozio nach 15 Jahren Abwesenheit in sein Schloss in Salabue zurück und

> stellte die Verwahrlosung fest, in der die französischen Besatzer Dörfer und Städte verlassen hatten. In den verschiedenen Rathäusern waren die Archive verwüstet und die Dokumente geplündert worden.[29]

Es war wahrscheinlich diese Zerstörung, die in ihm eine neue Leidenschaft entzündete: die Sammlung historischer Dokumente, die zu seinem Land gehörten. Dies wurde sein neues Hobby, nachdem er sich über 50 Jahre lang mit solcher Energie und Begeisterung dem Geigenbau gewidmet hatte. Es war ihm doch gelungen, sich auf diesem Gebiet einen Namen zu machen, und seine Sammlung gehörte sicherlich zu den renommiertesten Europas. Dies bestätigte ein Brief vom Dezember 1839, in dem ihm sein Freund Carli mitteilte, dass ein gewisser „Tarrisio [sic!] Instrumentenhändler"[30] den Wunsch geäußert hatte, seine Sammlung zu sehen.

Luigi Tarisio ist eine schillernde Figur in der Geigenbauwelt und wir werden im nächsten Kapitel über ihn sprechen. Cozio traf sich mit Tarisio, verkaufte ihm aber nichts, weil die beiden sich über den Preis nicht einig wurden. Der gierige Kaufmann gab nicht auf und versuchte ein Jahr später erneut Kontakt mit dem Grafen aufzunehmen, doch diesmal musste er mit einem neuen Gesprächspartner verhandeln, Matilde (1787–1853), der Tochter des Grafen.[31]

Ignazio Alessandro Cozio von Salabue war am 15. Dezember 1840 in seinem Schloss in Salabue gestorben. Die Welt des Geigenbaus hatte einen ihrer eifrigsten Sammler verloren. Da die Söhne des Grafen vorzeitig gestorben waren, erbte seine Tochter Matilde die anspruchsvolle und begehrte Sammlung.

Eine verpasste Chance: das spanische Quintett

Graf Cozio hatte sich bemüht, alle Instrumente von Antonio Stradivari zu kaufen, die im Besitz seines Sohnes Paolo verblieben waren. Außerdem hatte er ihn gedrängt, andere Instrumente zu beschaffen, vor allem einige ganz besondere Werke, die dem Grafen bekannt waren. Cozio interessierte sich insbesondere für die Geige *San Lorenzo* und das *Spanische Quintett*. Bedauerlicherweise war die *San-Lorenzo*-Geige bereits Jahre zuvor von Francesco Stradivari an Mauro D'Alay verkauft worden, während die Geschichte des Quintetts komplizierter verlief.

Wie wir Gelegenheit hatten, in einem früheren Kapitel zu erläutern, berichtete Don Desiderio Arisi, ein Freund von Antonio Stradivari, dass der Geigenbauer ein Konzert mit Instrumenten gebaut hatte, um es König Philipp V. von Spanien anlässlich seines Besuchs in Cremona 1702 zu schenken. Doch dann überzeugte ihn jemand, die Idee aufzugeben. Dennoch verkaufte Stradivari es nie und behielt es in seiner Werkstatt bei sich. Es war ein Konzert wie das, das er für Ferdinando de' Medici geschaffen hatte, nämlich zwei Geigen, zwei Bratschen (eine Alt- und eine Tenor-Bratsche) und ein Cello. Doch im Gegensatz zu den Instrumenten für den Großfürsten der Toskana waren die Instrumente für den König von Spanien alle mit Ebenholz und Elfenbein eingelegt und sollten wahrscheinlich ein Quartett von Nicolò Amati ersetzen,[32] das sich bereits am spanischen Hof befand. Deshalb ist diese Instrumentengruppe heute als *Spanisches Quartett* bekannt. Aber Moment mal, war es nicht ein Quintett?

Nach dem Tod von Antonio Stradivari war es sein Sohn Francesco, der das Quintett erbte, und genau wie sein Vater hat er es nicht verkauft. Als Francesco starb, wurden die Instrumente an seinem Bruder Paolo vererbt. Es war Paolo selbst, der Cozio im August 1775 über die Existenz dieser wunderbaren Instrumente informierte. Zu dieser Zeit führte der Graf verschiedene Geschäfte mit Paolo durch, zum Beispiel wartete er immer noch darauf, die Kiste mit den Innenformen und Werkzeugen von Stradivari zu erhalten, sodass er offenbar nicht sofort an dem Quintett interessiert war. Als er sich dazu entschied, am 7. Dezember, war Paolo bereits tot. Daher war es sein Sohn Antonio II., der ihm erklärte, dass sich die Instrumente bereits seit Jahren in Spanien befänden.[33]

Paolo Stradivari hatte das Quintett am 10. April 1772 an Francesco Brambilla verkauft. Dieser hatte es für seinen Bruder erworben, den Dominikaner Giovanni Domenico Brambilla, der in Madrid lebte.[34] Neben dem Quintett hatte Pater Brambilla auch zwei Geigen gekauft, eine von Antonio Stradivari gebaute und eine seines Sohns Francesco.

Paolo verschiffte das Quintett in wertvollen Transportkisten, die außen mit rotem Kalbsleder bezogen und mit Messinggriffen und -schlössern versehen waren. Die Pracht dieser Kisten lässt keinen Zweifel daran, dass sie von Antonio Stradivari selbst hergestellt wurden.

Pater Brambilla hatte insgesamt 125 *Zecchini gigliati* für die sieben Instrumente, die Kisten und die Verpackungskosten bezahlt. Antonio II. bot an, sein Möglichstes zu tun, um das Quintett für den Grafen zum gleichen Betrag zurückzukaufen. Aber die Instrumente blieben in Spanien. Durch Pater Brambilla gelangte das Quintett an den spanischen Hof und erfüllte damit den Wunsch von Antonio Stradivari, der es mehr als 70 Jahre zuvor mit dieser Absicht gebaut hatte. Leider brachten die Franzosen jedoch nach dem spanischen Unabhängigkeitskrieg die beiden Bratschen nach Paris. Die Alt-Viola kam um 1945[35] nach Spanien zurück, während die Tenor-Viola leider verloren ging. Heute sind die vier erhaltenen Instrumente des Originalquintetts Teil des spanischen Patrimonio Nacional (Nationalerbes) und werden im *Königspalast in Madrid* ausgestellt.

Stradivari

XX.
Die wichtigsten Geigenhändler

Sowohl die Geigen von Amati als auch die von Stradivari werden wie Brot begehrt.[1]
(Antonio II. Stradivari, Brief vom 30. Juni 1776)

Das 19. Jahrhundert war geprägt von der romantischen Musik und einer ganzen Reihe neuer Konzeptionen, sowohl was die musikalischen Ausdrücke als auch die Rolle der Musiker selbst und der Instrumente betraf. Der große Ludwig van Beethoven war ein Vorläufer dieser Ära, die in Franz Liszt und Richard Wagner zwei ihrer größten Vertreter fand.

Mit der Entwicklung einer neuen Klangfarbe änderte sich auch die soziale Rolle des Musikers, der jahrhundertelang im Dienste der Kirche bzw. des Hofes gestanden hatte und sich langsam als selbstständiger Künstler etablierte.

Das Instrument schlechthin der Romantik war das Klavier, und es gibt einige, die seine „Geburt, Entwicklung und seinen unbestreitbaren Erfolg"[2] mit dem Niedergang der klassischen Cremoneser Geigenbauschule in Verbindung brachten. Obwohl es stimmt, dass der große Erfolg des Klaviers alle anderen Instrumente, einschließlich der Geige, überschattete, ist es ebenso wahr, dass Antonio Stradivaris Instrumente in der Mitte des 19. Jahrhunderts wiederentdeckt wurden und eine allgemeine Wertschätzung genossen, die bis heute unbestritten bleibt. Im 18. Jahrhundert waren die begehrtesten und folglich teuersten Instrumente die von Jakob Stainer und Nicolò Amati gewesen, die nun weiterhin geschätzt wurden, aber „mehr als zum Spielen wurden sie ersucht, die Sammlungen der Liebhaber zu bereichern".[3]

Was hatte diesen Geschmackswandel bewirkt? Unter den Hauptfaktoren, die zur Anerkennung von Stradivaris Instrumenten beitrugen, spielten neben der Klangqualität, den Materialien und der Perfektion der Details eindeutig auch die historischen Umstände eine wichtige Rolle. So gelangten beispielsweise nach der Französischen Revolution und den damit verbundenen Schwierigkeiten der Aristokratie viele Meisterwerke, die bis dahin hauptsächlich die Sammlungen des Adels bereichert hatten, auf die europäischen Märkte. Es entstand auch eine neue Unternehmerpersönlichkeit, die wesentlich dazu beitrug, Stradivaris Instrumente in der ganzen Welt bekannt und geschätzt zu machen: der Geigenhändler.

Die Besessenheit von der Geige: Luigi Tarisio

Die Persönlichkeit von Luigi Tarisio (1796–1854) ist eine der rätselhaftesten und faszinierendsten, die mit der Welt des Geigenbaus verbunden sind. Er wurde in Fontaneto d'Agogna geboren, einem kleinen piemontesischen Dorf in der Provinz Novara. Im Gegensatz zu dem, was in einigen Büchern berichtet wird, stammten Tarisio und der große Geiger Giovanni Battista Viotti nicht aus derselben Stadt. Obwohl Viotti auch Piemontese war, wurde er in Fontanetto Po, in der Provinz Vercelli, geboren. Kurioserweise war Graf Cozio di Salabue ebenfalls Piemontese, aber seine aristokratischen Ursprünge unterschieden sich stark von denen der beiden oben genannten.

Ein Großteil der Stradivari-Bibliografie ab der zweiten Hälfte des 19. Jahrhunderts stimmt darin überein, dass Tarisio ein Kind armer Eltern und schlecht ausgebildet war. Vidal[4] ging so weit zu behaupten, Tarisio sei Analphabet und führte den Geigenbauer Jean-Baptiste Vuillaume (1798–1875) als Gewährsmann an, der mit dem Italiener intensive Geschäftsbeziehungen gehabt hatte. Wenn dem so ist, würde dies nur die Fähigkeiten und die Entschlossenheit dieses ungewöhnlichen piemontesischen Zimmermanns bestätigen, der bald eine Leidenschaft für den Geigenbau entwickelte, die an Besessenheit grenzte. Obwohl Tarisio über keinerlei musikalische Ausbildung verfügte, scheint es, dass er als Autodidakt versuchte, das Geigenspiel zu erlernen. Vielleicht waren es seine fundierten Holzkenntnisse, die ihn dieses Instrument so sehr schätzen ließen, dass es ihn völlig faszinierte. Aufgrund seines Berufes zog Tarisio oft von Dorf zu Dorf, und zweifellos hatte er die Gabe, Menschen kennenzulernen und Freundschaften mit ihnen zu schließen. Bald beschloss er, in den verschiedenen Dörfern Norditaliens, die er besuchte, Zeit und Energie in die Suche nach hochwertigen Saiteninstrumenten zu investieren. Die Geige war ursprünglich ein beliebtes Instrument, das oft auf Jahrmärkten und Volksfesten eingesetzt wurde, um die Menschen zum Tanzen anzuregen. Viele gut gebaute Instrumente befanden sich daher immer noch in den Händen der einfachen Leute, die oft keine Ahnung von ihrem Wert hatten. Tarisio war einer der ersten, der dieses Potenzial erkannte und entsprechend handelte.

> Zwei oder mehr Geigen, bei den Schnecken aneinander gebunden, über der Schulter tragend, ging er durch die Gassen und rief: ‚Hier werden Violinen zum höchsten Preise

Die Besessenheit von der Geige: Luigi Tarisio 223

angekauft!' Dann besuchte er die zahlreichen Klöster und brachte die dort befindlichen Instrumente in Ordnung; nicht blos[sic!], um sich dadurch etwas zu verdienen, sondern vielmehr um seine Kenntnisse zu vermehren und sich Bezugsquellen für die Zukunft zu merken.[5]

Anfangs waren seine Kenntnisse auf dem Gebiet des Geigenbaus gering, aber die große Leidenschaft, die ihn antrieb, kombiniert mit einem unglaublichen Erinnerungsvermögen, ermöglichten es ihm, in kurzer Zeit die verschiedenen stilistischen Merkmale der wichtigsten Geigenbauer zu erkennen und im Gedächtnis zu behalten.

Da er entschlossen war, dieses Interesse zu seiner Haupttätigkeit zu machen, unternahm er 1827 eine erste Reise nach Paris, um einige der Instrumente zu verkaufen, die er während seiner Wanderschaft erworben hatte. Sein Ziel lag 800 Kilometer entfernt.

Man sagt, er habe diese Reise zu Fuß unternommen, wobei er oft auf das Lebensnotwendige verzichtete, damit er womöglich mehr Geld habe, um die Geigen seines Landes zu kaufen.[6]

Tarisio kam sicherlich erschöpft in der französischen Hauptstadt an, aber mit seiner kostbaren Ladung von sechs Instrumenten.[7] Quellen zufolge war einer der ersten Geigenbauer, mit denen er in Kontakt kam, Jean-François Aldric (1765–1840), ein berühmter Geigenbauer aus Mirecourt, der seit Jahren eine angesehene Werkstatt in der Rue de Bussy in Paris betrieb. Auf den ersten Blick erweckte Tarisios armseliges und vernachlässigtes Auftreten kein großes Vertrauen. Wer ihn kannte, erzählte folgendes:

Er war ein Mann von gewöhnlichem Aussehen – er sah aus, wie er war, ein Bauer; er sprach unbekümmert Französisch, war schlecht gekleidet und trug schwere, derbe Schuhe. Er war groß und dünn und hatte Züge eines typischen italienischen Typs.[8]

Aldric muss sich gefragt haben, woher dieser Fremde kam, der wie ein Unglücksrabe aussah. Zu seiner Überraschung bot Tarisio ihm mehrere schöne Instrumente an und zeigte dabei eine hervorragende Fähigkeit, sie den verschiedenen italienischen Geigenbauern zuzuordnen. Aldric kaufte von dem Ausländer und drängte ihn, mit neuer Ware zurückzukehren. Tarisio kannte sich nun technisch gut aus und konnte sich mit wichtigen Geigenbauern und -händlern messen. Er musste aber noch die Marktpreise der von ihm angebotenen Schätze kennenlernen. Das Geschäft mit Aldric war eine Ermutigung gewesen, denn es hatte ihm bestätigt, dass er auf dem richtigen Weg war. Aber es wurde ihm klar, dass er viel mehr hätte verdienen können. Also baute er sein Kontaktnetz weiter aus. Lombardini schrieb zum Beispiel, dass Tarisio sich bei der Beschaffung von Instrumenten in Cremona auf einen „Herrn Leone Fuchs, Kaffeehausbesitzer und Bratschenspieler im Theater in Brescia"[9] verließ. Der improvisierte Geigenhändler war dann gleichzeitig in zwei der wichtigsten italienischen Zentren des Geigenbaus tätig: Cremona und Brescia.

Mit dem Erwerb einiger der schönsten Instrumente des Grafen Cozio di Salabue landete Tarisio einen Coup. Er hatte dem Grafen angeboten, 14 Instrumente aus seiner Streichinstrumentensammlung zu kaufen. Der Graf lehnte das Angebot jedoch ab, weil er es für zu niedrig hielt.

Nach dem Tod von Cozio erbte seine Tochter Matilde jene Sammlung, die viele Jahre die Leidenschaft ihres Vaters gewesen war, von der sie aber nur wenig oder gar nichts wusste. Einige der Instrumente waren in Mailand verblieben, wo der Graf 15 Jahre lang residiert hatte. Als Tarisio sein Angebot erneuerte, wandte sich Matilde an den Freund ihres Vaters, Carli, um sich über die Sachlage zu informieren. Carli gab zu, dass er nicht wusste, wo sich alle Instrumente befanden, weil sie nicht alle an einem Ort hinterlegt worden waren. Aber er wollte es schnell feststellen. Außerdem nahm er sich vor, die Instrumente bewerten zu lassen, aber er wies das unerfahrene Mädchen im Voraus darauf hin, dass das Angebot von Tarisio seiner Meinung nach völlig angemessen war und dass er nicht sicher war, ob sie die Instrumente in Mailand zu besseren Preisen hätten verkaufen können.[10] Eine ziemlich gewagte Vermutung, aber wir wollen Carli Glauben schenken. Vielleicht hatte er einfach Tarisios Meinung weitergegeben. Der geschickte Händler hatte verstanden, dass weder Carli noch die junge Gräfin eine Ahnung vom tatsächlichen Wert der Instrumente hatten, die sie verwalteten. So konnte er Instrumente von großem Wert zu niedrigen Preisen erwerben und außerhalb Italiens mit großem Gewinn verkaufen. Schließlich ließ Carli Cozios Instrumente nicht bewerten. Deshalb konnte Tarisio ein Cello von Carlo Bergonzi und 13 Geigen, darunter ein Instrument von Guarneri del Gesù, eins von Francesco Ruggeri und vier von Guadagnini, für einen Spottpreis kaufen, der noch niedriger war als der, den er dem Grafen Cozio im Vorjahr angeboten hatte.[11] Später bot Carli ihm sogar weiterhin Instrumente an. Aber der scharfsinnige Tarisio gab zunächst vor, kein Interesse daran zu haben, weil es ihm angeblich noch nicht gelungen war, die meisten der 14 Instrumente zu verkaufen. Mit der Zeit konnte er weitere Schätze aus der Sammlung von Cozio zu immer niedrigeren Preisen erwerben.[12]

Warten auf den Messias

Im Laufe der Zeit hatte sich Tarisio als Geigenhändler einigermaßen in ganz Europa einen Namen gemacht. Seine Kundschaft beschränkte sich inzwischen nicht nur auf das französische Territorium, wo er neben den bereits erwähnten Aldric und Vuillaume auch mit anderen berühmten Geigenbauern wie Jacques-Pierre Thibout (1779–1856) und Georges Chanot (1801–1883) Geschäfte machte, sondern hatte sich auch nach England ausgedehnt. Auf der Suche nach Instrumenten, insbesondere nach jenen von Stradivari, ging er bis nach Spanien. Seine anfängliche Leidenschaft hatte sich zu einer echten Besessenheit entwickelt. Er wollte sich nicht von den Instrumenten trennen und verkaufte nur diejenigen, die er für weniger schön hielt. Er bewahrte seine Schätze in einem Kabuff auf, den er in Mailand in der Via Legnano in der Nähe der Porta Tenaglia gemietet hatte. Im Gegensatz zu der Heiterkeit, die er bei der Arbeit zeigte, um mit den Besitzern von Instrumenten in Kontakt zu treten, war Tarisio in seinem Privatleben ein sehr zurückhaltender Mann, der wenig oder nichts über sich selbst erzählte. Er verzichtete auf jede Annehmlichkeit und sparte jeden Cent, um seine Sammlung zu vergrößern. Er sprach jedoch oft über eine Geige im Besonderen und lobte ihre außergewöhnliche Schönheit und die Perfektion ihrer Ausführung bei verschiedenen Geigenbauern, mit denen er Geschäftsbeziehungen unterhielt. Was war das Besondere an diesem Instrument? Es war eines der Instrumente, das dem Grafen Cozio di Salabue gehört hatte. Cozio selbst bezeichnete diese Geige bei mehreren Gelegenheiten als „meine schönste"[13] und beschrieb sie als „intakt. [...] Sehr feines Werk in allen seinen Teilen mit schönen Konturen".[14] Er bewahrte sie in seiner Hauptsammlung auf, zu der die prestigeträchtigsten Instrumente gehörten, die er nicht verkaufen wollte. Tarisio hatte es nach dem Tod des Grafen gekauft. Diese Geige war fast intakt, als käme sie gerade aus Stradivaris Werkstatt. Tarisio behütete sie wie seinen Augapfel, denn er hielt sie nicht nur für das beste Werk von Antonio Stradivari, sondern auch für den Höhepunkt in der Geschichte des Geigenbaus. Die Geigenbauer, mit denen er zusammenarbeitete, wussten, dass Tarisio Instrumente von großem Wert besaß und waren neugierig, dieses Juwel zu sehen. Sie hatten ihn mehrmals gedrängt, es ihnen zu zeigen, aber er wachte eifersüchtig darüber und nahm es nie mit, weil er es sowieso nicht verkaufen wollte. Aus Angst davor, dass jemand seine lange Abwesenheit ausnutzen könnte, um in sein Zimmer in Mailand einzubrechen und es ihm zu stehlen, brachte er das Instrument letztendlich nach Fontaneto d'Agogna, wo seine Familie lebte.

Eines schönen Tages als sich Tarisio in Vuillaumes Werkstatt aufhielt, um ein Geschäft abzuschließen, lobte er erneut dieses wunderbare Instrument mit den Worten: „Wenn Sie doch nur meine Geige von Salabue sehen könnten!"[15] Anwesend war der Geiger Jean-Delphin Alard (1815–1888), der Schwiegersohn von Vuillaume, der, da er diesen Satz sicherlich schon bei mehreren anderen Gelegenheiten gehört hatte, ironisch kommentierte: „Oh, aber Ihre Geige ist wie der Messias; man erwartet sie immer und sieht sie nie!"[16] Und so kam es, dass die Geige von diesem Moment an nicht nur als *Salabue*, sondern auch als *Messias* bekannt wurde.

Einer kommt, einer geht

Tarisio war oft geschäftlich unterwegs, aber selbst wenn er in Mailand war, hatten seine Nachbarn selten Gelegenheit, ihn zu treffen oder ein Wort mit ihm zu wechseln. Keiner von ihnen hatte die geringste Ahnung, was seine Haupttätigkeit war, denn sie sahen ihn oft kommen und gehen, nur mit einem Sack auf der Schulter.

Im Oktober 1854 hatte jemand bemerkt, dass Tarisio nach Hause zurückgekehrt war, aber niemand hatte ihn wieder gehen sehen, trotz der absoluten Stille in der Wohnung. Zunächst unentschlossen, was zu tun sei, wandten sich die Nachbarn dann an die Polizei. Diese kam, klopfte wiederholt an die Tür von Tarisio, aber vergeblich. Was nun? Man war sich nicht sicher, aber dann beschloss man, die Tür doch aufzubrechen. Kaum hatten die Beamten die Schwelle überschritten, bot sich eine seltsame Szene ihren Augen. Tarisio lag auf dem Boden, leblos. Man stellte schnell fest, dass der Geigenhändler eines natürlichen Todes gestorben war. Aber es war die Wohnung, die deutlich beunruhigender war. Sie spiegelte die Bedingungen wider, unter denen Tarisio jahrelang gelebt hatte, d. h. das Mobiliar war auf das Nötigste reduziert, ein Stuhl, ein Tisch und eine Matratze, aber in jeder Ecke standen Streichinstrumente: übereinandergestapelt, in Truhen gepackt oder an den Wänden aufgehängt. Tarisio hatte einen Haufen wunderschöner Instrumente gesammelt und wie ein Einsiedler in einem Geigenheiligtum gelebt.

Wenige Monate später erfuhr der Geigenbauer Vuillaume von Tarisios Tod und machte sich sofort auf den Weg nach Fontaneto d'Agogna. Er wollte sicherstellen, dass er als Erster die Sammlung des verstorbenen Händlers in die Hände bekam.

> Er fand die Verwandten versammelt mit jedem Anschein der schäbigsten Armut. Seine erste Frage war: 'Wo sind die Instrumente?' 'In Mailand', lautete die Antwort, 'aber

sechs Geigen sind hier', und dort in einer Ecke des Raumes standen sechs Kisten. Vuillaume zögerte nicht, ihren Inhalt zu inspizieren, indem er auf dem Boden kniete, auf dem sie in Ermangelung von Möbeln gestapelt waren, und nacheinander zog er fünf prächtige Instrumente hervor – zuerst eine prächtige Stradivari, dann ein schönes von Giuseppe Guarneri, dann eins von Carlo Bergonzi, in perfektem Erhaltungszustand, und zwei fast unberührte Guadagnini, und schließlich das Juwel der Sammlung, das lange Zeit als 'neue' Stradivari von 1716 bezeichnet wurde – die Geige „Messias". Vuillaumes erfahrenes Auge erkannte sofort die Berechtigung aller Verzückungen Tarisios über dieses Instrument, und, überzeugt von dem, was er bereits gesehen hatte, nahm er Verhandlungen auf, die zum Ankauf der gesamten Sammlung führten.[17]

In den folgenden Jahren verkaufte Vuillaume die Instrumente mit einem beachtlichen Gewinn. Und was geschah mit der *Messias*? Nachdem sie Tarisio mit ihrer Schönheit verzaubert hatte, eroberte die Geige auch Vuillaume, der sie nie verkaufte und bis zum Ende seiner Tage behielt.[18]

Eine Familienangelegenheit: Geigenhändler in Frankreich, England und Deutschland

Die meisten der größten Geigenhändler der Vergangenheit waren Geigenbauer und stammten aus Geigenbauerfamilien. Tarisio war in diesem Sinne eine Ausnahme.

Geigenbau wurde offensichtlich in ganz Europa praktiziert, aber die Instrumente, die dank Tarisio die wichtigsten europäischen Märkte erreicht hatten, trugen zur Wiederentdeckung des italienischen Geigenbaus des 17. und 18. Jahrhunderts bei. Ab der Mitte des 19. Jahrhunderts gab es eine wachsende Nachfrage nicht nur nach Originalinstrumenten, sondern auch nach Kopien aus der klassischen Ära des italienischen Geigenbaus. Die verschiedenen Geigenbauerfamilien diversifizierten dann ihr Angebot: Einerseits bauten und reparierten sie weiterhin Instrumente, andererseits durchkämmten sie Europa weit und breit auf der Suche nach alten Instrumenten.

Vuillaume stammte aus einer Geigenbauerfamilie, er war selbst ein hervorragender Geigenbauer und ein großer Bewunderer der italienischen Meister, insbesondere der Instrumente Antonio Stradivaris. Er wusste die Sammlung von Tarisio zu schätzen, indem er die Instrumente sehr genau studierte und daraus lernte. Drögemeyer behauptete, dass mehr als 2.500 Geigen aus Vuillaumes Werkstatt stammten.[19] Obwohl man heute davon ausgeht, dass diese Zahl geringer war, etwa 1.700 Instrumente, darunter Celli und Bratschen, waren viele davon perfekte Kopien antiker Instrumente, eine Leistung, die Vuillaume sehr reich machte, aber in der Vergangenheit viele Probleme bei der Zuschreibung verursachte. Das unter dem Namen von François-Joseph Fétis veröffentlichte Buch *Antoine Stradivari, luthier célèbre* (1856) wurde nicht nur von Vuillaume herausgegeben, sondern basierte im Wesentlichen auf Material, das der Geigenbauer im Laufe der Jahre gesammelt hatte.

Vuillaumes Geschick wurde in Frankreich nur noch von Nicolas Lupot (1758–1824) übertroffen, dessen Ruhm ihm den Beinamen *der französische Stradivari* einbrachte. Nicolas repräsentierte die dritte Generation von Geigenbauern der Familie Lupot. Sein Großvater, Laurent Lupot (1696–1762), wurde in der Hauptstadt des französischen Geigenbaus in Mirecourt geboren, genau wie Aldric, Vuillaume und viele andere wichtige französische Geigenbauer.

Nicolas Lupot war der Lehrmeister von Auguste Sébastien Philippe Bernardel (1798–1870) und Charles François Gand (1787–1845), die ihrerseits angesehene Werkstätten betrieben. Auch ihre Söhne widmeten sich dem Geigenbau, führten zunächst ihre jeweiligen Familienbetriebe und beschlossen später, sich 1866 mit der Gründung der renommierten Firma *Gand & Bernardel Frères* zusammenzuschließen.

In England waren zwei der wichtigsten Geigenbauer- und Handelsfamilien der damaligen Zeit die Familien Hart und Hill.

John Thomas Hart (1805–1874) war ein geschätzter Geigenbauer und, wie sein Sohn George (1839–1891), ein ausgezeichneter Kenner alter Streichinstrumente. George Hart veröffentlichte 1875 den Band *The Violin: Its Famous Makers and Their Imitators*, der auch heute noch eine sehr interessante Lektüre ist. Von ihrem Geschäft in der Wardour Street aus dominierte die Familie Hart mehrere Jahre lang den englischen Markt für alte Geigen. Zu ihren Kunden gehörten einige der vermögendsten englischen Sammler. Ihr Erfolg wurde mit dem Aufstieg der Hills drastisch gedämpft. William Ebsworth Hill (1817–1895) war ein Geigenbauer in vierter Generation. Sein Vater, Henry Lockey Hill (1774–1835), hatte bereits eine Werkstatt in der Wardour Street eröffnet, in derselben Straße, in der sich John Hart und andere Geigenbauer wie John Lott Jr. niederließen.

William Ebsworth Hill hatte die große Fähigkeit, alle vier seiner Söhne, William Henry (1857–1927), Arthur Frederick (1860–1939), Alfred Ebsworth (1862–1940) und Walter Edgar (1871–1905), mit hervorragenden Ergebnissen in das Familienunternehmen einzubinden. Vater und Söhne gründeten 1880 die Firma *W. E. Hill & Sons*, die zu einer Marke für Zuverlässigkeit, Qualität und Professionalität auf höchstem Niveau wurde. 1882 verließ die Familie Hill die

Wardour Street und zog in die noch prestigeträchtigere New Bond Street. Ihr Geschäft wurde ständig von einer wohlhabenden und anspruchsvollen Kundschaft frequentiert. Die Hills wurden zu den europäischen, um nicht zu sagen weltweiten Spezialisten für die Instrumente von Antonio Stradivari. Ein Beweis dafür sind ihre Buchhaltungsunterlagen, wie Jon Whiteley hervorhob:

> Zwischen 1880 und 1992 ging fast ein Drittel aller bekannten Stradivari-Instrumente durch die Hände von William Ebsworth Hill und seinen Nachkommen.[20]

Eine enorme Zahl, die zeigt, wie die Hills zu einem Bezugspunkt für fast jeden geworden waren, der ein Stradivari-Instrument kaufen oder verkaufen wollte. Die Hills achteten darauf, die Bewegungen der Instrumente zu überwachen und aufzuzeichnen und in ständigem Kontakt mit Sammlern, Musikern, Geigenbauern und Liebhabern zu bleiben. Dies ermöglichte es ihnen, Instrumente sogar mehrmals zu kaufen und wieder zu verkaufen. Zum Beispiel „zwischen 1896 und 1971 ging die Geige „Lady Blunt" sieben Mal in die Hände von W. E. Hill & Sons über".[21]

Der Name der Brüder Hill ist auch mit mehreren sehr wichtigen Publikationen verbunden. Vor allem zwei Bände gelten als Meilensteine in der Geschichte des Geigenbaus: *Antonio Stradivari. His Life and Work (1644–1737)* (1902) und *The Violin-Makers of the Guarneri Family (1626–1762). Their Life and Work* (1931). Die Autoren brachten in diesen beiden Werken ihr gesamtes Wissen über Stradivari und die Guarneri zusammen, das sie in jahrelanger Erfahrung und Forschung gesammelt hatten.

Das Gegengewicht zu den Hills auf deutschem Gebiet war die Familie Hamma. Fridolin Hamma Senior (1818–1892) gründete 1864 in Stuttgart die Firma *Hamma & Co.* Nach seinem Tod wurde sein Sohn Emil Senior (1855–1928) Geschäftsführer, während seine beiden anderen Söhne Albert und Franz nach Italien zogen, um direkt an der Quelle der zu findenden Instrumente zu sein. Später reiste Albert Hamma auch häufig nach Spanien und England. Die Familie Hamma spezialisierte sich, wie die Familie Hill, sowohl auf den An- und Verkauf von alten Geigen, wie die von Stradivari, Guarneri, Amati und Guadagnini, als auch auf den Geigenbau. Der Geigenbauer Albert Berr[22] fasste in einem Buch einige der interessantesten Abenteuer und Missgeschicke seines lieben Freundes Albert Hamma zusammen. Dieses Büchlein ist nicht nur eine amüsante Lektüre, sondern hilft auch zu verstehen, dass diese Händler, die wie die Goldgräber in Amerika immer auf der Jagd nach Schätzen waren, manchmal unglaubliche Risiken eingingen.

Nach dem Tod von Emil Hamma Senior ging die Leitung der Firma an seinen Sohn Fridolin Junior (1881–1969) über, der wie sein Vater ein hervorragender Geigenbauer und Kenner von Streichinstrumenten war. Er schrieb zwei bedeutende Bände über den Geigenbau: *Meisterwerke italienischer Geigenbaukunst* und *Meister deutscher Geigenbaukunst*. Auch sein Bruder Emil Junior (1883–1958) war Teilhaber in der Geschäftsleitung. Emil Hammas Sohn Walter (1916–1988) führte ab 1958 das Familienunternehmen in der vierten Generation.

Wie auch die Hills und andere große Geigenhändler besaß die Familie Hamma sowohl eine angesehene Instrumentensammlung als auch ein umfangreiches Archiv mit wertvollen Informationen über die Werke der wichtigsten Geigenbauer. Leider wurden die Hamma-Sammlung und das Archiv während des Zweiten Weltkriegs zerstört.[23]

WAS DIE KORYPHÄEN SAGEN: „Am Abend bevor Tarisio die Lady-Blunt-Geige von Stradivari verkaufte, gab mir ein Mentor von mir einen Rat, den ich nie vergessen habe. Morgen, so sagte er, solltest du dir über zwei Dinge Sorgen machen: Erstens, dass die „Lady Blunt" für zu wenig verkauft wird; zweitens, dass sie für zu viel verkauft wird(!) Damals verstand ich nicht: Natürlich wollte ich, dass sie so teuer wie möglich verkauft wird. Aber sein Rat war eines der Dinge, die den Geigenmarkt so besonders machen. Mehrere Jahrhunderte lang hat dieses Geschäft Booms und Blasen und der Spekulation desinteressierter Investitionen widerstanden und gleichzeitig die befriedigende Gewissheit eines langsamen, stetigen Wachstums geschaffen."[24]

Jason Price, Gründer, Direktor und Experte, Tarisio, New York/London

XXI.
Was die Experten gerne wüssten

*In Italien wurden die Künstler geboren,
die die Kunst der Streichinstrumentenherstellung
zur Perfektion brachten.*[1]
(François-Joseph Fétis, *Antoine Stradivari,
luthier célèbre*, 1856)

Es gibt unzählige Fragen, die sich um eine legendäre Figur wie die von Antonio Stradivari drehen und die noch immer auf eine Antwort warten. Zu den rein biographischen Fragen wie „Wer waren seine Eltern?", „Wann und wo wurde er geboren?", „Wo lebte er vor seiner Ehe?", „Wer war sein Lehrer?" gibt es weitere, die mit seinen Instrumenten verbunden sind. Seit langer Zeit kursieren die unglaublichsten Geschichten über die von Stradivari und einigen seiner Kollegen angewandte Bauart. Zum Beispiel:

> Man las, dass Amati und Stradivari das Holz in den ländlichen Gräben von Cremona aufweichten, um es (wer weiß warum!) für den Klang besser geeignet zu machen; dass Geigen in der Sonne „geröstet" wurden, um sie glänzender zu machen; dass Geigenbauer Bimsstein verwendeten, um die Holzbretter zu glätten, und ein durch das Zermahlen des Vulkangesteins gewonnenes Pulver, um eine Masse zu erhalten, die sich auf den Holzbrettern verteilen ließ.[2]

Welche Mythen lassen sich nach heutigem Wissensstand widerlegen und welche bleiben die Geheimnisse Stradivaris?

Wie viele Strads?

Wie viele Instrumente hat Antonio Stradivari gebaut? Die Auftragsbücher seiner Werkstatt hätten es uns offenbaren können, aber leider sind sie verloren gegangen. Dennoch haben mehrere Experten versucht, diese immer wiederkehrende Frage zu beantworten. Die Brüder Hill in London bemühten sich zum

Beispiel zu verstehen, wie viel Zeit Stradivari im Durchschnitt brauchte, um ein Instrument zu bauen. Um dies zu erreichen, stützten sie sich insbesondere auf zwei Gruppen von historischen Funden.

Wie Sie sich vielleicht erinnern, schrieb Graf Bartolomeo Ariberti am 19. September 1690 an Stradivari und bat ihn, zwei Bratschen für Ferdinando de' Medici zu bauen. Der Graf hatte dem Erbprinzen der Toskana zuvor zwei Geigen und ein von Stradivari gebautes Cello geschenkt. Die beiden neuen Bratschen, ein Tenor- und ein Altinstrument, sollten das Quintett vervollständigen.

Stradivari machte sich sofort an die Arbeit. Sowohl auf den Holzformen der beiden Bratschen als auch auf einigen Vorzeichnungen, die im *Museo del Violino* von Cremona aufbewahrt werden, erscheint das Datum 4. Oktober 1690, was die Schnelligkeit bestätigt, mit der sich der Geigenbauer diesem wichtigen Auftrag widmete.[3]

Innerhalb eines Monats war mindestens eines der beiden Instrumente bereits fertiggestellt. In der Tat, im Inneren der Tenor-Bratsche befindet sich entlang einer Seite des Bassbalkens eine handschriftliche Notiz, die von Stradivaris Hand zu stammen scheint, mit dem Herstellungsdatum 20. Oktober 1690. Es ist sehr wahrscheinlich, dass das zweite Instrument ebenfalls fertig oder fast vollendet war. Diese Informationen sind bereits ein interessanter Ausgangspunkt.

Darüber hinaus berichtete Don Desiderio Arisi, dass Jean-Baptiste Volumier, der Kapellmeister von König August II. von Polen, am 10. Juni 1715 in Cremona eintraf und drei Monate dort blieb und darauf wartete, dass Stradivari zwölf von seiner Königlichen Hoheit bestellte Geigen baute. Auch dies ist ein nützlicher Hinweis, den die Hills für ihre durchdachte Berechnung verwendet haben.

Obwohl man sich durchaus bewusst war, dass diese Informationen nicht eindeutig schlüssig sind, verglichen die Hills sie mit den ihnen vorliegenden Daten, um zu versuchen, die monatliche Produktion Stradivaris zu bestimmen und so zu einer möglichen Gesamtzahl der vom Geigenbauer gebauten Instrumente zu gelangen.

In der folgenden Erklärung werden die verschiedenen Kriterien erläutert, auf denen ihre Berechnung und ihre Schlussfolgerung beruhen:

> In einem warmen Klima wie dem von Cremona sollten wir kaum annehmen, dass Stradivari in den Sommermonaten so viele Stunden täglich arbeitete wie der durchschnittliche Handwerker in einem kälteren Land. Aber nach gebührender Abwägung dieses Aspekts und unter Berücksichtigung der Zeit, die er für das Zeichnen von Entwürfen,

den Bau von Innenformen usw. benötigte, denken wir, dass er bei der niedrigsten Berechnung ein Violoncello oder zwei Geigen in einem Monat fertiggestellt hat; sagen wir einen Durchschnitt von fünfundzwanzig Geigen oder zehn Violoncelli in einem Jahr. [...] Wir sind in der Lage, für die tatsächliche Existenz von Stradivari-Instrumenten zu bürgen, die mit ihren Originalzetteln versehen sind und jedes Jahr zwischen 1682 und 1737 datiert worden sind, was schlüssig beweist, dass er ohne Unterbrechung mehr als fünfundfünfzig Jahre lang seine Arbeit fortgesetzt hat. Es ist für uns ebenso klar, dass Stradivari vor 1682–3 nicht in eigener Regie kontinuierlich gearbeitet hat. [...] Würden wir diesen früheren Jahren die gleiche Anzahl von Instrumenten zuschreiben wie den späteren, wären wir geneigt, die Anzahl der Werke des Meisters zu überschätzen. Wiederum können wir ab 1725 nicht vermeiden davon auszugehen, dass mit fortschreitenden Jahren der damals Achtzigjährige, obwohl er immer noch wunderbar sicher mit Hand und Auge war, langsamer in der Ausführung wurde. Daher stimmt ein Durchschnitt von zwölf Instrumenten pro Jahr bis 1736 eher mit unseren tatsächlichen Daten überein. Das Jahr seines Todes, 1737, schließen wir nicht mit ein, da wir der Meinung sind, dass die mangelnde Gesundheit endlich die Hand des Meisters beeinträchtigt haben muss. Von diesem Jahr sind uns nur drei Beispiele bekannt. Wenn wir 1665 (Stradivaris 21. Jahr) als frühestes Datum akzeptieren, an dem er einen eigenen Zettel verwendet hat, dann liegen 19 Jahre bis 1684. Nach gründlicher Überlegung sind wir der Meinung, dass seine unterzeichneten Instrumente in diesem Zeitraum im Durchschnitt vier pro Jahr nicht überschritten haben – insgesamt 76 Instrumente. In unserem Kapitel über die Violoncelli des Meisters stellen wir fest, dass uns 50 Exemplare bekannt sind. Geht man davon aus, dass Stradivari während seines ganzen Lebens bis zu 80 dieser Instrumente gebaut hat (wir behaupten nicht, alle existierenden Exemplare zu kennen, und einige sind zerstört worden), und rechnet man mit einer Bauzeit von etwas mehr als einem Monat – zehn pro Jahr – so kommen wir auf acht Jahre Arbeit. Nimmt man nun den Zeitraum von 1684 bis 1725, also 41 Jahre, und rechnet man davon die oben erwähnten acht Jahre ab, so ergibt sich für den Bau der Geigen ein Ergebnis von 33 Jahren, was bei durchschnittlich 25 Geigen pro Jahr insgesamt 825 Instrumente ergibt. Die Jahre zwischen 1725 und 1736 ergeben, bei der reduzierten Schätzung von zwölf Geigen pro Jahr, 132 Instrumente.[4]

Daraus ergibt sich die beträchtliche Gesamtzahl von 1.116 Instrumenten, die Geigen, Bratschen und Celli einbezieht.

Diese Berechnung ist zwar fundiert, führt aber zu einem Ergebnis, das einige als zu hoch empfunden haben, weil sie mehrere Faktoren nicht berücksichtigt, zum Beispiel die Tatsache, dass Stradivari, wie wir gesehen haben, auch mehrere andere Instrumententypen wie Gitarren, Lauten und Harfen gebaut hat. Darüber hinaus spiegelt diese Zahl in keiner Weise die wirtschaftliche, politische und soziale Lage Cremonas während der betrachteten 72 Jahre wider, die in verschiedenen Zeitabschnitten wirklich problematisch war. Diese Faktoren haben wahrscheinlich nicht nur die Anzahl der in Stradivaris Werkstatt hergestellten Instrumente, sondern auch die Zahl der Aufträge beeinflusst.

Pollens äußerte zum Beispiel die folgende Meinung:

> Die Gesamtzahl der Instrumente, die Stradivari zu seinen Lebzeiten fertigte, liegt wahrscheinlich näher an der Zahl der überlieferten Instrumente als an der weitaus größeren Schätzung der Hills.[5]

Wir sind geneigt, der Meinung zuzustimmen, dass die von den Hills vorgeschlagene Zahl zu hoch sei. Aber wir finden es schwer zu glauben, dass zumindest eine dreistellige Zahl von Instrumenten inzwischen nicht verloren gegangen ist. Schon allein der Transport war in der Vergangenheit ein großes Problem, nicht nur weil Schiffbrüche und Kutschenunfälle fast schon auf der Tagesordnung standen, sondern auch wegen der objektiven Schwierigkeit, die die Zerbrechlichkeit der zu transportierenden Instrumente darstellte. Ein Gemälde konnte ohne größere Probleme zusammengerollt und transportiert werden, aber ein Cello oder eine Harfe blieben schwer zu handhabende Objekte. Graf Cozio war sich dessen wohl bewusst und empfahl Paolo Stradivari mehrmals, die Instrumente gut geschützt und in soliden Kisten an ihn zu schicken. Ein weiterer Faktor, den wir nicht unterschätzen dürfen, ist der unterschiedliche Wert, der diesen Instrumenten in der Vergangenheit beigemessen wurde. Obwohl Stradivari schon zu Lebzeiten als Geigenbauer geschätzt wurde, hatten seine Instrumente absolut weder den materiellen noch den künstlerischen Wert, den wir ihnen heute zuschreiben. Wenn ein Instrument in der Vergangenheit stark beschädigt wurde, warf man es gewöhnlich weg.[6]

Wie viele Instrumente von Stradivari sind erhalten geblieben? Auch hier sind sich die Experten nicht einig, denn leider gibt es kein offizielles Register aller seiner heute bekannten Instrumente. Aus diesem Grund pendeln die Meinungen zwischen 700 und 500 Instrumenten. Nach unserer konservativen Einschätzung gehen wir von bis zu 500 aus.

Das Geheimnis des Stradivari-Lacks

Der Lack als grundlegendes Element nicht nur zur Verbesserung des äußeren Erscheinungsbildes des Instruments, sondern auch zur Verringerung des Verschleißes und zum Schutz vor Temperaturschwankungen wurde von den Herstellern von Saiteninstrumenten schon lange vor der Erfindung der Geige eingesetzt.

Selbst die Zimmerleute begannen schon früh, Lacke zum Imprägnieren und Schützen des Holzes zu verwenden.

Die Vorbereitung des Lacks in den verschiedenen Werkstätten war vermutlich kein Staatsgeheimnis. Eine Bestätigung gibt uns die Korrespondenz zwischen Alfonso I. d'Este und Jacopo de li Tibaldi. Der Herzog von Ferrara äußerte den Wunsch, ein Rezept für den Lack zu erhalten, der von den Lautenbauern in Venedig verwendet wurde. Tibaldi antwortete ihm am 20. Januar 1526 wie folgt:

> Der berühmte Lautenbaumeister Sigismondo Maler hat versprochen, mir bis nächsten Montag das Rezept für den von ihm verwendeten Lack sowie die Art und Weise, wie er auf Lauten aufgetragen wird, zu geben. Dieser Meister sagte mir auch, dass er zwei Arten von Lacken hat und dass es sein Assistent und nicht er ist, der sie herstellt.[7]

Dieses Beispiel ist wichtig, weil Sigismondo Maler keine gewöhnliche Person war, sondern der Bruder des berühmten Luca Maler (ca. 1480–1552), eines in Bologna tätigen deutschen Lautenmachers, der als der Stradivari der Laute gilt.[8] Sigismondo Maler war von Bologna nach Venedig umgezogen, und dieses Dokument zeigt uns deutlich, dass er kein Problem damit hatte, sein Lackrezept weiterzugeben und einzugestehen, dass er die Vorbereitung seinem Anlernling anvertraut hatte.

Wahrscheinlich gab es ein oder mehrere Basisrezepte für die Lacke, zu denen jeder Geigenbauer einige wenige Zutaten hinzufügte, um die Farbe und Konsistenz zu variieren.

Den Geigenbauern aus Cremona gebührt Anerkennung dafür, dass es ihnen gelungen ist, ihre Rezepte so zu verbessern, dass es Ende des 19. Jahrhunderts einen regelrechten Wettbewerb um die Reproduktion des Lacks gab, der im goldenen Zeitalter des Geigenbaus verwendet wurde. Unzählige Veröffentlichungen in ganz Europa widmeten sich diesem Thema, und jeder Autor strebte insbesondere danach, das Geheimnis des Stradivari-Lacks zu lüften. Viele waren davon überzeugt, dass Stradivaris Instrumente gerade wegen des Lacks, der nach allgemeiner Meinung eine geheime Zutat enthielt, so gut klangen. Auch die großen Rivalen der Cremoneser, die Geigenbauer aus Brescia, verwendeten ausgezeichnete Lacke, aber während diese überwiegend braune Töne hatten, reichten die der Cremoneser Geigenbauer von Bernstein bis Rosa, von tiefem Orange bis zu leuchtendem Rot und waren transparenter.

Nicht zu unterschätzende Faktoren waren auch die Art und Weise, wie der

Lack aufgetragen wurde und die Anzahl der Schichten. Stradivaris Lacke zum Beispiel zeichneten sich durch eine oder mehrere, sehr transparente Schichten Goldgrund aus, auf die eine oder mehrere Farbschichten aufgetragen wurden. Stradivari verwendete nicht immer den gleichen Lacktyp, im Gegenteil, er variierte seine Farbe und Konsistenz im Laufe der Zeit. In der ersten Periode seiner Tätigkeit zeichneten sich seine Instrumente durch einen zu Gelb tendierenden Anstrich aus, während später Rottöne die Oberhand gewannen, so sehr, dass einige Instrumente seiner späteren Jahre mit glänzenden Rubinen verglichen wurden. Die Brüder Hill waren der Meinung, dass Antonio Stradivari bei der Herstellung des Lacks zunächst der Tradition, insbesondere der von Nicolò Amati, gefolgt war, und er sich nach dessen Tod freier zum Experimentieren gefühlt und daher noch intensiver rote Lacke verwendet habe.[9]

Die Jagd nach Stradivaris Lackrezeptur schien zu einem glücklichen Ende gekommen zu sein, als bekannt wurde, dass Paolo Stradivaris Urenkel, Giacomo, eine Kopie davon besaß. Diese Nachricht löste in der Welt des Geigenbaus große Begeisterung aus. Nach Jahren vergeblicher Forschung, gescheiterter Versuche und Frustrationen würde das Geheimnis von Stradivaris Überlegenheit und Meisterschaft bald gelüftet werden können! Aber warum tauchte dieses Rezept erst jetzt auf? Giacomo Stradivari selbst erzählte die unglaubliche Geschichte dieses legendären Rezeptes.[10] Angeblich hatte Antonio Stradivari sein 1704 datiertes Rezept auf die Rückseite einer Bibel transkribiert. Diese Information verhieß Gutes, denn wenn das Rezept aus dem Jahr 1704 stammte, wurde es vom Geigenbauer für die Instrumente seiner goldenen Zeit verwendet. Es gab Anlass zur Freude! Leider fügte Giacomo Stradivari jedoch hinzu, dass er nicht mehr im Besitz dieser Bibel sei und sie im Gegenteil selbst vernichtet habe. Welchen Grund könnte er gehabt haben, etwas so Kostbares zu zerstören, das seinem berühmten Vorfahren gehört hatte?

Wie er erklärte, waren der junge Giacomo und seine Familie nach dem Tod seines Vaters gezwungen, in ein kleineres Haus umzuziehen. Der unerfahrene Giacomo, der so viel Kram loswerden musste, wie er konnte, kopierte das Rezept getreulich und vernichtete dann in seinem *kindischen Verhalten*[11] das Buch. Eine große Enttäuschung für alle Liebhaber des Geigenbaus! Aber immerhin war ein kopiertes Rezept immer noch besser als gar kein Rezept. Leider waren die Dinge nicht so einfach. Giacomo Stradivari lehnte es ab, das Rezept weiterzugeben, denn wenn sich in Zukunft eines seiner Familienmitglieder dem Geigenbau widmen wollte, hätte es den Vorteil, das Geheimrezept zu kennen. Also … doch kein Rezept? Es war zum Verzweifeln! Großmütig enthüllte Giacomo Stradivari den letzten Teil des Rezepts:

… und koche alles eine halbe Stunde lang, damit es fertig wird. Mit dem Pinsel zwei Schichten auf dem Instrument in der Sonne auftragen und die erste Schicht trocknen lassen. A. S. 1704.[12]

Antonio Stradivari hatte das Rezept datiert und sogar mit seinen Initialen „A. S." signiert. Niemand wollte offiziell an den Worten eines Nachfahren des großen Geigenbauers zweifeln, aber mehrere müssen bezweifelt haben, dass dieses Rezept etwas mit dem ursprünglichen zu tun haben könnte. Zunächst einmal wissen wir, dass Antonio Stradivari für jedes Instrument mindestens zwei verschiedene Lacke verwendete, d. h. einen als Grundierung, um das Holz zu härten und die Holzporen zu schließen, und einen mit farbigem Grund. In dem von Giacomo Stradivari vorgelegten Rezept wurde nur ein Lack erwähnt. Außerdem wäre kein Geigenbauer, der diesen Namen verdient, jemals auf die Idee gekommen, den Lack unter der Sonne aufzutragen. Aber Giacomo Stradivari, der kein Geigenbauer war, konnte dies wahrscheinlich nicht wissen. So kam es, dass sich die Euphorie über das neu gefundene Geheimrezept schließlich als Seifenblase entpuppte und man weiter mit Rizinusöl, Kollodium, Bimsstein, Copal, Leinöl, Terpentinöl, Mastix, Siccatif, Rus, Casslerbraun, Asphalt, Perubalsam und so weiter und so fort eifrig experimentierte.

Als Beispiel dafür, welche unglaublichen Geschichten in Bezug auf Stradivaris Lack erzählt wurden, gibt es hier eine sehr amüsante:

> Als Antonio Stradivari einer Legende zufolge danach strebte, die Vollkommenheit zu erreichen, nach der er sich sehnte, und Gott alle Qualen dieses Lebenswerks und dieser Leidenschaft darbot, erschien ihm ein Engel, der in durchsichtigen Händen eine wunderbare Geige trug. Er erlaubte ihm, sie anzuschauen und zu berühren, ihre Form und die harmonische Komposition des Entwurfs zu betrachten, bevor er lächelnd zu ihm sagte: 'Arbeite und träume nicht von Reichtum, sondern gib der Arbeit die Früchte deiner Arbeit. Dann wirst du gewinnen'. Antonio grübelte lange nach, bis er die Bedeutung dieser Worte verstand. Nachdem er ein Instrument verkauft hatte, gab er das Geld nicht aus, sondern schmolz das Gold, mischte es mit dem Lack und tränkte das noch jungfräuliche Holz damit. Und so erlangte er durch dieses Wunder zur vollkommenen Schönheit.[13]

> **Was die Koryphäen sagen:** „Geigenbauer könnten entweder heimische Zutaten (wie die Venezianer, deren Lack auch auf venezianischen Möbeln aus dem 18. Jahrhundert auftaucht) oder vielleicht eine spezielle Mischung verwenden, die nur ihnen und ihrem Apotheker bekannt war. Im Fall von Stradivari würde ich annehmen, dass die Koschenille eine so spezielle Zutat gewesen sein könnte. Aber ich bin auch der Meinung, dass die Geschicklichkeit des Geigenbauers mit dem Pinsel ebenso entscheidend war, wie die Lacke von Giuseppe Guarneri 'filius Andreæ' bezeugen, deren Formel sich wahrscheinlich nicht viel von der seiner Kollegen unterschied, der aber eine großartige Transparenz und Tiefe erreichte, die wahrscheinlich mehr über die Anwendung als über die Zubereitung aussagt."[14]
>
> Philip J. Kass, Philadelphia

Ist das echt? Woran man eine „Stradivari" erkennt

Was macht die von Antonio Stradivari gebauten Instrumente so besonders? Fétis beschrieb ihre wichtigsten Eigenschaften auf diese Weise:

> Im Allgemeinen verdanken die Stradivari-Instrumente ihre wertvollen Eigenschaften erstens der ausgezeichneten Holzauswahl; zweitens den klanglichen Beziehungen zwischen den verschiedenen Teilen, aus denen diese Instrumente bestehen; und drittens der Leistungsfähigkeit des Gehäuses in Verbindung mit der Dicke der Decke und des Bodens, die durch die Vibrationen der Luft unter der Wirkung des Bogens den Klang ergeben; und schließlich auf die mit größter Präzision ausgeführte Arbeit und auf den Lack, dessen wesentliche Eigenschaften darin bestehen, das Holz gegen den Einfluss der hygrometrischen Temperaturschwankungen zu schützen und keinerlei Schwingungsdämpfung des Lackes der freien Entfaltung des Klanges in den Weg zu stellen.[15]

Diese Merkmale springen einem Experten wahrscheinlich ins Auge, aber sie sind für die Laien nicht unbedingt so offensichtlich. Woran kann man sich sonst noch orientieren, um zu erkennen, ob ein Instrument original ist?

Die Zettel: Wie wir bereits erläutert haben, enthalten viele Instrumente noch die ursprünglichen Stradivari-Zettel. Es stimmt, dass im Laufe der Zeit einige Zettel von ihren Instrumenten entfernt wurden, um in andere eingeklebt zu werden, und dass es auch gefälschte Zettel gibt. Stradivari-Zettel waren jedoch Gegenstand zahlreicher Studien und Untersuchungen, sodass ein Experte mit den heutigen Techniken in der Lage ist, ihre Authentizität festzustellen.

Die Zertifikate: Der Großteil der Stradivari-Instrumente hat ein Echtheitszertifikat. Zertifikate wurden bereits im 19. Jahrhundert ausgestellt und einige

Instrumente besitzen sogar mehrere davon. Das Echtheitszertifikat ist ein Dokument, das von Sachverständigen, in der Regel einem/r Geigenbauer/in, ausgestellt wird, der/die sich für die Originalität des Instruments verbürgt.

Das Zertifikat enthält eine genaue Beschreibung des Instruments einschließlich seiner Maße, seines Zustands und einiger Fotos. Diese Informationen sind sehr wichtig, weil sie ein vollkommenes Bild des Instruments zu einem genauen Zeitpunkt seiner langen Lebensdauer darstellen. Manchmal wird der Urkunde zusätzlich ein Dokument beigefügt, das die Geschichte des Instruments zusammenfasst, was nicht nur für die Besitzer, sondern auch für Historiker wichtig ist, um möglichst getreu rekonstruieren zu können, wer das Instrument im Laufe der Jahrhunderte besessen hat. Es gibt Stradivari-Instrumente, von denen wir die Bewegungen der letzten 200 Jahre um die Welt herum kennen. Das sind spannende Zeitreisen in die Vergangenheit unserer Gesellschaft. Die Rückverfolgung der Vergangenheit eines Instruments ist eine langwierige und mühsame Forschung.

Heutzutage ist es üblich geworden, ein Instrument zertifizieren zu lassen, wenn man sich für einen Kauf oder Verkauf entscheidet. Ein Zertifikat ist eine Garantie sowohl für den Verkäufer als auch für den zukünftigen Käufer.

DIE WERTGUTACHTEN: Neben den Echtheitszertifikaten gibt es auch Wertgutachten, in denen, wie das Wort selbst sagt, ein Experte bzw. eine Expertin einem Instrument einen Geldwert zuschreibt, der auf seiner/ihrer Erfahrung, dem Zustand und der Geschichte des Instruments beruht. Diese Gutachten spielen auch bei einem Kauf oder Verkauf eine sehr wichtige Rolle und bieten eine gewichtige Stellungnahme für den zukünftigen Käufer.

DIE DENDROCHRONOLOGIE: Dieses vor über 100 Jahren entwickelte System wird in der Archäologie häufig zur Datierung von Holzartefakten verwendet und erfreut sich in den letzten Jahren auch im Bereich des Geigenbaus großer Beliebtheit. Die Dendrochronologie wird zunehmend zur Bestätigung der Echtheit eines Instruments verwendet.

Die Dendrochronologie ist eine nicht-invasive Datierungstechnik, die die Dicke von Baumringen mit ihrer Wachstumsperiode in Verbindung bringt. Durch den Vergleich der experimentellen Messungen mit entsprechenden Datenbanken lässt sich der Zeitraum datieren, in dem ein Baum gefällt wurde, dessen Holz für den Bau der Instrumentendecke verwendet wurde. Wie viele seiner Kollegen verwendete auch Stradivari manchmal Holz von ein und demselben Baum, um mehrere Instrumente zu bauen. Dank der Dendrochronologie konnte zum Beispiel nachgewiesen werden, dass einige seiner Geigen in einer sehr ähnlichen Zeitspanne und mit Holz aus demselben Stamm gebaut wurden.

DER MENSCHLICHE FAKTOR: Entscheidend für die Feststellung der Echtheit eines Instruments bleibt die Person des/r Experten/in. Seine/Ihre Erfahrung und seine/ihre Vergleichsfähigkeit, die oft einem fotografischen Gedächtnis ähnelt, ermöglichen es ihm/ihr, ein Instrument nicht nur einem präzisen Geigenbauer zuzuordnen, sondern auch einer künstlerischen Periode eben dieses Geigenbauers. Viele Geigenbauer/innen gehören international anerkannten Verbänden an, wie zum Beispiel der Entente (Entente Internationale des Maitres Luthiers et Archetiers d'Art).

AUSSTELLUNGEN & CO.: Viele der Instrumente von Antonio Stradivari waren während ihres langen Lebens Gegenstand von Ausstellungen und Publikationen. Die Zahl der ihnen gewidmeten Videos nimmt ständig zu, und einige Instrumente mit einer ganz besonderen Vergangenheit sind bereits auf der großen Leinwand erschienen. Internetseiten und Online-Archive enthalten auch Listen von Instrumenten und Informationen über deren Eigenschaften und Geschichte.

> WAS DIE KORYPHÄEN SAGEN: „Die Wissenschaft hat uns im Laufe der Jahre geholfen, viele von Stradivaris „Geheimnissen" zu lüften. Nichtsdestotrotz kann der erfolgreiche zeitgenössische Geigenbauer einige davon nicht pauschal anwenden, da sich in der Zwischenzeit Vieles in und um die Geige verändert hat. Ein kleines Beispiel unter vielen: Instrumente werden heutzutage viel häufiger transportiert als in der Vergangenheit. Es ist normal, mit dem Flugzeug zu reisen, was zu Stradivaris Zeit undenkbar war. Das bedeutet, dass auch unsere viersaitigen Gefährten Belastungen und plötzlichen klimatischen Veränderungen stärker ausgesetzt sind, eine Situation, die der zeitgenössische Geigenbauer auf Dauer unbedingt berücksichtigen muss. Ich glaube, dass die Anpassung der Geige an unsere globale Epoche ein sehr dynamischer und kreativer Prozess bleibt, wobei sicherlich sowohl mögliche Neuerungen als auch alte Praktiken dem modernen Geigenbauer immer gut bekannt sein und berücksichtigt werden sollten."[16]
>
> Roberto Regazzi, Geigenbaumeister, Bologna

XXII.
Vergessen auf dem Dachboden oder zerlegt im Koffer

Achthundert Guineas scheint ein hoher Preis,
für den Einkauf eines Händlers.
Aber schließlich handelt es sich hier um eine Geige,
einen Archetyp und ein Wunder in einem.
Große Diamanten werden immer zahlreicher,
aber diese Errungenschaften der Zeit
sind nunmehr begrenzt und können tatsächlich durch Schiffbruch,
Unfall und den Zahn der Zeit nur noch weniger werden.[1]
(Charles Reade, *The Betts Stradivari*, 9. Mai 1878)

Man könnte die Geschichte eines Musikinstruments als das Ergebnis einzelner Momentaufnahmen betrachten. Es ähnelt einer Reise, die sein Erbauer beginnt und die dann die Menschen fortsetzen, mit denen das Instrument seinen Weg durch die Jahrhunderte teilen wird.

Am Anfang meiner Forschung über Antonio Stradivari staunte ich nicht wenig, als mir klar wurde, wie viele seiner Instrumente unglaubliche Geschichten erlebt hatten.

Einige von ihnen entpuppten sich als das Resultat der lebhaften Phantasie von Händlern und Biographen, aber viele basieren tatsächlich auf wahren Geschehnissen. Es sind Geschichten von Liebe und Hass, von Triumphen und Niederalgen, von Begeisterung und Verzweiflung, von Musikern, Besitzern, Enthusiasten und ihren Träumen. Unter ihnen gibt es sowohl diejenigen, die sich ruinierten, um in den Besitz „ihres" Instrumentes zu gelangen, als auch diejenigen, die sich nie von „ihrem" Instrument trennen konnten. Einige Geschichten bringen einen zum Lachen, andere erschüttern, und viele sind so verblüffend, wie es nur wahre Geschichten sein können. Wer hat nicht schon einmal gehofft, einen Schatz in einer staubigen Truhe auf dem Dachboden zu finden oder ein Meisterwerk für ein paar Cent zu ergattern? Stradivaris Instrumente sind sicherlich nicht die einzigen, die dramatische, kuriose oder berührende Momente erlebt haben, aber ihre Zahl ist größer als jeder Vergleich. Einerseits kann man den Grund dafür darin finden, dass viele dieser Instrumente lange Zeit im Besitz des Adels waren, sodass sie nicht nur besser und länger als andere aufbewahrt wurden, sondern sie auch an besonders interessanten Ereignissen beteiligt waren, über die berichtet wurde. Andererseits gibt es doch etwas Unmerkliches, aber Präsentes, wie ein Zauber, der sie seit über 300 Jahren umgibt.

In diesem Kapitel präsentieren wir ein paar bemerkenswerte Beispiele.

Von verlorenem Schatz zum Geheimagent: die Geige „Dornröschen"

Es war einmal ... so sollte eigentlich die Geschichte dieser Geige beginnen, die, nicht zufällig, den Namen der Märchenfigur von Charles Perrault trägt, *Dornröschen*.[2] Ein Mitglied der Adelsfamilie Boeselager kaufte das Instrument im 18. Jahrhundert angeblich direkt von Antonio Stradivari und bewahrte es im Schloss Höllinghofen auf. Mit der Zeit bevorzugte die Familie Boeselager andere Schlösser als Höllinghofen, sodass die Geige dort in Vergessenheit geriet und in einen tiefen Schlaf fiel.

1854 beschädigte ein großer Brand das Schloss erheblich. Was wurde aus der Geige? Keiner konnte es sagen, denn es waren mehr als 100 Jahre vergangen und niemand wusste mehr von ihrer Existenz. Es wurde innerhalb der Familie immer wieder von einem wertvollen Instrument gemunkelt, aber es galt inzwischen als verschollen.

Das damalige Familienoberhaupt Carl Maximilian von Boeselager (1827–1899) zog mit seiner Familie in das Schloss Höllinghofen nach dessen Wiederaufbau um. Nach all den Jahren stiegen endlich die Chancen der Geige, wiederentdeckt zu werden! Aber erneut wurde nichts daraus, denn Carl Maximilian von Boeselager beschloss, 1881 als Reaktion auf Bismarcks Kulturkampf das Deutsche Reich zu verlassen. Die Familie Boeselager siedelte nach England über und Schloss Höllinghofen blieb erneut unbewohnt. *Dornröschen* musste sich noch gedulden.

Jahre später verbrachten zwei Söhne des Familienoberhaupts einige Tage im Schloss mit der Absicht, an einem Jagdausflug teilzunehmen. Auf der Suche nach leeren Gewehrkoffern entdeckten die jungen Männer oben auf einem Regal einen Geigenkasten, der seit eh und je versteckt unter dem alten Krempel im Kaminzimmer geblieben war. Im Inneren befand sich eine verstaubte Geige. War dies einfach ein altes wertloses Instrument oder hatten sie einen Schatz entdeckt? Um das festzustellen, erlebte die Geige nach der langen Zwangsruhe nun hektische Wochen. Sie wurde nach London gebracht, wo die Gebrüder Hill ihre Echtheit zertifizierten mit der Bemerkung, sie sei ein Paradestück der goldenen Zeit Stradivaris.

Wilma von Boeselager (1871–1950), die Tochter von Carl Maximilian, war eine gute Violinistin und verliebte sich in *Dornröschen*. Die beiden wurden unzertrennlich, verbrachten viele glückliche Jahre zusammen und zogen später nach Minuso in die Villa Baronata um, nicht weit von Locarno am Lago Maggiore.

In der Schweiz fing eine neue Lebensphase der Geige an. Nach dem Ableben ihrer Geigerin blieb *Dornröschen* in der Villa, die aber nach dem Zweiten Weltkrieg durch die Schweizer Regierung enteignet wurde. Das neue Familienoberhaupt, Max von Boeselager (1911–1989), fürchtete ein ähnliches Schicksal für das Instrument. Wie hätte man das verhindern können? Mit einem genialen Geistesblitz ließ er die Geige in einem Banktresor aufbewahren, dadurch war sie ja geschützt, aber erneut zum Schlafen gezwungen. Ein Freund der Familie passte auf sie auf und ließ sie gelegentlich pflegen und spielen. Um sich gefahrlos über ihren Zustand unterhalten zu können, entwickelten der Besitzer und sein Gefährte eine pfiffige Methode:

> Sie gaben der Geige den Tarnnamen ,Bernhardiner'. So finden sich in ihrer Korrespondenz zwischen den Jahren 1951 und 1990 oft amüsante Bemerkungen bezüglich der Gesundheit des Bernhardiners und seiner Taten. Es gab sogar eine engagierte Gruppe von sogenannten Bernhardinerfreunden, die sich bemühten, die Geige für Konzerte auszuleihen.[3]

In den 1980er Jahren konnte sich *Dornröschen* endlich wieder frei bewegen und ihren wohlverdienten Ruhm ernten. Später begeisterte sich die Virtuosin Isabelle Faust für die Geige, die sie seit über 20 Jahren spielt.[4]

Stärker als das Schicksal: Die Geige „Paravicini"

Dieses Instrument gehört seit nahezu 200 Jahren einem der ältesten Orchester der Welt, der *Staatskapelle Dresden*, und es wurde schon erworben, als sie noch als *Dresdner Königliche Kapelle* Hof hielt.

Heutzutage ist die Geige hauptsächlich unter dem Namen *Paravicini* bekannt. Aber für lange Zeit nannte man sie einfach *26*, denn diese Nummer wurde nach dem Kauf in Dresden unter ihrem Zäpfchen eingebrannt.

In der zweiten Hälfte des 18. Jahrhunderts gehörte die Geige Giulia Paravicini (1769 oder 1778– nach 1842), einer außergewöhnlichen Geigerin, die zu einer Zeit erfolgreich war, als die Gesellschaft mit großer Skepsis auf Musikerinnen blickte, insbesondere auf Geigerinnen und Cellistinnen, die eine Solistenkarriere anstrebten. Paravicini wurde zuerst Schülerin von Viottis Lehrer Gaetano Pugnani in Turin und später von Charles Philippe Lafont und Rodolphe Kreutzer in Paris. Ihre Mutter war die berühmte Sängerin Isabella Gandini, ihr Vater blieb unbekannt. Deshalb war die begabte Giulia stets darauf bedacht, den Nachnamen ihres Mannes zu verwenden, Paravicini.

Um 1796 lernte Giulia Paravicini Joséphine de Beauharnais kennen, die zu ihren Förderern der ersten Stunde gehörte. Napoleons erste Frau stellte sie an, um ihrem Kind Eugène, Napoleons Stiefsohn, Geigenunterricht zu geben, während sie infolge von Bonapartes Italienfeldzug in Mailand residierten. Es scheint, dass die Musikerin damals bereits im Besitz ihrer Stradivari-Geige war, die sie für mehr als 30 Jahre begleitete.

Nun war Giulia Paravicini in mehrfacher Hinsicht eine Pionierin. 1805 ließ sie sich von Herrn Paravicini scheiden, um Graf Alberganti zu heiraten. Zeitgenössischen Quellen zufolge erwies sich diese Entscheidung aus mehreren Gründen als äußerst ungünstig. Die ehemalige Frau Paravicini war unter ihrem Mädchennamen kaum bekannt, geschweige denn unter dem Namen ihres zweiten Ehemannes, und dies wirkte sich negativ auf ihre Karriere aus. Zudem hatte sie ihren ersten Ehemann bereits durch ihr musikalisches Talent unterhalten, und das sollte sie auch für ihren zweiten Ehemann tun. Zu allem Überfluss vergeudete Graf Alberganti bald all ihre Ersparnisse, mit dem erschütternden Ergebnis, dass sie auch in späteren Jahren noch Konzerte geben musste und schließlich gezwungen war, ihre kostbare Stradivari zu verkaufen, um alle Schulden zu begleichen. François Schubert (1808–1878) verliebte sich in die Geige, als er dank der finanziellen Unterstützung des sächsischen Königs Anton seine musikalische Ausbildung in Paris vorantrieb. Im Register der königlichen Ausgaben für das Jahr 1835 ist ordentlich vermerkt, dass die Summe von 825 Reichstalern, 21 Groschen und 3 Pfennigen an Frau Paravicini gezahlt worden ist, um ihre Stradivari zu erwerben. Der Kaufpreis entsprach in etwa dem dreifachen Jahresgehalt eines Musikers im königlichen Orchester.

In Dresden fuhren etliche Schicksalsschläge auf die Geige herab.

An einem unglücklichen Tag im Jahr 1910 war Henri Wilhelm Petri (1856–1914), der François Schubert als Konzertmeister des Orchesters abgelöst hatte, so sehr auf ein neues Musikstück konzentriert, das er gerade im Begriff war zu schreiben, dass er sich versehentlich auf die Geige setzte. Die Sekunden, die auf diesen fatalen Fehler folgten, müssen zu den schlimmsten seines Lebens gehört haben. Wie entsetzt muss er sich über den enormen Schaden gefühlt haben, den er dem Instrument zugefügt hatte. Obwohl man wahrscheinlich die *Paravicini* in irgendeiner Weise restaurierte, wurde sie mehrere Jahrzehnte lang nicht mehr gespielt. Die Zeit verging, und zwei Weltkriege veränderten die Landkarte Europas. Dank des damaligen Konzertmeisters Prof. Willibald Roth (1909–1972) überlebte das Instrument sogar die verheerenden Luftangriffe auf die Stadt in der Nacht vom 13. auf den 14. Februar 1945. Doch der Retter war dazu bestimmt, ihm neuen Schmerz zuzufügen. Tatsächlich fiel das Instrument Prof. Roth um 1960 aus den Händen und wurde erneut zertrümmert. Was muss er gedacht haben, als ihm klar wurde, dass ausgerechnet er, der die Geige all die Jahre beschützt hatte, nun zum Verursacher für ihre erneute Zerstörung wurde?

In den folgenden Jahren versuchte man vergeblich die *Paravicini* mit zwei zusätzlichen Restaurierungen zu retten. Und das schien das Ende vom Lied zu sein.

Nach dem Fall der Berliner Mauer beschloss die *Staatskapelle Dresden*, doch noch eine erneute Restaurierung zu wagen und wandte sich an das Atelier von Daniel Kogge und Yves Gateau in Berlin. Sie bekamen den heiklen Auftrag, die ursprüngliche Pracht dieser Geige wiederherzustellen. Fünf Jahre haben die erfahrenen Geigenbauer und ihr Team akribisch daran gearbeitet und letztendlich wurde ihre Ausdauer vom Erfolg gekrönt. Die *Paravicini-Geige* hat sowohl ihre elegante Form, als auch ihren längst vergessenen, reichen Klang zurückgewonnen, der bei Konzerten der *Staatskapelle Dresden* so erfreulich wieder zu hören ist.[5]

WAS DIE KORYPHÄEN SAGEN: „Als die „Paravicini" das erste Mal zu uns in die Werkstatt kam, mussten wir schon mehrmals hinschauen, um die ursprüngliche Qualität der Geige überhaupt erkennen zu können: Die Deckenwölbung war sehr stark deformiert und glich – bei allem Respekt – eher einem Schneidebrett in der Küche (verziert allerdings mit zwei wunderschönen F-Löchern) als dem Werk des größten Cremoneser Meisters. An der Deckenfuge fehlte Holz, sodass die F-Löcher eine sehr eigenartige Position hatten und die Decke, aufgrund ihrer verringerten Größe, nicht mehr zum Boden passte. Alte Lackretuschierarbeiten verunstalteten zudem das Gesamterscheinungsbild der Decke.

In einer jahrelangen, sehr aufwendigen Restaurierung gelang es uns, dem Instrument die ursprüngliche Form und Wölbung wieder zurückzugeben und das Lackbild der Decke entsprechend des ansonsten reichlich vorhandenen Originallacks zu rekonstruieren.

Das erste Konzert nach der Restaurierung auf der Geige zu hören, war überwältigend – es war die Renaissance eines Spätwerkes des großen Cremoneser Meisters."[6]

Daniel Kogge & Yves Gateau, Geigenbaumeister & Restauratoren, Berlin

Reiten einmal anders: das Cello „Duport"

Der begabte französische Cellist Jean-Louis Duport (1749–1819) war kein Mann, der sich leicht aus der Fassung bringen ließ. Bei Ausbruch der Revolution 1789 hatte er nicht gezögert, seine Koffer zu packen und Paris in aller Eile zu verlassen. Er hatte in Berlin Zuflucht gefunden, wo sein älterer Bruder Jean-Pierre als Cellist der königlichen Kapelle im Dienst zunächst Friedrichs des Großen und dann Friedrichs Wilhelms II. lebte.

Innerhalb kurzer Zeit wurden auch die Qualitäten des jungen Duport auf deutschem Boden bemerkt und er ließ sich für ein vorzügliches Gehalt an den Hof verpflichten. Nach dem überwältigenden Sieg Napoleons von 1806 in Jena beschloss Jean-Louis Duport, dass es doch Zeit war, nach Hause zurückzukehren. Paris zeigte sich erfreut über die Rückkehr des talentierten Cellisten, der Professor am Pariser Konservatorium und erster Cellist in der Königlichen Kapelle wurde.

Jean-Louis Duport war es ebenso gewohnt, für mächtige Persönlichkeiten zu spielen, wie Erfolg zu haben. Wenn er sein wertvolles Stradivari-Cello spielte, kannte seine Hand keinerlei Zögern oder Furcht. Genau dieses Cello, das heute noch seinen Namen trägt, war der Anlass zu einer amüsanten Anekdote, von der Vidal berichtete:

> Eines Tages, als er [Jean-Louis Duport] bei einer privaten Veranstaltung in den Tuilerien ein Solo spielte, tauchte Napoleon unerwartet und in voller Montur im Wohnzimmer auf. Der Kaiser hörte ihm mit Vergnügen zu. Sobald das Stück zu Ende war, trat er an Duport heran, machte ihm ein Kompliment, und indem er ihm mit seiner gewöhnlichen Lebhaftigkeit das Cello aus den Händen riss, fragte er: 'Wie in aller Welt halten Sie das, Herr Duport?' Und so begab er sich daran, sich hinzusetzen und das arme Instrument zwischen seinen gespornten Stiefeln zu umklammern.
> Der unglückliche Künstler, den Respekt und Überrumpelung einen Moment lang zum Schweigen gebracht hatten, konnte den Schrecken nicht bezwingen, der ihn ergriff, als er sah, wie sein geliebtes Cello wie ein Schlachtross behandelt wurde. Er eilte dem Kaiser mit einem 'Majestät!' entgegen, das so bemitleidenswert war, dass ihm das Cello zurückgegeben wurde, und er konnte es vorführen, ohne es noch einmal aus den Händen zu geben.[7]

Ein Instrument für den König von Rom: die Geige „L'Aiglon"

Das Bedürfnis, einen Thronfolger zu zeugen, hatte Napoleon Bonaparte veranlasst, sich von seiner geliebten Gemahlin Joséphine scheiden zu lassen. Obwohl die Entscheidung für ihn sicher schmerzhaft gewesen war, übertraf das Ergebnis alle Erwartungen. Seine zweite Frau, Marie-Louise von Österreich, brachte knapp ein Jahr nach der Hochzeit einen Jungen zur Welt, der die napoleonische Dynastie sichern sollte. Die Geburt von Napoleon Franz Joseph Karl Bonaparte wurde am 20. März 1811 mit großem Pomp und 101 Kanonenschüssen gefeiert. Als kaiserlicher Kronprinz von Frankreich bekam er sofort den zusätzlichen Titel *König von Rom*.

Große Erwartungen wurden in diesen jungen Mann gesetzt, aber die Geschichte nahm einen ganz anderen Verlauf als den vorgesehenen. Nach der Einnahme von Paris durch die Armeen der Koalition und der folgenden Abdankung seines Vaters wurden der junge Prinz und seine Mutter nach Wien gebracht. Er war erst drei Jahre alt geworden.

Die Niederlage bei Waterloo, die Verbannung nach St. Helena und der Tod seines Vaters gefährdeten die politische Karriere des jungen Napoleon II. weiter. Zuletzt setzte die Tuberkulose all seinen Träumen ein vorzeitiges Ende.

Napoleon II. starb am 22. Juli 1832 im Alter von 21 Jahren. Einen Monat später widmete ihm Victor Hugo ein Gedicht, das die Verbitterung und Trauer der Franzosen über diesen Verlust verdichtete. Mit dem Vers: „L'Angleterre prit l'aigle, et l'Autriche l'aiglon",[8] (England nahm den Adler und Österreich den jungen Adler) verlieh ihm der große französische Dichter einen Spitznamen, der ihn noch heute kennzeichnet: *l'Aiglon*.

Und so heißt eine Viertel-Violine von Stradivari, die angeblich dem kleinen Napoleon II. geschenkt wurde.[9] Bislang wurden keine Beweise gefunden, die die Echtheit dieser Anekdote bestätigen, trotzdem ist der Geige der faszinierende Name *l'Aiglon* geblieben[10] und die Legende lebt weiter.

Ein Schatz für einen Spottpreis: die Geige „Betts"

Die Geige *Betts* ist nicht nur ein wunderbares Beispiel Stradivaris goldener Zeit, sondern ihre Entdeckung in London in der ersten Hälfte des 19. Jahrhunderts war ein Glücksfall, der sie noch bemerkenswerter macht. Nach einer Geschichte, die den Hauch einer Legende mit sich trägt, kam um 1825 ein Mann in das Geschäft von „J. Betts & Co." in der Nummer 2 North Piazza der Royal

Abb. 37: Arthur Betts gelang es, diese Stradivari-Geige für nur 1£ zu kaufen. *Betts*, 1704. Geschenk von Gertrude Clarke Whittall, 1935. *Library of Congress*, Music Division. Foto: Michael Zirkle.

Exchange und bot dieses Instrument zum Verkauf an. Es wurde ein Handel vereinbart und bald darauf verließ der unbekannte Besucher den Laden. Was wie eine recht geradlinige Erzählung aussieht, ist in Wirklichkeit ein unerwarteter Coup. Wer waren die Protagonisten dieser Anekdote? Über die Identität des Verkäufers wissen wir wenig. Er wurde seither auf manchmal phantasievolle Weise beschrieben, zum Beispiel als *Diener eines Gentleman*,[11] als *unscheinbarer*[12] oder sogar als *unordentlicher, schäbiger*[13] Typ. Wahrscheinlich werden wir seinen Namen nie erfahren. Es besteht zwar wenig Zweifel daran, dass der Käufer Arthur Betts (1776[14]–1847) war, der jüngere Bruder des etablierten Geigenbauers John Betts.

Als Arthur neun Jahre alt war, wurde er von seiner Familie von Stamford nach London zu seinem Bruder John geschickt, um dort eine musikalische Ausbildung zu erhalten. Kurz danach wurde er als Lehrling in der Werkstatt seines Bruders aufgenommen. Der junge Arthur entwickelte eine Leidenschaft für Musik, indem er unter anderem bei Viotti studierte. Im Erwachsenenalter wurde er selbst Musiklehrer und Komponist. Obwohl er selbst nie Instrumente baute,[15] verdiente er seinen Lebensunterhalt mit ihrem Verkauf[16] und übernahm 1823 nach Johns Tod den Familienbetrieb.

Für einen Geigenkenner mit Betts Ruf war es wahrscheinlich nicht ungewöhnlich, von einem Unbekannten besucht zu werden, der sich ein gutes Geschäft erhoffte. So sollte es zunächst nicht überraschen, dass Arthur Betts sich nicht die Mühe machte, ihn nach seinem Namen zu fragen. Aber ist es möglich, dass die Qualität dieser Geige und ihr makelloser Zustand seine Neugierde nicht geweckt haben? War er überhaupt nicht daran interessiert, die Herkunft dieses Instruments zu erfahren? Vielleicht wäre er es gewesen, wenn dieses wunderbare Instrument für mehr als ein paar Schilling den Besitzer gewechselt hätte. Damals war ein gutes Stradivari-Instrument schon einige 100 Pfund wert. Sobald das Geschäft abgeschlossen war, versuchte der erfahrenen Händler wahrscheinlich nur, den naiven Verkäufer loszuwerden.

Die Chronisten waren sich nicht immer über den genauen Preis einig, den Arthur Betts für die Geige bezahlte. Die Angaben schwankten zwischen 20 Schilling[17] und einer Guinee,[18] betrugen aber nie mehr als 1£-1s.[19] Der Betrag muss recht niedrig gewesen sein, oder besser gesagt, das Geschäft war ein solcher Erfolg, dass Arthur Betts sich weigerte, den Erlös, d. h. die Geige mit seinem Partner, also seinem Neffen Charles Vernon, zu teilen. Infolgedessen trennten sich die beiden und beendeten schließlich das gemeinsame Geschäft, als Vernon seinen Onkel verließ, um seine eigene Firma zu gründen.

Es fällt schwer, sich vorzustellen, warum der Fremde dieses Stradivari-Instrument für eine so geringe Summe verkauft hat. Hätte er es gestohlen oder einfach nur gefunden, hätte er sicherlich versucht, so viel Geld wie möglich damit zu verdienen. Eine mögliche Erklärung für sein unkonventionelles Verhalten wäre, dass er überzeugt war, eine billige Kopie und kein Original zu verkaufen. Imitate waren damals sehr beliebt, und es war weithin bekannt, dass das Geschäft von Betts auch mit solchen fabrizierten Waren handelte. Auf jeden Fall behielt Arthur Betts die Geige für sein ganzes Leben. Ihr zweiteiliger Boden aus Ahornholz ist fast identisch mit dem der *Dornröschen*-Geige, was die Brüder Hill dazu veranlasste, auch die Letztere auf 1704 zu datieren.

Ca. 50 Jahre später, im Jahr 1878, kaufte der Geigenhändler George Hart das Instrument für den stattlichen Betrag von 800 Pfund.[20] Die Nachricht sprach sich schnell herum, und Charles Reade sah sich gezwungen, dem Herausgeber des Globe-Magazins[21] zu schreiben, um Harts Handeln zu verteidigen. Er wies darauf hin, dass diese Meisterwerke mit der Zeit nur seltener werden können, deshalb hatte der Geigenhändler seiner Meinung nach eine gute Entscheidung getroffen.

Heute ist die *Betts* Teil der wertvollen Sammlung der *Library of Congress* in Washington, D.C. Sie wurde der Forschungsbibliothek des Kongresses der Vereinigten Staaten zusammen mit weiteren vier Stradivari-Instrumenten von Gertrude Clarke Whittall gestiftet.

Wenn man Eile hat: das Cello „Fürst Gursky"

Nach dem Sieg der Bolschewiki in der Oktoberrevolution von 1917 wurden Zar Nikolaus II. und seine Familie in der Villa Ipatjew in Jekaterinburg interniert. In den frühen Morgenstunden des
17. Juli 1918 wurde die Zarenfamilie von den Soldaten, die sie bewachten, hingerichtet. Damit endete die Romanow-Dynastie, die Russland über drei Jahrhunderte lang regiert hatte. Als das Land ein völlig neues Kapitel in seiner langen Geschichte begann, suchte die ehemalige herrschende Klasse Zuflucht, so gut sie konnte. Fürst Anatol Gurski verließ Russland und kam 1922 in Berlin an. Was wir bisher von ihm wissen, ist nur, dass er zur russischen Aristokratie gehörte und infolge der Revolution zur Flucht gezwungen wurde. Wäre sein Cello nicht gewesen, hätten wir vielleicht nicht einmal seinen Namen erfahren. Ja, denn sicherlich musste sich der Fürst durch seine Flucht aus dem Land von vielem trennen, aber sein Stradivari-Cello hatte er mitgenommen. Aber wie entkommt man mit einem sperrigen Gegenstand wie einem Cello? Die Antwort ist einfach, man zerlegt es und packt es in einen Koffer! Ein eher ungewöhnliches und schmerzhaftes Verfahren, aber wenn man es eilig hat, darf man nicht zu zimperlich sein. Dank dieses Tricks gelang es sowohl dem Besitzer als auch dem Instrument, Deutschland unversehrt zu erreichen. In Berlin brachte der Fürst das Cello zu dem berühmten Geigenhändler Emil Herrmann, aber wahrscheinlich war es sein Kollege Otto Möckel, der das Instrument mit großem Geschick wieder zusammensetzte. Er stellte auch ein Echtheitszertifikat aus, in dem er den Namen des Eigentümers, Gurski, angab.[22] In späteren Urkunden wurde der Name des Fürsten mit einem Y anstelle eines I geschrieben, und so wurde das Cello auch entsprechend genannt: *Fürst Gursky*.

XXIII.
Auf Stradivaris Spuren

*Man kann die Erfahrung nicht früh genug machen,
wie entbehrlich man in der Welt ist.*[1]
(Johann Wolfgang von Goethe,
Wilhelm Meisters Lehrjahre, 1795/6)

Antonio Stradivari ist der bekannteste Geigenbauer der Geschichte. Ihm sind nicht nur zahlreiche Publikationen, sondern auch einige Filme und sogar Gedichte und Theaterstücke gewidmet worden. Seine Instrumente sind heute die Flaggschiffe von Orchestern, Museen, Stiftungen und Privatsammlungen auf der ganzen Welt. Sie können in Konzerten, Videos und Ausstellungen bewundert werden. Aber was ist von Stradivari in Cremona geblieben, der Stadt, in der er sein ganzes Leben lang gelebt und gearbeitet hat?

Eine zu dunkle Vergangenheit? – Die Kirche San Domenico

Wie Sie sich wahrscheinlich erinnern werden, wurden Antonio Stradivari und die meisten seiner Familienmitglieder in der Rosenkranzkapelle in der Kirche San Domenico beigesetzt. Der Geigenbauer hatte diese Kirche, die sich direkt gegenüber seiner Werkstatt befand, als letzte, endgültige Ruhestätte für sich und seine Lieben gewählt. Leider zerschlug sich sein Plan posthum und so kam es, dass die Grabruhe der Familie Stradivari viel zu früh und völlig gnadenlos gestört wurde.

Der Bau der Kirche San Domenico, der gegen Ende des 13. Jahrhunderts begonnen wurde, dauerte über zwei Jahrhunderte. Dies war eine der eindrucksvollsten Kirchen der Stadt und spiegelte die Macht der Dominikaner wider, die in Cremona die Stellung von Inquisitoren innehatten.

In der ersten Hälfte des 18. Jahrhunderts wurde die spanische Herrschaft im Herzogtum Mailand, zu dem Cremona gehörte, von der österreichischen abgelöst. Während die spanischen Könige oft von katholischem Eifer geprägt gewesen waren, war die Haltung der habsburgischen Herrscher anders. Das musste die Kirche San Domenico früh genug und auf schmerzhafte Weise erfahren.

Erzherzogin Maria Theresia von Österreich und ihr Sohn, Kaiser Joseph II., schafften zunächst die Inquisition und dann den Dominikanerorden in den der habsburgischen Krone unterworfenen Staaten ab. In Bezug auf unsere Geschichte war dies ein harter Schlag nicht nur für die Mönche, sondern auch für die Kirche San Domenico, der Napoleon den Gnadenstoß verlieh. Er schloss die Kirche, um sie als Lagerhaus zu nutzen, und machte das danebenliegende Kloster zu einer Kaserne für Soldaten und Pferde seiner Armee. Nach dem Ende der napoleonischen Herrschaft erhielt die Kirche 1859 ihre Funktion als Gotteshaus zurück, inzwischen hatte sich aber ihr Zustand deutlich verschlimmert. Zum einen war die Kirche aufgrund der langjährigen Vernachlässigung dringend renovierungsbedürftig, zum anderen war das Kloster eine Kaserne geblieben, die nun dem Kommando der militärischen Division von Cremona diente. Das Kommando beantragte die Inspektion einer gemischten Kommission aus Zivil- und Militäringenieuren, um den Zustand der Gebäude zu überprüfen. Dies waren die Jahre unmittelbar vor der Vereinigung Italiens, in denen der revolutionäre Geist des Risorgimento zur Verbreitung eines starken antiklerikalen Gefühls beitrug. In ganz Cremona wurde die Frage immer öfter gestellt, ob man alles, d. h. Kirche und Kloster, nicht am besten abreißen sollte, um einen Schlussstrich unter die Vergangenheit bzw. die Inquisition zu ziehen. Die Kurie von Cremona rief zur Rettung der Kirche und des Klosters auf, während die mit dem neuen Königreich Italien verbundene Stadtverwaltung sich an deren Stelle einen Platz mit Gartenanlage wünschte. Innerhalb kurzer Zeit verschärften sich die gegensätzlichen Positionen, die in gewisser Weise an die Auseinandersetzungen von Don Camillo und Peppone erinnerten, obwohl letztere deutlich lustiger waren. Die dichte Abfolge der Ereignisse unterstreicht den Eifer und die Entschlossenheit der streitenden Parteien.[2]

Die Kommission, die die erste Inspektion der Kirche durchgeführt hatte, erklärte sie für unsicher und empfahl ihren Abriss. Derselbe Rat wurde von einer zweiten Kommission erteilt, die das Gebäude im Januar 1862 überprüfte. Auf der Grundlage dieser technischen Stellungnahmen ordnete der Bürgermeister von Cremona die Schließung des Sakralbaus an.

Die Kurie beschwerte sich bei dem zuständigen Minister, der eine dritte Inspektion genehmigte, die im Juli 1863 stattfand. Bei dieser Gelegenheit wurden die Kosten für die Restaurierung der Kirche auf die stattliche Summe von 100.000 Lire beziffert. Der Bischof bat um acht Monate Zeit, um die Gelder zu sammeln und setzte die Subskription in Gang, indem er selbst 15.000 Lire spendete.

Im Februar 1864 wandte sich diesmal der Bürgermeister an den Minister und wies darauf hin, dass die Kirche baufällig sei und eine Gefahr für die Bevölkerung von Cremona darstelle, kurzum er drängte zum Abriss-Erlass. Hier war aber Vorsicht geboten, denn man wollte die Kurie doch nicht kränken. Deshalb erkundigte sich der Minister im April beim Bischof nach der Spendenaktion und ordnete eine vierte Inspektion an. Innerhalb weniger Wochen erhielt der Minister zwei Antworten. Der Bischof teilte ihm mit, dass er nicht in der Lage gewesen sei, den notwendigen Geldbetrag zusammenzubringen. Und die Kommission sprach sich für den Abriss der Kirche aus, wie es schon die früheren Kommissionen getan hatten.

Da dies inzwischen ein viel diskutiertes Thema nicht nur in Cremona geworden war, wurde noch eine Inspektion durchgeführt, mit demselben Ergebnis. Daher erließ die Generaldirektion des Staatsvermögensamtes am 4. Juni 1864 ein Dekret zum Abriss der Kirche.

Die Kurie gab nicht auf und holte die Genehmigung des Ministeriums für eine neue Inspektion ein, die diesmal von einer archäologischen Kommission durchgeführt wurde. Die Expertenkommission aus Mailand und Turin besuchte die Kirche Ende Juni und erklärte, dass sie ein zu rettendes Erbe sei. Endlich ein Licht am Ende des Tunnels? Leider nicht. Die Meinung dieser letzten Kommission, d. h. die sechste insgesamt, wurde ignoriert. Das Finanzministerium setzte seinen Weg fort und leitete dreimal die Versteigerung der Kirche ein, aber ohne Erfolg. Schließlich wurden die Kirche und das Kloster an die Gemeinde Cremona verkauft. König Viktor Emanuel II. setzte dem langjährigen Streit ein Ende, indem er am 8. Mai 1869 per Dekret die Enteignung genehmigte. Am 30. Juni 1869 begann der Abriss der Kirche unter der Leitung vom Bauleiter Francesco Ferrari.

Die Kirche San Domenico war im Laufe der Jahrhunderte als Begräbnisstätte vieler Gläubiger ausgewählt worden, sodass eine große Anzahl von Gebeinen beim Abriss des Gebäudes ans Tageslicht kamen. Aus diesem Grund ordnete der Bürgermeister an, dass alle gefundenen menschlichen Überreste zum Friedhof gebracht werden sollten. Die meisten Gebeine landeten daher in einem Massengrab. Aber was geschah mit denen von Antonio Stradivari? Den Quellen zufolge wurde schon am 1. Juli 1869 die Rosenkranzkapelle zerstört, wo sowohl der Geigenbauer Andrea Guarneri, als auch ein großer Teil der Familie Stradivari begraben waren. Seit Antonio Stradivaris Tod waren erst 132 Jahre vergangen, aber in der Zwischenzeit wusste kaum noch jemand, dass er dort ruhte. Zwei Zeugnisse über das Schicksal dieser Kapelle und ihrer Verstorbenen liegen uns vor. Das erste stammt von Alfonso Mandelli, der noch ein kleiner Junge war, als eine vom Stadtrat beauftragte Sonderkommission die Rosenkranzkapelle besichtigte, um die sterblichen Überreste Stradivaris zu identifizieren. Wie Mandelli selbst erklärte, hatte er damals keine Ahnung, wer Antonio Stradivari gewesen war:

> Ich war anwesend, als sich einige angesehene Bürger um den Eingang zu Stradivaris Grabstätte versammelten. Ich erinnere mich, als hätte ich sie gerade eben gehört, an die folgenden Worte, die damals von einem dieser Herren ausgesprochen wurden: ‚Es gibt ein solches Durcheinander von Knochen ohne besondere Kennzeichen, dass es wirklich sinnlos ist, Nachforschungen anzustellen.' Bei dieser Gelegenheit hörte ich auch den Namen Stradivari. [...] Wenige Tage nach der Inspektion dieser Gelehrtenkommission ging das Gerücht um, dass der Besitzer eines wichtigen Museums ausdrücklich aus Mailand kommen würde, um Stradivaris Grabstätte zu besuchen. [...] Dieser Herr hatte die Erlaubnis erhalten, in das Untergeschoss hinabzusteigen. Er wurde nach einigen Augenblicken beobachtet, wie er die Leiter hinaufkletterte und atemlos und keuchend wieder herauskam. Er hielt einen Schädel in den Händen, den er krampfhaft schüttelte. Er zeigte den Anwesenden die enorme Entwicklung der Schädeldecke und insbesondere des Stirnbeins. Er war sich sicher, dass dies der Schädel des großen Stradivari sein musste. Die Anwesenden hatten für seine Haltung, seine Physiognomie und seinen Eifer nur Spott übrig. Da er den Schädel entfernte, konnte niemand sicher sein, dass der von Antonio Stradivari sich noch in der Grabstätte befand. Drei weitere Schädel wurden in den folgenden Tagen von einem Medizinstudenten, dem Sohn des Bauleiters, aus der Krypta entfernt, denn er wollte sie für seine Studien verwenden. Alle anderen Gebeine wurden nach und nach mit den üblichen Erdkörben weggeschleppt, um dann zertrümmert und auf den Feldern verstreut zu werden, um die Landwirtschaft zu fördern.[3]

Ein erschütterndes Zeitdokument. Wir wissen nicht, wer der Herr aus Mailand war, der als Erster einen Schädel aus dem Grab der Familie Stradivari entfernte. Aber wir kennen den Namen des Medizinstudenten, dem drei Schädel überlassen wurden: Luigi Ferrari. Wieso konnte er in den Besitz der Schädel kommen? Weil sein Vater der für den Abbruch der Kirche verantwortliche Bauleiter war. Luigi Ferrari selbst erklärte Jahre später in einem Brief:

> Die drei Schädel, die im Grab von Stradivari gefunden wurden, bewahrten wir für mehrere Jahre lang in meinem Haus auf. Bis wir keine Lust mehr hatten, sie von einem Ort zum anderen zu verlegen. Wir beschlossen dann, sie auf den Friedhof von Cremona zu bringen, wo sie sich, wie ich glaube, immer noch befinden.[4]

Was ist also aus Stradivaris Gebeinen geworden? Das werden wir wahrscheinlich nie erfahren.

Eine zu dunkle Vergangenheit? – Die Kirche San Domenico

Abb. 38: Die Kirche San Domenico verschwand unter den Spitzhacken der Abbrucharbeiter und mit ihr auch die Gräber der Familie Stradivari. Aurelio Betri (Fotoplatte Nr. 79 datiert 25. August 1869). *Staatsbibliothek*, Cremona. Restauriert von Roberto Caccialanza. (www.robertocaccialanza.com)

Die Arbeiter brauchten mehr als eineinhalb Jahre, um die Kirche San Domenico abzureißen. Als besonders schwierig erwies sich die Zerstörung des Campanile. Der Glockenturm aus dem Jahr 1491 war mit seinen 62 Metern der zweithöchste Turm der Stadt und einer der imposantesten Italiens. Der Cremoneser Fotograf Aurelio Betri dokumentierte die wichtigsten Phasen des Abbruchs. Seine Fotos sind ein bedeutendes Zeugnis sowohl der Monumentalität der Kirche als auch der Komplexität ihres Abbruchs.[5] Das Kloster wurde später ebenfalls abgerissen.

Anstelle der Kirche und des Klosters sollten ein großer Platz und ein öffentlicher Garten angelegt werden. Ein ehrgeiziges Projekt, das sicherlich unterstreichen sollte, dass sowohl die Stadt Cremona als auch das neugeborene Königreich Italien in die Zukunft blickten. Es ist kein Zufall, dass der Platz den Namen „Rom" erhielt, das man erst im September 1870 erobert hatte und das im Januar 1871 zur Hauptstadt Italiens ernannt worden war.

Was geschah mit den Kunstschätzen aus der Kirche San Domenico? Alle Fresken, die meisten Holzskulpturen und einige Tafelbilder gingen leider ver-

Abb. 39: Dieses Denkmal steht an der Stelle, wo sich das Grab der Familie Stradivari befand. Foto: Alessandra Barabaschi.

loren. Wie wir schon im 18. Kapitel beschrieben haben, konnte man zum Glück mehr als 20 Gemälde retten, die zur Sammlung des Stadtmuseums *Ala Ponzone* gehören, sowie einige Leinwände und ein paar Altäre, die in Kirchen in und um Cremona zu bewundern sind. Einiges hat dennoch Italien verlassen, wie zum Beispiel ein schönes Altarbild von Boccaccino, das in der National Gallery in London aufbewahrt wird.[6]

Etliche Jahre nach dem Abriss erinnerte man sich doch wieder an Antonio Stradivari. Nach langem Zögern wurde am 21. Mai 1953 in den öffentlichen Gärten von Cremona, genauer gesagt an der Stelle, an der sich sein Grab befand, ein Denkmal eingeweiht. Es handelt sich um einen Block aus rotem schwedischen Marmor, auf dem eine Kopie seines Grabsteins ruht[7] (das Original befindet sich heute im *Museo del Violino*). Es ist ein sehr schlichtes Monument, aber von großer Wirkung, wenn man an die Geschichte der Kirche und die Tatsache zurückdenkt, dass der Geigenbauer, seine zweite Frau und viele seiner Kinder an diesem Ort ruhten.[8]

Ein Opfer des Fortschritts? – Das Stradivari-Haus

Mit dem Abriss der Kirche San Domenico im Jahre 1869 hatte Cremona leider ein wichtiges Stück der Geschichte Stradivaris verloren. Aber es gab immer noch das Haus, das der Geigenbauer 1680 gekauft hatte und in dem er sein ganzes weiteres Leben lang gelebt und gearbeitet hatte. Nach dem Tod seines Bruders Francesco hatte Paolo Stradivari das Haus an den Geigenbauer Carlo Bergonzi vermietet, dessen Familie bis 1758 dort lebte. Weitere Mieter folgten bis 1777, zwei Jahre nach Paolos Tod, als sein Bruder Don Giuseppe Antonio das Haus im Auftrag der Erben verkaufte. Nach fast 100 Jahren gehörte es nicht mehr der Familie Stradivari. Trotzdem wurde die Struktur bis 1888 kaum verändert. Das im 7. Kapitel abgebildete Foto zeigt die Fassade des Hauses vor diesem Jahr. Man sieht nämlich auf der linken Seite das erste Café Soresini, das mit dem Schild *Café mit Billard* gekennzeichnet ist, und auf der rechten Seite das Haus von Stradivari, das damals eine *Sartoria* (Schneiderei) beherbergte. 1888 gliederte der neue Besitzer das Haus in das angrenzende Gebäude ein, das er ebenfalls besaß, und erweiterte damit die Struktur des Café Soresini. Diese baulichen Änderungen führten zu einer Verringerung der Anzahl der Fenster von sechs auf vier und zum Abbau der überdachten Terrasse (*Seccador*), auf der Stradivari vermutlich im Sommer gearbeitet und seine lackierten Instrumente zum Trocknen aufgehängt hatte.[9] Diese Umgestaltungen waren zwar unerfreulich, weil sie die ursprüngliche Struktur des Hauses verändert hatten, aber sie waren nichts im Vergleich zu dem, was das Gebäude später erleiden sollte. Interessanterweise hatte die Inneneinrichtung des Hauses seit Stradivaris Zeit offensichtlich keine größeren Veränderungen erfahren. Als Beispiel dafür gibt es eine interessante Episode, die von Mandelli erzählt wurde:

> Im August 1889, während der Renovierungsarbeiten an dem Haus, das Antonio Stradivari gehört hatte, bemerkte Herr Soresini, Schwiegersohn des Eigentümers Herr Emanuele Piazza, dass die Maurer einige bunte Holzbretter zersägt hatten, die sie zum Erhitzen der Polenta verbrannten. Zuerst achtete er nicht darauf, aber dann ließ er sich eines zeigen, das er durch ein Wunder rettete, reumütig und äußerst bedauernd, dass er es nicht für die anderen getan hatte. Auf dieser Platte kann man die Worte ‚ANTONIO STRA' lesen, die in damals üblicher Lapidarschrift eingraviert sind.[10]

Dieses Fragment einer Truhe oder eines Schildes wird heute im *Museo del Violino* aufbewahrt.[11]

Hoffen wir wenigstens, dass die Polenta gut geschmeckt hat.

Nach dem „Marsch auf Rom" (1922) und der Machtergreifung Mussolinis verbreiteten sich in Italien rasch der Wille und das Bedürfnis, dem faschistischen Staat Prestige zu verleihen, unter anderem durch die Veränderung des architektonischen Erscheinungsbildes der Städte. Große urbanistische Werke, die an die Erfolge des kaiserlichen Roms anknüpfen sollten, schossen wie Pilze aus dem Boden. Leider war auch Cremona vor dieser Phase nicht gefeit, mit der tragischen Folge, dass viele historische Gebäude mit Blick auf die öffentlichen Gärten und die Piazza Roma abgerissen wurden, um eine Galerie im faschistischen Stil zu errichten. Unter diesen Gebäuden befand sich nicht nur das Haus, in dem Antonio Stradivari über 50 Jahre lang gelebt hatte, sondern auch das zwei Türen entfernte Haus, in dem Carlo Bergonzi gewohnt hatte, bevor er in das Stradivari-Haus gezogen war. Mit einem Schlag wurden die Häuser von zwei der wichtigsten Namen der Geigenbaugeschichte zerstört. Um Stradivaris illustren Namen dennoch für den Ruhm Italiens zu nutzen, wurde beschlossen, an der Stelle, an der sich sein Haus befunden hatte, eine Gedenktafel anzubringen. Diese Aktion wurde nicht gerade von Erfolg gekrönt. Hier ist die peinliche Episode, die Santoro zusammenfasste:[12]

> Man habe zwischen der dritten und vierten Arkade eine Gedenktafel angebracht mit der Inschrift, dass Antonio Stradivari in diesem Haus die Geigenbaukunst zur Vollendung gebracht habe. Einige Jahre später habe man die Gedenktafel entfernen müssen, weil man festgestellt habe, dass sie irrtümlicherweise am Haus von Carlo Bergonzi hing. Eine neue Gedenktafel sei daraufhin an der ersten Arkade montiert worden. Aber diesmal habe ihre Inschrift Stradivari als Vollender der Laute statt der Geige gefeiert.

Offensichtlich gilt, oder besser gesagt, galt der Prophet nichts im eigenen Land!

Ist es oder ist es nicht? – Das Rätsel des Casa Nuziale

Nach langen Recherchen in den Archiven gelang es Baruzzi 1954,[13] das Haus zu identifizieren, das Francesco Pescaroli an den jungen Antonio Stradivari vermietet hatte, nachdem dieser 1667 die Ehe mit Francesca Ferraboschi geschlossen hatte. Baruzzis Unterfangen war keineswegs einfach gewesen, denn die Hausnummer war vom Ende des 18. Jahrhunderts bis zur Mitte des 20. Jahrhunderts mindestens viermal geändert worden, aber der Forscher hatte keinen Zweifel, es war das Gebäude, das sich im heutigen Corso Garibaldi mit der Nummer 55–57 befand.

Ist es oder ist es nicht? – Das Rätsel des Casa Nuziale

Abb. 40: Wohnte Stradivari mit seiner ersten Frau in diesem Haus? Foto: Alessandra Barabaschi. Montage: Axel Schwalm.

Cremona war im siebten Himmel! Endlich konnte sich die Stadt rühmen, wenigstens ein Gebäude erhalten zu haben, in dem der große Geigenbauer gelebt hatte. Die Begeisterung, die diese gute Nachricht auslöste, führte dazu, dass an der Fassade dieses Hauses folgende Tafel angebracht wurde, die noch heute zu sehen ist:

> Der Geigenbauer Antonio Stradivari lebte in diesem Haus von 1667 bis 1680 mit seiner ersten Frau Francesca Ferraboschi.

Neuere Studien haben jedoch gezeigt, dass dies leider nicht das richtige Haus war. Das Gebäude, in dem Antonio Stradivari und seine Frau Francesca wohnten, sollte das Gebäude nebenan gewesen sein, das heute die Hausnummer 59 trägt. Bedauerlicherweise hat dieses Haus jedoch im Laufe der Jahrhunderte mehrere bauliche Veränderungen erfahren und wurde in das Nachbargebäude eingegliedert, sodass man heute das ursprüngliche Aussehen des vom Geigenbauer bewohnten Hauses an seiner Fassade nicht mehr erkennen kann. Noch ein Schlag ins Wasser? Nicht ganz, denn die Bürger von Cremona haben ein großes Herz und geben niemals auf. Wenn in der kollektiven Vorstellung das Hochzeitsheim von Stradivari das mit der Tafel war, dann soll es so sein. Vor einigen Jahren wurde vor eben diesem Haus eine Stradivari-Statue aus Glasfaserkunststoff aufgestellt, die praktisch einer dreidimensionalen Darstellung der Lithographie von Hamman entspricht, die Sie auf dem Umschlag dieses Buches wiederfinden. Der Geigenbauer sitzt auf einer langen Bank, was an sich schon eine Einladung ist, Platz zu nehmen und die Gelegenheit für ein Selfie zu nutzen. In seiner linken Hand hält er eine Geige, während er mit der rechten Hand sein Kinn stützt, wodurch ein Moment großer Besinnung entsteht. Ob er sich auch fragt, welches sein Haus denn nun sei?

Der Tempel des Geigenbaus – Das Museo del Violino

Wie wir bereits gesehen haben, erbte nach dem Tod des Grafen Ignazio Alessandro Cozio di Salabue seine Tochter Matilde seine wertvolle Instrumentensammlung. Sie verkaufte einige der Instrumente und verschenkte andere. Da sie unverheiratet blieb, ernannte Matilde Cozio ihren Cousin, Marquis Giuseppe Rolando Dalla Valle (1808–1891), zu ihrem Universalerben. Matilde starb 1853 und der Marquis Dalla Valle erbte auch das, was von der Sammlung des Grafen Cozio übrig geblieben war, d. h. einige Instrumente, seine Abhandlungen über den Geigenbau und seine Korrespondenz, sowie die Formen, Werkzeuge und Zeichnungen, die Antonio Stradivari gehört hatten. Der neue Besitzer erklärte sich bereit, einen Teil dieses Materials im *Regio Conservatorio di Musica di Milano* (Mailänder Königlichen Musikkonservatorium) anlässlich der Italienischen Nationalausstellung von 1881 auszustellen, wo es großes Ansehen genoss.[14]

Nach dem Tod des Marquis Dalla Valle war es sein Sohn Alessandro (1849–1905), der die Sammlung erbte, die dann an seine Witwe Paola Guidobono Cavalchini Roero Sanseverino (1864–1950) überging.[15] Im Laufe der Zeit, und auch dank des Einsatzes verschiedener Geigenhändler, trat der Name Antonio Stradivari wieder aus der Vergessenheit hervor und seine Instrumente wurden von Musikern und Liebhabern auf der ganzen Welt geschätzt. So kam es, dass die Marquise Paola Dalla Valle sowohl vom französischen Botschafter in Italien, Camille Barrère, als auch vom Bologneser Geigenbauer Giuseppe Fiorini kontaktiert wurde, um die aus 1.303 Stücken bestehende Cozio-Sammlung zu erwerben.[16]

Giuseppe Fiorini (1861–1934) war nicht nur ein geschätzter Geigenbauer, sondern auch ein profunder Kenner und Liebhaber des Geigenbaus. 1899 hatte er seine Werkstatt in München eröffnet und blieb dort bis zum Ausbruch des Ersten Weltkriegs, als er nach Zürich zog. Fiorini war bestrebt, eine italienische Geigenbauschule zu gründen, und dieses hehre Ziel überzeugte die Marquise Dalla Valle, ihm 1920 die Cozio-Sammlung zu verkaufen. Es war die Marquise selbst, die Fiorini in einem Brief mitteilte, dass sie beschlossen hatte, das Angebot des französischen Botschafters von 120.000 Lire abzulehnen und stattdessen sein Angebot von 100.000 Lire anzunehmen, da sie seinen „großzügigen und patriotischen Elan"[17] schätzte. Es war ihr lieber, dass die Sammlung in Italien bliebe. Für Fiorini sollte dieses Stradivari-Material wie eine Spore dienen, die erste Zelle, aus der die Schule des Geigenbaus entstehen sollte. Ursprünglich wollte er die Schule in Florenz gründen, da er aber dort nicht die nötige Unterstützung fand, entschied er sich für Rom. Mit dieser Absicht verließ er Zürich und zog 1923 in die italienische Hauptstadt, aber weder hier noch später in Bologna fand er ein offenes Ohr. Was als erste Zelle eines großen Projekts gedacht war, hatte sich inzwischen zu einer echten Belastung entwickelt.

> Nachdem ihm von verschiedenen Seiten die Schenkung sowie die Hinterlegung bei Geigenbauern und Gelehrten verweigert worden war, die eine solche Verantwortung nicht übernehmen wollten, sah [Fiorini] sich gezwungen, das gesamte wertvolle Stradivari-Material auf seine häufigen Reisen mitzunehmen.[18]

Am Ende entschied er sich, die Sammlung Cremona zu schenken, und nach einer anfänglichen Ablehnung beschloss die Stadt 1930 endlich, das Geschenk anzunehmen. Dank Fiorinis Großzügigkeit kehrten solch wichtige Gegenstände aus dem Besitz von Antonio Stradivari in seine Stadt zurück. Einige von Stradivaris Objekten waren bereits 1893 von Giovanni Battista Cerani und zwei Jahre später von Cavalier Mandelli der Stadt geschenkt worden. Erst 1937, zeitgleich mit dem 200. Todestag Stradivaris, begannen sich die Stadt und ihre Verwaltung konkret für den großen Geigenbauer zu interessieren.[19] Dieses Interesse wuchs mit der Zeit und so wurden Stradivaris Gegenstände zum ersten Kern der Sammlung des *Museo Stradivariano*. Im Jahr 2013 wurde das beeindruckende *Museo del Violino* eingeweiht, ein wahrer Tempel, der dem Geigenbau gewidmet ist. Neben verschiedenen Stradivari-Objekten sind hier auch ein Dutzend Instrumente aus dem Besitz der Stadt Cremona und der *Walter-Stauffer-Stiftung* ausgestellt, darunter eine der Geigen, die Andrea Amati für Karl IX. von Frankreich schuf (um 1566),[20] eine Violine von Nicolò Amati, zwei Geigen von Giuseppe Guarneri del Gesù und nicht weniger als vier Instrumente von Antonio Stradivari. Diese Meisterwerke werden regelmäßig gespielt, und nach Voranmeldung kann man am Vorspielen teilnehmen. Im Inneren des Museums befindet sich ein weiteres Juwel: das Auditorium „Giovanni Arvedi", ein Triumph der Akustik und ... des Holzes. Die Wände des Auditoriums sind mit Dauben aus Ahornholz verkleidet, der Boden und die Stufen sind aus Eichenholz, während die Bühne aus Gelb-Zeder (Alaska-Zeder) besteht, die für ihre akustischen Eigenschaften bekannt ist.

Cremona gilt inzwischen als die Welthauptstadt des Geigenbaus. Heute wie damals sind die engen Gassen des Stadtzentrums gesäumt von den Schaufenstern der Geigenbauer, die aus der ganzen Welt hierherkommen, um eine jahrhundertealte Tradition am Leben zu erhalten. Antonio Stradivari wäre stolz.

WAS DIE KORYPHÄEN SAGEN: „Es gibt keinen anderen oder besseren Ort als das Museo del Violino in Cremona, um Antonio Stradivari kennenzulernen! Stradivari ist ein Synonym für absolute Exzellenz im Instrumentenbau und fasst die große Erfahrung der Geigenbautradition von Cremona zusammen (von den Amati bis zu den Guarneri, von den Ruggeri bis zu den Bergonzi, um nur einige zu nennen), eine Tradition, die von der UNESCO als immaterielles Kulturerbe der Menschheit anerkannt wurde.

Neben Stradivaris prächtigen Instrumenten beherbergt das Museum über 1.000 Stücke aus seiner Werkstatt: Arbeitswerkzeuge, Formen, Modelle und viele Zeichnungen der verschiedenen Instrumente, die Stradivari anfertigte. Reale Objekte und Multimedia versetzen den Besucher in das Herz des barocken Cremona und laden ihn ein, die mehr als 150 in der Stadt tätigen Geigenbauwerkstätten zu entdecken."[21]

Paolo Bodini, Geschäftsführer Museo del Violino
und Präsident „friends of Stradivari", Cremona

Die Familie von Antonio Stradivari

Die erste Frau

Francesca Ferraboschi
* 7. Oktober 1640 – Pfarrei Sant'Agata, Cremona
+ 20. Mai 1698 – Pfarrei San Matteo, Cremona
Grab: Kirche San Domenico (unter dem Chor), Cremona
Geburtsdatum wurde zuerst von Lombardini genannt, aber das Register fehlt. Sie wurde am 25. Mai 1698 begraben.

Kinder aus dieser Ehe

1.
Giulia Maria
* 21.(?) Dezember 1667 – Pfarrei Sant'Agata, Cremona
+ 7. August 1707 – Pfarrei San Gallo, Cremona
Grab: Kirche Sant'Imerio, Cremona
Sie wurde am 22. Dezember 1667 getauft, aber im Taufregister wurde nicht verzeichnet, wann sie geboren wurde. Wahrscheinlich am Tag zuvor. Inzwischen ist das Taufregister verloren gegangen.
Mandelli meinte, dass sie den Notar Giovanni Angelo Farina am 29. Dezember 1688 im Dom von Cremona heiratete. Das Ehepaar hatte elf Kinder.

2.
Francesco
* 5.(?) Februar 1670 – Pfarrei Sant'Agata, Cremona
+ 12. Februar 1670 – Pfarrei Sant'Agata, Cremona
Grab: Kirche Sant'Agata, Cremona
Er wurde am 7. Februar 1670 getauft. Das Taufregister ist verloren gegangen. Im Sterbebuch steht, dass er acht Tage alt war. Deshalb vermute ich, dass er am 5. Februar geboren wurde.

3.
Giacomo Francesco
* 1. Februar 1671 – Pfarrei Sant'Agata, Cremona
+ 11. Mai 1743 – Pfarrei San Matteo, Cremona
Grab: Kirche San Domenico (Familiengrab), Cremona
Die Taufe fand am Tag nach der Geburt statt. Das Taufregister ist verloren gegangen.
Er wurde am 13. Mai 1743 begraben.
Er blieb ledig und unterstützte seinen Vater in der Werkstatt.

4.
Caterina Annunciata
* 25. März 1674 – Pfarrei Sant'Agata, Cremona
+ 17. Juni 1748 – Dom, Cremona
Grab: Kirche San Domenico (Familiengrab), Cremona
Die Taufe fand am Tag nach der Geburt statt.
Sie wurde am 18. Juni 1748 begraben.
Sie blieb ledig und lebte im Haus ihres Vaters und nach dessen Tod bei ihren Brüdern.

5.
Alessandro Giuseppe
* 25. Mai 1677 – Pfarrei San Matteo, Cremona
+ 26. Januar 1732 – Pfarrei San Matteo, Cremona
Grab: Kirche Sant'Abbondio, Cremona
Mandelli meinte, er sei am 25. Mai geboren worden. Aber das Taufregister fehlt.
Die Beerdigung fand am 27. Januar 1732 statt.
Er wurde Priester.

6.
Omobono Felice
* 14. November 1679 – Pfarrei San Matteo, Cremona
+ 8. Juni 1742 – Pfarrei San Matteo, Cremona
Grab: Kirche San Domenico (Familiengrab), Cremona
Mandelli meinte, er sei am 14. November geboren und am folgenden Tag getauft worden. Aber das Taufregister fehlt.
Die Beerdigung fand am 9. Juni 1742 statt.
Er blieb ledig und unterstützte seinen Vater in der Werkstatt.

Die zweite Frau

Antonia Maria Zambelli
* 11. Juni 1664 – Pfarrei San Donato(?), Cremona
+ 3. März 1737 – Pfarrei San Matteo, Cremona
Grab: Kirche San Domenico (Familiengrab), Cremona
Ihr Geburtsdatum wurde zuerst von Lombardini genannt, aber ohne Hinweis, wo sich die Akte befindet.
Sie wurde am 4. März begraben.

Kinder aus dieser Ehe

1.
Francesca Maria
* 19. September 1700(?) – Pfarrei San Matteo, Cremona
+ 1. November 1727(?) – ?, Cremona
Grab: Kirche San Domenico (exakte Position unbekannt), Cremona
Ihr Geburtsdatum wurde zuerst von Lombardini genannt, aber ohne Hinweis, wo sich die Akte befindet.
Mandelli meinte, sie sei am 1. November 1727 in der Kirche San Domenico begraben worden, aber die Eintragung fehlt. Ihr Vater Antonio Stradivari hat im Oktober 1722 zu ihren Gunsten eine notarielle Urkunde über eine lebenslange Rente abgeschlossen, aus der hervorgeht, dass Francesca in diesem Jahr noch am Leben war.
Sie wurde Nonne.

2.
Giovanni Battista Giuseppe
* 6. November 1701 – Pfarrei San Matteo, Cremona
+ 7. Juli 1702 – Pfarrei San Matteo, Cremona
Grab: Kirche San Domenico (exakte Position unbekannt), Cremona
Geburtsdatum wurde zuerst von Mandelli genannt, aber das Taufregister fehlt.
Die Beerdigung fand am 8. Juli 1702 statt.

3.
Giovanni Battista Martino
* 11. November 1703 – Pfarrei San Matteo, Cremona

+ 1. November 1727 – Pfarrei San Matteo, Cremona
Grab: Kirche San Domenico (Familiengrab), Cremona
Die Taufe fand am Tag nach der Geburt statt.
Er wurde am 2. November 1727 begraben.
Es wird vermutet, dass er in der Werkstatt seines Vaters tätig war.

4.

Giuseppe Antonio
* 27. Oktober 1704 – Pfarrei San Matteo, Cremona
+ 29. November 1781 – Pfarrei San Gallo, Cremona
Grab: Kirche San Domenico (Familiengrab), Cremona
Die Taufe fand am Tag nach der Geburt statt.
Er wurde am 11. Dezember 1781 begraben.
Er wurde Priester.

5.

Paolo Bartolomeo
* 26. Januar 1708 – Pfarrei San Matteo, Cremona
+ 14. Oktober 1775 – Dom, Cremona
Grab: Kirche San Domenico (Familiengrab), Cremona
Die Taufe fand am Geburtstag statt.
Er heiratete Elena Templari (1705–1776) am 7. September 1737 in der Kirche San Felice von Cremona. Das Ehepaar hatte fünf Kinder.
Die Beerdigung fand am Todestag statt.

Danksagung

Ich möchte vor allem Axel Schwalm herzlich danken, der mir während des ganzen Projektes mit Rat und Tat zur Seite stand und Roberto Regazzi, der mir immer wieder einen Blick in seine hervorragende Büchersammlung gestattet hat.
Außerdem geht mein aufrichtiger Dank an die folgenden Personen, die mir bei meinen Recherchen geholfen haben (in alphabetischer Reihenfolge):
Raffaella Barbierato, Direktorin, und das gesamte Personal der Staatsbibliothek von Cremona und insbesondere Marina Gentilini;
J & A Beare, London;
Heidi Bergmann von der Bibliothek für Medien- und Musikwissenschaft, Bonn;
Anthony Betts;
Marco Bragazzi;
Roberto Caccialanza;
Rui Canelas;
Carlo Chiesa;
Maira Corsinovi, Galleria dell'Accademia, Florenz;
Christophe Feuillerat, Bibliothèque nationale de France, Paris;
Rocco Filippini;
Alessandra Francesconi, Istruttore Direttivo, und Mario Marubbi, Kurator des Stadtmuseums „Ala Ponzone", Cremona;
Don Paolo Fusar Imperatore, Leiter des Historischen Archivs der Diözese, Cremona;
Dmitry Gindin;
Gianpaolo Gregori;
Katrin Herzog und Heidi von Rüden, Staatliches Institut für Musikforschung Preußischer Kulturbesitz, Berlin;
Philip J. Kass;
Daniel Kogge & Yves Gateau;
Valeria Leoni, Direktorin des Staatsarchivs, Cremona;
Don Irvano Maglia, Pfarrer, und Don Cristino der Kirche Sant'Agata, Cremona;

Don Aldo Manfredini, Pfarrer der Kirche San Michele Vetere, Cremona;
Irene Milewski, Zentralbibliothek, Bonn;
Sota Nakazawa, Geschäftsführer, Nippon Violin, Tokio;
Kay Peterson, National Museum of American History, Smithsonian Institution, Washington, D.C.;
Don Angelo Piccinelli, Pfarrer der Kirche San Siro in Soresina und Emilia Cominetti, Archivarin;
Susi Piovanelli, Uffizien, Florenz;
Jason Price;
Jan Röhrmann;
Paolo Salvelli, Präsident, und Giancarlo Maffezzoni, Sekretär, der Stiftung „Walter Stauffer", Cremona;
Carmine Santaniello, Direktor, und Cesare Corsi, Musikkonservatorium San Pietro a Majella, Neapel;
Giancarlo Tossani;
Virginia Villa, Direktorin, Paolo Bodini, Geschäftsführer, Fausto Cacciatori, Kurator und Alessandro Bardelli, Pressesprecher, Museo del Violino, Cremona;
Marcello Villa;
Carol Lynn Ward-Bamford, Kuratorin der Musikinstrumentensammlung, Library of Congress, Washington, D.C.;
Catherine Whistler, Keeper of Western Art, Ashmolean Museum, Oxford;
Michael Zirkle.
Nicht zuletzt möchte ich mich bei Waltraud Moritz, Leiterin des Böhlau Verlags Wien, bedanken, die von Anfang an an das Projekt geglaubt hat sowie bei Julia Beenken, Bettina Waringer, Viktoria von Wickede und Martin Zellhofer für die kompetente Unterstützung und die enge Zusammenarbeit.

Literaturverzeichnis

Dieses Verzeichnis enthält nur einen Bruchteil der Hunderte von Büchern über Antonio Stradivari, die bis heute erschienen sind. Es ist als Anregung und Hilfe zum Auffinden der im Text erwähnten Werke gedacht.

Abbiati, Franco, *Letteratura d'archi e fiati – Il violino e le nuove musiche concertate*, in: *Storia della musica*, 3 Bde., Mailand: S.A. Fratelli Treves, 1939–1941, Bd. 2, S. 397–414.

Adelmann, Olga, *Die Alemannische Schule – Geigenbau des 17. Jahrhunderts im südlichen Schwarzwald und in der Schweiz*, Berlin: Staatliches Institut für Musikforschung Preußischer Kulturbesitz, ²1997 (1989).

Agricola, Martin, *Musica instrumentalis deudsch*, Leipzig: Breitkopf & Härtel, ¹,⁴1896 (Wittenberg, 1528 u. 1545).

Almansi, Carla, *I maestri liutai di Cremona*, Cremona: Industria Grafica Editoriale Pizzorni, [o.D., 1958].

Angeloni, Domenico, *Il liutaio*, Mailand: Ulrico Hoepli, 1923.

Arisi, Francesco, *Cremona literata, seu in Cremonenses doctrinis, et literariis dignitatibus eminentiores chronologicæ adnotationes*, 3 Bde., Parma: Alberti Pazzoni & Pauli Montii, 1702, Bd. 1; Parma: Pauli Montii, 1706, Bd. 2; Cremona: apud Petrum Ricchini, 1741, Bd. 3.

Bacchetta, Renzo, Iviglia, Giovanni, *Carteggio*, Mailand: Antonio Cordani, 1950. Abschrift der Abhandlung über den Geigenbau, der Notizen und der Korrespondenz vom Grafen Ignazio Alessandro Cozio di Salabue.

Bacchetta, Renzo, *Stradivari*, Cremona: Industria grafica editoriale Pizzorni, 1948.

Bacchetta, Renzo, *Stradivari non è nato nel 1644*, Cremona: Cremona Nuova, 1937.

Balfoort, Dirk J., *Antonius Stradivarius*, Stockholm: The Continental Book Company, 1947.

Barabaschi, Alessandra, *A patron, a grand prince and a maker: the history of the 'Stradivari Medici Quintet'*, in: *The 1690 'Tuscan' Stradivari Violin in the Accademia di Santa Cecilia – Treasures of Italian Violin Making*, Bd. 2, Parma: Scrollavezza & Zanrè, 2017, S. 12–19.

Barabaschi, Alessandra, *'An guten Tagen ist sie schwer zu überbieten'*, in: *das Orchester*, Mainz: Schott Music, 10. 2018, S. 23–24.

Barabaschi, Alessandra, *Back from the Brink, the 'Paravicini' Stradivari violin, 1728*, The Strad, London, April 2017, S. 26–32.

Barabaschi, Alessandra, *Deckname 'Bernhardiner'*, in: *das Orchester*, Mainz: Schott Music, 10. 2018, S. 20–22.

Barabaschi, Alessandra, *Design Classic*, The Strad, London, August 2016, S. 38–43.

Barabaschi, Alessandra, *Die Stradivaris der Medici*, in: *das Orchester*, Mainz: Schott Music, 04. 2016, S. 34–38.

Barabaschi, Alessandra, *Historic women performers: Guilhermina Suggia*, in: *Carteggio*, London: Tarisio, 07.03.2018:
https://tarisio.com/cozio-archive/cozio-carteggio/historic-women-performers-guilhermina-suggia/ letzter Zugriff: 31. Juli 2020.

Barabaschi, Alessandra, *Historic women performers: Lady Hallé*, in: *Carteggio*, London: Tarisio, 20.11.2019:
https://tarisio.com/cozio-archive/cozio-carteggio/historic-women-performers-lady-halle/ letzter Zugriff: 31. Juli 2020.

Barabaschi, Alessandra, *Stradivari's 'Medici' instruments*, in: *Carteggio*, London: Tarisio, 1. Teil, 18.11.2015:
http://tarisio.com/cozio-archive/cozio-carteggio/stradivari-medici-quintet-part-1/ letzter Zugriff: 20. Februar 2020

Barabaschi, Alessandra, *Stradivari's 'Medici' instruments*, in: *Carteggio*, London: Tarisio, 2. Teil, 02.12.2015:
http://tarisio.com/cozio-archive/cozio-carteggio/stradivari-medici-quintet-part-2/ letzter Zugriff: 20. Februar 2020.

Barabaschi, Alessandra, *Stradivari's 'Medici' instruments*, in: *Carteggio*, London: Tarisio, 3. Teil, 06.01.2016:
http://tarisio.com/cozio-archive/cozio-carteggio/stradivari-medici-quintet-part-3/ letzter Zugriff: 20. Februar 2020.

Barabaschi, Alessandra, *The Medici Quintet*, Vortrag gehalten am 18. Dezember 2018 in der Library of Congress, Washington, D.C.:
https://www.loc.gov/item/webcast-9015/ (06. Februar 2020)

Barabaschi, Alessandra, *The 'Pawle, Ben Venuto' Stradivari cello, c. 1730*, in: *Carteggio*, London: Tarisio, 04.07.2016:
https://tarisio.com/cozio-archive/cozio-carteggio/pawle-benvenuto-stradivari-cello-1730/ letzter Zugriff: 31. Juli 2020.

Barabaschi, Alessandra, *The 'Sleeping Beauty' Stradivari*, in: *Carteggio*, London: Tarisio, 04.07.2018:
https://tarisio.com/cozio-archive/cozio-carteggio/sleeping-beauty-stradivari/ letzter Zugriff: 31. Juli 2020.

Baron, Ernst Gottlieb, *Historisch-theoretische und practische Untersuchung des Instruments der Lauten*, Nürnberg: Johann Friedrich Rüdiger, 1727.

Baruzzi, Arnaldo, *La casa nuziale di Antonio Stradivari 1667–1680*, Cremona: Cremonabooks, ²2005 (Brescia, 1959).

Beare, Charles, *Capolavori di Antonio Stradivari*, Mailand: Arnoldo Mondadori Editore, 1987.

Beare, Charles, *Antonio Stradivari – The Cremona Exhibition of 1987*, London: J. & A. Beare, 1993.

Beare, Charles, *Stradivarius*, Oxford: Ashmolean Museum, 2013.

Berenzi, Angelo, *Di Gio. Paolo Maggini, celebre liutaio bresciano*, Brescia: Tipografia Apollonio, 1891.

Berenzi, Angelo, *Vox clamantis pro Stradivario*, Cremona: Tip. Provincia, 1907.

Berr, Albert, *Geigengeschichten*, Zürich: Atlantis Musikbuch-Verlag, ²1983 (1949).

Bonetti, Carlo; Cavalcabò, Agostino; Gualazzini, Ugo, *Alla ricerca delle origini di A. Stradivari*, in: *Cremona*, Februar 1929, S. 7–16.

Bonetti, Carlo; Cavalcabò, Agostino; Gualazzini, Ugo, *Antonio Stradivari: Notizie e documenti*, Cremona: Cremonabooks, ²1999 (1937).

Bonetti, Carlo, *Ancora dei documenti stradivariani*, in: *Cremona*, März 1929, S. 190–192.

Bonetti, Carlo, *Dove finirono le ossa di Antonio Stradivari?*, in: *Cremona*, Dezember 1930, S. 775–777.

Bonetti, Carlo, *Gli antenati di Antonio Stradivari? Gli Stradivertis*, in: *Cremona*, April 1932, S. 185–190.

Bonetti, Carlo, *Gli ultimi risultati delle ricerche su Antonio Stradivari*, in: *Cremona*, Dezember 1929, S. 947–954.

Bonetti, Carlo, *La genealogia degli Amati e il primato della scuola liutistica cremonese*, Cremona: R. Deputazione di storia patria, 1938.

Bressiani (Bresciani), Francesco, *Il Collegio de Notari della Città di Cremona*, Cremona, [o.D., 1655].

Bressiani (Bresciani), Giuseppe, *Le turbulenze di Cremona per l'armi della Francia, Sauoia, e Modena, de gli anni 1647. & 1648.*, Cremona: Gio. Pietro Zanni, 1650.

Bricchi Piccioni, Emilia, *Le carte dell'archivio Cozio di Salabue*, Cremona: Annali della Biblioteca Statale e Libreria Civica di Cremona, 'Studi e Bibliografie – 3', 1987.

Caccialanza, Roberto (Hrsg.), *Immagini della vecchia Cremona nelle Lastre Betri: il fondo fotografico antico della Biblioteca Statale di Cremona*, Ausstellungskatalog, Cremona: Biblioteca Statale di Cremona, Collana Mostre, Bd. XXXIV, 2017.

Cacciatori, Fausto, *Antonio Stradivari – disegni, modelli, forme*, Cremona: Fondazione Museo del Violino, 2016.

Caressa, Albert, *Le Violon*, Paris: Office Général de la Musique, [o.D., 1925].
Cavalcabò, Agostino, *Amenità stradivariane*, in: *Cremona*, März 1935, S. 139–144.
Cavalcabò, Agostino, *Francesco Bresciani falso genealogista*, in: *Cremona*, Januar 1933, S. 29–32.
Cavalcabò, Agostino, *I nostri celebri liutai: Il primato della scuola cremonese*, in: *Il Regime Fascista*, 8. Februar 1941, S. 3–6.
Cavalcabò, Agostino, *Un ricordo marmoreo ad Antonio Stradivari inaugurato a Cremona*, Auszug aus: *La Martinella*, Mailand, Bd. 7, Heft 9, September 1953, Cremona: Industria Grafica Editoriale Pizzorni, 1953.
Cavalli, Lelio, *Claudio Monteverdi e l'eccellenza dei liutai Cremonesi*, Auszug aus der Anthologie: *Cremona*, Cremona: Istituto fascista di cultura, 1931, S. 57–65.
Cenzato, Giovanni, *Antonio Stradivari illustrato da nuovi documenti*, in: *La Lettura*, Nr. 2, Jh. 29, Mailand, 1. Februar 1929, S. 6, 82–86.
Chiesa, Carlo; Rosengard, Duane, *The Stradivari Legacy*, London: Peter Biddulph, 1998.
Chiesa, Carlo; Dipper, Andrew; Hargrave, Roger G.; Mosconi, Andrea; Topham, John; Gindin, Dmitry, *...e furono liutai in Cremona*, Cremona: Consorzio Liutai & Archettai Antonio Stradivari Cremona, 2000.
Chiesa, Carlo, *The life of Nicolò Amati*, in: *Carteggio*, London: Tarisio, 1. Teil, 22. Juli 2014: https://tarisio.com/cozio-archive/cozio-carteggio/the-life-of-nicolo-amati/ letzter Zugriff: 23. Mai 2020.
Coppée, François, *Le luthier de Crémone*, Paris: Alphonse Lemerre, ²1879 (1876).
Coutagne, Henry, *Gaspard Duiffoproucart et les luthiers lyonnais du XVIe Siècle*, Paris: Librairie Fischbacher, 1893.
Cugini, Giuseppe, *Antonio Stradivari e la Scuola Classica Liutistica Cremonese*, Cremona: E. Maffezzoni, 1962.
D'Agostino, Marco, *La scrittura di Antonio Stradivari*, Cremona: Cremonabooks, 2009.
Diehl, Nicolaus Louis [Nikolaus Ludwig], *Die Geigenmacher der alten italienischen Schule*, Hamburg: J. F. Richter, ³1877 (1864).
Dilworth, John, *Andrea Amati*, in: *Carteggio*, London: Tarisio, 2. Teil, 27. Februar 2019: https://tarisio.com/cozio-archive/cozio-carteggio/andrea-amati-part-2/ letzter Zugriff: 6. September 2020
Dilworth, John, *Carlo Bergonzi*, in: *Carteggio*, London: Tarisio, 2. Teil, 10. Mai 2017: https://tarisio.com/cozio-archive/cozio-carteggio/carlo-bergonzi-part-2/ letzter Zugriff: 31. Juli 2020.
Dilworth, John, *Luigi Tarisio*, in: *Carteggio*, London: Tarisio, 1. Teil, 22. November 2017:

https://tarisio.com/cozio-archive/cozio-carteggio/luigi-tarisio-part-1/ letzter Zugriff: 31. Juli 2020

Dilworth, John; Chiesa, Carlo, *Guarneri 'del Gesù', part 1 (1698–1731)*, in: *Carteggio*, London: Tarisio, 25.11.2014: https://tarisio.com/cozio-archive/cozio-carteggio/guarneri-del-gesu-part-i-1698-1731/ letzter Zugriff: 31. Juli 2020.

Doring, Ernest N., *How Many Strads? Our Heritage from the Master*, Chicago: Bein & Fushi, ²1999 (1945).

Drögemeyer, Hermann August, *Die Geige*, Berlin: Kommissions-Verlag von Moritz Warschauer, ³1903 (1892).

Engel, Carl, *Researches into the early history of the violin family*, London: Novello, Ewer & Co., 1883.

Farga, Franz, *Geigen und Geiger*, Rüschlikon-Zürich; Stuttgart; Wien: Albert Müller Verlag, ⁷1983 (1940).

Favaro, Antonio (Hrsg.), *Le opere di Galileo Galilei*. Band XVII. Carteggio 1637–1638, Florenz: Barbèra, 2002.

Ferrari, Adam, *Il convento di San Domenico a Cremona: opere d'arte e inquisitori nella Lombardia spagnola*, Dissertation: https://air.unimi.it/retrieve/handle/2434/545459/948652/phd_unimi_R10834.pdf;jsessionid=4781F73F0076E301C06AC40C58FA41DD.suir-unimi-prod-02 letzter Zugriff: 27. Oktober 2020.

Fétis, François-Joseph, *Antoine Stradivari, luthier célèbre*, Paris: Vuillaume, 1856.

Fuchs, Albert, *Taxe der Streich-Instrumente*, Frankfurt am Main: Verlag Friedrich Hofmeister, ⁵1955 (1906).

Gai, Vinicio, *Gli strumenti musicali della Corte Medicea e il Museo del Conservatorio 'Luigi Cherubini' di Firenze*, Florenz: Licosa, 1969.

Gallay, Jules, *Les instruments des Écoles italiennes*, Paris: Gand et Bernardel, 1872.

Ganassi, Silvestro, *Regola Rubertina – Regola che insegna sonar de viola darcho tastada*, Venedig: Selbstverlag, 1542.

Ganassi, Silvestro, *Lettione seconda pur della prattica di sonare il violone d'archo da tasti*, Venedig: Selbstverlag, 1543.

Gand, Charles-Eugène, *Stradivarius – Guarnerius del Gesù: Catalogue descriptif des instruments de Stradivarius et Guarnerius del Gesù*, Spa: Les Amies de la Musique, 1994 (Paris, [Ms.], 1870–1891).

Goodkind, Herbert K., *Violin Iconography of Antonio Stradivari*, New York: Herbert K. Goodkind, 1972.

Gregori, Giampaolo (Hrsg.), *L'esposizione di liuteria antica a Cremona nel 1937*, Cremona: Turris, ²1989 (1938).

Gregori, Giampaolo, *Antonio Stradivari L'Arpa 1681 – The Harp 1681*, Rom: Selbstverlag, 2018.

Gregori, Giampaolo, *Contributo alle biografie della famiglia del Conte Ignazio Alessandro Cozio di Salabue e alla storia della sua Collezione liutaria*: http://www.archiviodellaliuteriacremonese.it/monografie/contributo_alle_biografie_della_famiglia_conte_1.aspx#_ednref24 letzter Zugriff: 10. Dezember 2020.

Grillet, Laurent, *Les ancêtres du violon et du violoncelle*, Paris: Charles Schmid, 1901.

Gualazzini, Ugo, *Da Stradivertus a Stradiverti*, in: *Bollettino storico cremonese*, Bd. 20, Cremona: Pizzorni, 1957, S. 71–82.

Hajdecki, Alexander, *Die italienische Lira da Braccio*, Mostar: Selbstverlag, 1892.

Hamma, Fridolin, *Meisterwerke italienischer Geigenbaukunst*, Stuttgart: Hamma & Co., Stuttgart: Schuler Verlagsgesellschaft, ⁵1964, (1931?).

Hart, George, *The Violin: Its Famous Makers and Their Imitators*, London: Dulau & Co., 1875 u. ⁴1909.

Haweis, Hugh Reginald, *Old violins and violin lore*, London: William Reeves, [o.D., 1898].

Henderson, B., *The 'Betts' Strad*, The Strad, London, Mai 1909, S. 27–28.

Henley, William, *Antonio Stradivari, Master Luthier, Cremona, Italy, 1644–1737: His Life and Instruments*, Brighton: Amati Publishing, 1961.

Heron-Allen, Edward, *Violin-making, as it was and is*, London: Ward, Lock and Co., ²1885.

Hill, W. E. & Sons, *The 'Tuscan'. A Short Account of a Violin by Stradivari*, London: W. E. Hill & Sons, 1889 u. ²1891.

Hill, W. E. & Sons, *The Salabue Stradivari*, London: Novello, Ewer & Co., 1891.

Hill, William Henry; Hill, Arthur Frederick; Hill, Alfred Ebsworth, *Antonio Stradivari. His Life and Work (1644–1737)*, London: W. E. Hill & Sons, 1902 u. ²1909.

Hill, William Henry; Hill, Arthur Frederick; Hill, Alfred Ebsworth, *The Violin-Makers of the Guarneri Family (1626–1762). Their Life and Work*, London: William E. Hill & Sons, 1931.

Hopfner, Rudolf, *Meisterwerke der Geigenbaukunst*, Ausstellungskatalog, Kunsthistorisches Museum Wien, Oesterreichische Nationalbank Wien, Mailand: Skira, 2002.

Huggins, Margaret L., *Gio. Paolo Maggini. His Life and Work*, London: W. E. Hill & Sons, 1891.

Iviglia, Giovanni, *Cremona wie es nicht sein soll*, Bellinzona/Lugano: Istituto editoriale ticinese, 1957.

Jacopetti, Ircas Nicola; Manfredini, Gian Franco, *Il Settecento a Cremona: (1700–1760): vicende politico-militari, riforma fiscale ed amministrativa, analisi delle rilevazioni catastali*, Cremona: [o.V.], 2002.

Jacopetti, Nicola Ircas, *Un censimento annonario cremonese nel 1576*, Auszug aus: *Bollettino Storico Cremonese*, Bd. XXII (1961–64), Cremona: Industria grafica editoriale Pizzorni, (1965?).

Jalovec, Karel, *Italienische Geigenbauer*, Prag: Artia, ²1957 (1952).

Jalovec, Karel, *Die schönsten italienischen Geigen*, Prag: Artia, 1963.

Jambe de Fer, Philibert, *Épitomé musical des tons, sons et accords ès voix humaines, fleustes d'Alleman, fleustes à neuf trous, violes et violons*, Lyon: Michel du Bois, 1556.

Jullien, Adolphe, *Hector Berlioz, sa vie et ses œuvres*, Paris: Librairie de l'Art, 1888.

o. A. [Jusupov, Nikolaj B.], *Luthomonographie historique et raisonnée*, Frankfurt am Main: Jügel, 1856.

Lanfranco, Giovanni Maria, *Scintille di musica*, Brescia, 1533.

Leoni, Valeria; Bellardi, Angela; Pisati, Gianantonio, *Il Notariato: Storia e fonti dal Medio Evo ad oggi*, Cremona: Archivio di Stato di Cremona, 2014: http://www.archiviodistatocremona.beniculturali.it/sites/default/files/allegati-documenti/27_Il%20Notariato%2C%20storia%20e%20fonti%20dal%20Medioevo%20ad%20oggi%2C%202014.pdf letzter Zugriff: 14. Juli 2020.

Livi, Giovanni, *Gasparo da Salò e l'invenzione del violino*, Auszug aus: *Nuova Antologia*, Rom: Libreria Nardecchia, Bd. 34, Heft 16, 16. August 1891, S. 663–681.

Livi, Giovanni, *Gasparo da Salò und die Erfindung der Violine*, in: *Zeitschrift für Instrumentenbau*, Leipzig: Paul de Wit, Nr. 32, 13. Jg., 11. August 1893, S. 735–738; Nr. 34, 13. Jg., 1. September 1893, S. 783–784; Nr. 36, 13. Jg., 21. September 1893, S. 833–834.

Lombardini, Paolo, *Cenni sulla celebre scuola cremonese degli stromenti ad arco non che sui lavori e sulla famiglia del sommo Antonio Stradivari*, Cremona: Tipografia Dalla Noce, 1872.

Lozzi, Carlo, *I Liutai Bresciani e l'invenzione del violino*, Auszug aus: *Gazzetta Musicale di Milano*, Nr. 36, Mailand: G. Ricordi & C., September 1891.

Luscinius, Ottomar; Virdung, Sebastian, *Musurgia: seu praxis Musicæ*, Argentorati: Ioannem Schottum, 1536.

Lütgendorff, Willibald Leo von, *Die Geigen- und Lautenmacher vom Mittelalter bis zur Gegenwart*, Frankfurt am Main: Heinrich Keller, 1904 und ³1922.

Lyon & Healy, *The Hawley Collection of Violins*, Chicago: Lyon & Healy, 1904.

Mailand, Eugène, *Découverte des anciens vernis italiens employés pour les instruments à cordes et à archets*, Paris: Imprimerie de Ch. Lahure et Cie, 1859.

Mandelli, Alfonso, *Nuove indagini su Antonio Stradivari*, Mailand: Hoepli, 1903.

Manfredini, Cinzia; Carlson, Bruce, *I violoncelli di Antonio Stradivari*, Ente Triennale Internazionale degli Strumenti ad Arco – Consorzio Liutai Antonio Stradivari Cremona, Cremona: Silvana Editoriale, 2004.

Martini, Fausto M., *Polemiche parigine sui documenti di Stradivari*, in: *Corriere della Sera*, Mailand, 28. Januar 1929, S. 3.

Meroni, Ubaldo, *Cremona fedelissima: popolazione, industria e commercio, imposte camerali, commercio dei grani, moneta e prezzi a Cremona durante la dominazione spagnola*, Cremona: Palazzo Ugolani Dati, 1957.

Meyer, Fritz, *Führer durch die Violinliteratur*, Leipzig: von Bosworth & Co., 1910.

Meyer, Fritz, *Berühmte Geigen und ihre Schicksale*, Köln: P. J. Tonger, ³1920 (1918).

Michaud, Louis Gabriel, *Biographie universelle ancienne et moderne*, Paris: Michaud frères, Bd. XI, ²1855 (1811–1828).

Milnes, John (Hrsg.), *The British Violin: the catalogue of the 1998 exhibition '400 years of violin & bow making in the British Isles'*, Oxford: British Violin Making Association, 2000.

Monical, William L., *Shapes of the Baroque: the Historical Development of Bowed String Instruments*, New York: The American Federation of Violin & Bow Makers, 1989.

Mordret, Léon, *La lutherie artistique*, Paris: Imprimerie de A. Quantin, 1885.

Mosconi, Andrea; Torresani, Carlo, *Il Museo Stradivariano di Cremona*, Cremona: Cremonabooks, ²2001 (Mailand, 1987).

Mozart, Leopold, *Versuch einer gründlichen Violinschule*, Augsburg: Selbstverlag, 1756.

Newman, William S., *The Sonata in the Baroque Era*, in: *History of the Sonata Idea*, 3 Bde., Chapel Hill: University of North Carolina Press, Bd. 1, 1959.

Niederheitmann, Friedrich, *Cremona. Eine Charakteristik der italienischen Geigenbauer und ihrer Instrumente*, Leipzig: Carl Merseburger, 1877 und ⁵1919.

Ostaus Giovanni, *La vera perfettione del disegno*, Venedig: Valvassori e Micheli, ³1584 (1557).

Pagliari, Cristina, *Pezzi di San Domenico*, Dissertation: http://dspace.unive.it/bitstream/handle/10579/10858/850816–1195385.pdf?sequence=2 letzter Zugriff: 14. Mai 2020.

Payne, Albert, *Berühmte Geiger der Vergangenheit und Gegenwart*, hrsg. von A. Ehrlich [Pseud.], Leipzig: A. H. Payne, 1893.

Payne, Albert, *Der Salon für Literatur, Kunst und Gesellschaft*, Bd. 2, Leipzig: Verlag von A. H. Payne, 1887.

Payne, Edward John, *Stradivari*, in: George Grove, *A Dictionary of Music and Musicians*, hrsg. von J. A. Fuller Maitland, Bd. 3, New York: Macmillan, 1898.

Peluzzi, Euro, *Antonio Stradivari ha parlato*, Mailand: F.lli Bocca Editori, 1941.

Petherick, Horace, *Antonio Stradivari*, London: The Strad, The Strad Library, Bd. 8, 1900.

Phipson, T. L., *Biographical Sketches and Anecdotes of Celebrated Violinists*, London: Richard Bentley & Son, 1877.

Phipson, T. L., *Confessions of a Violinist*, London: Chatto & Windus, 1902.
Phipson, T. L., *Famous Violinists and Fine Violins*, London: Chatto & Windus, 1896.
Piccolellis, Giovanni de, *Liutai antichi e moderni: note critico-biografiche*, Florenz: Le Monnier, 1885.
Piccolellis, Giovanni de, *Liutai antichi e moderni: genealogia degli Amati e dei Guarnieri secondo i documenti ritrovati negli atti e stati d'anime delle antiche parrocchie dei SS. Faustino e Giovita e di S. Donato di Cremona: note aggiunte alla prima ed. sui liutai, pubblicata in Firenze nell'anno 1885*, Florenz: Le Monnier, 1886.
Politi, Giorgio, *Aristocrazia e potere politico nella Cremona di Filippo II*, aus der Reihe: *Biblioteca di storia lombarda moderna e contemporanea. Studi e ricerche*, Bd. 5, Mailand: SugarCo, 1976.
Politi, Giorgio (Hrsg.), *L'età degli Asburgo di Spagna (1535–1707)*, Azzano San Paolo: Bolis, 2006.
Pollens, Stewart, *The Violin Forms of Antonio Stradivari*, London: Peter Biddulph, 1992.
Pollens, Stewart, *Stradivari*, Cambridge/New York [u.a.]: Cambridge University Press, 2010.
Pomme de Mirimonde, Albert, *Le Parnasse musical d'Edouard Hamman*, in: *Revue de Musicologie*, Band 52, Nr. 2, Paris: Société Française de Musicologie, 1966, S. 196–202.
Pougin, Arthur, *Une famille de grands luthiers italiens: Les Guarnerius*, Paris: Librairie Fischbacher, 1909.
Praetorius, Michael, *De Organographia*, in: *Syntagma musicum*, 3 Bde., Wolfenbüttel: Elias Holwein, Bd. 2, 1619.
Praetorius, Michael, *Theatrum Instrumentorum seu Sciagraphia*, Wolfenbüttel, 1620.
Reuning, Christopher, *Cremona 1730–1750 nell'Olimpo della liuteria*, Ausstellungskatalog, Cremona: Fondazione Antonio Stradivari Cremona – La Triennale; Consorzio Liutai Antonio Stradivari Cremona, 2008.
Riemann, Hugo, *Musik-Lexikon*, Leipzig: Verlag des Bibliographischen Instituts, 1882.
Riemann, Hugo, *Musik-Lexikon*, Leipzig: Max Hesse, ⁵1900 (1882).
Robolotti, Francesco, *Cremona e sua provincia*, Mailand: Guglielmini, 1859.
Rühlmann, Julius, *Die Geschichte der Bogeninstrumente*, Braunschweig: Friedrich Vieweg und Sohn, 1882.
Sacchi, Federico; *La prima comparsa della parola Violino nei documenti del secolo XVI*, in: *Gazzetta Musicale di Milano*, Nr. 41, Mailand: G. Ricordi & C., 11. Oktober 1891, S. 655–657.
Sacchi, Federico; *Gli strumenti di Stradivari*, Auszug aus: *Gazzetta Musicale di Milano*, 1892, Nachdruck, Cremona: Editrice Turris, 1987.

Sacchi, Federico; *Il Conte Cozio di Salabue*, London: Giorgio Hart & Figlio, 1898, Nachdruck, Cremona: Editrice Turris, 1987.

Sacconi, Simone Ferdinando, *Die 'Geheimnisse' Stradivaris*, Frankfurt am Main: Verlag Das Musikinstrument, ²1981 (1976).

Sainati, Edward, *The King of Spain Strads*, The Strad, London, Dezember 1993, S. 1188–1193.

Sandys, William; Forster, Simon Andrew, *The History of the Violin, and Other Instruments Played On With the Bow From the Remotest Times to the Present*, London: William Reeves, 1864.

Santoro, Elia, *Antonius Stradivarius*, Cremona: Libreria del Convegno, 1987.

Santoro, Elia, *Giuseppe Fiorini e i cimeli stradivariani*, Cremona: Annali della Biblioteca Statale e Libreria Civica di Cremona, Bd. 38/2, 1988.

Santoro, Elia, *Giuseppe Guarneri, detto del Gesù, il liutaio del tardo barocco cremonese*, Cremona: Editrice Turris, 1982.

Santoro, Elia, *L'epistolario di Cozio di Salabue (1773–1845)*, Cremona: Editrice Turris, 1993.

Santoro, Elia, *La basilica di S. Domenico: storia della sua demolizione (1859–1879)*, Cremona, 1968.

Santoro, Elia, *Traffici e falsificazioni dei violini di Antonio Stradivari*, Cremona: Annali della Biblioteca Statale e Libreria Civica di Cremona, Bd. 23, Heft 2, 1973.

Santoro, Elia, *Violinari e violini – Gli Amati e i Guarneri a Cremona tra Rinascimento e Barocco*, Cremona: Sanlorenzo, 1989.

Schebek, Edmund, *Der Geigenbau in Italien und sein deutscher Ursprung*, Prag: Selbstverlag, 1874.

Schulze, Carl, *Stradivaris Geheimniss – Ein ausführliches Lehrbuch des Geigenbaues*, Berlin: Fussingers Buchhandlung, 1901.

Sella, Domenico, *L'economia lombarda durante la dominazione spagnola*, Bologna: Il mulino, 1982.

Sheppard, Leslie, *Early Days at the RAM*, The Strad, London, Mai 1978, S. 27–31.

Sheppard, Leslie, *Lost Forever – The Mystery of Stolen Violins*, The Strad, London, September 1977, S. 407, 409, 411.

Signori, Ettore, *I monumenti cremonesi dalla decadenza romana alla fine del secolo XVII*, Mailand: Prem. tip. e lit. degli ingegneri, Bd. 2, 1881 u. Bd. 3, 1882.

Spohr, Louis, *Violinschule*, Wien: Tobias Haslinger, 1832.

Untersteiner, Alfredo, *Storia del violino, dei violinisti e della musica per violino*, Mailand: Ulrico Hoepli, 1906.

Untersteiner, Alfredo, *Storia della musica*, Mailand: Ulrico Hoepli, ⁴1916 (1910).

Vairani, Tommaso Agostino, *Inscriptiones Cremonenses universæ*, Cremona: Laurentius Manini, 1796.

Valdrighi, Luigi Francesco, *Nomocheliurgografia antica e moderna, ossia elenco di fabbricatori di strumenti armonici con note esplicative e documenti estratti dall'Archivio di Stato di Modena*, Modena: Coi Tipi della Società Tipografica, 1884.

Vidal, Antoine, *La lutherie et les luthiers*, Paris: Maison Quantin, 1889.

Vidal, Antoine, *Les instruments à archet*, 3 Bde., Paris: Imprimerie de J. Claye, Bd. 1, 1876.

Vidal, Antoine, *Les instruments à archet*, 3 Bde., Paris: Imprimerie Jules Claye, Bd. 2, 1877.

Vigo, Giovanni, *Uno Stato nell'impero: la difficile transizione al moderno nella Milano di età spagnola*, Mailand: Guerini, 1994.

Villa, Marcello, *Compositori di musica strumentale a Cremona al tempo di Stradivari*, in: *Liuteria Musica Cultura*, Cremona: Associazione Liutaria Italiana, 1. Teil, 2/2009, S. 39–47.

Villa, Marcello, *Compositori di musica strumentale a Cremona al tempo di Stradivari*, in: *Liuteria Musica Cultura*, Cremona: Associazione Liutaria Italiana, 2. Teil, 1/2010, S. 25–34.

Villa, Marcello; Chiodelli Cristian (Fotos), *The Excellence of Stradivari – The Inlaid Violin*, (Buch+DVD), Cremona: Studio Immagine, 2010.

Virdung, Sebastian, *Musica getutscht*, Berlin: Gesellschaft für Musikforschung, 1882 (Basel, 1511).

Visioli, Carlo Domenico, *Cenno storico-estetico intorno alla basilica e torre di S. Domenico ed uniti oratorj di Cremona demoliti dall'anno 1869 al 1871*, in: Il Politecnico, Mailand, Januar-Februar 1878, S. 22–35.

Wasielewski, Joseph Wilhelm von, *Die Violine im XVII. Jahrhundert*, Bonn: Max Cohen & Sohn, 1874.

Wasielewski, Joseph Wilhelm von, *Die Violine und ihre Meister*, Leipzig: Breitkopf & Härtel, 1869.

Wasielewski, Joseph Wilhelm von, *Geschichte der Instrumentalmusik im XVI. Jahrhundert*, Berlin: J. Guttentag, 1878.

Winternitz, Emanuel; Stunzi, Lilly, *Die schönsten Musikinstrumente des Abendlandes*, München: Keysersche Verlagsbuchhandlung, 1966.

Zacconi, Lodovico, *Prattica di Musica*, Venedig: Bartolomeo Carampello, Bd. 1, 1596 und Venedig: Alessandro Vincenti, Bd. 2, 1622.

Zaist, Giambattista [Giovanni Battista], *Notizie Istoriche de' pittori, scultori, ed architetti cremonesi*, Bd. 2, Cremona: Pietro Ricchini, 1774.

Anmerkungen

Einleitung

1 Niederheitmann, Friedrich, *Cremona. Eine Charakteristik der italienischen Geigenbauer und ihrer Instrumente*, Leipzig: Carl Merseburger, 1877, S. 57–58.

Kapitel 1

1 Professor Astegiano in: Alfonso Mandelli, *Nuove indagini su Antonio Stradivari*, Mailand: Hoepli, 1903, S. 21–22.
2 Gualazzini, Ugo, *Da Stradivertus a Stradiverti*, in: Bollettino storico cremonese, Bd. 20, Cremona: Pizzorni, 1957, S. 79–80.
3 Bonetti, Carlo; Cavalcabò, Agostino; Gualazzini, Ugo, *Antonio Stradivari: Notizie e documenti*, Cremona: Cremonabooks, ²1999 (1937), S. 9.
4 Payne, Edward John, *Stradivari*, in: George Grove, *A Dictionary of Music and Musicians*, hrsg. von J. A. Fuller Maitland, Bd. 3, New York: Macmillan, 1898.
5 Mandelli, A., a. a. O., S. 21.
6 Bressiani (Bresciani), Francesco, *Il Collegio de Notari della Città di Cremona*, Cremona, [o.D., 1655].
7 Arisi, Francesco, *Cremona literata, seu in Cremonenses doctrinis, et literariis dignitatibus eminentiores chronologicæ adnotationes*, Parma: Alberti Pazzoni & Pauli Montii, 1702.
8 Bonetti, Carlo, *Gli antenati di Antonio Stradivari? Gli Stradivertis*, in: Cremona, April 1932, S. 185–190.
9 Foglia, Andrea, *Le istituzioni ecclesiastiche e la vita religiosa*, in: Politi, Giorgio (Hrsg.), *L'età degli Asburgo di Spagna (1535–1707)*, Azzano San Paolo: Bolis, 2006, S. 311.
10 Trauregister der Pfarrei Sant'Agata, Bd. 5, S. 89.
11 Bressiani, Giuseppe, *Le turbulenze di Cremona per l'armi della Francia, Sauoia, e Modena, de gli anni 1647. & 1648.*, Cremona: Gio. Pietro Zanni, 1650.
12 Baruzzi, Arnaldo, *La casa nuziale di Antonio Stradivari 1667–1680*, Cremona: Cremonabooks, ²2005 (Brescia, 1959), S. 25–27.
13 Seelenregister der Pfarrei Sant'Agata aus den Jahren 1664–1710.
14 Seelenregister der Pfarrei San Matteo: Bd. B, VI-2, 1658–1685; Bd. C, VI-3, 1686–1698; Bd. D, VI-4, 1699–1711; Bd. E, VI-5, 1712–1722; Bd. F, VI-6, 1723–1739.
15 Sterbebuch der Pfarrei San Matteo, Bd. 3B, IV-1, 1697–1750, S. 30.
16 Notariatsarchiv, Notar Francesco Barosio, 3. Juni 1680, Aktenbündel 5623, Staatsarchiv von Cremona.
17 Lombardini, Paolo, *Cenni sulla celebre scuola cremonese degli stromenti ad arco non che sui lavori e sulla famiglia del sommo Antonio Stradivari*, Cremona: Tipografia Dalla Noce, 1872.
18 Taufregister der Pfarrei San Michele Vetere, Bd. C, 1593–1605, S. 93a.

19 Bonetti, Carlo; Cavalcabò, Agostino; Gualazzini, Ugo, *Alla ricerca delle origini di A. Stradivari*, in: *Cremona*, Februar 1929, S. 7–16.
20 Sterbebuch der Pfarrei San Michele Vetere, Bd. A, 1628–1725, S. 46.
21 Notariatsarchiv, Notar Galeazzo Baderni, 3. September 1630, Aktenbündel 5054, Staatsarchiv von Cremona.
22 Seelenregister der Pfarrei Sant'Agata, a. a. O.
23 Barabaschi, Alessandra, *Beethoven's Quartet*, Tarisio, 18. Dezember 2019: https://tarisio.com/cozio-archive/cozio-carteggio/beethovens-quartet/ letzter Zugriff: 3. Mai 2020.
24 Bacchetta, Renzo, *Stradivari*, Cremona: Industria grafica editoriale Pizzorni, 1948, S. 13, 16–17.
25 Ich gehe davon aus, dass Stradivari sich wahrscheinlich als junger Mann besser an sein Geburtsdatum erinnern konnte, als später im Leben. Die frühesten Eintragungen in den Seelenregistern von Sant'Agata lassen überwiegend vermuten, dass er 1647 geboren wurde.

Kapitel 11

1 Machiavelli, Niccolò, *Der Fürst*, Stuttgart: Kröner, 2016, S. 66. Übersetzt von Rudolf Zorn.
2 Vigo, Giovanni, *Il volto economico della città*, in: Politi, Giorgio (Hrsg.), *L'età degli Asburgo di Spagna (1535–1707)*, Azzano San Paolo: Bolis, 2006, S. 220. Übersetzung der Autorin.
3 Robolotti, Francesco, *Cremona e sua provincia*, Mailand: Guglielmini, 1859, S. 78–79. Übersetzung der Autorin.
4 Jacopetti, Ircas Nicola; Manfredini, Gian Franco, *Il Settecento a Cremona: (1700–1760): vicende politico-militari, riforma fiscale ed amministrativa, analisi delle rilevazioni catastali*, Cremona: [o.V.], 2002, S. 181. Übersetzung der Autorin.
5 Barbierato, Federico, *Al governo della città. Aristocrazia e istituzioni in età spagnola*, in: Politi, a. a. O., S. 59.
6 Foglia, Andrea, *Le istituzioni ecclesiastiche e la vita religiosa*, ebd., S. 333.
7 Vigo, G., a. a. O., S. 231.
8 Ebd., S. 224.
9 Ebd., S. 260–261.
10 Sella, Domenico, *L'economia lombarda durante la dominazione spagnola*, Bologna: Il mulino, 1982., S. 197–198.
11 Barbierato, F., a. a. O., S. 61.
12 Meroni, Ubaldo, *Cremona fedelissima: popolazione, industria e commercio, imposte camerali, commercio dei grani, moneta e prezzi a Cremona durante la dominazione spagnola*, Cremona: Palazzo Ugolani Dati, 1957, S. 105.
13 Ebd., S. 102–103. Übersetzung der Autorin.
14 Das *Benefizium* war ein Vorteil, d. h. ein sakrales Amt mit dem Recht, die damit verbundenen Einkünfte zu genießen.
15 Almansi, Carla, *I maestri liutai di Cremona*, Cremona: Industria Grafica Editoriale Pizzorni, [o.D., 1958], S. 6. Übersetzung der Autorin.

Kapitel III

1. Mozart, Leopold, *Versuch einer gründlichen Violinschule*, Augsburg: Selbstverlag, 1756, S. 1–2.
2. Virdung, Sebastian, *Musica getutscht*, Berlin: Gesellschaft für Musikforschung, 1882 (Basel, 1511).
3. Agricola, Martin, *Musica instrumentalis deudsch*, Leipzig: Breitkopf & Härtel, [1, 4]1896 (Wittenberg, 1528 u. 1545).
4. Praetorius, Michael, *De Organographia*, in: *Syntagma musicum*, 3 Bde., Wolfenbüttel: Elias Holwein, Bd. 2, 1619.
5. Praetorius, Michael, *Theatrum Instrumentorum seu Sciagraphia*, Wolfenbüttel, 1620.
6. Lanfranco, Giovanni Maria, *Scintille di musica*, Brescia, 1533.
7. Ganassi, Silvestro, *Regola Rubertina – Regola che insegna sonar de viola darcho tastada*, Venedig: Selbstverlag, 1542.
8. Ganassi, Silvestro, *Lettione seconda pur della prattica di sonare il violone d'archo da tasti*, Venedig: Selbstverlag, 1543.
9. Zacconi, Lodovico, *Prattica di Musica*, Venedig: Bartolomeo Carampello, Bd. 1, 1596 und Venedig: Alessandro Vincenti, Bd. 2, 1622.
10. Ebd., 1596, S. 217. Übersetzung der Autorin.
11. Luscinius, Ottomar; Virdung, Sebastian, *Musurgia: seu praxis Musicæ*, Argentorati: Ioannem Schottum, 1536.
12. Jambe de Fer, Philibert, *Épitomé musical des tons, sons et accords ès voix humaines, fleustes d'Alleman, fleustes à neuf trous, violes et violons*, Lyon: Michel du Bois, 1556.
13. Ebd., S. 58.
14. Ebd., S. 61.
15. Ebd., S. 63.
16. Vasari, Giorgio, *Le vite de' più eccellenti pittori, scultori e architettori* (Lebensbeschreibungen der ausgezeichnetsten Maler, Bildhauer und Architekten der Renaissance). Die 1. Ausgabe: Florenz: Lorenzo Torrentino, 1550. Die 2. vom Autor erweiterte Ausgabe: Florenz: Giunti, 1568.
17. Hajdecki, Alexander, *Die italienische Lira da Braccio*, Mostar: Selbstverlag, 1892, S. 49–51.
18. Winternitz, Emanuel; Stunzi, Lilly, *Die schönsten Musikinstrumente des Abendlandes*, München: Keysersche Verlagsbuchhandlung, 1966, S. 136.
19. Hart, George, *The Violin: Its Famous Makers and Their Imitators*, London: Dulau & Co., 1875, S. 110, 112 u. [4]1909, S. 168, 170, 256.
20. Piccolellis, Giovanni de, *Liutai antichi e moderni: note critico-biografiche*, Florenz: Le Monnier, 1885, S. XV, 71, 95.
21. Livi, Giovanni, *Gasparo da Salò e l'invenzione del violino*, Auszug aus: *Nuova Antologia*, Rom: Libreria Nardecchia, Bd. 34, Heft 16, 16. August 1891, S. 663–681. Dieser Beitrag erschien auch auf Deutsch: *Gasparo da Salò und die Erfindung der Violine*, in: *Zeitschrift für Instrumentenbau*, Leipzig: Paul de Wit, Nr. 32, 13. Jg., 11. August 1893, S. 735–738; Nr. 34, 13. Jg., 1. September 1893, S. 783–784; Nr. 36, 13. Jg., 21. September 1893, S. 833–834.

Anmerkungen

22 Cavalcabò, Agostino, *I nostri celebri liutai: Il primato della scuola cremonese*, in: *Il Regime Fascista*, 8. Februar 1941, S. 3–4.
23 Hart, G., a. a. O., 1875, S. 48.
24 Almansi, C., a. a. O., S. 3.
25 Bonetti, Carlo, *La genealogia degli Amati e il primato della scuola liutistica cremonese*, Cremona: R. Deputazione di storia patria, 1938, S. 15–16; Abbiati, Franco, *Letteratura d'archi e fiati – Il violino e le nuove musiche concertate*, in: *Storia della musica*, 3 Bde., Mailand: S.A. Fratelli Treves, 1939–1941, Bd. 2, S. 398.
26 Dilworth, John, *Andrea Amati*, in: *Carteggio*, London: Tarisio, 2. Teil, 27. Februar 2019: https://tarisio.com/cozio-archive/cozio-carteggio/andrea-amati-part-2/ letzter Zugriff: 6. September 2020.
27 Dasselbe Motto ist auch auf einem Medaillon von 1571/72 wiedergegeben, das den König und seine Mutter darstellt und heute im Kunsthistorischen Museum in Wien aufbewahrt wird.
28 Auch Maggini wurde für den Vater der Geige gehalten, zum Beispiel von Hugh Reginald Haweis in: *Old violins and violin lore*, London: William Reeves, [o.D., 1898], S. 30.
29 Adelmann, Olga, *Die Alemannische Schule – Geigenbau des 17. Jahrhunderts im südlichen Schwarzwald und in der Schweiz*, Berlin: Staatliches Institut für Musikforschung Preußischer Kulturbesitz, ²1997 (1989), S. 23.
30 Schebek, Edmund, *Der Geigenbau in Italien und sein deutscher Ursprung*, Prag: Selbstverlag, 1874, S. 3–4.
31 Niederheitmann, Friedrich, *Cremona. Eine Charakteristik der italienischen Geigenbauer und ihrer Instrumente*, Leipzig: Carl Merseburger, 1877, S. VIII, 1–7.
32 Lütgendorff, Willibald Leo von, *Die Geigen- und Lautenmacher vom Mittelalter bis zur Gegenwart*, Frankfurt am Main: Heinrich Keller, 1904, S. 660.
33 Coutagne, Henry, *Gaspard Duiffoproucart et les luthiers lyonnais du XVIe Siècle*, Paris: Librairie Fischbacher, 1893.
34 Adelmann, O., a. a. O., S. 46.
35 Diehl, Nicolaus Louis [Nikolaus Ludwig], *Die Geigenmacher der alten italienischen Schule*, Hamburg: J. F. Richter, ³1877 (1864), S. 11.
36 Adelmann, O., a. a. O., S. 45.
37 Jalovec, Karel, *Die schönsten italienischen Geigen*, Prag: Artia, 1963, S. 44, 47.

Kapitel IV

1 Cäsar, Gaius Julius, *De bello civili*, Bd. 2, Absatz 8, 49/48 v. Chr.: https://la.wikisource.org/wiki/Commentarii_de_bello_civili/Liber_II#8 letzter Zugriff: 23. Mai 2020.
2 Chiesa, Carlo, *The life of Nicolò Amati*, in: *Carteggio*, London: Tarisio, 1. Teil, 22. Juli 2014: https://tarisio.com/cozio-archive/cozio-carteggio/the-life-of-nicolo-amati/ letzter Zugriff: 23. Mai 2020. Übersetzung der Autorin.
3 Im Seelenregister wird Andrea Guarneri manchmal durch die allgemeine Bezeichnung „garzone" eingetragen. Da er aber im Haus von Amati lebte, war er selbstverständlich ein „famiglio".

4 Bacchetta, Renzo, *Carteggio*, Mailand: Antonio Cordani, 1950, S. 41, 66, 262–263.
5 Beare, Charles, *Stradivarius*, Oxford: Ashmolean Museum, 2013, S.48.
6 Winternitz, E.; Stunzi, L., a. a. O., S. 153, 155.
7 AA.2.21, cc. 36h-37v, Kopie des Manuskripts von Don Desiderio Arisi, Staatsbibliothek von Cremona. Übersetzung der Autorin.
8 Adelmann, O., a. a. O.
9 Das ganze Prozedere wird wunderbar erklärt in: Villa, Marcello; Chiodelli Cristian (Fotos), *The Excellence of Stradivari – The Inlaid Violin*, (Buch+DVD), Cremona: Studio Immagine, 2010.
10 *Buchseite mit Schmuckmotiven*, MS511, Museo del Violino, Cremona. Abgebildet in: Cacciatori, Fausto, *Antonio Stradivari – disegni, modelli, forme*, Cremona: Fondazione Museo del Violino, 2016, S. 220–221.
11 Pollens, Stewart, *Stradivari*, Cambridge/New York [u.a.]: Cambridge University Press, 2010, S. 271–274.
12 Ostaus Giovanni, *La vera perfettione del disegno*, Venedig: Valvassori e Micheli, 1584 (1557), Holzschnitt Nr. 34.
13 *Negativdruck für die Einlage der Zargen der Greffuhle-Geige*, MS512, Museo del Violino, Cremona. Abgebildet in: Cacciatori, F., a. a. O., S. 221.
14 Marcello Villa im Gespräch mit Alessandra Barabaschi, 1. Dezember 2020. Übersetzung der Autorin.
15 Baruzzi A., a. a. O., S. 71–72, 77.
16 Santoro, Elia, *Antonius Stradivarius*, Cremona: Libreria del Convegno, 1987, S. XI, 33, 36–37, 51, 56.

Kapitel v

1 Manzoni, Alessandro, *Die Verlobten*, Berlin: Insel Verlag, ²2020 (2008), S. 441. Übersetzt von Ernst Wiegand Junker.
2 Pizzamiglio, Pierluigi, *Conoscenze scientifiche e competenze tecnico-professionali*, in: Politi, G. (Hrsg.), a. a. O., S. 466. Übersetzung der Autorin.
3 Die Hochzeit fand am 3. Februar 1657 statt und wurde im Trauregister der Pfarrei Sant'Agata, Bd. 5E, 1651–1664, S. 32 verzeichnet.
4 Giovanni Battista Capra wurde am 25. Januar 1658 getauft. Das entsprechende Taufregister der Pfarrei Sant'Agata ist inzwischen verloren gegangen.
5 Notariatsarchiv, Notar Giovanni Manusardi, 21. September 1658, Aktenbündel 5244, Staatsarchiv von Cremona.
6 Notariatsarchiv, Notar Giovanni Manusardi, 21. April 1659, Aktenbündel 5244, Staatsarchiv von Cremona.
7 Alessandro Giovanni Capra wurde am 7. Mai 1661 getauft. Das entsprechende Taufregister der Pfarrei Sant'Agata ist inzwischen verloren gegangen.
8 Susanna Cerioli wurde am 6. Juni 1661 begraben: Sterbebuch der Pfarrei Sant'Agata, Bd. 5C, 1657–1679, S. 16.
9 Alessandro Giovanni Capra wurde am 8. Juni 1661 begraben: Sterbebuch der Pfarrei Sant'Agata, Bd. 5C, 1657–1679, S. 16.
10 Lombardini, P., a. a. O.

11 Die Hochzeit fand am 10. Juli 1662 statt und wurde im Trauregister der Pfarrei Sant'Agata, Bd. 5E, 1651–1664, S. 63 verzeichnet.
12 Notariatsarchiv, Notar Giovanni Manusardi, 13. Januar 1662 (ab Incarnatione), d. h. nach der modernen Zeitrechnung 13. Januar 1663, Aktenbündel 5247, Nr. 154, Staatsarchiv von Cremona.
13 Sterbebuch der Pfarrei Sant'Agata, Bd. 5C, 1657–1679, S. 26.
14 Eine ausführliche Beschreibung dieses Systems kann man hier finden: Politi, Giorgio, *Aristocrazia e potere politico nella Cremona di Filippo II*, aus der Reihe: *Biblioteca di storia lombarda moderna e contemporanea. Studi e ricerche*, Bd. 5, Mailand: SugarCo, 1976.
15 Francesca Ferraboschi vergab ihrem Bruder für die Ermordung ihres Mannes mit einer notariellen Urkunde: Notariatsarchiv, Notar Gerolamo Boccoli, 29. Juli 1664, Aktenbündel 5437, Staatsarchiv von Cremona.
16 Notariatsarchiv, Notar Giacinto Callegari, 13. und 18. September 1664, Aktenbündel 5495, Staatsarchiv von Cremona.
17 Notariatsarchiv, Notar Giacinto Callegari, 8. und 9. Juli 1665, Aktenbündel 5496, Staatsarchiv von Cremona.
18 Notariatsarchiv, Notar Giovanni Manusardi, 12. November 1665, Aktenbündel 5249, Nr. 195, Staatsarchiv von Cremona.
19 Notariatsarchiv, Notar Giacinto Callegari, 01. Dezember 1666, Aktenbündel 5496, Staatsarchiv von Cremona.
20 Notariatsarchiv, Notar Giacinto Callegari, 10. Januar 1667, Aktenbündel 5497, Staatsarchiv von Cremona.
21 Ebd.
22 Baruzzi, A., a. a. O.

Kapitel VI

1 Lütgendorff, Willibald Leo von, *Die Geigen- und Lautenmacher vom Mittelalter bis zur Gegenwart*, Frankfurt am Main: Heinrich Keller, 1904, S. IV.
2 Giulia Maria Stradivari wurde am 22. Dezember 1667 getauft. Das entsprechende Taufregister der Pfarrei Sant'Agata ist inzwischen verloren gegangen.
3 Baruzzi, A., a. a. O., S. 23
4 Die entsprechenden Taufregister der Pfarrei Sant'Agata und der Pfarrei San Matteo sind inzwischen leider verloren gegangen.
5 Santoro, E., *Antonius Stradivarius*, a. a. O., S. 102.
6 Francesco Stradivari wurde am 12. Februar 1670 begraben: Sterbebuch der Pfarrei Sant'Agata, Bd. 5C, 1657–1679, S. 46.
7 Santoro, E., *Antonius Stradivarius*, a. a. O., S. 102.
8 Caterina Annunciata Stradivari wurde am 25. März 1674 geboren und am folgenden Tag in das Taufregister der Kathedrale eingetragen, Bd. E, I-5, S. 88h.
9 Fétis, François-Joseph, *Antoine Stradivari, luthier célèbre*, Paris: Vuillaume, 1856, S. 67.
10 Bacchetta, R., Iviglia, G., a. a. O., S. 41, 66, 228–229.
11 Meyer, Fritz, *Führer durch die Violinliteratur*, Leipzig: von Bosworth & Co., 1910, S. 10–11.

12   Cacciatori, F., a. a. O., S. 184–186.
13   Ebd., S. 187–188.
14   Ausführliche Informationen über dieses Werk befinden sich hier: Gregori, Giampaolo, *Antonio Stradivari L'Arpa 1681 – The Harp 1681*, Rom: Selbstverlag, 2018.
15   Alessandro Giuseppe Stradivari wurde am 26. Mai 1677 getauft. Das entsprechende Taufregister der Pfarrei San Matteo ist inzwischen verloren gegangen.
16   Omobono Felice Stradivari wurde am 15. November 1679 getauft. Das entsprechende Taufregister der Pfarrei San Matteo ist inzwischen verloren gegangen.

Kapitel VII

1   Wasielewski, Joseph Wilhelm von, *Die Violine und ihre Meister*, Leipzig: Breitkopf & Härtel, 1869, S. 11–12.
2   Ferrari, Adam, *Il convento di San Domenico a Cremona: opere d'arte e inquisitori nella Lombardia spagnola*, Dissertation: https://air.unimi.it/retrieve/handle/2434/545459/948652/phd_unimi_R10834.pdf; jsessionid=4781F73F0076E301C06AC40C58FA41DD.suir-unimi-prod-02, S. 9, letzter Zugriff: 27. Oktober 2020. Übersetzung der Autorin.
3   Notariatsarchiv, Notar Francesco Barosio, a. a. O.
4   Mandelli, A., a. a. O., S. 58.
5   Huggins, Margaret L., *Gio. Paolo Maggini. His Life and Work*, London: W. E. Hill & Sons, 1891, S. 71–73.
6   Notariatsarchiv, Notar Giulio Cesare Porro, 28. März 1689, Aktenbündel 6296, Staatsarchiv von Cremona.
7   Notariatsarchiv, Notar Omobono Tucenghi Scaini, 28. Dezember 1691, Aktenbündel 5971, Staatsarchiv von Cremona.
8   Notariatsarchiv, Notar Giuseppe Picenardi, 23. April 1706, Aktenbündel 6524, Staatsarchiv von Cremona.
9   Susanna Capra heiratete Francesco Lucca am 22. Juni 1686. Das entsprechende Trauregister der Pfarrei San Matteo ist inzwischen verloren gegangen.
10 Giuseppe Antonio Lucca wurde am 18. April 1687 getauft. Das entsprechende Taufregister der Pfarrei San Matteo ist inzwischen verloren gegangen.
11 De' Medici, Lorenzo, *Il trionfo di Bacco e Arianna*, aus *Canti carnascialeschi*, c. 1490. Übersetzt von Ursula Schwalm.

Kapitel VIII

1   Spohr, Louis, *Violinschule*, Wien: Tobias Haslinger, 1832, S. 7.
2   Sterbebuch der Pfarrei San Matteo, Bd. 3B, IV-1, S. 2.
3   Francesca Ferraboschi wurde am 25. Mai 1698 begraben: Sterbebuch der Pfarrei San Domenico, Bd. IV-1, S. 8.
4   Mandelli, A., a. a. O., S. 38–39.
5   Liste der Ausgaben im Zusammenhang mit der Beerdigung seiner ersten Frau, von Stradivari am 25. Mai 1698 unterzeichnet. Dieses Dokument, das jetzt im *Museo del Violino* ausgestellt ist, stammte – wie 1903 von Mandelli bezeugt – aus den Akten der *Esequie ordinate dai Prefetti Ecclesiastico e Laico del 1698* (Begräbnisse verordnet vom Land- und Kirchenvogt im Jahre 1968), die sich im Staatsarchiv von Cremona be-

finden. MS601, Museo del Violino, Cremona. Abgebildet in: Cacciatori, F., a. a. O., S. 237. Übersetzung der Autorin.

6 Nach der städtischen Verordnung wurde die *quarta* an den Pfarrer gezahlt, der Anspruch darauf hatte, weil die Beerdigung in der Kirche der Dominikanerbrüder stattfand.

7 Comune di Cremona, *Serie Esequie*, b. 3, Faszikel 2, Jahr 1698, Blatt 114, Staatsarchiv von Cremona.

8 Ebd., Blatt 97.

9 Comune di Cremona, *Serie Esequie*, b. 4, Faszikel 2, Jahr 1702, Blatt 109, Staatsarchiv von Cremona.

10 Comune di Cremona, *Serie Esequie*, b. 6, Faszikel 2, Jahr 1707, Blatt 123, Staatsarchiv von Cremona.

11 Comune di Cremona, *Serie Esequie*, b. 3, Faszikel 1, Jahr 1697, Blatt 61, Staatsarchiv von Cremona.

Kapitel IX

1 Shakespeare, William, *Der Widerspenstigen Zähmung*, 1. Aufzug, 2. Szene, Michael Holzinger (Hrsg.), North Charleston: CreateSpace Independent Publishing Platform, 2013, S. 21. Übersetzt von Wolf Graf Baudissin.

2 Barbisotti, Rita, *Il manoscritto Arisi*, in: Chiesa, Carlo; Dipper, Andrew; Hargrave, Roger G.; Mosconi, Andrea; Topham, John; Gindin, Dmitry, *…e furono liutai in Cremona*, Cremona: Consorzio Liutai & Archettai Antonio Stradivari Cremona, 2000, S. 220.

3 AA.2.21, a. a. O.

4 Mandelli, A., a. a. O., S. 92, 100–101. In Mandellis Buch befindet sich eine Reproduktion dieser Urkunde, die leider später verloren ging.

5 Ebd., S. 107–108.

6 Alle Gegenstände sind beschrieben und abgebildet in: Cacciatori, F., a. a. O.

7 Ebd., *Hülle für kleine Modelle*, MS606, S. 240.

8 AA.2.21, a. a. O. Übersetzung der Autorin.

9 Für eine ausführliche Beschreibung der Instrumente und ihrer Vergangenheit empfehle ich Ihnen ein Buch, vier Artikel und ein Video:

Barabaschi, Alessandra, *A patron, a grand prince and a maker: the history of the 'Stradivari Medici Quintet'*, in: *The 1690 'Tuscan' Stradivari Violin in the Accademia di Santa Cecilia – Treasures of Italian Violin Making*, Bd. 2, Parma: Scrollavezza & Zanrè, 2017, S. 12–19.

Barabaschi, Alessandra, *Die Stradivaris der Medici*, in: *das Orchester*, Mainz: Schott Music, 04. 2016, S. 34–38.

Barabaschi, Alessandra, *Stradivari's 'Medici' instruments*, in: *Carteggio*, London: Tarisio, 1. Teil, 18.11.2015:

http://tarisio.com/cozio-archive/cozio-carteggio/stradivari-medici-quintet-part-1/ letzter Zugriff: 20. Februar 2020.

Barabaschi, Alessandra, *Stradivari's 'Medici' instruments*, in: *Carteggio*, London: Tarisio, 2. Teil, 02.12.2015:

http://tarisio.com/cozio-archive/cozio-carteggio/stradivaris-medici-quintet-part-2/ letzter Zugriff: 20. Februar 2020.

Barabaschi, Alessandra, *Stradivari's 'Medici' instruments*, in: *Carteggio*, London: Tarisio, 3. Teil, 06.01.2016:

http://tarisio.com/cozio-archive/cozio-carteggio/stradivaris-medici-quintet-part-3/ letzter Zugriff: 20. Februar 2020.

Barabaschi, Alessandra, *The Medici Quintet*, Vortrag gehalten am 18. Dezember 2018 in der Library of Congress, Washington, D.C.:

https://www.loc.gov/item/webcast-9015/ letzter Zugriff: 6. Februar 2020.

10 Hill, W. E. & Sons, *The 'Tuscan'. A Short Account of a Violin by Stradivari*, London: W. E. Hill & Sons, 1889, S. 5. Übersetzung der Autorin.

11 Hill, William Henry; Hill, Arthur Frederick; Hill, Alfred Ebsworth, *Antonio Stradivari. His Life and Work (1644–1737)*, London: W. E. Hill & Sons, 1902, S. 116. Übersetzung der Autorin.

12 *Halsmodell mit Schnecke für Cello oder Gambe*, MS308, Museo del Violino, Cremona. Abgebildet in: Cacciatori, F., a. a. O., S. 168.

13 Ebd., *Papierhülle*, MS728, S. 262.

14 Ebd., *Hülle für kleine Modelle*, MS605, S. 239.

15 Cenzato, Giovanni, *Antonio Stradivari illustrato da nuovi documenti*, in: *La Lettura*, Nr. 2, Jh. 29, Mailand, 1. Februar 1929, S. 86.

16 Martini, Fausto M., *Polemiche parigine sui documenti di Stradivari*, in: *Corriere della Sera*, Mailand, 28. Januar 1929, S. 3.

Kapitel x

1 Leopardi, Giacomo, *Gesänge*, Michael Holzinger (Hrsg.), North Charleston: CreateSpace, 2013, S. 17. Übersetzt von Paul Heyse.

2 Santoro, Elia, *L'epistolario di Cozio di Salabue (1773 – 1845)*, Cremona: Editrice Turris, 1993, S. 22–23.

3 Huggins, M. L., a. a. O., S. 24.

4 Lombardini, P., a. a. O.

5 Trauregister der Pfarrei San Donato, Bd. 6, III-2, S. 30, Bl. 117.

6 Arrigoni, Nicola, „*Ti porto sottanine e scossali*", La Provincia, Cremona, 20. September 2012, S. 50.

7 Notariatsarchiv, Notar Facio Angussola, 4. Dezember 1699, Aktenbündel 5702, Staatsarchiv von Cremona.

8 Siehe 7. Kapitel.

9 Sterbebuch der Pfarrei San Domenico, IV-I, 1682–1796, S. 35.

10 Seelenregister der Pfarrei San Matteo aus den Jahren 1659–1667.

11 Seelenregister der Pfarrei San Donato aus den Jahren 1669–1710.

12 Giovanna Zambelli starb am 1. Februar 1676 und wurde am folgenden Tag begraben: Sterbebuch der Pfarrei San Donato, Bd. 2bis, IV-1, 1664–1694.

13 Francesca Valcarenghi starb am 2. Februar 1699 und wurde am folgenden Tag begraben: Sterbebuch der Pfarrei San Donato, Bd. 9, IV-2, 1694–1739.

Kapitel XI

1. Hart, George, *The Violin: Its Famous Makers and Their Imitators*, London: Dulau & Co., 1909, S. 208. Übersetzung der Autorin.
2. Hart, George, *The Violin: Its Famous Makers and Their Imitators*, London: Dulau & Co., 1875, S. 130.
3. Fétis, F.-J., a. a. O., S. 84–85.
4. Barabaschi, Alessandra, *Historic women performers: Lady Hallé*, in: *Carteggio*, London: Tarisio, 20.11.2019: https://tarisio.com/cozio-archive/cozio-carteggio/historic-women-performers-lady-halle/ letzter Zugriff: 31. Juli 2020.
5. Francesca Maria Stradivari wurde am 19. September 1700 getauft. Das entsprechende Taufregister der Pfarrei San Matteo ist inzwischen verloren gegangen.
6. Seelenregister der Pfarrei San Matteo aus den Jahren 1701–1722.
7. Giovanni Battista Giuseppe Stradivari wurde am 6. November 1701 getauft. Das entsprechende Taufregister der Pfarrei San Matteo ist inzwischen verloren gegangen.
8. Giovanni Battista Giuseppe Stradivari starb am 07. Juli 1702 und wurde am folgenden Tag begraben: Sterbebuch der Pfarrei San Matteo, Bd. 3B, IV-1, 1697–1750, S. 6.
9. Giovanni Battista Martino Stradivari wurde am 11. November 1703 geboren und am folgenden Tag getauft: Taufregister der Pfarrei San Matteo, Bd. 4C, I-2, 1701–1776, S. 6.
10. Giuseppe Antonio Stradivari wurde am 27. Oktober 1704 geboren und am folgenden Tag getauft: Taufregister der Pfarrei San Matteo, Bd. 4C, I-2, 1701–1776, S. 8.
11. In den Seelenregistern der Pfarrei San Matteo wurde Giuseppe Antonio Stradivari zwischen 1726 und 1729 als Geistlicher und ab 1730 als Priester eingetragen.
12. Paolo Bartolomeo Stradivari wurde am 26. Januar 1708 geboren und getauft: Taufregister der Pfarrei San Matteo, Bd. 4C, I-2, 1701–1776, S. 15.
13. Seelenregister der Pfarrei San Matteo aus den Jahren 1681–1746.

Kapitel XII

1. Schiller, Friedrich, *Über das gegenwärtige teutsche Theater*, in: *Erzählungen – Theoretische Schriften*, München, Wien: Deutscher Taschenbuch Verlag, Carl Hanser Verlag, 2004, Bd. V, S. 817.
2. Der Chitarrone gehört zur Gattung der Basslauten, die gegen Ende des 16. Jahrhunderts aus der Laute entstanden.
3. Santoro, Elia, *Violinari e violini – Gli Amati e i Guarneri a Cremona tra Rinascimento e Barocco*, Cremona: Sanlorenzo, 1989, S. 118.
4. Favaro, Antonio (Hrsg.), *Le opere di Galileo Galilei. Band XVII. Carteggio 1637–1638*, Florenz: Barbèra, 2002. Übersetzung der Autorin. Alle vier Briefe sind unter dieser Internetadresse abrufbar: https://www.liberliber.it/mediateca/libri/g/galilei/le_opere_volume_xvii_carteggio_1637_1638/pdf/le_ope_p.pdf letzter Zugriff: 28. August 2020.
5. Auszug aus den unveröffentlichten Tagebüchern von Arthur F. Hill vom 2. Januar 1909, *Antonio Stradivari – 'San Lorenzo' 1718*, Monographie, J & A Beare, London, 2015. Übersetzung der Autorin.

6	Gregori, Giampaolo (Hrsg.), *L'esposizione di liuteria antica a Cremona nel 1937*, Cremona: Turris, ²1989 (1938), S. 89.
7	Doring, Ernest N., *How Many Strads? Our Heritage from the Master*, Chicago: Bein & Fushi, ²1999 (1945), S. 216.
8	Rosengard, Duane, *An early history of the San Lorenzo violin*, enthalten in *Antonio Stradivari – 'San Lorenzo' 1718*, a. a. O.
9	Brief datiert 10. Juni 1775 in: Bacchetta, R., Iviglia, G., a. a. O., S. 352–353.
10	Ebd. Brief datiert 25. Juni 1775, S. 353–354. Übersetzung der Autorin.
11	Eine faszinierende Beschreibung des musikalischen Cremona zur Zeit Stradivaris und seiner Protagonisten findet sich in: Villa, Marcello, *Compositori di musica strumentale a Cremona al tempo di Stradivari*, in: *Liuteria Musica Cultura*, Cremona: Associazione Liutaria Italiana, 1. Teil, 2/2009, S. 39–47; 2. Teil, 1/2010, S. 25–34.
12	MS256 u. MS258 in: Cacciatori, F., a. a. O., S. 158–159.
13	Bacchetta, R., Iviglia, G., a. a. O., S. 358, 364.

Kapitel XIII

1	Alighieri, Dante, *Die Göttliche Komödie – Die Hölle*, 15. Gesang, 1314. Übersetzt von Christian Joseph Jagemann. Jagemann, Christian Joseph, *Magazin der italienischen Literatur und Künste*, Halle: Hendel, 3. Bd., 1780, S. 296, nach: Bayerische Staatsbibliothek digital http://mdz-nbn-resolving.de/urn:nbn:de:bvb:12-bsb10733133-9 letzter Zugriff: 20. September 2020.
2	Bacchetta R., Iviglia, G., a. a. O., S. 395.
3	Alles schön erklärt hier: Chiesa, C.; Rosengard, D., a. a. O., S. 26–28.
4	Das *Benefizium* war ein Vorteil, d. h. ein sakrales Amt mit dem Recht, die damit verbundenen Einkünfte zu genießen.
5	Notariatsarchiv, Notar Omobono Tucenghi Scaini, 17. November 1705, Aktenbündel 5976, Staatsarchiv von Cremona.
6	Notariatsarchiv, Notar Giovanni Angelo Farina, 27. Mai 1709, Aktenbündel 6560, Nr. 27, Staatsarchiv von Cremona.
7	Notariatsarchiv, Notar Giulio Cesare Porro, 2. Januar 1729 (ab incarnatione Domini, d. h. 1730), Aktenbündel 6328, Staatsarchiv von Cremona.
8	Perna Bozzi, Ottorina, *La Lombardia in cucina: storia e ricette di piatti tradizionali lombardi*, Florenz: Giunti-Martello, 1982, S. 332.
9	Notariatsarchiv, Notar Giovanni Angelo Farina, 1. Juni 1714, Aktenbündel 6564, Staatsarchiv von Cremona.
10	Die *Filippo* war eine große spanische Silbermünze, die ab 1604 geprägt wurde. Sie war in der Lombardei bis 1778 in Gebrauch.
11	Notariatsarchiv, Notar Giovanni Angelo Farina, 19. September 1721, Aktenbündel 6568, Nr. 41, Staatsarchiv von Cremona.
12	Notariatsarchiv, Notar Saverio Carloni, 29. März 1731, Aktenbündel 6917, Staatsarchiv von Cremona.
13	Die komplizierte Affäre wird im Detail beschrieben in: Santoro E., *Antonius Stradivarius*, a. a. O., S. 153–156.

14 Notariatsarchiv, Notar Giuseppe Bresciani, 4. Dezember 1721, Aktenbündel 6183, Nr. 64, Staatsarchiv von Cremona.
15 In Wirklichkeit hat Paolo Gargioni das Haus nicht für sich selbst gekauft, sondern fungierte als Strohmann für Giuseppe Ponzetti.
16 Notariatsarchiv, Notar Giuseppe Bresciani, 13. September 1728, Aktenbündel 6187, Nr. 48, Staatsarchiv von Cremona.
17 Notariatsarchiv, Notar Giovanni Angelo Farina, 2. Oktober 1722, Aktenbündel 6568, Nr. 45, Staatsarchiv von Cremona.
18 Dies ist die Meinung von Paolo Stradivari selbst in mehreren Briefen: Brief von Paolo Stradivari an Giovanni Battista Guadagnini vom 17. Juli 1775 in Cremona: Bacchetta R., Iviglia, G., a. a. O., S. 358–359; Brief von Paolo Stradivari an Giovanni Michele Anselmi di Briata vom 6. August 1775 in Cremona, ebd., S. 361; Brief von Paolo Stradivari an Giovanni Michele Anselmi di Briata vom 20. August 1775 in Cremona, ebd., S. 362–363.
19 Notariatsarchiv, Notar Imerio Maffi Maffino, 16. Februar 1732 (ab incarnatione Domini, d. h. 1733), Aktenbündel 6765, Staatsarchiv von Cremona.
20 Chiesa, C.; Rosengard, D., a. a. O., S. 32–33.
21 Notariatsarchiv, Notar Giovanni Angelo Farina, 3. Dezember 1714, Aktenbündel 6564, Nr. 109, Staatsarchiv von Cremona.
22 Notariatsarchiv, Notar Bartolomeo Giuseppe Carloni, 17. Februar 1728 (ab incarnatione Domini, d. h. 1729), Aktenbündel 6708, Staatsarchiv von Cremona.
23 Notariatsarchiv, Notar Giovanni Battista Calzolari, 28. März 1748, Aktenbündel 7068, Staatsarchiv von Cremona.
24 Für eine ausführliche Untersuchung der Notizen in der Sammlung des *Museo del Violino* verweisen wir auf das Werk: Marco D'Agostino, *La scrittura di Antonio Stradivari*, Cremona: Cremonabooks, 2009.
25 *Signierter Brief von Stradivari. Eigentum der Walter-Stauffer-Stiftung*, MS601bis, Museo del Violino, Cremona. Abgebildet in: Cacciatori, F., a. a. O., S. 236, 238.
26 Dieser Brief wurde auch reproduziert in: Hill, W. H.; Hill, A. F.; Hill, A. E., a. a. O., S. ohne Nummerierung zwischen 174 und 175. Übersetzung der Autorin.

Kapitel XIV

1 Diehl, Nicolaus Louis [Nikolaus Ludwig], *Die Geigenmacher der alten italienischen Schule*, Hamburg: J. F. Richter, 1877, S. 29.
2 Über dieses Thema habe ich kurz berichtet in: Barabaschi, Alessandra, *Historic women performers: Guilhermina Suggia*, in: *Carteggio*, London: Tarisio, 07.03.2018: https://tarisio.com/cozio-archive/cozio-carteggio/historic-women-performers-guilhermina-suggia/ letzter Zugriff: 31. Juli 2020.
3 Hart, G., a. a. O., 1875, S. 21. Übersetzung der Autorin.
4 Amighetti, Claudio, *Il violoncello fuori dai confini cremonesi tra diciassettesimo e diciottesimo secolo*, in: Manfredini, Cinzia; Carlson, Bruce, *I violoncelli di Antonio Stradivari*, Ente Triennale Internazionale degli Strumenti ad Arco – Consorzio Liutai Antonio Stradivari Cremona, Cremona: Silvana Editoriale, 2004, S. 18.
5 Fétis, F-J., a. a. O., S. 71. Übersetzung der Autorin.
6 Hill, W. H.; Hill, A. F.; Hill, A. E., a. a. O., S. 109, 126–127. Übersetzung der Autorin.

7   Beare, C., *Stradivarius*, a. a. O., S. 25. Übersetzung der Autorin.
8   Barabaschi, Alessandra, *Design Classic*, The Strad, London, August 2016, S. 38–43.
9   MS269–272, MS276, MS278, MS284 u. MS287, Museo del Violino, Cremona. Abgebildet in: Cacciatori, F., a. a. O., S. 161–165.
10 Ebd., *Kompasszeichnung der Mittelbügel eines Cellos*, MS272 Recto, S. 162. Wie erklärt in: D'Agostino, Marco, *La scrittura di Antonio Stradivari*, Cremona 2009, S. 30.
11 Rocco Filippini im Gespräch mit Alessandra Barabaschi, 29. April 2016. Übersetzung der Autorin.
12 Cacciatori, F., a. a. O., MS272 *Verso*, S. 162. Wie erklärt in: D'Agostino, M., a. a. O., S. 30.
13 Sacconi, Simone Ferdinando, *Die 'Geheimnisse' Stradivaris*, Frankfurt am Main: Verlag Das Musikinstrument, ²1981 (1976), S. 31, 47.
14 Ein Beispiel dafür in: Barabaschi, Alessandra, *The 'Pawle, Ben Venuto' Stradivari cello, c. 1730*, in: *Carteggio*, London: Tarisio, 04.07.2016: https://tarisio.com/cozio-archive/cozio-carteggio/pawle-benvenuto-stradivari-cello-1730/ letzter Zugriff: 31. Juli 2020.
15 Eine hilfreiche Zusammenfassung der Entwicklung der Stradivari-Celli befindet sich in: Carlson, Bruce, *L'evoluzione del violoncello di Stradivari*, in: Manfredini, C.; Carlson, B., a. a. O., S. 80–91.

Kapitel XV

1   Wilde, Oscar, *Das Bildnis des Dorian Gray*, Berlin: Suhrkamp Verlag, 1996, S. 285. Übersetzt von Hedwig Lachmann und Gustav Landauer.
2   Fétis, F-J., a. a. O., S. 75–76. Übersetzung der Autorin.
3   Zum Beispiel: Hill, W. H.; Hill, A. F.; Hill, A. E., a. a. O., 1902, S. 285; Hart, G., a. a. O., 1875, S. 122; Niederheitmann, Friedrich, *Cremona. Eine Charakteristik der italienischen Geigenbauer und ihrer Instrumente*, Leipzig: Carl Merseburger, ⁵1919, S. 125; Lütgendorff, Willibald Leo von, *Die Geigen- und Lautenmacher vom Mittelalter bis zur Gegenwart*, Frankfurt am Main: Heinrich Keller, ³1922, S. 494; Chiesa, Carlo, *The Life and Times of Antonio Stradivari of Cremona*, in: Beare, C., *Stradivarius*, a. a. O., S. 21.
4   Pomme de Mirimonde, Albert, *Le Parnasse musical d'Edouard Hamman*, in: *Revue de Musicologie*, Band 52, Nr. 2, Paris: Société Française de Musicologie, 1966, S. 196. Übersetzung der Autorin.
5   Expertise von Marco Tanzi durchgeführt im Oktober 2012. Übersetzung der Autorin.
6   Ebd.
7   Zaist, Giambattista [Giovanni Battista], *Notizie Istoriche de' pittori, scultori, ed architetti cremonesi*, Bd. 2, Cremona: Pietro Ricchini, 1774., S. 167–168. Übersetzung der Autorin.
8   Der Besitzer des Gemäldes im Gespräch mit der Autorin, 16. September 2020.

Kapitel XVI

1   Haweis, Hugh Reginald, *Old violins and violin lore*, London: William Reeves, [o.D., 1898], S. 55–56. Übersetzung der Autorin.

Anmerkungen 293

2 Cavalli, Lelio, *Claudio Monteverdi e l'eccellenza dei liutai Cremonesi*, Auszug aus der Anthologie: *Cremona*, Cremona: Istituto fascista di cultura, 1931, S. 61.
3 Dilworth, John; Chiesa, Carlo, *Guarneri 'del Gesù', part 1 (1698–1731)*, in: *Carteggio*, London: Tarisio, 25.11.2014: https://tarisio.com/cozio-archive/cozio-carteggio/guarneri-del-gesu-part-i-1698-1731/ letzter Zugriff: 31. Juli 2020.
4 Fétis, F-J., a. a. O., S. 109.
5 Drögemeyer, Hermann August, *Die Geige*, Berlin: Kommissions-Verlag von Moritz Warschauer, ³1903 (1892), S. 65–66.
6 Rosengard, Duane, *Carlo Bergonzi e suo figlio, gli ultimi eredi di Stradivari*, in: Reuning, Christopher, *Cremona 1730–1750 nell'Olimpo della liuteria*, Ausstellungskatalog, Cremona: Fondazione Antonio Stradivari Cremona – La Triennale; Consorzio Liutai Antonio Stradivari Cremona, 2008, S.65–71.
7 Dilworth, John, *Carlo Bergonzi*, in: *Carteggio*, London: Tarisio, 2. Teil, 10. Mai 2017: https://tarisio.com/cozio-archive/cozio-carteggio/carlo-bergonzi-part-2/ letzter Zugriff: 31. Juli 2020.
8 Niederheitmann, F., a. a. O., S. 9.
9 Dmitry Gindin im Gespräch mit Alessandra Barabaschi, 14. Mai 2020. Übersetzung der Autorin.

Kapitel XVII

1 Ariosto, Ludovico, *Der rasende Roland*, 1516, 10. Gesang. Übersetzt von Otto Gildemeister (1922): https://www.projekt-gutenberg.org/ariosto/roland1/chap010.html letzter Zugriff: 10. Oktober 2020.
2 Giovanni Battista Martino Stradivari starb am 1. November 1727: Sterbebuch der Pfarrei San Matteo, Bd. 3B, IV-1, S. 21.
3 Chiesa, Carlo, *The Life and Times of Antonio Stradivari of Cremona*, in: Beare, C., a. a. O., S. 19. Übersetzung der Autorin.
4 Sheppard, Leslie, *Lost Forever – The Mystery of Stolen Violins*, The Strad, London, September 1977, S. 409.
5 Wasielewski, J. W. von, a. a. O., S. 10.
6 Jullien, Adolphe, *Hector Berlioz, sa vie et ses œuvres*, Paris: Librairie de l'Art, 1888, S. 89. Übersetzung der Autorin.
7 Ebd., S. 89–90. Übersetzung der Autorin.
8 Ebd., S. 90. Übersetzung der Autorin.
9 Ebd., S. 132. Übersetzung der Autorin.
10 Ebd., S. 132. Übersetzung der Autorin.
11 Notariatsarchiv, Notar Giovanni Pietro Prati, 6. April 1729, Aktenbündel 6390, Staatsarchiv von Cremona. Alle Informationen zum Stradivari-Testament enthalten in diesem Kapitel sind detailliert zu finden in: Chiesa, Carlo; Rosengard, Duane, *The Stradivari Legacy*, London: Peter Biddulph, 1998.
12 Notariatsarchiv, Notar Giovanni Pietro Prati, ebd. Übersetzung der Autorin.
13 Ebd.
14 Seelenregister der Pfarrei San Matteo: Bd. D, VI-4, 1699–1711.

15 Sterbebuch der Pfarrei San Matteo, Bd. 3B, IV-1, 1697–1750, S. 30.
16 Seelenregister der Pfarrei San Matteo: Bd. C, VI-3, 1686–1698.
17 Seelenregister der Pfarrei San Matteo: Bd. D, VI-4, 1699–1711.
18 Seelenregister der Pfarrei San Matteo: Bd. F, VI-6, 1723–1739.
19 Ebd.

Kapitel XVIII

1 Chiesa, C.; Rosengard, D., a. a. O., S. 79. Übersetzung der Autorin.
2 Santoro, Elia, *La basilica di S. Domenico: storia della sua demolizione (1859–1879)*, Cremona, 1968, S. 10.
3 Visioli, Carlo Domenico, *Cenno storico-estetico intorno alla basilica e torre di S. Domenico ed uniti oratorj di Cremona demoliti dall'anno 1869 al 1871*, in: *Il Politecnico*, Mailand, Januar-Februar 1878, S. 22–35.
4 Signori, Ettore, *I monumenti cremonesi dalla decadenza romana alla fine del secolo XVII*, Mailand: Prem. tip. e lit. degli ingegneri, Bd. 2, 1881 u. Bd. 3, 1882.
5 Pagliari, Cristina, *Pezzi di San Domenico*, Dissertation: http://dspace.unive.it/bitstream/handle/10579/10858/850816-1195385.pdf?sequence=2 S. 11. Übersetzung der Autorin, letzter Zugriff: 14. Mai 2020.
6 Ferrari, A., a. a. O., S. 23.
7 Ebd., S. 23.
8 Ebd., S. 23. Übersetzung der Autorin.
9 Hill, William Henry; Hill, Arthur Frederick; Hill, Alfred Ebsworth, *The Violin-Makers of the Guarneri Family (1626–1762). Their Life and Work*, London: William E. Hill & Sons, 1931, S. 22–24.
10 Chiesa, C.; Rosengard, D., a. a. O., S. 21.
11 Seelenregister der Pfarrei San Matteo: Bd. F, VI-6, 1723–1739.
12 Alessandro Giuseppe Stradivari ist am 26. Januar 1732 gestorben: Sterbebuch der Pfarrei San Matteo, Bd. 3B, IV-1, S. 25.
13 Ebd., S. 29.
14 Antonia Maria Zambelli wurde am 4. März 1737 begraben: Sterbebuch der Pfarrei San Domenico, 1682–1796, IV-1, S. 35.
15 Trauregister der Pfarrei Santa Sofia, Bd. 3, III-1.
16 Sterbebuch der Pfarrei San Matteo, Bd. 3B, IV-1, S. 30.
17 Antonio Stradivari wurde am 19. Dezember 1737 begraben: Sterbebuch der Pfarrei San Domenico, 1682–1796, IV-1, S. 36.
18 Seelenregister der Pfarrei San Matteo: Bd. F, VI-6, 1723–1739; Bd. G, VI-7, 1740–1743.
19 Paolo Stradivari taufte seinen ersten Sohn auf den Namen seines Vaters, Antonio. Um den berühmten Geigenbauer nicht mit seinem Enkel zu verwechseln, wird dieser meist als Antonio II. bezeichnet.
20 Bacchetta, R., Iviglia, G., a. a. O., S. 47. Übersetzung der Autorin.
21 Omobono Felice Stradivari ist am 8. Juni 1742 gestorben: Sterbebuch der Pfarrei San Matteo, Bd. 3B, IV-1, S. 33.
22 Giacomo Francesco Stradivari ist am 11. Mai 1743 gestorben: ebd., S. 34.
23 Sterbebuch der Pfarrei San Domenico, 1682–1796, IV-1, S. 39 (Omobono am 9. Juni 1742), S. 40 (Francesco am 13. Mai 1743).

Kapitel XIX

1. Bacchetta, R., Iviglia, G., a. a. O., S. 362–363.
2. Ebd., S. 67.
3. Santoro E., *L'epistolario...*, a. a. O., S. 11.
4. Bacchetta, R., Iviglia, G., a. a. O., S. 119. Übersetzung der Autorin.
5. Ebd., S. 41–42.
6. Brief von Paolo Stradivari an Giovanni Battista Guadagnini datiert 4. März 1775, Ebd., S. 343–344.
7. Brief von Pater Ravizza an Giovanni Michele Anselmi di Briata datiert 15. Mai 1775, Ebd., S. 348.
8. Ebd., S. 366, 378, 402.
9. Ebd., S. 344, 351, 359. Übersetzung der Autorin.
10. Brief von Paolo Stradivari an Giovanni Michele Anselmi di Briata datiert 4. Mai 1775, ebd., S. 345–346. Übersetzung der Autorin.
11. Brief von Paolo Stradivari an Giovanni Michele Anselmi di Briata datiert 4. Juni 1775, ebd., S. 351–352. Übersetzung der Autorin.
12. Das Testament von Paolo Stradivari: Notariatsarchiv, Notar Antonio Maria Maffi, 14. September 1775, Aktenbündel 7534, Staatsarchiv von Cremona. Das Kodizill zum Testament von Paolo Stradivari wurde am 15. September 1775 verfasst und den testamentarischen Papieren beigefügt. Übersetzung der Autorin.
13. Der *zecchino gigliato* war eine sehr beliebte Währung nicht nur unter den Händlern in Cremona, sondern auch im gesamten Herzogtum Mailand. Es war eine Bezeichnung für den *Ruspo*, eine Goldmünze, die 1719 vom Großherzog der Toskana Cosimo III. de' Medici in Florenz geprägt wurde. Das Adjektiv „gigliato" wies darauf hin, dass die Florentiner Lilie auf der Münze abgebildet war.
14. Brief von Giovanni Michele Anselmi di Briata an Paolo Stradivari datiert 30. Juli 1775, in: Bacchetta, R., Iviglia, G., a. a. O., S. 359–360.
15. Brief von Paolo Stradivari an Giovanni Michele Anselmi di Briata datiert 20. August 1775, ebd., S. 362–363. Übersetzung der Autorin.
16. Brief von Giovanni Michele Anselmi di Briata an Paolo Stradivari datiert 23. September 1775, ebd., S. 363–364.
17. Brief von Giovanni Michele Anselmi di Briata an Giuseppe Morandi datiert 7. November 1775, ebd., S. 366. Übersetzung der Autorin.
18. Brief von Giovanni Michele Anselmi di Briata an Paolo Stradivari datiert 16. November 1775, ebd., S. 367–368. Übersetzung der Autorin.
19. Brief von Antonio II. Stradivari an Giovanni Michele Anselmi di Briata datiert 21. November 1775, ebd., S. 368–369.
20. Brief von Giovanni Michele Anselmi di Briata an Antonio II. Stradivari datiert 18. Dezember 1775, ebd., S. 370–371.
21. Brief von Giovanni Michele Anselmi di Briata an Antonio II. Stradivari datiert 12. April 1776, ebd., S. 381–382.
22. Ebd., S. 382.
23. Brief von Antonio II. Stradivari an Giovanni Michele Anselmi di Briata datiert 30. Juni 1776, ebd., S. 387–388. Übersetzung der Autorin.
24. Brief von Giovanni Battista Guadagnini an Ignazio Alessandro Cozio di Salabue datiert 24. April 1776, ebd., S. 384. Übersetzung der Autorin.

25 Ebd., S. 391–392.
26 Briefe von Ignazio Alessandro Cozio di Salabue an Antonio II. Stradivari datiert 14. und 20. Juli 1801, ebd., S. 400–401, 405.
27 Antonio II. Stradivari starb am 7. August 1789.
28 Brief von Ignazio Alessandro Cozio di Salabue an Graf Alessandro Maggi datiert 30. September 1804, in: Bacchetta, R., Iviglia, G., S. 420–426.
29 Santoro E., *L'epistolario...*, a. a. O., S. 160. Übersetzung der Autorin.
30 Brief von Giuseppe Carli an Ignazio Alessandro Cozio di Salabue datiert 3. Dezember 1839, in: Bacchetta, R., Iviglia, G., S. 454–455.
31 Eine ausführliche Beschreibung der Biographien des Grafen Cozio und seiner Familie befindet sich in: Gregori, Giampaolo, *Contributo alle biografie della famiglia del Conte Ignazio Alessandro Cozio di Salabue e alla storia della sua Collezione liutaria*: http://www.archiviodellaliuteriacremonese.it/monografie/contributo_alle_biografie_della_famiglia_conte_1.aspx#_ednref24 letzter Zugriff: 10. Dezember 2020.
32 Es war Graf Cozio di Salabue, der behauptete, das Stradivari-Quintett hätte ein Quartett von Nicolò Amati ersetzen sollen: Bacchetta, R., Iviglia, G., a. a. O., S. 300.
33 Brief von Antonio II. Stradivari ohne Adressat (vermutlich an Giovanni Michele Anselmi di Briata) datiert 16. Januar 1776, ebd., S. 371–372.
34 Paolo musste eine formelle Erklärung über die Echtheit der sieben Instrumente abgeben: Notariatsarchiv, Notar Felice Antonio Maria Farina, 8. August 1772, Aktenbündel 7718, Staatsarchiv von Cremona. Eine Zusammenfassung der Geschichte befindet sich in: Santoro, Elia, *Traffici e falsificazioni dei violini di Antonio Stradivari*, Cremona: Annali della Biblioteca Statale e Libreria Civica di Cremona, Bd. 23, Heft 2, 1973, S. 23–30.
35 Sainati, Edward, *The King of Spain Strads*, The Strad, London, Dezember 1993, S. 1191.

Kapitel xx

1 Brief von Antonio II. Stradivari an Giovanni Michele Anselmi di Briata datiert 30. Juni 1776, in: Bacchetta, R., Iviglia, G., S. 388. Übersetzung der Autorin.
2 Mosconi, Andrea; Torresani, Carlo, *Il Museo Stradivariano di Cremona*, Cremona: Cremonabooks, ²2001 (Mailand, 1987), S. 24. Übersetzung der Autorin.
3 Santoro, E., *Violinari e violini ...*, a. a. O., S. 127. Übersetzung der Autorin.
4 Vidal, Antoine, *La lutherie et les luthiers*, Paris: Maison Quantin, 1889, S. 36.
5 Niederheitmann, F., *Cremona ...*, a. a. O., 1919, S. XX.
6 Hart, G., *The Violin ...*, a. a. O., 1875, S. 238. Übersetzung der Autorin.
7 Dilworth, John, *Luigi Tarisio*, in: *Carteggio*, London: Tarisio, 1. Teil, 22. November 2017: https://tarisio.com/cozio-archive/cozio-carteggio/luigi-tarisio-part-1/ letzter Zugriff: 31. Juli 2020.
8 Beschreibung gegeben von Herrn van der Heyden aus Brüssels in: Hill, W. H.; Hill, A. F.; Hill, A. E., a. a. O., 1902, S. 263. Übersetzung der Autorin.
9 Lombardini, P., a. a. O., S. 22. Übersetzung der Autorin.
10 Briefe von Giuseppe Carli an Matilde Cozio di Salabue datiert 14. Februar 1841 und Mai 1841, in: Bacchetta, R., Iviglia, G., S. 456, 458–459.

11   Brief von Giuseppe Carli an Matilde Cozio di Salabue datiert 17. August 1841, ebd., S. 462–464.
12   Brief von Giuseppe Carli an Matilde Cozio di Salabue datiert 27. Januar 1844, ebd., S. 470–472.
13   Bacchetta, R., Iviglia, G., S. 241, 292.
14   Ebd., S. 211. Übersetzung der Autorin.
15   Vidal, A., a. a. O., 1889, S. 342. Übersetzung der Autorin.
16   Ebd. Übersetzung der Autorin.
17   Hill, W. E. & Sons, *The Salabue Stradivari*, London: Novello, Ewer & Co., 1891, S. 16. Übersetzung der Autorin.
18   Die Geige *Messias* wird im Ashmolean-Museum in Oxford aufbewahrt.
19   Drögemeyer, H. A., a. a. O., S. 91.
20   Whiteley, Jon, *W. E. Hill and Sons and the Trade in Old Instruments*, in: Beare, C., *Stradivarius*, a. a. O., S. 31. Übersetzung der Autorin.
21   Ebd., S. 33. Übersetzung der Autorin.
22   Berr, Albert, *Geigengeschichten*, Zürich: Atlantis Musikbuch-Verlag, ²1983 (1949).
23   Ein interessantes Porträt der unterschiedlichen Mitglieder der Familie Hamma findet man hier: http://www.obermusbach.de/Dorfg/Hamma.php letzter Zugriff: 4. September 2020.
24   Jason Price im Gespräch mit Alessandra Barabaschi, 29. November 2020. Übersetzung der Autorin.

Kapitel XXI

1   Fétis, F.-J., a. a. O., S. 1. Übersetzung der Autorin.
2   Santoro, E., *Violinari e violini …*, a. a. O., S. 129. Übersetzung der Autorin.
3   *Innenform der Alt-Viola*, MS205, *Innenform der Tenor-Viola*, MS229 und verschiedene Zeichnungen MS210, MS214, MS234, MS238, Museo del Violino, Cremona. Beschrieben und Abgebildet in: Cacciatori, F., a. a. O., S. 143–145, 150–152.
4   Hill, W. H.; Hill, A. F.; Hill, A. E., a. a. O., S. 224–226. Übersetzung der Autorin.
5   Pollens, S., *Stradivari*, S. 40. Übersetzung der Autorin.
6   Beare, Charles, *Capolavori di Antonio Stradivari*, Mailand: Arnoldo Mondadori Editore, 1987, S. 88.
7   Valdrighi, Luigi Francesco, *Nomocheliurgografia antica e moderna, ossia elenco di fabbricatori di strumenti armonici con note esplicative e documenti estratti dall'Archivio di Stato di Modena*, Modena: Coi Tipi della Società Tipografica, 1884, S. 267. Übersetzung der Autorin. Insgesamt sind fünf Briefe aus der Korrespondenz zwischen dem Herzog von Ferrara und Jacopo de li Tibaldi erhalten geblieben. Leider ging jedoch das von Sigismondo Maler zur Verfügung gestellte Lackrezept verloren.
8   Ebd., S. 176.
9   Hill, W. H.; Hill, A. F.; Hill, A. E., a. a. O., S. 173.
10 Giacomo Stradivari erzählte Alfonso Mandelli die Geschichte des geheimen Lackrezepts seines Vorfahren Antonio Stradivari. Mandelli teilte diese Informationen mit den Brüdern Hill. Die Hills veröffentlichten es 1902, ein Jahr vor Mandelli.
11 Mandelli, A., a. a. O., S. 97.
12 Ebd., S. 97. Übersetzung der Autorin.

13   Cavalcabò, Agostino, *Amenità stradivariane*, in: *Cremona*, März 1935, S. 141. Übersetzung der Autorin.
14   Philip J. Kass im Gespräch mit Alessandra Barabaschi, 21. November 2020. Übersetzung der Autorin.
15   Fétis, F.-J., a. a. O., S. 80–81. Übersetzung der Autorin.
16   Roberto Regazzi im Gespräch mit Alessandra Barabaschi, 16. Dezember 2020. Übersetzung der Autorin.

Kapitel XXII

1   Brief von Charles Reade an den Herausgeber der Zeitung *Globe* mit dem Titel: *Die Betts Stradivari*, datiert 9. Mai 1878. Übersetzung der Autorin.
2   Ich konnte die außergewöhnliche Geschichte dieser Geige dank der freundlichen Unterstützung von Wolfhard von Boeselager vervollständigen, dessen Familie sie fast 300 Jahre in ihrer Obhut hatte. Für die ausführliche Geschichte: Barabaschi, Alessandra, *The 'Sleeping Beauty' Stradivari*, in: *Carteggio*, London: Tarisio, 04.07.2018: https://tarisio.com/cozio-archive/cozio-carteggio/sleeping-beauty-stradivari/ letzter Zugriff: 31. Juli 2020 und Barabaschi, Alessandra, *Deckname 'Bernhardiner'*, in: *das Orchester*, Mainz: Schott Music, 10. 2018, S. 20–22.
3   Ebd., S. 22.
4   Barabaschi, Alessandra, *'An guten Tagen ist sie schwer zu überbieten'*, in: *das Orchester*, Mainz: Schott Music, 10. 2018, S. 23.
5   Die Phasen der Restaurierung wurden detailliert beschrieben in: Barabaschi, Alessandra, *Back from the Brink, the 'Paravicini' Stradivari violin, 1728*, The Strad, London, April 2017, S. 26–32.
6   Daniel Kogge & Yves Gateau im Gespräch mit Alessandra Barabaschi, 13. Februar 2017.
7   Vidal, Antoine, *Les instruments à archet*, 3 Bde., Paris: Imprimerie Jules Claye, Bd. 2, 1877, S. 337. Übersetzung der Autorin.
8   Hugo, Victor, *Napoléon II*, August 1832.
9   Doring, E. N., a. a. O., S. 320–321, 323.
10 Im *Museo del Violino* von Cremona befinden sich mehrere Fundstücke von Stradivari für den Bau dieser kleinen Geige, zum Beispiel die *Innenform* (MS153) und das *Modell der Decke* (MS166), in: Cacciatori, F., a. a. O., S. 133, 135.
11 Henley, William, *Antonio Stradivari, Master Luthier, Cremona, Italy, 1644–1737: His Life and Instruments*, Brighton: Amati Publishing, 1961, S. 43. Übersetzung der Autorin.
12 Doring, E. N., a. a. O., S. 123. Übersetzung der Autorin.
13 Lyon & Healy, *The Hawley Collection of Violins*, Chicago: Lyon & Healy, 1904, S. 23. Übersetzung der Autorin.
14 In *The British Violin* (BVMA, 2000, S. 60) und anderen Quellen wird das Geburtsdatum von Arthur Betts als 1775 angegeben. Laut einer eidesstattlichen Erklärung seines älteren Bruders Edward, die Arthur Betts' Antrag auf Mitgliedschaft in der Royal Society of Musicians unterstützte, wurde er jedoch 1776 geboren. Dieses 1797 datierte Dokument und das Antragsformular werden in den Archiven der Royal Society of Musicians London aufbewahrt. Vielen Dank an Dr. Anthony Betts für diese Angabe.

15 *Answers to Correspondents*, The Strad, London, März 1911, S. 412.
16 Sheppard, Leslie, *Early Days at the RAM*, The Strad, London, Mai 1978, S. 27.
17 Payne, Albert, *Der Salon für Literatur, Kunst und Gesellschaft*, Bd. 2, Leipzig: Verlag von A. H. Payne, 1887, S. 637; Farga, Franz, *Geigen und Geiger*, Rüschlikon-Zürich; Stuttgart; Wien: Albert Müller Verlag, ⁷1983 (1940), S. 133; Henderson, B., *The 'Betts' Strad*, The Strad, London, Mai 1909, S. 28; Hart, G., a. a. O., 1909, S. 466.
18 Henley, W., a. a. O., S. 43.
19 Hill, W. H.; Hill, A. F.; Hill, A. E., a. a. O., 1902, S. 269; Doring, E. N., a. a. O., S. 123.
20 Phipson, T. L., *Famous Violinists and Fine Violins*, London: Chatto & Windus, 1896, S. 121.
21 Brief von Charles Reade, a. a. O.
22 Echtheitszertifikat ausgestellt von Otto Möckel am 20. März 1928 in Berlin.

Kapitel XXIII

1 Goethe, Johann Wolfgang von, *Wilhelm Meisters Lehrjahre*, in: *Werke*, Hamburger Ausgabe, Bd. 7: *Romane und Novellen II*, München: Deutscher Taschenbuch Verlag, Februar 1982, S. 474.
2 Eine detaillierte Beschreibung der Phasen, die zum Abriss der Kirche führten, befinden sich in: Santoro, E., *La basilica di S. Domenico*, a. a. O.
3 Mandelli, A., a. a. O., S. 87–88. Übersetzung der Autorin.
4 Bonetti, Carlo, *Dove finirono le ossa di Antonio Stradivari?*, in: *Cremona*, Dezember 1930, S. 776. Übersetzung der Autorin.
5 Die Staatsbibliothek von Cremona besitzt die fotografischen Platten von Betri, das Staatsarchiv von Cremona seine Albuminabzüge. Darüber hinaus werden einige seiner Drucke auch im Stadtmuseum *Ala Ponzone* aufbewahrt.
6 Ferrari, A., a. a. O., S. 1 und Pagliari, C., a. a. O., S. 22.
7 Cavalcabò, Agostino, *Un ricordo marmoreo ad Antonio Stradivari inaugurato a Cremona*, Auszug aus: *La Martinella*, Mailand, Bd. 7, Heft 9, September 1953, Cremona: Industria Grafica Editoriale Pizzorni, 1953, S. 5.
8 Stradivaris erste Frau war auch in der Kirche San Domenico begraben worden, unter dem Chor.
9 Mandelli, A., a. a. O., S. 72.
10 Ebd., S. 119–120. Übersetzung der Autorin.
11 *Fragment einer alten Truhe oder eines Schildes mit gemalten Verzierungen. Der Name Antonio Stra... ist auf einem Stück Holz geschnitzt*, MS710, Museo del Violino, Cremona. Abgebildet in: Cacciatori, F., a. a. O., S. 256.
12 Santoro, E., *Antonius Stradivarius*, a. a. O., S. 111. Übersetzung der Autorin.
13 Baruzzi, Arnaldo, a. a. O., S. 23.
14 Mosconi, A.; Torresani, C., a. a. O., S. 28.
15 Gregori, G., a. a. O.
16 Bacchetta, Renzo, *Stradivari non è nato nel 1644*, Cremona: Cremona Nuova, 1937, S. 117.
17 Ebd., S. 113–114. Übersetzung der Autorin.
18 Mosconi, A.; Torresani, C., a. a. O., S. 28. Übersetzung der Autorin.

19 Ebd., S. 27.
20 Siehe 3. Kapitel.
21 Paolo Bodini im Gespräch mit Alessandra Barabaschi, 24. September 2020. Übersetzung der Autorin.

Personenregister

Adelmann, Olga 51, 53
Agricola, Martin 37
Alard, Jean-Delphin 226
Albinoni, Tomaso 150
Aldric, Jean-François 223–225, 228
Alighieri, Dante 33, 45, 139
Almansi, Carla 33
Amati, Andrea 49–50, 130, 149, 152, 171, 261
Amati, Antonio (Andreas Sohn) 50, 130, 152, 171–172
Amati, Girolamo (Andreas Sohn bzw. Nicolòs Vater) 50, 130, 152, 171–172
Amati, Girolamo (II) (Nicolòs Sohn) 50, 121, 139–140, 172–173, 175
Amati, Io. [Giovanni] Antonio (Andreas Bruder) 50
Amati, Nicolò 50, 57–59, 64–65, 74, 76–77, 81–83, 85, 88, 110, 119, 121, 130, 134, 138, 140, 172–173, 175, 178–180, 183, 202, 209, 212, 218, 221, 236, 261
Anselmi di Briata, Giovanni Michele 136–137, 209, 212–213
Ariberti, Bartolomeo 104–105, 232
Ariosto, Ludovico 181
Arisi, Don Desiderio 17, 59, 98–105, 107, 218, 232
Arisi, Francesco 17, 99
August II. von Polen 102, 232

Bacchetta, Renzo 24, 210
Bach, Johann Sebastian 40, 150
Baruzzi, Arnaldo 20, 63, 74, 258
Beare, Charles 154
Beethoven, Ludwig van 23, 162, 186, 221

Bell, Joshua 120
Bellini, Giovanni 43–44
Bergonzi, Carlo 156, 176–177, 180, 184, 205, 207–208, 217, 224, 227, 257–258
Bergonzi, Michelangelo 177, 208
Bergonzi, Zosimo 177, 208
Berlioz, Hector 185–186
Bernardel, Auguste Sébastien Philippe 228
Berr, Albert 229
Berti, Lorenzo 145, 204
Bertolotti, Gasparo (siehe Gasparo da Salò)
Betts, Arthur 248–249
Bodini, Paolo 262
Boeselager, Carl Maximilian von 242–243
Boeselager, Max von 243
Boeselager, Wilma von 243
Bonaparte, Napoleon 244, 246–247, 252
Bonaparte, Napoleon Franz Joseph Karl 247
Bonetti, Carlo 17, 22
Bononcini, Giovanni 150
Borromäus, Karl 97–98, 125, 200
Bressiani (Bresciani), Francesco 16–17
Bundy, Edgar 163–164

Caletti Bruni, Pier Francesco (genannt ‚Cavalli') 132
Caliari, Paolo (genannt ‚Veronese') 46, 48
Capra, Alessandro 65–67, 71–72, 74, 83, 93
Capra, Giovanni Battista 66, 69, 72
Capra, Giovanni Giacomo 66–69, 71–73, 83, 90–91, 144
Capra, Innocenza 71–72

Capra, Susanna 69, 72, 90, 93
Carbonelli, Vincenzo 107
Carli, Giuseppe 217–218, 224
Cäsar, Gaius Julius 55
Castiglione, Baldassarre 126
Cattaneo, Claudia 128–129
Cavalli (siehe Caletti Bruni, Pier Francesco)
Cavezudo, Antonio 101
Cerioli, Susanna 66–68
Ceruti, Cesare 65
Chanot, Georges 225
Chiesa, Carlo 9, 56, 182, 187, 195
Cleri, Desiderio 101
Corelli, Arcangelo 100, 132, 138
Coutagne, Henry 52
Cozio di Salabue, Ignazio Alessandro 24, 77–78, 136–137, 147, 178, 206, 208–219, 222, 224–225, 234, 260
Cozio di Salabue, Matilde 218, 224, 260

D'Alay, Mauro 136–137, 218
d'Este, Alfonso I. 127, 235
d'Este, Francesco II. 100
d'Este, Isabella 127
da Fiesole, Giovanni (siehe Fra Angelico)
da Martinengo, Liunardo 50
da Salò, Gasparo (Gasparo Bertolotti) 49–50, 52, 88
Dalla Valle, Giuseppe Rolando 260
Dalla Valle, Paola (Paola Guidobono Cavalchini Roero Sanseverino) 260–261
Darsa, Don Agostino 101
De Hò, Bernardino 110, 165–168
de Torralba und Marches, Fernando 101
de' Medici, Caterina 28, 50
de' Medici, Ferdinando 104–105, 218, 232
de' Medici, Gian Gastone 105
Diana, Francesco (genannt ,Lo Spagnoletto') 138
Dieffopruchar, Magno 80
Diehl, Nicolaus Louis 53, 149
Doring, Ernest N. 136
Drögemeyer, Hermann August 174, 227

du Pré, Jacqueline 154
Duiffoprugcar, Caspar (siehe Tieffenbrucker, Caspar)
Duport, Jean-Louis 246

Farina, Giovanni Angelo 89–90, 111, 143, 263
Faust, Isabelle 243
Fernández de Villavicencio Cañas y Portocarrero, Lorenzo 137–138
Ferraboschi, Francesca 18, 22, 65, 68–73, 75, 83, 89–91, 93–95, 109–112, 122–123, 140, 144, 176, 189, 191–192, 203, 258–259, 263
Ferraboschi, Giovanni (Francescas Vater) 68, 72
Ferraboschi, Giovanni Pietro (Francescas Bruder) 68–70, 72–73
Ferrari, Benedetto 132
Fétis, François-Joseph 153, 157, 159, 228, 231, 238
Filippini, Rocco 154–155
Fiorini, Giuseppe 260–261
Fleming, Amaryllis 154
Fra Angelico 41

Gagliano, Alessandro 151
Galilei, Galileo 128, 133–134
Ganassi, Silvestro 38
Gand, Charles François 228
Gateau, Yves 245
Gindin, Dmitry 180
Giustinian, Lorenzo 102
Goethe, Johann Wolfgang von 251
Goffriller, Matteo 151
Gonzaga, Francesco II. 127
Gonzaga, Francesco IV. 128, 130
Gonzaga, Vincenzo I. 127, 129
Grancino, Giovanni 151
Grandi, Bartolomeo (genannt ,Fassena') 100
Guadagnini, Giovanni Battista 110, 139, 178–179, 209, 212, 216, 224
Guadagnini, Giuseppe 179
Guadagnini, Lorenzo 178

Guarneri, Andrea 57, 64, 85, 95, 121, 172–173, 180, 202, 212, 253
Guarneri, Bartolomeo Giuseppe (genannt ‚Guarneri del Gesù') 49, 57, 121, 173–174, 179–180, 207, 224, 227, 261
Guarneri, Giuseppe Giovanni Battista (genannt ‚filius Andreæ') 121, 173, 207, 238
Guarneri, Pietro (genannt ‚Pietro da Mantova') 121–122, 144, 173
Guarneri, Pietro (genannt ‚Pietro da Venezia') 121, 151, 173
Gurski, Anatol 250

Hajdecki, Alexander 45
Hamma, Albert 229
Hamma, Emil (Junior) 230
Hamma, Emil (Senior) 229–230
Hamma, Franz 229
Hamma, Fridolin (Junior) 230
Hamma, Fridolin (Senior) 229
Hamma, Walter 230
Hamman, Edouard Jean Conrad 161–163, 260
Hart, George 117, 150, 228, 249
Hart, John Thomas 228
Haweis, Hugh Reginald 171
Haydn, Michael 136, 162
Heifetz, Jascha 120
Heinrich II. (Frankreich) 28
Heinrich IV. (Frankreich) 31
Hill, Alfred Ebsworth 107, 153, 228–229, 231–232, 234, 236, 249
Hill, Arthur Frederick 107, 136, 153, 228–229, 231–232, 234, 236, 249
Hill, Henry Lockey 228
Hill, Walter Edgar 228
Hill, William Ebsworth 228–229
Hill, William Henry 107, 153, 228–229, 231–232, 234, 236, 249
Huberman, Bronislaw 120

Ingegneri, Marc'Antonio 127

Jakob II. (England) 100, 107
Jambe de Fer, Philibert 39
Joachim, Joseph 120
Joseph I. (HRR) 32
Julius II. (Papst) 44–45, 180
Jullien, Adolphe 185

Karl II. (Spanien) 101–103
Karl IX. (Frankreich) 50, 261
Karl V. von Habsburg 28–29
Karl VI. von Habsburg 102–103, 181
Kass, Philip J. 238
Kogge, Daniel 245
Kreisler, Fritz 120

Lady Hallé (siehe Neruda, Wilma)
Lanfranco, Giovanni Maria 38
Legrenzi, Giovanni 132
Leopardi, Giacomo 109
Leopold I. (HRR) 102–103, 179
Livi, Giovanni 50
Lombardini, Paolo 21, 68, 110, 114, 224, 263, 265
Ludwig XIV. (Frankreich) 102, 181
Lupot, Laurent 228
Lupot, Nicolas 228
Luscinius, Ottomar (siehe Nachtgall, Otmar)
Lütgendorff, Willibald Leo von 75

Ma, Yo-Yo 154
Machiavelli, Niccolò 27–28, 126
Maggini, Giovanni Paolo 50, 88, 110, 151
Maler, Sigismondo 235
Malosso (siehe Trotti, Giovan Battista)
Mandelli, Alfonso 87, 93, 253–254, 257, 261, 263–265
Manelli, Francesco 132
Mantegazza, Domenico 209–211
Mantegazza, Pietro Giovanni 209–211
Manzoni, Alessandro 65, 70
Marcello, Benedetto 150
Marini, Biagio 132
Massaino, Tiburzio 126

Massarotti, Angelo 165, 168–169
Menuhin, Yehudi 120
Merula, Tarquinio 138
Meyer, Fritz 78
Micanzio, Fulgenzio 132–134
Milstein, Nathan 120
Montagnana, Domenico 151
Monteverdi, Claudio 126–137
Monzi, Michele 99
Mouilleron, Adolphe 161
Mozart, Leopold 35–36
Mozart, Wolfgang Amadeus 136, 162
Mutter, Anne-Sophie 120

Nachtgall, Otmar 39
Neruda, Wilma 120
Niederheitmann, Friedrich 11, 52, 179

Orsini, Vincenzo Maria (später Papst Benedikt XIII.) 100, 107
Ostaus, Giovanni 61

Paganini, Niccolò 174, 184–187
Pallavicino, Benedetto 126
Paravicini, Giulia 244
Paul V. (Papst) 18
Pescaroli, Francesco 63–65, 67, 74–76, 81, 83, 85, 258
Philipp II. (Spanien) 28–29, 31
Philipp III. (Spanien) 29, 31
Philipp IV. (Spanien) 29, 31
Philipp V. (Spanien) 101–103, 213, 218
Piatigorsky, Gregor 154
Piatti, Alfredo 154
Piazzi, Carlo 138
Pirandello, Luigi 207
Pius IV. (Papst) 97
Polledro, Giovanni Battista 157
Pollens, Stewart 61, 234
Pomme de Mirimonde, Albert 163
Porta, Costanzo 126
Praetorius, Michael 37
Price, Jason 230
Procaccini, Camillo 200
Procaccini, Giulio Cesare 200–201

Pugnani, Gaetano 157, 159, 162, 164, 244

Raffael (Raffaello Sanzio) 44–46
Reade, Charles 241, 249
Regazzi, Roberto 240
Rinaldi, Alessandro 158–164, 167
Robolotti, Francesco 29
Rodeschini, Michele 101
Rogeri, Giovanni Battista 121, 151, 178
Rogeri, Giovanni Paolo 178
Rogeri, Pietro Giacomo 178
Rosengard, Duane 136, 187, 195
Rostropovich, Mstislav 154
Ruggeri, Carlo 76, 121, 175–176
Ruggeri, Francesco 76, 85, 95, 121, 151, 174–176, 180, 224
Ruggeri, Giacinto 76, 95, 175–176
Ruggeri, Giovanni Battista 175–176
Ruggeri, Vincenzo 121, 175–176

Sacconi, Simone Ferdinando 156
Santoro, Elia 63, 258
Schebek, Edmund 52
Schiller, Friedrich 125
Serafino, Santo 151
Shakespeare, William 97
Signori, Ettore 198
Spohr, Louis 91, 120
Stainer, Jakob 138, 151, 179, 212, 221
Steffkens, Cristina (siehe Visconti, Cristina)
Stern, Isaac 120
Stradivari, Alessandro (Antonios Bruder?) 22
Stradivari, Alessandro (Antonios Vater) 21–22, 25
Stradivari, Alessandro (Ehemann von Anna Moroni) 22
Stradivari, Alessandro Giuseppe (Antonios Sohn) 32, 83, 122–123, 140–141, 182, 190, 203, 264
Stradivari, Antonio (II) (Paolos Sohn) 205, 213, 215–217, 219, 221
Stradivari, Carlo Felice (Sohn von Alessandro S. und Anna Moroni) 22

Stradivari, Caterina Annunciata (Antonios Tochter) 76, 93, 122, 124, 164, 189–190, 193, 205, 264
Stradivari, Francesca Maria (Antonios Tochter) 122, 124, 143–144, 189–190, 203, 265
Stradivari, Francesco (Antonios Sohn) 76, 263
Stradivari, Giacomo (Paolo Stradivaris Urenkel) 236–237
Stradivari, Giacomo Francesco (Antonios Sohn) 76, 83, 93, 122–123, 136–137, 147, 163, 177, 180, 182, 184, 188–191, 193, 204–208, 211, 214–215, 218–219, 257, 264
Stradivari, Giovanni Battista (Sohn von Alessandro S. und Anna Moroni) 22
Stradivari, Giovanni Battista Giuseppe (Antonios Sohn) 95, 122, 124, 181, 203, 265
Stradivari, Giovanni Battista Martino (Antonios Sohn) 122–124, 182, 187, 203–204, 265
Stradivari, Giulia Maria (Antonios Tochter) 75, 89, 93, 95, 111–112, 122, 139, 143, 181, 188, 263
Stradivari, Giuseppe Antonio (Antonios Sohn) 122–124, 143, 182, 191–193, 203, 205, 257, 266
Stradivari, Giuseppe Giulio Cesare (Sohn von Alessandro S. und Anna Moroni) 22
Stradivari, Omobono Felice (Antonios Sohn) 58, 83, 90, 93, 122–123, 147, 177, 180, 182, 184, 189–191, 204–208, 264
Stradivari, Paolo Bartolomeo (Antonios Sohn) 77, 122, 136–138, 144–147, 177, 192–193, 204–208, 211–219, 234, 257, 266
Suggia, Guilhermina 154

Tarisio, Luigi 218, 222–227
Tartini, Giuseppe 132, 138
Tecchler, David 151

Templari, Elena (Ehefrau von Paolo Bartolomeo Stradivari) 204–205, 266
Thibout, Jacques-Pierre 225
Tieffenbrucker, Caspar 49, 51–52
Tondù-Mangani, Ferdinando 137
Toninelli, Gianni 110
Trotti, Giovan Battista (genannt ‚il Malosso') 200

Valcarenghi, Francesca 113, 115
Veronese (siehe Caliari, Paolo)
Vidal, Antoine 222, 246
Vigo, Giovanni 28
Viktor Amadeus II. 100, 102
Villa, Marcello 63
Viotti, Giovanni Battista 116, 120, 137, 157, 222, 244, 248
Virdung, Sebastian 36–39
Visconti, Cristina 107, 138
Visconti, Gasparo 138, 141
Visioli, Carlo Domenico 198
Vivaldi, Antonio 132, 136, 150
Volumier, Jean-Baptiste 102, 232
Vuillaume, Jean-Baptiste 52, 222, 225–228

Wasielewski, Joseph Wilhelm von 85, 184
Whiteley, Jon 229
Wilde, Oscar 157
Winternitz, Emanuel 48
Woeiriot de Bouzey, Pierre 51–52

Ysaÿe, Eugène 183

Zacconi, Lodovico 38
Zaist, Giovanni Battista 165
Zambelli, Antonia Maria 110–116, 122–124, 143, 182, 192–193, 203, 265
Zambelli, Antonio Maria 110, 113, 115
Zambelli, Elena 115–116
Zambelli, Giovanna 113–115